［德］理查德·大卫·普莱希特 著　廖然 郭欢 李骜然 译

众生无束

Freiheit für alle

Richard David Precht

劳动社会的未来

Das Ende der Arbeit
wie wir sie kannten

中国科学技术出版社
·北 京·

Freiheit für alle: Das Ende der Arbeit wie wir sie kannten by Richard David Precht,
ISBN: 9283442315512
© 2022 by Wilhelm Goldmann Verlag, a division of Penguin Random House Verlagsgruppe
GmbH, München, Germany.
Simplified Chinese translation copyright © 2024 by China Science and Technology Press
Co., Ltd.
All rights reserved.

北京市版权局著作权合同登记 图字：01-2024-0222。

图书在版编目（CIP）数据

众生无束：劳动社会的未来 /（德）理查德·大卫·
普莱希特（Richard David Precht）著；廖然，郭欢，
李鹜然译 . — 北京：中国科学技术出版社，2024.7
　　ISBN 978-7-5236-0659-9

　　Ⅰ . ①众… Ⅱ . ①理… ②廖… ③郭… ④李… Ⅲ .
①劳动制度—研究—德国 Ⅳ . ① F249.516

中国国家版本馆 CIP 数据核字（2024）第 079170 号

策划编辑	刘颖洁		执行编辑	何　涛
责任编辑	刘　畅		版式设计	蚂蚁设计
封面设计	周伟伟		责任印制	李晓霖
责任校对	张晓莉			

出　　版	中国科学技术出版社
发　　行	中国科学技术出版社有限公司
地　　址	北京市海淀区中关村南大街 16 号
邮　　编	100081
发行电话	010-62173865
传　　真	010-62173081
网　　址	http://www.cspbooks.com.cn

开　　本	710mm×1000mm　1/16
字　　数	311 千字
印　　张	23.5
版　　次	2024 年 7 月第 1 版
印　　次	2024 年 7 月第 1 次印刷
印　　刷	北京盛通印刷股份有限公司
书　　号	ISBN 978-7-5236-0659-9/F·1243
定　　价	89.00 元

假使每件工具都能按照他人的意志自动完成工作，如同代达罗斯（Daedalus）的雕像或者赫斐斯托斯（Hephaestus）的三足宝座，它们自动参与众神的集会，如诗人所说；若不假人手，机杼能织布，锦瑟可自鸣，工匠就不再需要帮手，主人也不再需要奴隶了。

——亚里士多德，《政治学》

公元前 4 世纪

如果机器可以生产我们需要的一切，那么生产带来的结果将取决于财富如何被分配。如果机器生产的财富能被共享，那么每个人都可以过上奢华富足的生活。但是，如果机器所有者反对财富再分配，那么大多数人将陷入赤贫。到目前为止，趋势似乎是朝着后一种情况发展，科技进步加剧了社会的不平等。

——斯蒂芬·霍金

译者序

在今天这个技术"狂飙"的时代，层出不穷的新兴科技为各行各业注入了新的活力：教育行业开始采用虚拟现实技术和在线学习平台为学生提供更为丰富和个性化的学习体验；快递物流行业则借助无人驾驶车辆实现了智能化的物流运输与交付；在医疗领域，智能辅助诊断系统已经成为医生提高诊断准确性的得力助手；在美术设计行业，AI 画师逐渐崭露头角。

面对人工智能和数字化技术的蓬勃发展，人们一方面欣喜于技术的进步，期盼着自动化机器将他们从繁复的劳动中解放出来，另一方面却又惶恐于技术带来的冲击，担忧机器夺走他们的工作——这在一个以劳动为核心的社会中，会危及人们安身立命的根本。每个人都能切身地体会到社会已然处于十字路口，人人都想知道，数字化革命的到来会使自己所处的行业出现大规模失业潮吗？它会像前三次技术革命一样创造新的就业契机吗？如果在数字化浪潮的冲击下"充分就业"这个目标确实无法实现，劳动力市场和社会财富分配会呈现两极分化的态势吗？届时，我们以及我们的社会又将去向何处？

针对这些问题，本书详细分析了经济学家们对此提出的或乐观或悲观的论断，同时也指出：在数字化浪潮下，劳动力市场的两极分化已然不可避免，为了大多数人的福祉，我们有必要对工作及其在整个社会中的地位重新进行定义。对此，本书提出了一个大胆的设想：面对技术的迅猛发展，传统劳动就业社会将瓦解，取而代之的将是所谓的"意义社会"。

何谓"意义社会"？在意义社会中，如何才能让技术的进步惠及大多数人，如何才能从物质和精神层面保障人人得享技术进步带来的累累硕果？在本书中，理查德·大卫·普莱希特向我们提供了他的答案：引入"无条件基本收入制度"，以保障人们在意义社会中生存的物质基础，同时改革教育体系，以应对人们在面对意义社会时可能会产生的无措与迷茫。

　　"意义社会"是本书作者对围绕意义而存在的新型社会形式的命名。相较于以雇佣劳动和有偿工作为核心的"传统劳动就业社会"，"意义社会"的核心在于切断那条紧紧捆绑收入与工作的坚固纽带，使得人们无论选择工作与否，无论选择从事何种工作，都不必再受到外部物质条件的制约，而只需要考虑这个选择是否符合自己内心对于意义的追求。

　　坦率地讲，在初次读到"意义社会"和"无条件基本收入"这两个核心概念时，译者的反应与大多数读者可能会有的反应是相同的：既感到无限的憧憬，又隐隐生出诸多疑虑。因为平日工作的缘故，译者时常有机会能与年轻一代（尤其是青少年）进行日常交流，令译者印象尤为深刻的是他们大多数人对自身和未来的评价和感受：既渴望"躺平"，又止不住"内卷"，对未来的就业环境充满焦虑和迷茫。网络上对工作意义的讨论也屡见不鲜，初入职场的新人似乎总是怀着通过工作实现自我价值的期望，但往往因现实原因而被迫调整态度，将工作仅视为谋生的手段。在工作中追寻到人生的意义与价值，似乎变成了一种奢侈的愿望、一种只有少数人才有机会实现的梦想。从这一点来看，基于无条件基本收入的意义社会确实是一个值得憧憬的美好未来。然而，"意义社会"这个概念听起来实在太像一个理想主义下的乌托邦，让人不禁心生疑窦：这样的社会真的可能成为现实吗？如果人人都能享有无条件基本收入以保障最低生存标准，从而有更多的机会追逐自己的人生价值与意义，那么发放这一收入所需要的庞大资金又将从何而来呢？一个向全民发放钱财的社会又是否会演变成一个全民躺平、懒人得利的社会呢？我们的政治、经济、文化制度又应该做出怎样的改变与调整才能适应意义社会的需求呢？

而这些问题，也正是作者在本书中详细分析与探讨的核心。或许他的一些观点并不一定能够说服所有的读者，或许他所倡导的意义社会被设定在西方发达国家经济发达的背景之下，因此具有一定的限制性；但是，这些富有人文关怀和社会责任感的声音有助于我们拓宽思路、丰富视角，为我们突破当下和未来的困境提供新的灵感和建设性的意见。社会的进步也需要这些乐观且富于胆识的声音，希望本书能够帮助读者朋友以更加乐观平和的心态去看待在人工智能时代可能会出现的失业浪潮，愿你我都能从中汲取积极探索未来方向的信心与勇气。

此外值得说明的是，本书由三位译者合译完成。由廖然翻译的前半部分（引言至第二章第四节）和李骜然翻译的中间部分（第二章第五节至第三章第四节）主要聚焦于问题的提出与分析，引用了大量数据和论据，呈现出一定的学术性和纪实性，作者的态度较为中立，语言风格相对平实。由郭欢翻译的后半部分（第三章第五节至第五章）则专注于作者倡导的解决方案，具有一定的号召、呼吁性质，作者的立场态度更加鲜明，语言则更富激情。针对各章节中作者所持有的不同的写作目的，译者运用了不同的翻译策略，以力求尽可能实现译文与原文之间的效果对等。

尽管三位译者已尽力统一了术语与措辞，但由于文笔风格上不可避免的差异，再加之水平和时间精力有限，可能存在理解不够透彻、措辞不够准确之处。此外，本书涉及经济、历史、政治、教育等多方面的内容，面对涵盖面如此广泛的一本著作，翻译中难免存在不足之处，敬请读者朋友和同行批评指正。

在此，我们要特别感谢家人们所给予的理解和支持，使我们能够将有限的时间更多地投入译作中；感谢安德烈亚斯·奥斯特布林克（Andreas Osterbrink）先生协助我们分析德语原文中的理解难点，为我们顺利完成此次翻译工作提供了极大的支持和帮助；感谢中国科学技术出版社推动该书的引进、翻译和出版工作，使得本书得以呈现给广大中国读者。

廖然、郭欢、李鹜然
2024 年 2 月

目录

引言

1957 年，随着《大众福利》(*Wohlstand für Alle*) 一书的出版，联邦德国的政治家向公民做出了迄今为止最大的承诺：实现"大众福利"。这份承诺过于夸张，而委托代笔人 ① 将其记录下来的作者路德维希·艾哈德 (Ludwig Erhard) 在某种程度上也有些夸大其词。[1]如果人们信任这位当时的经济部长，就会相信德国新引入的"社会市场经济"将会为越来越多的社会阶层创造繁荣富足，并且永远消除一切形式的贫困。随后的"经济奇迹"令德国人感到惊讶和着迷，以至于艾哈德一再呼吁人们要"适度控制"经济发展。

在 20 世纪五六十年代，联邦德国的经济以空前的速度迅速崛起。社会市场经济，这个神奇公式创造了一个人性化的"资本主义永动机"：通过竞争，持续不断地增进社会福利，犹如魔法般神奇。经历过第二次世界大战那一代人的内心深感矛盾，他们对战争感到愧疚，但同时享受着富裕生活；他们茫然无措，在德国战墓委员会 ②(German War Grave Commission) 的沉痛报道和海因茨·艾哈特 ③(Heinz Erhardt) 的肤浅笑话之间无所适从；他们无暇哀悼，被国家

---

① 《大众福利》由经济学家沃尔夫·拉姆朗格 (Wolfram Langer) 以第一人称的形式代笔完成。在该书中，时任联邦经济部长艾哈德阐述了他对于社会市场经济的看法。——译者注

② 德国战墓委员会是一个由德国政府提供资金支持的公益机构，致力于维护和修缮已知的德军阵亡官兵墓地，寻找和重新安葬散落在世界各地的德军遗骸。——译者注

③ 德国喜剧演员。——译者注

复兴目标和重新武装计划裹挟着前进，同时被禁锢在每周六天的工作制中。突然之间，他们惊讶地发现自己的身份发生了翻天覆地的变化：从战争的输家一跃成为战后的赢家。虽然德国人未能凭借奇迹武器①征服世界，但是他们的经济奇迹武器——社会市场经济——却帮助他们在世界舞台上获得了成功。用奔驰商标的三叉星徽来取代纳粹的万字符，用保守的天主教信仰来取代激进的纳粹意识形态，也许并不是最佳方案，但是德国人的勤奋和能干是毋庸置疑的。"大众福利"这一目标的设立不仅展现了对德国劳动力和生产力的信心，同时也意味着有计划地去实现人类的共同梦想，一个在当时被视为天方夜谭的梦想。在这份蓝图中，资源丰富到足以满足所有人的需求。只要人们拥有从这块大蛋糕中分得一杯羹的能力，便可共享繁荣富足。

事实上，在 20 世纪 60 年代，绝大部分西方工业化国家都告别了匮乏经济。自人类文明诞生以来，资源一直处于匮乏状态，以至于难以满足所有人的需求。但如今，得益于技术进步和生产力的不断提高，工业化国家正在收获丰硕的果实。如今的问题不在于如何解决资源短缺，而在于如何分配资源。如果原则上资源已经丰富到足以满足所有人的需求，那么每个公民应该分得多少呢？这个问题的答案尚不明朗。丰裕社会所生产的商品已经足以满足所有人的需求，这一历史性成功的基础在于尽可能地让更多的劳动力长时间、高强度地工作。然而，这个基础正受到越来越多的质疑：如果劳动力需求不断减少，那么人类作为劳动社会的一部分，应当如何持续地找到自己的定位呢？

如果资源已经足够丰富，人们又应当如何继续扮演那个数世纪

---

① 奇迹武器（德语：Wunderwaffe）指的是纳粹德国的国民教育与宣传部在"二战"中鼓吹的一系列高性能兵器。——译者注

以来令大多数人生厌的角色：一边靠着微薄的工资维持生计，一边因为长时间、高强度的工作损害身体健康，甚至酿成英年早逝的悲剧呢？直至20世纪下半叶，大多数工业化国家才终止了这种残酷的过度劳动现象，并在服务业创造了大量的机械重复的工作。简而言之，枯燥乏味的工作取代了艰辛劳累的工作。

然而，这种局面并没有持续太久。随着第二个机器时代的到来，功能日益强大的信息技术设备再次改变了世界。[2]没有任何其他事物能像技术经济变革一样对我们的工作方式产生如此深远的影响。技术经济变革是真正的指挥官，是不可战胜的世界改变者，它重构了世界，无论它是否有意为之。如果不对整个社会进行改革，也就无法对商品的生产和分配方式、工作流程、工作内容和通信方式进行改革。

历史向来如此，未来也不例外。第一次工业革命不仅是蒸汽机进行工业生产的开端，它同时也标志着贵族和教会近两千年统治的终结。它要求经济脱离国家权力的干预，独立发展。因此，它迫使国家减少对经济的干预，更多地作为庞大且统一的内部市场运转。更为重要的是，第一次工业革命开创了一种新的社会模式：资本主义雇佣劳动及绩效社会。

在漫长而曲折的历史进程中，这种新的社会模式推动了议会民主制度和法治的确立、市政机构和行政部门的设立，以及公共服务和卫生政策的制定。而第二次工业革命，也就是电气化大规模生产的兴起，又加速了这一进程。尽管它在最初阶段引发了两次世界大战，但从长远来看，它促成了公民受教育程度的提升、现代社会福利国家的建立、超级消费社会的兴起以及公民权利意识的不断提高。

我们当前正在经历的变革是极其剧烈的，其剧烈程度已超出许多人的想象。我们身处的社会远未达到所谓的"最终社会状态"，历史仍在不断演进，技术和经济革命不仅仅意味着效率提高和经济增长。尽管德国的政治家和经济学家常常这样认为或希望这样认为。恰恰相反，孕育新想法的进程总是停滞不前，人们常常用陈词滥调来表示对现状的拥护，这是每一次社会变革时期的固有特征！几乎没有任何一位君主成功预见蒸汽机会终结他的统治。同样，回想一下那些身处以农业为基础的法国封建社会的经济学先驱[3]，难道不是他们一看见蒸汽机和纺纱机，就越发顽固地断言唯有农业才能永久地推进生产进步吗？难道不是他们宣称工业革命只是昙花一现，最终一切都将回归原貌吗？然而，20 年后，法国大革命不仅颠覆了整个法国，也颠覆了整个陈旧的世界。

如今，人们有众多理由可以支撑这个推测：数字化革命所引起的社会变革比德国人民迄今为止所经历过的任何变革都更加广泛和深刻。在计算机和机器人彻底改变全球劳动力市场的同时，世界仍保持现状的可能性微乎其微。然而，我们也许需要退后一步才能真正理解这场变革、了解具体的变化，以及这些变化发生的速度。一方面，我们常常高估新技术带来的短期影响。例如，谷歌眼镜——眼镜架上的微型计算机——本应在 2014 年改变世界，如今早已销声匿迹；人们对智能家居语音助手（如亚马逊 Alexa）的需求也停滞不前；没有人再相信几年后行驶在世界大都市中的只有全自动汽车机器人；3D 打印机的应用潜力也未能如预期般那样得以充分发挥；可能连埃隆·马斯克（Elon Musk）他自己也不再相信他能在未来几年登陆月球或火星。

另一方面，我们通常会大大低估新技术带来的长期影响，其中包括生活环境和生活节奏的变化、价值观的变迁、权威和机构的更替、社会关系和社会结构的改变，以及政治文化的更迭。这些变化发生得十分缓慢，以至于我们在当下往往无法察觉到它们是技术革命的结果，直到事后才恍然大悟。1900 年到 1920 年，电气化的快速发展带来了斐然的工程成就，电气照明、汽车、飞机、摩天大楼和电话变得随处可见。更重要的是，人们的生活，至少是城市生活，得以重塑。人们对时尚、音乐、女性形象、性、精神疾病的认识发生了改变。此外，物理学和哲学的世界观也有了新的变化。当人们还无法辨别新的绘画风格时，世界上第一部电影就已经悄然诞生。作家改变了语言形式，创作风格更加多样化。社会上的噪声越来越大，节奏也越来越快。

相较之下，在缺乏重大技术革新的时代，社会发生的变化少之又少。1970 年至 2000 年，工业化国家的深层结构以及人们的生活节奏变化有多大呢？直到互联网和智能手机出现，才为社会注入了新活力。在此之前，现有事物的数量不断增多——更多的金钱、更多的汽车、更多的时尚、更多的消费品。今天，新鲜的事物突然大量涌现。互联网和智能手机彻底改变了工作世界的面貌、创造了全新的公司形式、转移了我们的关注点，并将我们置于一个随时随地都可被联络的状态。没错，我们在这个世界上的指向因此发生了变化。未知的需求或自愿地，或被迫地释放，倾诉的欲望喷涌而出。许多人对关注的渴望摆脱了传统的束缚，他们开始公开展示美貌、公开发表政治观点，甚至公开表达仇恨。互联网和智能手机给日常生活带来的革命性变化远不止于此。我们今天所熟知的道路交通、银行、行政部门、医疗、法律咨询，以及一些重复性质的常规工作，很有可能会在 20 年后大变样。

当前的技术变革正如火如荼地进行着，它对社会造成的影响也越来越深远。社会保障制度的变革往往会滞后于技术和工作世界的变革。在詹姆斯·瓦特（James Watt）改良蒸汽机一百年多年后，工会才得以全面普及。在那之后又过了许久，第一个社会保障制度才得以成功建立。在第二次工业革命期间，德国历经了半个世纪的动荡，社会市场经济才开始发挥作用。但这一次，在 21 世纪这个科技迅猛发展的时代，我们无需成为先知就能预见到，社会保障制度的变革将比以往来得更快。

随着时代的发展，我们对工作的理解是否会发生变化呢？工作作为基督教文化遗产的一部分，近两千年被赋予了重要的价值和深刻的意义。它为人们提供了生活指南，为绩效社会提供了动力源泉。然而，如果人们在寻求意义的过程中逐渐将注意力转移到宗教之外的领域，那么我们必须重新审视工作自身的角色和价值，以确定自己是否能满足现代人对意义的追求。对年轻一代而言，工作已不再是人生使命或人生意义所在。如今，最重要的财富不再是工作，而是人们可以自由支配时间，并根据自己的意愿来规划生活。

人们对财富的理解已经发生了变化。它不再像艾哈德时代那样简单地意味着物质保障、金钱和地位。冰箱和瓷砖浴室、电视和汽车、锃亮的鞋子、草坪、铬和砾石——这些旧时代的财富标志已经过时了。取而代之的是健康的工作方式、素食餐厅的健康食品、企业的休息室以及日益普遍的居家办公。在曾经的德国，无论是采矿业还是钢铁业，经济繁荣都是以牺牲工人的健康和幸福感为代价的。但如今的情况已大不相同！人们逐渐意识到，经济繁荣与人们的健康、幸福感密不可分。当人们的身体和心理状况良好时，才更有可能实现自己的目标。重新定义"工作"这一概念并不意味着美化旧有观念，而是迎接一种全新的思考方式和价值观。

人们对工作的理解发生了变化，工业社会的乌托邦——不惜代价实现经济繁荣——开始出现裂痕。我们是否还要无止境地追求经济增长呢？一味地追求经济增长，是否意味着我们在错误的方向越走越远？今天的人们对未来的希望和担忧与战后一代已经有所不同。人们曾经追求经济的无限增长，现在则寻求合理分配社会资源的方案。为什么有些人能从丰裕社会中获益颇丰，而有些人却毫无所获呢？人们在过去关注的是如何满足基本的生存需求，但今天的问题在于，我们是否应该进一步刺激人们的奢侈消费？人类为了利益而破坏大自然，但是保护自然资源难道不是更有利？当人们考虑要从事什么工作时，是否也应该思考该工作的意义和目的？

曾被认为是理性的甚至是绝对理性的事物，现如今却不再理性。单从经济角度出发来考虑一切，在当今社会已不再是理所当然的事情。原因在于：一方面，人们在追求经济利益的同时，极大地破坏了地球的生存环境；另一方面，在 21 世纪先进社会中，经济成功不再是人们唯一的追求，其他同等重要的价值也受到了关注和重视。主导了传统劳动就业社会长达 200 多年的价值体系，如今已经走到了尽头。在当今社会，人们不再追求简单的进步，而是追求合理的、有意义的进步。这种全新的、截然不同的观念对旧有观念提出了质疑：推崇经济的无限增长和商品的无限供应是否真的合理？

如要展望工作的未来，这个质疑至关重要。传统劳动就业社会明确规定或未明确规定的准则在今天看来并不合理，且逐渐被大众视为工业时代的迷思。难道我们必须在每个工作日都工作吗？无论什么工作都可以被接受吗？难道只有赚钱工作的人才能创造价值吗？受工业社会所推崇的优秀品质"勤奋能干"，其本质不是与薪酬无关吗？尽管传统劳动就业社会的准则不会在一夜之间消失，但它们早已受到侵蚀和破坏，并逐渐失去了其原本的意义。

这使得许多人（尤其是经济学家和政治家）陷入了一个巨大的困境。他们长期以来所信奉的准则，例如，追求充分就业、经济增长以及鼓励人们通过消费来缓解工作压力，如今却变成了不确定因素。但是，如果所有这些准则都不复存在了，那么谁还能准确预测一个可衡量、可计算和可预见的未来呢？在过去，经济学家不是仅仅依靠经济指标来预测未来吗？如今，经济学家面临的棘手的问题不再是经济将如何发展下去，而是它将如何有意义地发展下去——西方社会从未面临过如此复杂的问题。

要想从工作社会飞跃到我所倡导的意义社会，我们需要比经济学家更敏锐地去审视现实，更全面地去理解现实。"因素""规模""资源""增长率"，都是第一个机器时代的坐标，它们源自经济理性的鼎盛时期，当时的经济理性被视为绝对理性。无论在理论上还是在心理上，它们都代表着一个秩序井然的世界，就像上帝用数学语言塑造了这个世界，并赋予了它传统经济学的价值观。然而，在意义社会，不仅存在着"供需世界"，还存在着一个"供需之外的世界"。这是社会市场经济的奠基人之一威廉·勒普克（Wilhelm Röpke）在 1958 年——《大众福利》问世后的第二年——向他的同事提出的一个概念。[4]

第二个机器时代颠覆了第一个机器时代的思维方式。它不仅对经济产生了剧烈影响，就像历史上每一次经济革命一样，它带来的社会后果同样具有颠覆性。未来高度自动化的世界不再强制要求每个公民都必须工作。一方面，它将赋予工作更多的意义；另一方面，它将促使生活的意义摆脱工作的束缚。如果未来的经济发展不再需要雇用劳动制度，人们又何必花上半辈子的时间辛苦工作呢？第二个机器时代的全自动化生产和人工智能向人们揭示了一个事实，这是第一个机器时代从未承认过的事实：资源已经充足到足以满足所有人的需求！丰裕社会睁开了惺忪双眼，意识到物质丰裕的时代已经来临。

然而，21 世纪的工业社会对于变革感到困惑和不安。如何在不牺牲经济利益的情况下解放人力？何为有意义的工作？一个以实现人生意义为中心而不是以工作为中心的社会是什么样子的？事实上，转变已经是大势所趋。在如今的德国，工作仅占工作者人生的十分之一，或者说占其清醒时间的七分之一。[5]工作应该具有意义和目的，并且需要与个人生活保持平衡。这一理念在探讨未来工作的会议上已经被广泛接受。然而，低收入行业的情况却不容乐观。快递员、外卖员、儿童保姆、安保人员和服务员等低收入职业在这些会议上鲜被提及。在新冠疫情肆虐之后，数百万的美国人没能回到他们原本的工作岗位，成千上万的西欧国家卡车司机和服务员也被迫寻找新的就业机会，这些现象都预示着低收入人群的前景堪忧。[6]

在动荡时期，理想与现实之间的鸿沟总是越来越大。传统劳动就业社会逐渐瓦解，现有秩序的拥护者对人们的诉求感到不满。在过去 200 年里的每一次社会改革中，总有一些人会担心改革将带来负面影响。他们认为，人的本性是懒惰的，如若取消劳动纪律对人们的约束，将会带来一个暗淡的未来。然而，过去的社会改革都是朝着人性化的方向发展的，人们的生活水平和社会福利不断地得到提高。许多保守派并非真心想回到旧时代——那个女性基本上没有任何权利、工人栖身在简陋的棚屋里、儿童无辜惨死的时代。在此，我想借用瑞士作家库尔特·马蒂（Kurt Marti）的一句话："如果我们每个人都只会抱怨，而不去指明前进的方向，那我们最终将去往何方呢？"在当今社会，许多人担心自己的工作时间会减少，闲暇时间会增多，尽管这正是他们日日夜夜所渴望的状态。人们应当如何走出这种困境呢？

实际上，政治权力决定了这些问题的走向。推动技术进步的同时，尽可能保留所有工作岗位，这是一个由政策推动的悖论，这个政策一脚踩油门，一脚踩刹车。然而，要想松开刹车，就需要对正确的前进方向有新的认识，且需要达成一份新的社会协议。如今，比起德国联邦议院所有政治派别，经济界更愿意达成这份协议。其他西欧国家的情况也几乎相同。

这份新的协议正是本书的主题。回望 18 世纪，启蒙运动思想家曾在他们的办公室和沙龙中为第一个机器时代的新兴资产阶级勾勒出一幅蓝图，这幅蓝图描绘了西欧贵族阶级的没落。如今，为第二个机器时代绘制蓝图的重任落在了当代思想家的肩上。曾经，大卫·休谟（David Hume）在爱丁堡寂静的图书馆中、在巴黎沙龙的燕鸣声中，或在伊曼努尔·康德（Immanuel Kant）位于柯尼斯堡的僻静书房中，一个由思想和墨水交织而成的新社会诞生了。如今，在传统劳动就业社会逐渐暗淡的微光中，又一个新社会的轮廓逐渐清晰了起来。在过去的 10 年中，我在无数次的大型会议和企业活动中潜心学习，在大学讲台和网络论坛上深入研究，与许多有趣的人进行过难忘的对话，阅读了许多良莠不齐的文章和书籍，加之多年的经济学教学经验，才使得这本书的问世成为可能。在《猎人、牧羊人、批评家》（*Jäger, Hirten, Kritiker*）一书中，我对历史上的重大社会变革进行了概述，并对人工智能和生命的意义进行了哲学反思。在本书——即"数字变革三部曲"的最后一部，我进一步展望了工作的未来。本书旨在展示数字化变革所蕴含的潜力，试图推动社会发展并实现真正的可持续性进步。

第一章

工作世界的革命

为何曾经的技术经济革命并没有减少就业岗位，但这一次的情况很可能会有所不同？

大变革来临，我们将会面临什么

新冠疫情的暴发带来了一场"空话盛宴"。其中最广为流传的莫过于："疫情将改变世界秩序"或者"一切都回不到从前了"。无论是安格拉·默克尔（Angela Merkel）、弗兰克-瓦尔特·施泰因迈尔（Frank-Walter Steinmeier）、埃马纽埃尔·马克龙（Emmanuel Macron）、弗里德里希·默茨（Friedrich Merz），还是阿明·拉舍特（Armin Laschet），都曾发表过类似的言论。有人预测新冠疫情将终结国家孤立主义、民主制度、健康自由、全球化、欧盟或资本主义，而未来学家马蒂亚斯·霍克斯（Matthias Horx）则预言一个天堂即将到来："在危机过后的新世界里，财富不再起决定性作用。对我们而言，友善的邻居与繁茂的菜园更有意义。"[1]另一位未来学家对此观点表示了赞同："从现在开始，我们应该专注于生活中真正重要的东西：健康、安全、安心。"[2]

在科洛尼①举办的世界经济论坛（World Economic Forum），会场呈现出一副全然不同的景象。这里没有友善的邻居，没有繁茂的菜园，更不会使人感到安心，一切都与伊甸园相距甚远。这些立方体建筑物像军事设施一样紧贴地面，周围没有花园，也没有相邻的建筑物。不同于霍克斯的预言，这里（日内瓦湖畔）的人们似乎非常清楚，财富总是在这个世界起着主导作用，而蔬菜通常只有在不让

---

① 科洛尼，日内瓦湖畔的一个小镇。——编者注

它开花结果的情况下才会变得美味可口。

2020 年 5 月，世界经济论坛主任克劳斯·施瓦布（Klaus Schwab）和查尔斯王子在这里宣布了一个新时代的开始："大重置（The Great Reset）"，施瓦布的著作将其称为后疫情时代：大重构。他们表示，当今世界正在发生飞速变化，由数字化和人工智能驱动的第四次工业革命带来了巨大挑战，唯有加强跨国企业和政府之间的合作才能应对这些挑战。显然，新冠疫情这个间歇正是一个合作的好时机。未来的经济建设必须更加注重可持续发展和环境保护，全球化中更应注重公平贸易，数字化发展必须更加协调充分。世界上的不平等现象应该得到改善，欠发达国家应该从技术进步中获益更多。施瓦布与法国经济学家蒂埃里·马勒雷特（Thierry Malleret）在他们的著作中宣称：新自由主义的时代已经结束，重返世界舞台的政府，将再次获得主导地位。

新自由主义的代表人物施瓦布宣告了新自由主义的终结，并倡导财富再分配、征收财富税和真正的可持续发展，这令人感到无比惊讶。这也难怪"大重置"计划立即引起了人们的恐惧和担忧，深感不安的左翼和右翼人士私下议论纷纷。有些人甚至将其视为一种阴谋论，他们认为：世界经济论坛（WEF）提出的"大重置"是一个蓄谋已久的计划，而不是由于新冠疫情暴发所致。世界经济论坛和跨国企业希望通过该计划建立一个新的世界秩序。其目的并不是建立一个更稳定和更公平的世界，而是建立一个由商业精英秘密统治的世界。这与官方宣称的正好相反。

虽然"大重置"计划声称自己追求高尚的目标，但是其背后可能真的存在其他意图。商业精英们突然展现的仁慈显得十分可疑。"重置"一词可能也是一个冷酷的选择，因为它暗示着社会可以像计算机系统一样被关闭、重启和上传。然而，宣告全球"大重置"的主要动机并非十恶不赦，真正的动机源于人们的担忧和恐惧。数字化革命带来的社会动荡，再加上人类过度开发自然资源所造成的严重社会后果，可能会使世界陷入混乱。如果西方社会继续坚持新自由主义，结局将是自我毁灭。因此，受到众多西方政府领袖认可的"大重置"被视为一次绝望的尝试，其目的在于拯救脆弱的世界秩序，维持旧有的权力和财富结构。

令人震惊的其实并不是参与者的意图，也不是所谓的秘密独裁幻想，而是这个计划缺乏创造力和想象力。在"新起点"或"变革"这些宏大的口号背后并没有任何伟大的想法。"大重置"计划并没有新颖之处。"以更密切的协作应对全球挑战""寻求共同策略""促进技术创新""增强可持续性"，这些都是一些空洞的说辞，其他智库早就发表过类似的言论。问题是，如果人们缺乏社会和经济创造力以及变革的勇气，那么未来将难以避免财富分配斗争、民族主义抬头、大屠杀和战争等恐怖场景的出现。

"大重置"计划的不足之处主要在于对问题的复杂性认识不够。该计划认为世界正在快速变化，而资本主义却在原地踏步，最多只会加上一个形容词"负责任的"加以修饰。① 施瓦布所提到的社会和经济体系的动荡和重建，不可能仅仅依靠慈善活动和征收财富税等表面措施来解决。由数字化革命、数据爆炸和人工智能（AI）带来的划时代飞跃，将对人们的生活方式和经济运作方式产生不可逆转的影响。在数字化进程中，我们不仅需要研发人员以及生产并营销新产品的公司，还需要重塑人们的行为方式和相处模式，这是每次工业革命都要面对的最大挑战。

随着现代计算机运算性能的不断提升，许多目前仍由人类完成的工作很快就会由机器以更高效和更具成本效益的方式完成。如今，

---

① 负责任的资本主义是一种经济体系，旨在通过平衡经济利益和社会责任来促进可持续发展和社会福祉。——译者注

相当简单的自动化机器就能将蓝领工人和白领雇员从单调的重复性任务中解放出来。在未来，制造业工人、文员和会计将生活在一个自动化技术智能化的世界中。机器学习和深度学习使数字设备能够自主地改变自身的行为模式，承担意义越来越深远的任务。计算机拥有的数据越多（尤其是那些通过数十亿部智能手机和互联网用户行为所获取的数据），它们的"知识"就越丰富，它们的行为就越精确。

未来似乎已经很明晰：随着机器人技术和传感技术的不断创新和发展，在人工智能和自动图像分析（机器视觉）的助力下，计算机将代替数百万人完成他们的工作。计算机的自主学习以一种全新的方式将"虚"与"实"完全整合在一起，进而创造出一个全然不同的工作领域，相较于现有的其他领域，该领域所需的员工数极有可能要少得多。无论是原材料采购、生产、营销、销售、物流还是服务，各个环节都会受到影响。对雇佣劳动而言，知识和技能过时的速度会比以往任何时候都快，工作要求也会变得越来越严苛。因此，行业会加速更迭，工作内容、日常合作、分工模式和等级制度会不断发生变化。而瞬息万变的工作也会改变人们的生活节奏和生活方式，进而会对整个社会产生深远影响。

首先受到数字化影响的是工业界。德国在一些数字化领域可能处于落后局面，但是在工业数据互联方面，它是全球领先的国家之一。在德国，将模拟数据转换为数字数据的工作已基本完成。工厂的传感器对所有的工作流程和生产步骤进行了记录。真实的生产场景几乎已经完全被虚拟建构出来，实现了生产过程的透明化。由此可见，人们向所谓的"工业4.0"时代迈出了第一步，这个概念由德国物理学家和信息学家于2011年提出。[3]传感器、设备和机器之间的工业数据互联使它们能够自主地相互通信，以及与人类进行交互。而这些技术辅助系统既可以为人们提供决策支持，也可以在人们从事有风险的体力活动时起到作用。在人工智能的助力下，生产工厂的自动化程度越来越高，其最终的目标是转型成为高度智能化的自动化工厂。实际上，虚实整合系统已经能在某些情况下自主地做出决策，例如：精确地实时调整生产活动以适应特定要求、控制流程、协调物流以及管理能源供应。自主学习算法可以预测销售额并更好地规划所需的产能，也可以有预见性地操作机器，并精准地控制自动驾驶汽车。这也意味着，未来会有越来越多的全自动化机器和软件专家取代工具制造商、工程师、物流专家、订单拣选员、货运代理、仓库经理、司机、调度员和供应链经理的职位。

让人们松一口气的是，这样的全自动化工厂数量还很少。到目前为止，虚实整合系统还未引起德国工厂的大规模失业现象。实际上，上文描述的全自动化作业在德国仍处于起步阶段。虽然许多德国公司购买了智能软件系统，但这和使用它们来提高工作效率是两件截然不同的事情。因为完美地协调虚实整合系统，并以此进行实际的流程优化是一件既困难又耗时的事情。虽然公司希望通过该系统以更少的劳动力实现更高效的生产，但这需要相当长一段时间才能得以实现，至少，截至 2021 年，实现这一目标的公司并不多。而其他提高效率的手段，例如 5G、区块链技术以及边缘计算（发生在工厂而不是在数据中心的数据采集），这些技术在许多情况下甚至都还没有投入使用。

第二个遭受数字化革命全面冲击的领域是：银行、保险公司、能源供应和管理领域。今天的控制员和调度员的工作内容包括检查业务数据、计划和调节经营业绩、发现潜在成本节约点和机会点、组织货物运输以及协调物流。理论上，计算机能基本完成这些任务。大数据分析能全面洞悉市场上混乱的变量，例如，客户行为、价格和竞争性报价，所以理论上人类的经验和习惯可以被取代。大数据分析和假设越精确，就越能做出更好的决策，从而能够节约大量的成本。因此可以预料，失业范围将从底层管理者扩大到中层管理者。

实际上，银行业和保险业早已受到波及。想想比尔·盖茨的名言："我们需要银行业，但是我们不再需要银行了。"在这个贝宝（PayPal）、移动支付、区块链和加密货币的时代，这句名言就像达摩克利斯之剑一样盘旋在行业的上空。实体银行正以惊人的速度从城市地图上消失，自动取款机不断地被拆除，而银行的员工作为问题解决者，既需要拥有同理心，又需要具备专业知识，这听起来过于理想化，难以实现。但是，与网上银行相比，如果银行员工不能提供任何重要的附加价值，他们就会被淘汰——就像老年人一样，他们不够了解技术，因此只能去实体银行办理业务。由此可见，在不久的将来，实体银行的全面消失是可被预见的。

如果考虑到可能会长时间存在的低利率政策，那么这个压力会迫使最后一家银行想方设法地精减员工。与此同时，也会有越来越多的线下实体业务转移到云端操作。机器人流程自动化、数据分析和人工智能的广泛应用使得柜台员工变得多余。而所有在职的银行员工中，又有多少人有意愿并且有能力接受转业培训，成为私人银行的智能专家或者经验丰富的商业保险顾问呢？能够满足日益严苛的信息技术要求，为银行的数字实验室开发移动银行或自动贷款应用程序的在职员工则更少。因此，即使是最大胆的乐观主义者也不会相信银行在不远的将来还会继续雇用现有的大部分员工。

保险业同样面临着数字化革命的挑战。在未来人们将需要依靠人工智能来处理家庭财产保险或汽车保险的索赔和定损评估。计算机将取代保险公估师和收据审查员对发票和收据进行筛选和分析。由于城市交通的变化日新月异，机动车保险公司的未来仍然是一个未知数。但是可以确定的是，未来私家车的数量不会再继续增加，甚至还有可能减少。

未来的办公时间和办公地点将变得更加灵活，居家办公将逐步取代办公室全职办公，并成为一种常态化的工作模式，这个趋势似乎已经很明显了。随着技术的进步，计算机或机器人将代替人类劳动力完成重复性的常规工作，而人类将更多地承担监管者、问题解决者和决策者的角色。这一进程不仅仅会给低技能工作造成冲击，同样也会对高技能工作产生影响。

税务顾问就是一个很好的例子。他们的工作内容重复性很高且易于掌握。毫无疑问，计算机在处理大量数据方面远比人类出色。它们可以更快、更准确地识别异常情况，并且能够标记和分析税务问题，甚至还能以对话的形式回答相关问题。在未来，常规性、重复性任务（这也是税务顾问的主要任务）所需的人力将大大减少。虽然人们可能会乐观地认为，税务顾问能因此腾出时间为客户提供高效优质的咨询服务。但问题是，客户是否需要这些咨询服务并愿意支付相应的费用呢？

律师行业也将受到数字化的影响。虽然在几十年后仍然会存在律师和离婚法官等职业，谋杀案的审判也不会交由计算机来执行，但在大型律师事务所中，许多目前仍由助理律师执行的任务可以交由数字软件完成。例如，电子发现（eDiscovery）软件可以筛选和分析电子邮件、备忘录和合同；IBM的语义搜索和分析引擎"沃森"（Watson）可以提供许多能够减轻律师工作负担的人工智能应用程序。"沃森"可以通过自学习语言、图像和文本分析在几秒内处理海量数据，并挖掘数据间的关联性，从而回答人们提出的复杂的法律问题。此外，它还能在极短的时间内完成那些通常需要耗时数月的调研工作。毫无疑问，在未来，语义搜索和分析机器的广泛应用将对法律职业者产生重大影响。而这些法律职业者所面临的问题和税务顾问一样：到底有多少工作会被简化，又有多少工作会被取代呢？

以上所述的所有情况都与提高企业效率有关，涉及的企业包括银行和大型律师事务所。而另一个完全不同的领域则是所谓的"平台资本主义"。数字化技术不仅改变了人们的工作方式，也重新定义了人们的生活方式。数字化的蓬勃发展使得我们的生活更为便利和高效，但是也对各行各业产生了颠覆性影响。如今，我们不再需要工作人员和中间商的帮助就能轻松地投递包裹、提交休假申请、预订航班、住宿或旅行。今天的消费者已经成为"产销合一者"，即生产性消费者。如果客户可以通过网上银行处理大部分的银行业务，那么银行的客户服务还有存在的必要吗？服务提供商、中间商和机构又是如何被易贝（eBay）、优步（Uber）或爱彼迎（Airbnb）取代的呢？生产性消费者和兼职创业者接手了原本属于雇佣劳动者的工作。20世纪60年代，超市取代了传统杂货店，并引入了自选式售货方式。如今这种自助式服务已经在越来越多的领域成了常态。从自动售票机到线上订票服务，"生产性消费者"逐步取代了越来越多的雇佣劳动者。人们不需要专业人士的指导也能够自行完成诸多事宜，例如，网络购物、预定住宿、通讯交流、交通出行、处理能源问题、金融交易、饮食管理、预订电影票、摄影拍照、咨询生活问题，以及寻找伴侣等。

这会对劳动力市场产生什么影响呢？至少到目前为止，虚实整合系统中的工业数据互联，以及服务提供商和平台资本主义的智能分析工具还没有带来创纪录的失业率。即使人们对于德国失业率的真实性和准确性还存在争议，可是德国和其他工业化国家的劳动力市场的确未曾遭遇毁灭性的灾难。唯一值得担忧的是，在德国许多企业并没有为雇员缴纳社会保险。这意味着，如若这些雇员发生意外或患上疾病，可能无法获得相应的医疗保健和经济援助。据统计，德国只有51%的劳动者享有社会保险福利。虽然大规模失业并未发生，但是低薪行业和许多无法称为工作的"工作"却在蓬勃发展。

美国的情况比其他地方更为严峻。十几年来，美国中产阶级的状况不断地走下坡。那些无法跟上信息技术发展步伐的人往往只能被迫接受薪酬较低的工作，如果他们能找到工作的话。日益苛刻的工作要求催生了越来越多无法满足新技术需求的输家。20世纪90年代之前的社会繁荣景象已经成为过去，如今的美国社会陷入了大规模衰退，其带来的严重后果众所周知：挫败感、攻击性、民粹主义的泛滥、对国家的信任缺失以及激进的世界观，等等。硅谷积极探索的技术进步不仅闪耀着光芒，同时也给这个国家投下了巨大阴影。诚然，并非所有人都能从科技进步中受益，但至少大部分人应该从中受益吧？然而，这似乎也是无法保证的。因此，人们逐渐对未来的技术探索和星际旅行产生了疑虑：如果越来越少的人能够承担参与其中的费用，那么成千上万种未来交通或未来医疗的解决方案又有多大的意义呢？

众所周知，对中产阶级社会来说，数字革命是一场被严重低估的严峻考验。为应对这场变革，德国所做的准备是否比美国更为充分呢？推动数字化的发展，至少对德国而言，是否意味着朝着"大众福利"的目标迈进了一步呢？针对数字化的怀疑论已经大力助长了左右两翼的民粹主义。人们对日益加剧的经济和社会不平等感到不安和恐惧，他们急切地寻求着这些复杂问题的答案，而民粹主义者恰好为此提供了简单的回答。实际上，大多数人并不渴望快速变革和颠覆性改变。在德国，数字化变革的支持者明显少于反对者。未来究竟会变得更好还是更糟？这个问题非常复杂，绝对不仅局限于"有多少人会失去工作机会"这一狭隘的范畴，它涉及的领域更加宽泛。

尽管如此，这些问题目前仍然是辩论的焦点：数字化革命是否会导致大规模失业？企业是否有必要提供继续教育培训，来帮助那些因技能不足而失去上岗资质的员工？流失的工作岗位是否比创造的工作机会更多，还是说两者数量相当？大规模裁员和技术工人短缺，哪个问题更加严峻？针对这些问题，形成了两大针锋相对的观点：一方认为数字化的浪潮会造成一个多世纪以来最大规模的失业潮；另一方则认为，劳动力市场将通过数百万个新的就业机会弥补数字化造成的工作岗位流失，而这些新的就业机会并非都是人们能事先预料到的。这两方观点都需要我们的进一步探讨。

拉响警报：经济学家解读未来

"一个幽灵在徘徊"，不仅是在欧洲大地上徘徊。它不断提醒着世人：机器是否会取代人类？这个幽灵其实是一个古老的人类梦想，亚里士多德早在其著作《政治学》（*Politics*）中就曾梦想过全自动化机器将人类从繁重工作中解放出来的景象。然而，对于工业社会而言，这个梦想似乎更像是一种可怕的威胁。那些饱受饥饿之苦的纺织工人、绝望的机器破坏者以及在全球经济大萧条期间为希特勒夺取政权提供温床的数百万失业者仍历历在目。显然，这个幽灵在近代史中并不是梦想，而是灾难。如果技术进步导致人类的工作机会不足，那么社会到底应当如何应对？

如今，这个幽灵披着我们这个时代的外衣成了"数字幽灵"。2013 年，牛津大学的英国经济学家迈克尔·奥斯本（Michael A. Osborne）和瑞典经济学家卡尔·贝内迪克特·弗雷（Carl Benedikt Frey）发布了研究报告《就业的未来》[1]。该报告指出：美国 47% 的工作岗位将受到自动化的威胁。这个数据立马引起了一片哗然。该报告预测，在 20 年之后（即 2033 年），自动化将全面影响劳动力市场。2016 年，这两位经济学家再次发表了他们最新的研究成果。他们展望了全球范围内未来工作的发展趋势并得出结论：受到自动化影响的工作岗位数量将持续飙升。在阿根廷，65% 的工作可能会因未来技术而消失；在印度，这个比例为 69%；中国是 77%；在埃塞俄比亚更是高达 85%。[2]

这份研究报告引起了热烈反响，经过反复的引述和探讨之后成了史上最著名的关于未来工作的研究。巴拉克·奥巴马（Barack Obama）以及白宫经济政策咨询机构经济顾问委员会（Council of Economic Advisers）曾引用过该研究中的数据。[3] 达沃斯世界经济论坛也对这份研究展现出了浓厚的兴趣，并通过类似的研究方法验证了最终结论。[4] 英格兰银行和世界银行完全接受并采用了它的研究数据。[5] 伦敦政治经济学院还按照同样的方法计算了欧洲未来的就业情况，结果显示高达 54% 的现有岗位可能会被自动化技术取代。[6]

从来没有一项研究能够引起如此广泛的关注和警觉。但是，奥斯本和弗雷到底是如何得出这些数据的呢？他们查阅了美国劳工部"计算机化职业信息数据库"（简称 O*NET）于 2010 年公布的职业列表，并仔细研究了列表中的 702 项职业。两位研究者对这些职业的具体工作任务进行了进一步研究，并将其与工作要求（知识要求、技能要求和能力要求）相对照。O*NET 列表涵盖了职业所需的教育水平、工作要求和条件、薪资范围等多方面的信息，这也为两位研究者提供了诸多参考。奥斯本和弗雷评估了这些职业是否包含一些更适合计算机的工作任务，例如，存储和处理大量数据、高效地挖掘数据、准确地执行常规流程、快速地做出常规决策等。同时，他们还探讨了以下几个问题：新技术可以在多大程度上优化、支持、补充现有工作？新技术可以创造多少新的工作？新技术可以在多大程度上促进业务外包或者完全替代现有工作？

这两位经济学家以此进一步确定了这些职业是否是安全的，是否可被精简，是否会因为科技进步而被淘汰。同时，他们的研究还受到了专家的支持。世界顶尖的机器人专家特意前往牛津大学科学系参与研讨会。在会议上，专家被问及哪些工作理论上能在不久之后实现自动化，于是他们针对当前和未来存在的可能性进行了报告和预测。结合了专家的意见看法，弗雷和奥斯本进一步探究了其他关键问题，例如：一项新技术需要发展多长时间才能得以普及？新技术应如何定价才真正值得推广普及？人工劳动力的成本与实现自动化所需的成本相比，孰低孰高？

O*NET 所列出的 702 项职业中，如果自动化概率超过 70% 则会被定义为"濒危职业"。将这些濒危职业的数量除以总量，便可以得出奥斯本和弗雷的研究结果：在美国，47% 的工作属于"高风险"工作。

"工程瓶颈"（engineering bottleneck）是这项牛津大学研究的关键词。机器学习、人工智能、移动机器人等新技术的瓶颈究竟在何处？哪些职业不易被取代？奥斯本和弗雷的答案是那些复杂且非结构化的职业，也就是那些工作流程重复性低且无规律可循的职业。计算机通常无法完成那些需要高度创造性思维或复杂社交能力的任务，也就是说，那些需要具备定向能力、创造力和社交智能的职业几乎不可能被自动化。

反之，根据奥斯本和弗雷的观点，如果一项职业越不需要具备这些素质和技能，就越容易受到自动化技术的威胁。虽然康复治疗师、高级工程师、应急管理人员、精神病学家、社会工作者、听力学家、职能治疗师、整形外科医生、口腔颌面外科医生、消防员、营养师和编舞师等在未来仍然可以放心地专注于他们的工作，但是这项研究所列出的其他 170 项工作岗位就没有那么幸运了，因为它们的自动化概率超过 90%。尤其是银行业和保险业将受到巨大冲击，出纳员、信贷顾问和银行分析师、行政人员和交通事故定损员等职业将深受影响。此外，该研究还显示，会计员、房产中介、列车调度员、模特、旅馆经营者、律师助理、雕刻师、仲裁员、货物承运商和制表师等职业，通通面临着被自动化技术取代的命运。

要求高资质和高技能的职业在 20 年后仍然存在的可能性相对较

高，而那些一成不变、重复性高的职业迟早会被机器所取代。这已然是一个显而易见的趋势。这个信号已经相当明显，足以给大多数人拉响警报了：未来的工作世界将会经历自农业和畜牧业诞生以来最大的技术变革。前三次的工业革命彻底地改变了人类的工作世界。由可自主学习的计算机、机器人所驱动的第四次工业革命也不例外，它将给工作世界带来前所未有的颠覆性影响。

这也难怪牛津大学的研究又发起了一系列的后续研究。这些研究的预测会成真吗？然而，接下来的研究更加扣人心弦。2015 年，荷兰国际直销银行（ING-DiBa）的经济研究部门发布了一份题为《机器人来袭，自动化对德国劳动力市场的影响》的研究报告。该报告表明：由于德国的整体工业化程度高于美国，因此潜在的失业率会更高。在德国，59% 的工作岗位将受到自动化技术的威胁，这高于美国的 47%。同年年底，科尔尼管理咨询公司（A.T. Kearney）发布了报告《德国 2064——我们孩子的世界》[7]，其将目光投向了 50 年后的世界，并大胆地描绘了一幅全然不同的景象：未来的工作世界由大型企业和松散型协会组成，协会成员为初创企业和个体企业。如今的中小型企业将被高度专业化的高科技公司所取代。此外，该报告以牛津大学的研究为基础对未来的劳动力市场进行了研究预测，因缺乏其他信息来源，所以只能预测 20 年后的世界：在 2034 年之前，德国 45% 的从业人员可能会陆续失去工作岗位，成为失业人员。失业概率极高的人群包括 270 万名办公室职员和秘书、110 万名销售人员、100 万名餐饮业从业人员、90 万名商务专员和技术管理员。同样面临失业风险的还有 70 万名快递员、70 万名厨师、50 万名银行职员以及数十万名仓库工人、钳工和会计员。

该报告预测，对 80 万名儿童保育员和教育工作者、70 万名卫生保健工作者和护士以及 50 万名管理人员而言，他们被自动化技术替代的可能性并不大。让人出乎意料的是，对于汽车工程领域的 40

万个工作岗位，预测结果相当乐观。显然这份 2015 年的报告并没有预见到，如果德国汽车产业从传统燃油机生产转型为电动汽车生产，将会导致多少工作岗位流失。除了科尔尼管理咨询公司，其他咨询公司也受到牛津大学研究的启发，尤其是麦肯锡咨询公司。需要注意的是，策略家为了自己的利益，可能会用夸张的言辞和数据来描绘未来的工作世界。[8] 2017 年，麦肯锡发布的报告指出，在美国，体力工作时长占工作总时长的 18%，这些体力工作主要涉及常规的机器操作，其自动化概率大概为 81%。对占比劳动力总数 16% 的数据处理员而言，他们的情况也不容乐观，其岗位的自动化概率为 69%。对占比 17% 的数据收集员而言，这个数字为 64%。从绝对数字来看，在美国，6060 万人从事自动化概率极高的工作。在西班牙，这个数字是 870 万人，法国 970 万人，英国 1190 万人，德国 2050 万人。要知道，德国的就业人口大约为 4500 万人，这意味着约有一半的工作岗位将实现高度自动化。而在印度，具有高自动化概率的工作数量达到了 2.351 亿，在中国，这个数字更是高达 3.953 亿，均远超德国。

在此 4 年之后，即 2021 年，这些数字并没有发生太大的变化。麦肯锡全球研究院（Mckinsey Global Institute）在这一年发布了报告《后疫情时代工作的未来》（*The Future of work after COVID-19*），该报告指出新冠疫情加速了全球自动化进程。[9] 预计截至 2030 年，德国将有 1050 万名雇员——大约占劳动力总量的四分之一——不得不面临巨大的动荡。其中有 400 万名雇员将面临失业，不得不另寻出路。其余的 650 万人则需要接受全面的继续就业培训。若将美国、中国、印度、日本、法国、西班牙和英国计算在内，预计将有一亿劳动力受到影响。对此，该报告列出了背后的三个原因：首先，电子商务的蓬勃发展使实体零售业受到冲击。其次，随着人工智能的普及，工业生产、工业流程和工业物流的自动化程度越来越高；对比其他国家，该变化对高度工业化的德国影响最为深刻。第三，无论是在工厂、银行、保险公司还是在行政部门，与客户和同事之间的面对面交流都变得不再重要。远程办公的趋势正在改变传统职场。这将导致大量办公空间空置，商务旅行频率降低，从而给房地产业和航空业带来连锁反应。女性、24 岁以下的年轻人、教育水平较低或者具有移民背景的劳动者，都将面临失业风险。然而，受到自动化冲击的不仅仅是这些群体。根据 2017 年德勤（Deloitte）咨询公司管理顾问和审计师的预测，银行业的数字化革命不仅会影响行政人员和出纳员等低收入者[10]，税务顾问和银行家也会受到影响。以英国金融业为例，其在可预见的将来将面临 50 万个岗位流失。

事实上，管理咨询公司往往倾向于做出悲观的预测并宣称动荡将十分剧烈。这可能是他们工作的一部分，因为他们预测的动荡越剧烈，企业对重组的需求就越大，从而对咨询的需求也就越大。然而，拉响警报的不仅仅是管理咨询公司，波士顿的麻省理工学院的两位经济学家达隆·阿齐默鲁（Daron Acemoglu）和帕斯夸尔·雷斯特雷波（Pascual Restrepo），也曾发表过类似观点。他们两位是经济学领域备受尊重的专家。尤其是阿齐默鲁，他曾获奖无数，是美国艺术与科学学院（American Academy of Arts and Sciences）的成员，具有极大的影响力和知名度。2015 年，阿齐默鲁被经济学研究数据库及出版机构 RePEc（Research Papers in Economics）认定为 60 岁以下、过去 10 年被引用次数最多的经济学家。[11] 阿齐默鲁和雷斯特雷波近年来就自动化和人工智能在美国的应用问题发表了一系列研究报告。2017 年，他们计算得出：在美国，每个多功能机器人平均取代了约 3.3 个工作岗位。[12] 同时，机器人使用率的增加也降低了其他雇员的工资。不同于牛津大学的研究和许多其他机构的预测，他们并没有预估各行各业实现自动化的概率，而是记录了给就业者带来严重后果的实际情况。

2014 年至 2019 年，单单美国的石油和天然气行业就因全自动化控制而减少了 5 万至 8 万个高技能岗位。德国可能会经历类似的情况。这一结论源于联邦就业局的研究机构劳动力市场和职业研究所（IAB）于 2018 年发布的一项研究。[13] 该研究对各个行业以及有代表性的联邦州进行了深入的调研。据作者称，在德国，未来可被机器取代的岗位数量已经急剧上升。基于目前的技术水平，在 2018 年，在德国所有需要缴纳社会保险的岗位中，四分之一的岗位有超过 70% 的可能性会被计算机或由计算机控制的机器所取代。

然而，各州的情况不尽相同。像柏林这种制造业并不发达的地方，只有 15% 的岗位会受到自动化进程的影响，而在萨尔州这个数字则升至 30%。和人们设想的截然不同，受影响最大的是巴登符腾堡州这样高度工业化的联邦州，而非东德那些经济结构较为薄弱的联邦州。与其他研究不同的是，德国劳动力市场和职业研究所（简称 IAB）的研究报告明确指出：受到冲击最大的行业将是制造业，而非银行业、保险业或类似的服务业。制造业中有 54% 的岗位可被自动化，这一比例领先于采矿业的 48%、金融服务业的 48%、能源供应业的 32%、供水业的 28%、科技服务业的 24%、贸易行业的 22%、交通物流行业的 21% 以及建筑业的 21%。

与牛津大学的研究一样，IAB 的研究关注的并不是实际失业率，而是"可替代概率"：目前所有理论上可行的技术都得以应用和实施的前提下，自动化将会替代多少岗位？ 与牛津大学研究的不同之处在于，IAB 的研究忽略了大规模使用机器学习和其他人工智能程序可能带来的技术发展或技术飞跃。但是，即使没有考虑到可能实现的技术飞跃，其研究结果仍然令人震惊。该结论与牛津大学的研究结论如出一辙：仅在德国的制造业和能源供应业，数以百万计的雇员很快就会被淘汰，涉及会计员、税务员、行政管理员、律师、税务顾问、卡车、公交车和出租车司机、销售人员、银行职员、金融分析师、保险代理人等职业。同样地，那些在屏幕背后进行的、客户看不见的工作［数学家、前 IBM 经理冈特·杜克（Gunter Dueck）将这类工作称为"屏后咨询"］将会消亡，这将对工业界、行政机构、保险业产生巨大影响。

那么接下来还会发生什么？如果大学、研究机构和管理咨询公司的预测哪怕有一半成为现实，那么所有工业化国家都将深陷混乱之中。股市将迎来艳阳天，股东们会赚得盆满钵满，而失业人数和低收入人数则会激增。而大规模失业一直以来都是最大的政治危机之一，其往往是政治动乱的先兆或导火索，因此供应和分配问题变得更加紧迫，为了解决这个问题将引发更为激烈的讨论。当就业岗位减少时，就业竞争就会增加，工资便会下降，无业人员和低收入者的不满情绪也会日益增加。如果社会凝聚力瓦解，社会稳定性也会随之降低。

这是一个令人恐惧的场景，但它真的会成为现实吗？难道没有其他经济学家对牛津大学等机构发布的研究预测提出质疑吗？其实是有的，而且世界上几乎没有第二个国家像德国一样存在这么多质疑的声音。

解除警报：经济学家以过去预测未来

2014 年 8 月，距离牛津大学研究报告发表不到一年，IAB 便发布了一份新闻稿，宣布"充分就业"是德国政府的长期目标。IAB 研究主管恩佐·韦伯（Enzo Weber）指出，只要具备了必要的有利条件，特别是在教育体系方面，那么德国的失业率最终会下降至 2%~3%，届时失业人口将减少至 100 万左右。[1]

4 年后，IAB 又发布了一份新的研究报告，该报告指出：德国劳动力市场上的大量岗位都具有一定的"可替代概率"。可是当时的德国总理安格拉·默克尔（Angela Merkel）仍然在政府声明中从容地谈论着充分就业："只有在提高就业率的前提下，政府才能实施改善国民生活水平的计划。这就是为什么我们希望在 2025 年之前实现充分就业的目标。"[2]

一方面，许多国际研究报告指出，工业化国家的许多岗位极有可能被自动化取代，从而引发数百年来最大的动荡之一：大规模失业，其后果几乎是不可预见的。另一方面，IAB 的研究人员和总理却全然不受这些预测的影响，坚持追求充分就业的目标。这是为什么呢？难道那些研究报告都是错误的吗？还是说它们忽略了某些只有联邦总理和联邦政府才更清楚的信息？

至少在 2018 年，经济发展趋势仍然稳健、令人放心、没有任何暴风雨的迹象。当时的经济欣欣向荣，德国的就业人数达到了约4500 万人的历史最高水平。大家关注的问题还不是"大规模失业"，而是"技术工人短缺"。然而，新冠疫情的暴发使得天空变得暗淡，经济的衰退使得无数人失去了工作。可是，疫情终将会过去，届时劳动力市场是否能够实现全面复苏？我们是否会继续将"充分就业"视为一个现实可行的目标呢？

在新冠病毒出现之前，许多德国经济学家认为大规模失业是一个悲观的预测。他们在后疫情时代保持着相同观点。在德国这个盛产诗人、思想家、发明家和工程师的国度，牛津大学的研究和紧随其后的伦敦政治经济学院（简称 LSE）的研究受到了前所未有的质疑。除了少数例外，例如上文提及的 IAB 的研究，德国的大学和国立科研机构普遍采取相同态度：削弱牛津大学研究的影响力，尽可能地反驳其观点，最重要的是要强调一个事实——这份研究对德国而言没有任何说服力。

这是为什么呢？为什么这份研究偏偏在德国碰了壁？这个问题

不管在文化层面还是在意识形态层面都十分有趣。因为它不仅揭示了不同的研究方法，还反映了德国经济学家的意识形态。在德国，大多数顶尖经济学家都属于保守派、自由派，或者是拥护保守自由主义的社会民主党派。其他人则被视为少数例外或者不重要的角色。通过对历史的回顾和分析，这些经济学家表示人们根本没有理由担心德国会发生大规模裁员，因为关于大规模裁员的预言从未成真。最著名的例子可能是 1978 年《明镜》（*Spiegel*）周刊的一个封面：一个机器人抬高手臂拎起一个疲惫不堪的工人，标题为"科技进步使人失业"。虽然在 20 世纪 70 年代末和 80 年代初德国的失业率的确异常的高，但到了 80 年代中期，失业率开始大幅下降。汽车工业和其他行业的自动化无疑导致了部分工人失业，但失业规模很小，而且并不是持续性的。这难道不是一个不断重复的故事吗？无论是蒸汽机和纺纱机的问世，还是电气化或者电子技术的发展，从长远来看，岗位数量从未因为这些技术进步而减少，反而每次都增多了。历史表明，在面对技术革新时，灾难主义者的悲观预测往往是错误的，而那些冷静理智者总能更加从容地应对变化。

让德国引以为豪的是，它总能自如地应对技术创新所带来的挑战，而它所凭借的两种方式分别是：劳动力市场的结构性变革和全球示范性的职业教育培训体系。回想一下印刷业在 20 世纪 70 至 90 年代所经历过的结构性变革，当时数字化技术彻底改变了生产方式，印刷厂变成了"媒体公司"，印刷工人和排字工人被"印刷媒体设计师"所取代。此外，人们也曾担心自动取款机的出现会导致银行大规模裁员，但实际上，自动取款机只是改变了出纳员的工作内容。历史上并不存在因自动化而引发大规模裁员的先例。

鉴于德国职业教育培训体系的成功经验，许多经济学家对大规模失业的预测提出了质疑，这难道不是情有可原吗？面对这些悲观的预测，德国的经济学教授始终保持着乐观的态度，就像那些经常把 Et hätt noch jot je-jange!（到目前为止，一切都进展得很顺利）挂在嘴边的科隆人一样。他们表示：与欧洲的其他国家相比，显然我们国家的雇员受过更好的教育和培训。而且，由于德国人口结构的原因，劳动力市场上的求职者数量也将大幅缩减。到 2030 年，有就业需求的人将减少 5%。由此可见，大规模失业的警报是没有必要的。目前最重要的是让人们保持冷静。恐慌对任何人都没有帮助，我们的经济总是灵活多变，它已经成功地应对了许多挑战，大规模失业的恐怖场景不可能出现。正如卡尔·瓦伦丁（Karl Valentin）所言："预测未来是相当困难的，没有人拥有可以看清未来的水晶球！"

针对德国劳动力市场和职业研究所和牛津大学的研究报告，质疑者们基本上都指出了四个主要问题。第一个问题是，可以肯定专家通常喜欢夸大其词，这是众所周知的事实。信息技术专家向牛津大学科学系的经济学家奥斯本和弗雷所描述的自动化概率，虽然在理论上是可能实现的，但是人工智能系统在现实中的发展并不是一帆风顺的，其性能并不会随着时间的推移得到指数级提升。再者，技术可行性是一回事，能将技术真正投入行业应用（例如，工业和服务业）并实现赢利是另一回事。信息技术专家并未充分考虑到技术进步对社会的影响。一项技术能否被突破，与它是否被需要和被接受是两个完全不同的议题。举个例子，虽然技术层面上让人工智能计算出罪犯的再犯概率是可行的，但在法律层面很难想象这个计算系统很快会被德国司法系统全面投入使用。此外，利用机器人进行老年护理也是一个敏感话题，虽然机器人可以执行某些特定的任务，为老人提供多方面的帮助和支持，但是它们并不具备同理心和人情味，无法满足老年人的情感需求或代替人际关系；人们对全自动驾驶汽车的探索也面临着诸多挑战。虽然如今的人们已经开发出能够基于简单环境自主行驶的全自动驾驶汽车，但是它们是否能够自如应对巴黎、巴塞罗那或那不勒斯这种超大城市的复杂路况呢？

在混乱的城市交通中，不仅技术困难和社会技术困难远远超出预期，道德伦理问题也形成了巨大的障碍。由此可见，全自动驾驶汽车并不一定会像宣传的那样成为未来交通出行的解决方案。即使在 10 年后，巴勒莫的出租车司机也还能保住自己的饭碗。

第二个问题在于"自动化概率"或"可替代概率"等概念的说服力。这些概率到底有多大的说服力？毕竟概率和实际情况之间可能存在着巨大鸿沟。颠覆性技术并不一定会带来经济动荡。而且"自动化概率"也不一定会对工业和劳动力市场产生重大影响。牛津大学的研究对各个职业领域的评估过于笼统，因此产生了很大的误导效果。即使一个人所从事的工作包含大量常规重复性任务，这也并不意味着他只需要完成这些任务，他可能还有别的非例行任务，所以这个人根本不会像弗雷和奥斯本所认为的那样轻易被计算机轻易取代。其次，同一行业的同一工作岗位，其工作内容也并非完全相同。将这些不尽相同的工作内容统一贴上"常规重复性任务"的标签，有悖于现实情况。[3] 因此不少研究者认为，真实的自动化概率要比牛津大学的研究得出的结论低得多。[4]

第三个问题是，由于受到信息技术专家的误导，弗雷和奥斯本大大高估了技术发展的速度。技术的诞生并不意味着技术的广泛应用和全面普及。在德国，即使每万名工人拥有机器人数量已高达 371 台，工业机器人密度位居全球第四，仅次于韩国、新加坡和日本，但是德国经济界至今仍然难以大规模应用虚实整合系统。[5] 在牛津大学的研究报告发布 8 年后的 2021 年，工业 4.0 的发展仍然落后于预期，尽管它最近加快了步伐。应用新技术并实现赢利的道路通常是漫长而曲折的，因为企业往往缺乏那些能够精准运用技术、正确设计技术和维护技术的专家。因此，并非每项新技术都能达到预期的效果。还有些高新技术产品价格高昂，企业根本无法赢利。虽然在经历过无数次失败的尝试后，芦笋收割终于成功实现了全自动化，

第一章
工作世界的革命　033

可是对芦笋种植者而言，这意味着他们首先得投入六位数的巨资购买收割机器人才能享受这份便利。只有对该设备的需求量大幅增加时，设备才会变得更加便宜。但是，若东欧收割工人的人力成本仍然非常低廉，谁还愿意去购买昂贵的设备呢？

此外，近年来德国的平均薪资增长微弱，尤其是对普通收入者而言，高层管理人员除外。劳动力成本越低，投资新技术就越不划算。劳动力和新技术之间存在直接的竞争关系，只有当新技术能够显著提高产能并且比人力成本低得多的情况下，企业才会着手推动技术创新。然而，关于产能和成本的计算往往十分复杂，难以得出准确的计算结果。因此，即使牛津大学的研究认为某些工作的自动化概率极高，但是自动化进程也常常受到其他因素的阻碍。

第四个问题在于研究者忽略了这一事实：雇员通常具备高度的灵活性和超强的适应能力。因此，即使机器未来能胜任大部分的工作，也没有必要解雇人类。诺贝尔经济学奖得主、俄裔美国人瓦西里·列昂季耶夫（Wassily Leontief）曾提出过一个"人非马"的观点，他早在 1983 年就曾预言人类有一天会在劳动力市场上变得多余，就像拖拉机使马匹在农业生产中变得多余一样："工作将变得越来越不重要，越来越多的工人将被机器取代。而且我不认为新的行业能为每一位求职者提供工作。"[6] 但是，人类和马匹在劳动力市场上最大的区别可能在于：人类可以适应新的工作要求，而马匹则不能。如果机器接管了人类大部分的工作，而且人类没有接手新的任务，才会引发大规模失业。然而，只要回顾历史，德国经济学家就能清楚地看到危险解除的安全信号：不同于美国，德国经济中计算机和机器人的广泛应用未曾导致大规模的岗位流失，而只是对雇员提出了新的工作要求。雇员的常规重复性任务变得越来越少，而无法被自动化的任务则越来越多。就业形势总体上保持稳定。

德国杜塞尔多夫竞争经济学研究所（DICE）的经济学家延斯·苏

德库姆（Jens Südekum）就曾表示，自20世纪90年代初期以来，应用于制造业的自动化前沿技术并未导致德国出现大规模失业潮。虽然机器人开始代替人类完成汽车车身的组装和仓库货架的分类，但是公司的应对方案通常不是解雇人类，而是为他们提供大规模的转岗培训。正如苏德库姆所说："今天的车身安装工将成为明天的产品质量经理和销售经理。"这类职位突然间变得炙手可热，公司本可以招募更为年轻的专业人士，却选择了另一条路：对核心员工进行转岗培训和继续教育培训以增强公司内部稳定性。为支持该策略，工会承诺会控制员工的薪资。最终，该策略奏效了。当然，海外销量大幅增长也是其中一个原因。[7]

由此可见，数字化发展并不一定代表着大规模裁员，也可能意味着人类和机器之间的分工会发生变化。人类员工不再直接从事生产工作，而是进入其他业务领域接手新的任务，比如设备维护或者项目规划。因此，推进自动化进程并不一定会带来减员的后果。实际上，许多有危险性的、危害身体健康和单调乏味的工作岗位已被机器替代，但是员工们并没有因此失业，因为他们承担了新的任务，一些难以被自动化的任务。这难道不是未来的大势所趋吗？莱布尼茨欧洲经济研究中心（ZEW）的经济学家通过计算得出，自动化技术的应用在过去10年甚至为德国增加了1%的工作岗位。而且他们相当有信心地表示未来还会有增量。此外，他们指出：德国只有12%的工作会被自动化取代，无论如何都不可能达到50%。由于新技术对经济的影响是一个缓慢的过程，尽管会出现一定的岗位流失，但是随着新行业的兴起和新岗位的涌现，就业形势会保持总体稳定。[8]

伦敦政治经济学院的经济学家盖伊·迈克尔斯（Guy Michaels）和格奥尔格·格雷茨（Georg Graetz）也从过去的经验中汲取了勇气。他们于2018年发表了研究报告《工业机器人》（*Robots at work*）。该研究主要调查了1993年至2007年期间工业机器人对17个发达国家产生的影响。其结论是相当积极的："工业机器人使工作效率提高了约 15%。同时降低了低技能岗位的比例，略微提高了工资水平。而且，使用工业机器人对总体就业人数没有显著影响。"[9]

达沃斯世界经济论坛的预言家们也不再那么悲观。虽然他们发布的报告《2018 年未来就业》指出，机器所承担的工作量在短短 7 年内增加了 30%，到 2025 年将超过人类，但是他们也表示："快速发展的机器和算法可能会创造 1.33 亿个新的工作机会。而相比之下，到 2022 年可能只有 7500 万个岗位会被淘汰。"[10]

因此，对过去的回顾以及对未来的展望似乎正好印证了麻省理工学院的专家安德鲁·迈克菲（Andrew McAfee）和埃里克·布林约尔弗森（Erik Brynjolfsson）在其现代经典著作《第二次机器时代》（*The Second Machine Age*）中的预测。[11]虽然科技发展会带来一些副作用，例如摧毁就业、破坏生态，但是人工智能并不会取代人类。相反地，它将人类提升到一个更高层次的、需要更高技能水平的工作领域。人们将摆脱烦琐重复性工作，成为数字经济领域的专业极客。

那些对未来的就业率保持乐观态度的人们一致认为：为了在这个自动化技术飞速发展的时代成功重构劳动力市场，必须满足两个先决条件：首先，新技术必须提高生产率；其次，随着生产率的提高，新技术还必须引发补偿效应。如果生产成本下降导致产品或服务价格下降（这种情况经常出现但并非总是如此），需求通常会增加。增加的需求会促进经济增长、催生新兴产业，进而创造新的工作机会，并且吸收之前被自动化淘汰的人。理想情况下，补偿效应甚至会超出预期，不断涌现的新兴岗位将进一步扩大就业。[12]

实际上，补偿效应并不是必然发生的，而是需要满足多种前提条件，下一章节将详细对此进行介绍。然而，许多德国经济学家认为，这个效应在第二次机器时代是势不可挡的，他们声称："虽然自动化技术会取代部分工作岗位，但是随着生产率的提高，对新兴岗位的需求也会增加，从而创造新的工作岗位。"[13] 显然，这些经济学家将生产率提高和需求增加都视为常量而非变量。

来自莱布尼茨欧洲经济研究中心以及由德国邮政基金会资助的德国劳动研究所（IZA）的经济学家对补偿机制充满信心，因为它在过去曾成功发挥作用。虽然劳动力结构发生了变化，但是岗位总量非但没有减少，根据历史经验来看反而还会增加。阿齐默鲁和雷斯特雷波的研究表明，近年来机器人在美国引发了失业潮。但是这种情况不太可能在德国出现，因为德国有更严格的劳动保护法，所以企业通过裁员节约成本的情况比美国更少。而且德国还拥有更加完善的企业和国家继续教育体系，因此员工素质普遍更高。此外，服务业的发展势头已经超过了工业，如今在德国，只有四分之一的雇员仍服务于工业界。

在此背景下，为更好地应对技术变革，加强教育和继续教育质量建设是非常必要的！布林约尔松和迈克菲认为，在工业化国家，技术和教育（包含转业培训、继续教育和职业教育）之间存在一场持续不懈的竞赛。哈佛经济学家克劳迪娅·戈尔丁（Claudia Goldin）和劳伦斯·卡兹（Lawrence F.Katz）曾对此进行过详细描述。[14] 工业化国家的教育体系必须进行根本性的改革，才能使更多的人适应数百万个新兴信息技术岗位的需求。我想把这个观点称为"红皇后假说"，这个假说源于进化论。进化生物学家借用了刘易斯·卡罗尔（Lewis Carroll）的小说《镜中奇遇记》（*Alice Adventures in Wonderland*）中"红皇后"这个角色来命名该假说。在该作品中，棋盘上的红皇后对爱丽丝说："在这个国度中，你必须不停地奔跑，才能使你保持在原地。"正如在生物学中，复杂的生物体需要不断变化以逃避寄生虫，经济也需要不断发展才能保持竞争力。为了将失业率控制在低水平，教育和继续教育必须始终跟上技术进步的步伐。

因此，相关政策的制定变得至关重要。政策制定者需要确保为再就业培训和继续教育培训提供充足的资金，并帮助数百万因技术进步而失去工作的人重新就业。同时，莱布尼茨研究所研究人员的建议也不容忽视："如果人们接受了针对性的培训进修之后仍然无法满足日益严苛的岗位要求，政府需要采取恰当措施以缓解他们受到的负面影响。"[15]

　　具体是怎样的措施目前还不清楚。众所周知，税收减免政策对领取"哈茨四"（Hartz-Ⅳ）失业救济金[①]的人来说帮助不大。而培训进修也很难帮助人们胜任要求越来越高的工作。与此同时，德国经济学家还注意到了一个现象：许多失业者找不到合适的新工作，这在美国已经很普遍。苏德库姆认为，真正的问题并不在于预期之中的大规模失业危机，而在于："产生的新工作大多与被淘汰的工作完全不同。如果柏林的某个地方正急切地寻找网页设计师和程序员，这对普法尔茨的汽车修理工又有什么意义呢？毕竟他们组装柴油机涡轮增压器的技能即将过时。"[16]除此之外，苏德库姆还注意到，自动化进程已经改变了企业的薪酬分配策略。平均工资的下降是意料之中的，而获益最多的是那些已经掌握高级技能且收入丰厚的人群。

　　在此形势下，哈佛大学经济学家理查德·B.弗里曼（Richard B. Freeman）和两位同事提出的观点获得了部分德国经济学家的一致认同。[17]弗里曼和他的同事主张，为了避免未来的员工沦为"机器所有者的奴隶"，应该使员工从机器生产中受益。受益的人越多，人与机器的关系就越和谐，对公司也越有利。这个主张无疑是提升员工满意度和幸福感的有效途径。至于员工如何从机器生产中获利，弗里曼提出了不同的建议。考虑到不同的国家有着不同的经济传统，因此可以根据不同的经济传统采用不同的方法。对于已经实行员工持

---

① "哈茨四"失业救济金，即失业救济金Ⅱ，第二类失业救济金。——编者注

股制度的企业，可以延伸现有制度，例如向员工提供优惠的公司股份或者股票。另一种可能性是，为员工设立基金会。如果公司不愿意或者不能够配合，国家也可以在财政上给予支持，以便员工能够获得更多利益。弗里曼认为，相较于通过提高税收的方式进行社会再分配，这些方法肯定更有效。

德国劳动经济学研究所（Institute of Labor Economics）的特里·格雷戈里（Terry Gregory）似乎持有相同的想法。[18]他认为，只要自动化程度越来越高的企业归本国投资者所有，而不是归东亚、印度或阿拉伯国家的投资者所有，资金就会以各种方式流回德国。让尽可能多的德国人成为本土企业的股东，使他们能从机器生产中获利，这不仅会为自动化发展创造一个有利的环境，还能增加消费者的资本，以便他们能够购买最新的、自动化程度更高的产品。需求的增加会推动企业扩大生产，从而创造新的就业机会。

如果这个想法是可靠的，那么只需要采取两项措施便能实现这个想法：一是国家应该加强教育和继续教育质量建设，二是通过财政手段支持企业设立员工持股制度。如此一来，资本主义永动机就能抵御所有危险，并凭借过去的成功秘诀创造出一个光明的未来。可问题是，这些措施并不能帮助那些无法适应未来的人或者那些无法达到岗位要求的人。另一个更大的问题是，仅仅依靠过去的经验来安抚人们因牛津大学的研究而感到的不安情绪，也许并不是明智之举。因为人们有很好的理由相信，这一次的状况可能与以往大有不同。

对实证理性的批判：这场变革是否可被计算

如果说关于未来有一件事是已知的，那就是它无法被预知。我们应该认识到这一事实的重要性，而不能像牛津大学研究报告的作者那样盲目地相信当下即未来。波兰哲学家、散文家和科幻小说家斯坦尼斯瓦夫–莱姆（Stanisław–Lem）曾明智地指出：过去和现在无法映射未来。那些认为未来的工作世界变革与过往的变革没有任何区别的研究者也应该清楚地认识到这一点。

此外，我们必须谨慎使用外推法去预测未来！因为在真实的人类世界中，没有什么是线性的，更不是指数的。仅凭简单的数学模型是无法预测未来的，因为现实世界太过复杂多变。虽然自动化概率中的多位小数体现了数学家的热情和投入，但是它们在现实生活中并没有多大的说服力。此外，我们也不能总是期待历史上的成功经验能带来相同的成功。"大重置"——第二次机器时代的一次重大变革——来势汹汹，不容小觑，仅仅依靠联邦共和国陈旧且有限的经济手段已经无法应对这一挑战。

研究结果总会证实作者先前的预测，并且尽可能地符合他们的世界观，这并不是什么大秘密。即使经济学自半个多世纪以来一直追求自然科学的客观性，也无法改变这一事实。经济学本质上是一门研究人的科学，其主要研究社会互动，而不仅仅是研究个体。如果人们对社会心理学、权力利益论、意识形态和反意识形态、人类学假设以及思想史和文化史缺乏了解，就无法真正地理解经济。

然而，德国大学所开设的经济学课程完全不涉及这些主题。在德国大学盛行的是一种特定的经济学理念：通过大量实证研究和数学计算来追求最大程度的中立。然而，这种中立始终是现存资本主义制度范围内的中立。而所谓的中立承诺，也并非真正的中立。例如，经济增长、提高生产力或充分就业并不是中立的目标，它们是在特定的历史背景下为了让更多的人过上充实幸福生活而采取的手段。这些手段可能是有用的、合情合理的，但它们仍然只是手段。至于提高国内生产总值，它既不是一个伦理目标，也不是一个科学的、中立的目标，而是一个政治目标。

经济学研究常常缺乏一种超越经验主义、统计学和数学的视角，而这种视角自19世纪上半叶以来被命名为政治经济学。该视角强调反思自己的知识，并将其与历史、社会和政治背景相结合。然而在德国，经济学家的预测几乎都是由数字堆砌而成的，例如，"德国经济五贤人"①。这些贤人并没有表现出什么大智慧，他们对经济增长的预测通常基于数学计算，预测结果无非是带有一位小数的数字；抑或是那些预测经济即将崩盘的无数书籍，其唯一目的只是为了推销自己成为动荡时期的投资顾问。

将经济学视为自然科学会带来一定的益处，例如，科学性和客观性，但同时也会带来一些弊端。同样的，其他学科，例如，心理学、媒体和通信科学、社会学或教育学也面临相似的问题。这些学科越是依赖实证研究方法，就越难以主导社会辩论，其社会影响力会下降，研究结果会加速过时。每项实证研究就像一个已经熄灭的太阳，虽然还闪烁着一些微光的太阳，但在它旁边已经出现一个更加明亮的新生太阳，但这个新生太阳同样会像旧的太阳一样迅速消失。因此，这些研究很难产生持久且具有指导意义的成果。

研究未来工作的经济学家不得不去量化那个无法被量化的未来或过去，即使他们的量化结果往往缺乏说服力。如果他们不去研究那些未被量化和无法被量化的社会因素和进程，就无法对未来的许

---

① 德国经济五贤人又称鉴定总体经济发展的专家委员会。1963年8月14日，由德意志联邦共和国五大经济研究所即柏林、汉堡、基尔、埃森和慕尼黑经济研究所各出一名专家组成。会址设在威士巴登，委员会的主要任务是预测德意志联邦共和国总体经济形势的发展趋势，提出稳定物价、实现充分就业和外贸稳定增长等措施和建议，并向经济政策机构提供咨询。每年秋季完成年度鉴定报告，送交联邦政府，同时公开向社会发表。该委员会委员每期任期5年，可以连任。——译者注

多事情做出判断。究竟哪些宏观经济因素（如经济周期或全球化市场面临的竞争压力）会阻碍或促进技术和经济的发展？这其中有多少因素像唐纳德·特朗普（Donald Trump）现象或新冠疫情一样是难以被预测的？如果牛津大学研究中提到的趋势哪怕有一半成真，政策制定者将不得不做出结果未知的决策。当社会面临失业潮的时候，生产力可能会大幅提高，但也可能会下降。那么到底什么更重要？提高生产力，从而增加税收收入？还是牺牲生产力，从而保证就业率呢？众所周知，几乎所有国家都将经济增长和就业增长作为奋斗目标。这两件事情虽然可以同时发生，但它们不总是同时发生。例如，在 2000 年至 2009 年，工业化国家有数百万名失业人员成功再就业，却付出了生产力下降的代价。

所有的决策都会对未来的劳动力市场产生巨大影响。因此，基于实证研究的预测常常是备受争议的，其说服力通常相当有限。许多所谓"客观"的实证研究通常会展示大量的数字、图形和图表，但是实际上它们大多基于主观的假设和预测，未必以事实为依据。这其中便包括备受青睐的预测时间点"20 年后"。那些预测未来 5 年内将发生巨变的人，5 年后的处境往往非常窘迫，因为人们都还记得他们的夸张预测。如果预测者将着眼点放在 50 年后的未来，那么这些预测受到的关注便寥寥无几。因为任何事情在 50 年后都有可能成为现实，但那时只有极少数的预言者还在世。因此，像牛津大学的研究一样预测 20 年后的未来是一个明智之举，因为时间跨度足够短，那个未来与当下仍有密切关联，同时又足够模糊，人们仍然可以保持想象力的开放性，毕竟任何事情都有可能成真。此外，对 20 年后的未来进行预测的研究者也能预计到：随着时间的流逝，他将被世人遗忘。

然而，无论是牛津大学的研究，还是针对该研究的反驳观点，都受到了同样的质疑。莱布尼茨欧洲经济研究中心的经济学家曾

计算得出韩国有 12% 的工作会被自动化取代，美国为 9%，德国为
12%，可是这些数字毫无说服力。因为真实的未来世界掺杂了太多
的不确定因素和难以确定或量化的因素，所以这些数字缺乏精确性
和可靠性。

诚然，只有通过研究过去，我们才能在当前时刻站稳脚跟。然
而，我们不能仅仅基于过去去预测未来，因为未来存在太多未知因
素，过去的成功秘诀在未来不一定奏效。人们不能仅凭经验去预测未
来，而要根据已有的信息和数据去诠释和理解未来。在经济学研究领
域，"诠释学"这个词很少被提及，它是一门古老的艺术，强调通过分
析大量的细节来推断出整体，并将整体与大量细节进行核对。诠释学
家认为，正如哲学家卡尔·贝内迪克特·弗雷曾经指出的那样，被衡
量的世界并不是世界本身，而仅仅是世界可被衡量的一面。[1]在诠释学
方法论中，经济学不仅仅涉及图表、数字和公式，也涉及人。如果
将真实人类的生活状况、所属的社会群体、对生活的期待和要求以
及文化背景考虑在内，我们就能更好地理解卡尔·贝内迪克特·弗
雷在思考未来时所提及的"社会成本"等概念。那些谈论社会成本
的人似乎拥有更高层次的目标或价值观。他们认为，为了实现这些
目标，不得不付出相应的代价、承担相应的社会成本。但这些目标
究竟是什么呢？是市场、繁荣、经济体系、国家、进步，还是未来
呢？最初的经济学主要是研究"家庭经济学"，其关注的是让更多的
人过上充实生活的物质基础，在这个视角之下，社会成本等概念可
能就不那么重要了。

现代和未来的劳动社会所面临的挑战不是单纯的成本效益分析，
而是如何通过新一波的自动化浪潮来实现道德素养提升和社会进步。
如今的经济学研究过于重视市场逻辑、技术动态和高利润率，而忽
略了人们的愿望、需求、个性、缺点和优点等非理性因素。原因一
方面在于人们的视野受到实证研究的限制，另一方面在于人们根本

不了解其他替代方案！如果牛津大学的研究预测应验了，人们可能根本不知道如何应对接下来的挑战。

这也就解释了为什么人们会低估当下的技术飞跃对社会带来的影响。自动化机器已经开始承担越来越多的复杂的认知任务，而不是像过去那样代替人类完成繁重的体力劳动。曾经，体力劳动者必须转型成为能够解决简单认知任务的人，而如今在诸多行业中，简单认知任务的解决者必须转型成为复杂认知任务的解决者。幸运的是，就目前而言，只有少数人急需转型，因为大部分的职业仍处于"安全"状态。而这个转型的难度究竟有多大呢？是否类似于当年的印刷工人和排字工人转型为媒体专业技术人员？当下的技术飞跃对工作世界造成的影响到底有多大？是否类似于 20 世纪八九十年代工业机器人对工作世界造成的影响？那时的新兴岗位和被淘汰的岗位之间的差距有多大？这次又会是什么样呢？如今，被自动化取代的制造业从业者几乎没有任何机会接受转岗培训，因为全自动化系统将取代整个职业领域，而不仅仅是部分工作岗位。数十万名保险定损员将来又会转行做什么呢？维护 IT 系统并根据需求编程吗？还是申请公司内部转岗呢？转到哪些岗位呢？是日益自动化的市场营销岗还是销售岗？要知道，如今的销售领域早已从人类世界转变为数字世界，个人的魅力或人际关系已不再是关键因素，更为重要的是产品或服务的价格。

继续教育培训的效力是有限的，但是人工智能通用技术的应用潜力却是无限的。实际上，即使是最乐观的人也明白这一事实：对于大多数人（即普通智力者）而言，要想成为人工智能领域的专家并不容易。面对工作世界的变化，人们通常不会思考如何重塑工作世界，反而更倾向于采取消极的态度，想着推迟解决问题！让人感到欣慰的是，信息技术专家布林约尔弗森和麦卡菲表示："工作世界的革命不会像人们宣扬或担心的那样迅速到来。全自动驾驶汽车还没有出现在条条道路上。出纳员、客户服务人员、律师、司机、警察、护理人员、管理人员和其他职业还存在着，而且他们并非都面临被淘汰的命运。"[2]

这两位麻省理工学院的教授想以此说明什么呢？这场变革不会波及所有人吗？[3]可是为什么不会呢？毕竟第二个机器时代已经如同宣传那般席卷了整个工作世界。想当年汽车取代马车成为主要的交通工具，几乎所有的马车夫、马车制造者、制革匠和蹄铁匠都受到了巨大冲击，只有极少数职业幸免于难，如此之少，以至于没有一项所谓的"幸存职业"被牛津大学的研究列入含有702项职业的清单中。谁还会在20年后继续以出纳员的身份工作？谁还会继续在银行继续担任柜台文员一职？布林约尔弗森和麦卡菲认为，警察、护理人员和管理人员等职业难以被自动化取代，可这个观点是缺乏依据的。只要快速浏览一下牛津大学的研究，我们就能够列出一长串即将消失的职位。

此外，两位教授多次提到的副词"还"也让人不寒而栗。它暗示着在某种程度上人们还有足够的时间。有足够的时间做什么？将司机和出纳员培训成虚拟现实设计师或大数据分析师吗？还是将他们通通培训成社会急需的护理人员，抑或是侦察员、生活顾问、情感治疗师、网络红人、美容师和健康管理教练呢？设想一下，如果在德国有十分之一的人失去了他们的工作，这将会产生怎样的后果。毫无疑问，这将对政治和社会造成巨大冲击。布林约尔弗森和麦卡菲认为创造经济增长是解决问题的灵丹妙药，但这完全暴露了他们在思想上还活在过去。如今，我们所面临的可持续发展问题变得日益紧迫，保护自然资源已经刻不容缓，我们必须尽快改变铺张浪费的资源密集型生活方式。然而，这些问题在未来预言家的思考范围之外，他们并没有意识到数字化革命和可持续发展革命是同步进行的，应同时予以考虑。

不同于过往的技术革命，新一波的自动化浪潮催生了一个新的经济体。这个新的经济体，被英国经济学家、斯坦福大学前教授布莱恩·阿瑟（Brian Arthur）称为第二经济体，它由庞大的、沉默的、互联的、无形的和自发的进程组成，与实体经济并存。阿瑟在 2011年曾预言："第二经济体肯定会成为经济增长的引擎，为我们带来繁荣……但它无法提供就业机会，因此很多人可能无法享受其带来的繁荣。"[4] 人们可能会对这个预言嗤之以鼻。但阿瑟并没有确切地说明该预言将在何时成真。第二经济体是悄然形成的，它不会在一夜之间完全成熟，工作流程的自动化分为多个步骤，因此在达到完全自动化之前，会存在一个过渡阶段。至少在这个过渡阶段，UPS[①] 司机还不会失业，他们将操作无人机进行物流运输，而不是继续亲自运送包裹。同样的，优步（Uber）公司也将人类驾驶员所提供的服务视为一种过渡，直至所有的工作内容全面实现自动化。数字化革命带来的低薪工作可能还会存续一二十年，但它们终有一天会消逝。数字化的浪潮正在不断蔓延，逐渐覆盖那些有利可图、不需要人情世故、有市场需求且道德上无争议的工作领域。这个趋势不会止步于零工经济下的工作和平台经济中的低薪服务类工作，它将像一把铁扫帚一样，彻底地席卷行政部门、制造业、保险业和银行业。

随着越来越多的新工作被机器接管，多数人的薪资待遇很有可能会下调。在全球范围内，许多国家和地区都在积极推动数字化的发展，并由此降低了商品价格。这给那些未能跟上步伐的国家带来了压力。人们担心在德国，雇主和劳工代表之间的协议可能会阻碍现代化进程。实际上，德国的某些技术发展已经落后于其他工业化国家，与 20 世纪八九十年代的机器人技术发展形成鲜明对比，当时的德国还是全球领先者。但德国很快会扭转这一落后局面，因为对

---

① 即美国联合包裹运送服务公司（United Parcel Service, Inc.）。——译者注

设备和数字化转型的巨额投资将带来回报。

"自动化生产会降低产品成本，同时会产生新的工作岗位。"这个说法并不是一个经过实证研究证实的普遍事实，它依赖于许多先决条件。虽然生产成本的降低和利用率的提高可以带来更多的工作岗位，但是究竟是人还是机器来接手这些工作，则受到诸多因素的影响。阿齐默鲁和雷斯特雷波指出："很可惜，目前商业人工智能的发展趋势正日益倾向于自动化，这可能会给社会带来毁灭性的后果。自18世纪末以纺织机、蒸汽机等机械化为起点的工业革命开始以来，自动化一直是生产率增长的引擎。但自动化的潮流并不会自动地让一切'水涨船高'。现阶段，自动化用机器代替劳动力完成生产任务，降低了劳动力占国内生产总值的比重，也有可能降低就业率和工资。"[5]

所有的声音都在告诉我们：当前经济发展的重点是尽可能地将所有适合的工作实现自动化。然而，几乎没有任何迹象表明，自动化发展将创造大量新的劳动密集型产业，以吸纳更多的劳动力。这意味着当前的发展不同于汽车取代马车，也不同于兴起的服务业平衡衰落的传统工业。阿齐默鲁和雷斯特雷波表示，"今天，我们有足够的理由对市场保持怀疑态度。更糟糕的是，数字化革命由极少数的科技巨头主导，它们的商业模式与自动化密切相关。这些科技巨头投入了巨额资金进行人工智能研究，并且创造了一种新的商业环境，在这个环境中人们主张是必须将容易犯错的人类排除在生产过程之外，否则将无法进一步推动技术和经济的发展。"[6]

在这种情况之下，德国经济学家从过去所获得的乐观情绪严重缺乏说服力。原因有三：首先，他们过于关注工业，而忽视了如今规模更大的服务业和平台资本主义；其次，他们似乎高估了继续教育和再就业培训的效力；最后，他们似乎不愿意承认这个事实：尽管机器人到目前为止还没有摧毁任何工作岗位，但已经对就业增长造成了负面影响。

美国就是一个很好的例子，如前文所述，机器人已经在这个国家夺走了数百万个制造业岗位。有迹象表明，德国未来可能也会面临同样的处境。那些被牛津大学研究和其他研究评估为易于实现自动化的工作领域，在近年来几乎没有任何的就业岗位增长。数字化变革给各行各业带来的冲击已经显而易见，从办公室职员、纸张和木材加工人员、印后加工人员，到律师事务所的助理，无一幸免。[7]在德国，岗位的增速和其自动化概率之间呈现"负相关"的关系。一个岗位的自动化概率越高，其在过去五年的岗位增速就越慢。[8] 随着自动化进程的不断推进，如果在经济繁荣时期岗位增速低于平均水平，那么在经济萧条时期就会出现大面积裁员。劳动力市场将呈现两极分化，中间层将逐渐消失。而新的工作机会主要是面向受过良好教育和技能培训的顶尖人才，中间层的岗位数量大幅减少，而低薪岗位数量则基本保持不变。

尽管如此，仍有人选择无视潜在的危机。人们总是会低估结构性变革的程度和冲击力！过去的劳动力市场转型主要涉及生产机器的变化，人们的经验也主要是基于这类转型。然而，当前的转型主要涉及信息机器，而不单单是生产机器。两者之间的区别是相当大的。这或许可以解释为何适用于第一个机器时代的经济理论和结论在第二个机器时代失效了，以及为何数字化革命可以为企业创造丰厚的经济收益，却无法提高国民经济生产力。如果原因确实如此，那么加大智能数字技术的应用力度将难以促进经济增长并创造更多的就业机会，相反可能会产生反效果。如此一来，补偿效应根本不会显现，技术进步无法保证其创造的就业岗位总是多于其摧毁的就业岗位。

如果我们根据过去 20 年的经验仔细观察数字化革命的"结构和模式"，也就不难发现，数字化革命的第一阶段与一个重大转变密切相关：从生产经济到金融经济的转变。由于西方工业化国家对金融市场放松管制，从而使得金融经济成为全球最大的经济体，而其他领域——用一个恰当的术语来说——被称为实体经济。如今，资本市场瞬息万变，资本以毫秒级的速度在全球范围内快速、灵活、短暂地流动，不断追逐着最大的短期收益。正是这种结构造就了平台资本主义。像亚马逊、阿里巴巴、谷歌、腾讯、苹果、推特、优步或贝宝这样的企业虽然没有生产车间、没有传统的机器设备或传统的股权结构，却成功缔造了虹吸世界资本的资金池，这些资本来自个人投机者和机构投机者，养老基金和挪威主权财富基金，以及阿拉伯国家和当地企业通过销售石油所获得的资金，等等。资本源源不断地涌入使得这些企业迅速崛起，规模经济飞速发展。为了创造更高的收益，永不停息的资本又开始经营信息数据，并利用这些信息数据建立起数据经济。当前和未来的信息交换速度和信息互联速度已经到达了前所未有的水平。过去 15 年中，计算机芯片的存储容量暴增了数千倍，并将在未来几十年继续保持增势。然而，在平台资本主义的发展历程中，几乎并没有新的市场因此而诞生，因为企业本身就是市场。亚马逊和阿里巴巴不仅是全球在线交易市场的参与者，它们本身就代表了这个市场。谷歌也不是全球知识经济市场的参与者，而是市场本身。市场上如果出现了新的竞争对手，通常很快就会被这些科技巨头收购。

由此可见，这些科技巨头并不会遵循自由市场经济的规则。这也恰恰解释了为何这些高收益的跨国企业取得了巨大的经济成功，却并没有为社会和经济带来人们预期的福利。在数字化进程中，企业的成功并不意味着国民经济生产力的增长。正如阿齐默鲁和雷斯特雷波所指出的那样："工资与就业增长停滞不前且劳动生产率增长缓慢。令人担忧的是，人工智能似乎会加剧这一趋势，可能导致未来几十年工资增长缓慢、劳动力市场参与度降低。"[9] 这种经济发展，尤其是在美国，还受到加速摊销、利息减免和税收优惠等措施的推动，而这是否能促进国民经济发展，是值得质疑的。

国家全员劳动生产率是国内生产总值与全部就业人员的比率。统计数据显示，2012 年至 2019 年，德国的劳动生产率并没有显著提升，其年平均增速在 1.3% 和负 0.7% 之间。[10] 数字化确实可以提高员工的工作效率，但整体的劳动生产率几乎没有任何增长。对于阿齐默鲁和雷斯特雷波而言，这是意料之中的事情，他们认为，一味地追求自动化会导致劳动生产率下降，工资增速停滞，以及劳动力占国内生产总值的比重下降。[11]

这两位麻省理工学院教授的观点并不完全合理。因为以往的自动化浪潮总会显著提高劳动生产率。美国经济学家罗伯特·索洛（Robert Solow）曾提出著名理论：劳动生产率的提高主要依靠技术进步，而不在于资本和劳动力的投入。他因该理论在 1987 年获得了诺贝尔经济学奖。[12] 随着技术的不断进步，一个普通的美国工人在 1950 年需要 40 个小时才能创造的收益，到 20 世纪末只需要 11 个小时。技术标准越高，经济总产值就越高。可是令人诧异的是，就在索洛获得诺贝尔奖的那一年，他惊讶地发现，尽管数字技术的发展非常迅速，却并没有像他所预测的那样显著提高劳动生产率。因此他发表了声明："计算机时代的印记随处可见，劳动生产率的统计数据除外。"[13]

也许质疑者会指出，19 世纪末的电气化革命花了 20 年的时间才得以体现在劳动生产率的统计数据中，如今的数字化革命也需要一定的时间才能对劳动生产率产生影响。然而，即使在索洛发表声明 35 年后，社会仍然存在着一种明显的失衡现象：虽然大型科技企业的收益不断攀升，它们也因此成为有史以来营收能力最强且影响力最大的企业，但是，它们尚未给任何工业化国家带来宏观经济繁荣。中国从新兴市场崛起成为世界第二大经济体，依靠的也不是科技企业，而是大多数中国人赖以为生的"传统经济"。

数字技术确实提高了某些行业的生产率，但这些行业对国民经济增长的贡献并不是很大。[14] 这种情况可能在未来不会有太大的变化。美国经济学家罗伯特·戈登（Robert Gordon）——索洛的学生，全球最著名的生产率研究者之一——表示，在这个数字时代，工业化国家必须经历一个漫长的"停滞阶段"，在这个阶段中它们的经济几乎不会出现任何增长。[15] 因为硅谷和众多科技公司的技术创新，只是取代了原有的商业领域，并不会带来全面的经济增长。优步吞噬了全球出租车行业；爱彼迎蚕食了传统酒店行业；推特和其他社交媒体改写了传统媒体版图，电视、报纸和杂志因此而凋零；亚马逊和阿里巴巴给传统零售业带来了巨大冲击。虽然这些平台资本主义的商业模式总体上创造了巨额利润，但它们并没有刺激经济增长。戈登认为，这个世界缺乏促进经济增长的创新思路。无论是消费电子产品、虚拟现实、应用程序、3D 打印，还是自动驾驶汽车，总体而言它们都没有增加岗位总量或提升生产率。而那些真正能够开辟新市场或大幅提升生产率的伟大技术创新，仍然毫无踪影。

种种迹象表明，戈登可能是正确的。不同于以往的工业革命，数字化革命并没有广泛地开创新的商业领域，而只是使现有商业领域变得更为高效。因此，人们不能草率地相信索洛模型，并坚信技术进步势必会对生产率产生积极影响。如同所有的经济学理论和定理一样，索洛的理论并不是自然定律，即使它有着数学形式。

如果人工智能时代的新一轮数字化浪潮真的无法显著提升生产率，这可不容小觑。它将破坏人们心中的美好愿景：自动化技术的发展会促进经济增长，从而保障充分就业。如果数字化浪潮只是转移市场，而不是创造市场，那么补偿效应将失去立足点。对那些乐观看待未来工作的人，以及那些认为所有的问题都可以通过教育和继续教育培训来解决的人而言，这个效应是不可或缺的。

自然定律和人类世界：补偿还是替代

补偿理论到底是什么？它的起源是什么？该理论成立的前提条件是什么？实际上，它是第一次工业革命的产物，源自法国经济学家让-巴蒂斯特·萨伊（Jean-Baptiste Say）的著作《政治经济学概论》（*Traité d'économie politique*）。1803 年，萨伊在该著作中描述道："生产者完成产品加工后，总是急于出售产品以免产品贬值。此外，他们同样急于出清通过出售商品所获得的货币，因为货币的价值也是有保质期的。由于出清货币的唯一办法是购买其他产品，因此仅仅生产一种产品就可以立即刺激其他产品的生产。"[1] 这个观点被称为"萨伊定律"。虽然萨伊的表述有些含糊不清，但是经过苏格兰记者詹姆斯·穆勒（James Mill）——哲学家约翰·斯图亚特·穆勒（John Stuart Mill）的父亲——通俗化的解读之后，这个观点变得更加清晰。穆勒如此描述道："如果一个国家生产的商品数量增加，那么就会产生相应的额外购买力；因此在自然情况下，一个国家永远不可能出现资本或商品过剩。"[2] 简而言之：供给越多，需求就越大。

穆勒的解读得到了经济学大家大卫·李嘉图（David Ricardo）的肯定和认可。李嘉图的经济理论对 19 世纪的英国国民经济产生了重大且深远的影响，他与萨伊和穆勒是同时代人。他在年轻时就已经是一位成功的证券经纪人了，后来在 42 岁的时候开始研究经济学。不同于他的知名前辈亚当·斯密，李嘉图对哲学没有丝毫兴趣，且放弃了形而上学的假设。他认为经济学更像是一门自然科学，并试图以完全客观的机制去解释所有的经济过程，就像牛顿物理学以客观的机制解释自然现象一样。此外，他认为市场的竞争力量和自然界中的物理力量一样都追求平衡，市场中的经济过程是无关理性和道德的，它受到一种平衡力量的作用，是客观的、超越个体的、完全不依赖于人类心理的。李嘉图看待经济就像工厂主看待生产一样，他将资本主义视为了一门自然科学。他寻求的是高效的机械决定论，可以像牛顿的物理学那样被归类为永恒的"定律"。

李嘉图面临两个问题。首先是人口数量的波动。19世纪初，人口数量急剧上升。需要就业的工人数量大幅增长，这对于一个稳定的平衡系统来说并不是一个简单的挑战。其次是技术进步带来的影响。传统的生产方式发生了转变，机器取代了人力。在资本主义平衡受到威胁的背景之下，萨伊–穆勒定理对于李嘉图来说大有裨益。在他的著作《政治经济学及赋税原理》①（ *On the Principles of Political Economy and Taxation* ）中，李嘉图提出了后来被载入史册的"补偿理论"：生产效率越高，生产的产品数量就越多，由于大规模生产降低了生产成本，产品会变得更加便宜，能够负担得起这些产品的消费者也就越多，同时他们的口袋里也有了更多的余钱可以用于购买其他产品。简而言之，就是技术创新 → 产品降价 → 需求扩大 → 促进新的生产的模式。因此，技术进步创造的新的工作岗位远远多于其摧毁的旧有工作岗位。生产率越高，就业机会就越多。

补偿理论大获成功，一度风靡经济学界。时至今日仍在经济学教科书中占有一席之地，被用来证明技术进步并不会导致大规模失业。然而，鲜为人知的是，经济学大家李嘉图在提出补偿理论短短四年后，不仅在《原理》第三版中删除了该理论，甚至还提出了截然相反的"替代理论"。

到底发生了什么？1817年，《原理》问世后不久，当时的关键行业陷入了严重的销售危机。纺织机引起的技术革命给纺织业带来了巨大冲击。1815年，拿破仑大陆封锁政策的破产引发了第一次销售危机，大量的英国纺织品迅速涌入欧洲大陆，法国采取了对抗措施以保护本国经济。然而，对于发生在1818—1819年的第二次销售危

---

① 后文简称《原理》。——译者注

机，却无法用任何外部因素来解释原因。布匹的大规模生产并没有
提升购买力，这有悖于穆勒的预言和李嘉图的定律。如果商品如此
昂贵，同时 19 世纪早期的工厂主们还在李嘉图和其他理论家的支持
之下一再地压低工人的薪资待遇以击败国外的竞争对手，那购买力
怎么可能提升呢？

　　当李嘉图读完瑞士经济学家让·沙尔·列奥纳尔·德·西斯蒙
第（Jean Charles Léonard de Sismondi）于 1819 年出版的著作《政治
经济学新原理》（*Nouveaux principes d'économie politique*）——后文
简称《新原理》——后，他感到十分迷茫，因为西斯蒙第的研究方法
大多与李嘉图大相径庭。不同于他的英国对手李嘉图，西斯蒙第并
不认为经济学像自然科学一样属于精确科学。他认为，如果经济学
是一门科学，那也是一门关于人的科学。若要深入理解经济学，就
不能探求永恒的定律，因为这种定律在人类世界根本不存在。相反，
人们应该研究历史，并学会从中汲取智慧。此外，他认为 19 世纪早
期的资本主义并非唯一的经济制度，过去曾存在不同的经济制度，
未来也势必会产生新的经济制度。西斯蒙第追求的是一个真正以人
为本的经济体系，这里的人关乎所有人，而不是像他所处的那个时
代一样仅仅关乎少数特权者。

　　西斯蒙第对补偿理论的首创者提出了尖锐的批评。他认为供需
关系绝不可能用自然定律去解释。在《新原理》第四册第六章中，
这位瑞士学者向英国学者李嘉图指出，如果工人的工资不足以购买
他们生产的产品，那么机器工业的发展就极有可能导致"过剩人口"。
相反，如果工厂主付给工人更高的工资，产品的价格就会上涨，市
场竞争力便会下降。换言之：企业经营和国民经济发展之间存在着
一种冲突，因为企业希望尽可能地降低生产成本，而国民经济则致
力于推动消费。当然，国民经济的发展对企业也会产生影响。

　　市场及其追求平衡的神秘力量无法自行解决这个问题。要想解

决这个问题，需要国家制定明智的社会政策。这恰恰是李嘉图在他的经济学理论中断然排除的方法。然而，在《原理》第三版中，他在巨压之下承认了技术进步不会自动触发补偿效应，反而更有可能在短期内甚至长期地"替代"大量的不再被需要的劳动力。这一观点比西斯蒙第原本的质疑更为激进，西斯蒙第并不认为"替代效应"或"补偿效应"是自然定律。他主张国家应该制定经济政策和社会政策来调节市场以解决问题，并采取适当的薪资保护措施来保护劳动者利益。而李嘉图则主张市场力量应该自由运作，国家对劳动条件和工资的干预与他对市场的信任存在根本的矛盾。尽管如此，但他对西斯蒙第的理念仍然保有浓厚的兴趣，并于1823年（在西斯蒙第意外去世前不久）前往日内瓦拜访了这位瑞士经济学家，以深入探讨经济问题。

以自然科学的视角看待市场定律的李嘉图对经济学产生了深远的影响，他在一定程度上使经济学成为一门精确的科学。相较之下，西斯蒙第很快就被遗忘了。虽然工业化国家为了资本主义得以持续发展，后来勉强遵循他的主张建立了保护工人阶级利益的劳动保险制度，但这位瑞士学者的经济学思想在当时并不被普遍接受。社会主义者，尤其是在《共产党宣言》（*Kommunistischen Manifest*）中嘲笑西斯蒙第是"小资产阶级"的马克思，评判了西斯蒙第的主张——明智的社会政策可以阻止资本主义经济的崩溃。同时，西斯蒙第也不认可萨伊、穆勒、李嘉图以及马克思的主张——经济规律和自然规律一样具有永恒性和普适性。然而，无论是资本主义经济秩序的捍卫者还是其激进的批评者都忽略了这个事实：真正的经济过程具有复杂性和动态性，无法用静态模型来解释。经济理论无法依靠数学的严谨性或物理的因果关系得到验证，而是需要在持续发展的历史进程中接受审判。经济理论的合理性，根据瑞士经济史学家汉斯约格·西根塔勒（Hansjörg Siegenthaler）的观点，是建立在

"理性假设"这样一个与自然定律无关的基础之上的。

19 世纪以来的"社会政策"取得了巨大的成效，也表明了西斯蒙第在与李嘉图的辩论中获得了胜利，而"补偿理论"则相应地受到了质疑。技术进步不总是创造出更多新的就业机会以弥补被淘汰的旧有就业机会，这取决于特定的先决条件。今天的劳动力总量并不比一百年前更多，实际上这个总量反而更少。如今，儿童、青少年和老年人根本不工作或者很少工作。而且越来越多的夫妻选择其中一方暂时地或彻底地不工作，但是在过去，农民和工人群体中男女比例是基本相当的。

在生产率提高、销售市场拓宽、购买力增长等条件具备的前提下，技术进步才能创造出更多新的就业机会，从而补偿因自动化消失的就业机会。然而，满足这个前提是极具挑战的。历史上，技术先进国家的工业革命始终与全球化进程相伴而行。例如，1764 年英国纺织工詹姆斯·哈格里夫斯（James Hargreaves）成功发明了纺纱机，当时英国和荷兰的航海家已经在世界各地从事香料、奴隶和棉花贸易长达 150 年之久，这进一步促进了棉纺技术的发展，因为全球贸易为它提供了大量的原材料。尽管当时远方的国家只是原材料供应商，但帝国主义逐渐征服了这些国家，并掌控了更多的资源。如果比利时人没有从刚果运回橡胶原料，第二次工业革命的汽车制造业又会是怎样一番景象？后来，第三次工业革命把东南亚变成了纺织业的代工厂，把巴西和阿根廷变成了饲料生产商。历史上，汽车、机器和消费电子产品的低成本制造与和新市场的开拓是相辅相成的。

在过去，生产越高效，原材料市场和销售市场的规模就越庞大。然而，这一规律却在当今世界失效了。目前，所谓的西方国家和中国正在争夺最后的自然资源。过去只有少数几个国家在相互竞争，而今天，有超过 20 亿人口的经济体在互相竞争。几乎没有人会相信，像中非共和国、南苏丹、索马里或阿富汗这些经济最不发达的国家具有经济高速增长的潜力，西方和远东的发达国家将向它们出售大量商品。与以往的技术革命不同，如今全球经济的大蛋糕已经基本分配完毕，新增的未开发领域极少。而且在这些领域，生产率的提高并不一定能创造更多的就业机会。

这就是所谓的索洛"生产率悖论"（Productivity Paradox）。自动化技术提高生产率，从而降低产品价格，并进一步刺激对新产品的需求，这是以市场全球化为前提的。我们只需设想一下，如果德国汽车工业失去全球市场，将会面临怎样的局面。要知道，大众汽车目前在中国市场的销量就已经占据其全球销售总量的 28%。[3] 补偿理论起作用的前提在于市场的全球扩张。目前，通信技术领域仍在经历这一过程，因为几乎全世界都在使用智能手机。但在制造业，全球竞争十分激烈，市场规模在不断缩小而不是扩大。由此可见，数字化和人工智能的应用不一定会带来就业增长，相反，在一些领域可能会出现就业萎缩现象。

在数字化时代，生产率可能不再显著增长，反而更可能走下坡路；而数字技术更多的是提高现有领域的效率而不是开辟新的领域；数字化革命催生了庞大的垄断企业，但这些企业提供的就业机会却相当有限。这三个现象一致表明：补偿机制可能会在数字化时代失效。可是，这对于工业化国家的就业状况来说具体意味着什么呢？

为了理解技术革命和补偿机制之间的关系，有必要了解技术革命是如何改变行业对从业人员的要求的。第一次工业革命极大地简化了人们的工作，在工厂操作早期的工业机器几乎不需要任何技能，这与被取代的手工业工作形成了鲜明对比。以前由单个工匠完成的复杂工作，现在被分解成一系列单一的、可操作的环节，并由专门的劳动力分别执行。这就是所谓的劳动分工，被经济学家亚当·斯密视为工业时代的一大成就，它极大地降低了对工人技能的要求。

工人只需要完成一些简单的手工操作，他们获得的报酬少得可怜，而且每天的工作量长达 16 个小时。操作纺纱机或者搅炼炉的工人不需要掌握专业技能，也不需要拥有丰富经验。机器越先进，对工人的技术要求就越低。除了几次严重的经济危机外，工业生产对工人的需求量不断增加。

第二次工业革命最初也遵循了同样的趋势。流水线作业和电力的广泛应用为大规模量产提供了条件，工人的工作得以被进一步分解，甚至可以被细分至 30 个环节。最早采用流水线生产的福特 T 型车获得了巨大成功，自 1914 年起大幅降低了汽车的价格，汽车从此成为一种大众化的商品。大批量流水线生产大大提高了生产效率，但是工人的工作却变得极其单调乏味，他们无须掌握专业技能，只需要完成最简单的生产任务。

然而，原有趋势逐渐发生了变化。随着电气化进程的不断加速，服务业的岗位需求持续增长。20 世纪 20 年代初期，白领阶层应运而生。但是，他们的工作大多也是单调乏味的，而且报酬极低。不过，白领阶层的兴起却成了发展趋势的转折点。20 世纪以来，随着科学技术的迅速发展，职业要求越来越高，不仅仅是针对管理、医学和工程相关的高薪职业，而是各行各业。低薪的非技术性岗位和技术性岗位之间的薪资差距越来越大，后者的薪资越来越高。

随着高薪技术性岗位的数量大幅增长，工资成了决定性的成本因素。与此同时，机器变得越来越便宜，这使运输费用也大幅下降。铁路和蒸汽船使货运更加安全高效。在飞机、汽车和快速扩建的基础设施的共同推动下，交通运输革命迅速扩大了市场规模。因此，贸易公司开始雇用更多的员工，铁路职工的需求量也不断攀升，运输业创造了大量的就业机会。

第二次工业革命促进了工业的高速发展，就业市场对高技能人才的需求不断增加。如何满足这个需求呢？如果教育体系只是简单灌输基础理论知识，那么专业技术人员将供不应求。在工业化国家，数百万人曾学习过簿记、会计基础知识和打字机操作。然而，随着小型办公设备的迅速普及，办公事务工作变得更高效、更便捷。岗位对员工的要求也就相应地降低了。油印技术、胶版印刷技术和复印机大大减轻了办公人员的工作负担，袖珍计算器降低了公司对员工运算能力的要求。与此同时，白领雇员的薪资大幅下降，和蓝领工人的薪资差异也显著缩小。在工业化国家，蓝领和白领的薪资待遇从未像 20 世纪 80 年代初那样旗鼓相当。中产阶级的规模迅速扩大，成为社会中人口最多的群体。

但是随着计算机时代的到来，这一切都发生了改变。哈佛经济学家克劳迪娅·戈尔丁和劳伦斯·凯兹的研究表明，人类进入计算机时代以来，许多西方工业化国家的工资差距持续扩大，这也成了一个关键的分界点。[4] 与受过高水平教育和培训的专业技术人才和管理人才相比，低技能的工人和白领收入大幅下降，这一现象在美国尤为明显，[5] 其他工业化国家也出现了类似的趋势。[6] 1930 年至 1980 年，工业化国家中的蓝领和白领薪资待遇逐渐趋同，但是现在情况已经不同了，蓝领和白领的薪资差异日益扩大，这导致许多工业化国家的购买力很长一段时间没有明显的提升。因为高收入者很少花光储蓄，他们更倾向于投资金融产品，而普通收入者口袋里的积蓄并不比 30 年前多，因此经济增长停滞不前。同时，越来越多的常规程序性工作不仅实现了数字化，还被外包到别的国家，例如印度。在这种情况之下，技术革命的正向"资本化效应"应该如何以传统的方式抵消负向"破坏效应"，答案尚不明朗。

目前看来，虽然数字化可以提高生产效率，但并不意味着越来越多的公司将开辟数字产业的新领域，并高薪雇用更多的员工。相反，这意味着大量的资本集中在少数人手中，劳动力市场提供的就业机会主要面向具有优秀教育背景且能力出色的精英，这将导致平均购买力下降，失业率攀升。正如前文所述，针对蓝领工人和白领雇员开展的继续教育培训是效力有限的，因此对许多人而言，技术和教育之间存在的竞赛不可能无穷无尽地延续下去。至少在没有借助"超人类主义"方法（脑力兴奋剂、基因筛选或人机连接等类似的巫术）来"优化"人类的情况下，这场竞赛不可能永无止境。

在一个有限的世界里，不存在无限的优化。无论是人类的发展还是技术的进步都有上限。技术进步和日益严苛的职业要求之间的竞赛已经持续了两百年，这场竞赛终将结束。劳动世界已经经历了诸多变革，从农业和畜牧业到手工制造业，再到工业和服务业。种种迹象表明，劳动不能采取老办法去应对日益严苛的职业要求。坏消息是，人类的思维水平快跟不上技术的发展速度了。但好消息是：它也不必跟上……

四个赢家和一个输家：未来的劳动力市场

到目前为止，人们主要关注的还是那些自动化概率很高或极其高的就业领域。然而，劳动力市场上当然还存在着一些自动化概率较低的就业领域。许多经济学家和政治家正是寄希望于这些领域能够在中长期内填补流失的工作岗位。因此，这些领域值得进一步的观察和研究。其中，用人需求不仅稳定，未来的需求还将大幅增加的工作主要集中这四个领域：尖端信息技术领域、以高附加值服务为主导的第四产业、手工业，以及用人需求最大的领域——所谓的"同理心职业"。

无论人们身在何处，在公司、协会还是政党，总能听到颂扬技术创造力的赞歌：一个国家的技术创造力越强，其经济前景就越好。硅谷就是最著名的例子，同样被视为榜样的还有中国、韩国、新加坡和印度等国家。然而相较于德国，上述这些国家中有超过一半的国家面临着更为严峻的经济问题和社会问题，这已无须多论。重要的是，单纯依靠技术创造力这一个指标并不能够衡量一个国家的经济或政治是否成功，它甚至很难反映一个社会的整体状况。此外，技术创造力对于劳动力市场的影响也是有限的，它只是众多影响因素中的一个。

诚然，高度发达的工业化国家深受科学技术进步的影响，同时也极度依赖科学技术进步。创新技术的确催生了许多新的商业模式和职业，但这些新的商业模式和职业对劳动力市场的重要性很容易被高估。尽管投资初创企业、支持企业创立是一件有意义的事情，毕竟创业精神值得被尊重，而且有些初创企业确实令人印象深刻。但事实上，绝大多数初创企业都会走向失败，即使有极少数的初创企业能获得成功，最终也会被收购（往往是被硅谷的科技巨头收购）。因此，它们对于德国劳动力市场的实际意义可以说是微乎其微。像德国储蓄银行（Deutschen Sparkassen）这样的集团，其员工数量比德国所有初创企业加起来还要多。如果未来的情况会有所变化，可能是由于储蓄银行缩减规模。

对 IT 人才的需求主要还是来自大公司。它们的 IT 部门不断发展壮大，其在公司内部的重要性也在迅速提升，我们甚至无法预计未来仅 IT 安全领域就会创造多少的就业机会。精确且全面的数据分析是当下和未来无数商业模式的基础，而且精密仪器在故障诊断和生产等各个环节都需要训练有素的程序员和技术人员。这些设备必须由机器人专家进行设计、建造和配置，并且需要他们持续监测和维护，以确保设备正常运行。复杂的虚实整合系统极易出现故障，而这些故障可能会对系统的使用者造成重大影响。同样，广泛应用于服务业、银行业和保险业、律师事务所、科学研究院、行政管理部门、警局、军事部门和情报机构的人工智能程序，也需要大量的专业人员进行检测和维护。

这也难怪计算机科学家和技术人员备受市场青睐，需求量不断增加。乐观主义者相信，一众 IT 专家将带领德国实现充分就业。唯一令人遗憾的是，程序员和 IT 专家的创造性潜力并不能无限提升，因为学习计算机科学就像学习数学、音乐和艺术一样，需要相当高的天赋。要想成为顶级的计算机科学家，就像成为大师级钢琴家、天才级画家或欧洲顶级协会的足球运动员一样，仅靠勤奋和平均水平的天赋是远远不够的。如前所述，企业的继续教育培训的作用也是有限的。科技水平越高，相应的顶尖科技人才就越少。而"普通"的计算机科学家可能会像"普通"的银行职员或行政管理专家一样，在某一天不得不面临被取代的风险。

因此，IT 热潮对劳动力市场的长期影响比我们所看到的更加复杂、更加难以预测。大概率会出现的情况是：德国工业将不得不长期依赖于来自国外的 IT 专业人才。而德国的失业人员要想进入这一领域是相当困难的。从积极的角度来看，这一趋势将为那些天赋异禀的计算机青年科学家提供高薪工作机会，并将继续为训练有素的技术人员提供谋生手段；从消极的角度来看，当前和未来的大多数从业者将无法从中受益，因为他们无法跟上技术发展的步伐。

在未来，与技术创造力一样备受市场青睐的还有解决复杂问题的创造力，这里所指的"问题"不仅限于"技术问题"。经济学家认为，以高附加值服务为主导的第四产业所需要的正是这种创造力。即使 21 世纪的机器已经高度智能化，但它们仍然无法独立负责机场的规划建设，并保证项目按时竣工。同样地，机器也无法接手复杂的项目管理工作，因为这项工作不仅需要管理流程，还需要管理员工：协调他们的能力和需求、识别他们的弱点和错误、看清他们的伎俩、提升他们的积极性。如果缺乏较高的社交智力，就不可能具备领导力和团队合作能力。虽然人工智能程序未来将承担更多的管理层任务、负责项目管理和复杂的物流任务，但它们无法完全取代第四产业的管理层。更有可能的情况是，IT 应用将大幅扩展第四产业的规模。在所有的人类创造力中，社交创造力被认为是最为复杂、最具挑战的一种能力。与计算机科学中的技术创造力不同，社交创造力不是在基于规则的环境中展现的。它所面临的挑战极其复杂，涉及人类的不可预测性，其寻找的并不是简单的"答案"，而是适当的决策。因为在现实的人类世界中，解决复杂问题在大多数情况下不像做数学题那样简单，问题并不会因为答案的出现而彻底消失。政治——与其他的社会议题并无不同——旨在减少问题、转移问题、推迟问题或缓和问题。而这个过程与计算机科学家解决问题的模式相矛盾（这也是数学家、技术人员和工程师经常对这个世界和他们的同伴感到绝望的原因）。

这对劳动力市场有着重大影响。因为这意味着：未来的复杂问题和挑战必须由人类来解决。牛津大学的研究也曾表明过类似观点：一项工作所涉及的常规性任务越少，其在未来被淘汰的概率就越低。虽然人工智能可以通过算法和模式识别创作出扣人心弦的侦探小说，但它却无法创作出像本书一样需要人类独特思维、想象力和创造力的作品。同样具有不可替代性的还有艺术家和生活艺术家，然而劳动力市场研究人员仍然感到不安，因为某些职业的从业人数——至少在当前这个雇佣劳动和绩效社会中—— 不会随意增加，例如，成功的演员和导演、专业的音乐家和画家，以及享乐主义者（Bonvivant）[①]。

在手工业领域，对人类劳动力的需求同样不会减少。虽然机器人可以通过存储和处理海量数据和信息来获取无限的知识，其听觉

[①] Bonvivant 是一个法语词汇，通常用来描述那些喜欢美食、美酒、音乐、文学、艺术等优美事物的人。——译者注

感知能力、视觉感知能力和计算能力也比人类强很多，但是它们的手相当笨拙。因此，手工创造力在长时间内仍然是不可替代的。劳动力市场对机电工程师、能源技术员、水管工人、供暖和卫生技术人员、瓦工和焊工等手工业职业的需求已经很大了，但未来的需求将进一步攀升。当然，未来将有部分商品将由 3D 打印机制造，这可能会威胁到部分企业（例如宜家）的商业模式。但是，好的手工作品也会变得更加珍贵，例如手工制作的桌子或铺设完美的石板地面。很难想象十年后，当供暖设备出现故障时，一个机器人将出现在家门口，随后进屋检查设备、诊断问题并提出最佳解决方案，末了还会从口袋里掏出一张费用估算单。尽管数字诊断已经广泛应用于手工业，机器人已经可以承担一些辅助任务，但是它们仍然无法取代那些经验丰富的手工业者的技能和专业知识，更不会造成岗位流失。

事实上，在第二个机器时代，手工业者不仅拥有更加稳定的工作岗位和不可被替代的技能，还能获得更高的社会声誉。在第二次工业革命期间，蓝领工人常常受到新兴白领阶层的轻视。虽然白领的薪酬只略微高于蓝领，他们被戏称为"穿着立领衬衫的无产阶级"，但是他们自身的优越感很强，因为他们不必弄脏自己的双手。在 20 世纪，取得高中学历和大学入学资格的学生数量不断增加，人们对于手工业职业的轻视也越发普遍，因为从事手工业向来只需要小学或初中学历。如今，白领对手工业者的轻视已经达到了顶峰。如果自己的子女成为面包师、瓷砖工或水管工，那么大多数的德国家长可能不会将其视为职业生涯的成功，尽管许多手工业者的经济状况胜过多数行政人员、保险员、城市管理员、人文学者、演员、诗人或艺术家。然而，这种偏见可能会在第二个机器时代发生变化。机器或计算机接管的常规性工作越多，手工业职业就越有吸引力，因为它们很难被取代。木匠、园艺师和厨师等职业可能会受益更多，而暖通空调技术员等职业可能受益较少，但是总体而言，手工业的地位将显著提升。

　　顺便说一下厨师这项职业。厨师通常被自动化专家视为一个没有未来的职业。如今，多功能料理机已经能将最不擅长烹饪的人变成有品位的创意料理师。从技术可行性的角度来看，多功能料理机还能继续升级成为功能强大、可以对用户进行算法分析并能够预知操作者第二天饮食需求的 AI 多功能料理机。毫无疑问，这款 AI 产品很快就会面世。问题是，它会全面取代人类厨师吗？虽然人们家里的烹饪设备趋于完美，可是这似乎并不影响餐厅的客流量。这些烹饪设备也许会取代商业厨房里的部分帮厨，但绝不可能取代厨师。人们或许应该告诉自动化预言家，食物只是吸引客人光顾餐厅的原因之一。温馨的烛光或柔和的灯光、有魅力的服务员、从菜单中挑选美食的乐趣和餐厅的氛围感都是整个体验的一部分。智能家居可以设置成"第一次约会"模式：当你心仪的女士走进公寓，灯光会开启浪漫闪耀模式，知名歌手艾德·希兰（Ed Sheeran）或钢琴家鲁多维科·艾奥迪（Ludovico Einaudi）的悦耳作品将萦绕耳边，多功能料理机会魔法般地制作出美味佳肴。然而，相比于光顾一家美妙的餐厅，这种刻意的程序似乎略显乏味、俗气和用力过度。人们通常更喜欢结伴用餐，即使只有两人一块儿。原因很简单，盎格鲁–撒克逊国家的进化心理学家经常强调，人类社交活动的起源在于没有人能够独自猎取猛犸象，因为生存竞争需要团队协作。[1]这正是大多数人至今仍不喜欢独自用餐，而更愿意结伴用餐的原因。

　　正是因为人们存在社交需求，才出现了第四个领域，即所谓的同理心职业，这类职业需要具备一种建立及维护人际关系的能力。牛津大学的研究并未充分考虑到这一需求。研究人员应当更多地关注社会对技术的接受度，而不仅仅是技术的可能性。

　　我时不时会回想起日本机器人专家石黑浩几年前在因斯布鲁克发表的一场有趣演讲。在那场演讲中，这位日本大阪大学智能机器人实验室主任、研究人形安卓机器人的顶级专家向观众描绘了一个没有人类劳动力的未来，甚至所有的教育类工作也都由机器人接手。他向观众展示了未来教育工作者的照片，令人惊讶的是，这些机器人看起来不怎么像人类，而更像是漫画人物与毛绒玩具的结合体。它们有着毛茸茸的外表、稚气的大眼睛，悦耳的声音和海量的硬盘数据，人类教师根本无法与之匹敌。这些机器人教师可以通过存储、评估孩子们的数据，在短时间内了解他们的兴趣、能力、学习方式等信息，从而创建一个详细全面的个人档案，以更好地满足学生的学习需求并帮助他们发挥潜力。此外，机器人教师还能在适当的时候提出启发式问题，引导孩子们进一步思考，进而提升他们的学习效果。

可是，为什么大多数人根本不相信石黑浩所描述的场景会成真呢？为什么我们觉得大多数欧洲或美国孩子们将来不太有可能去石黑浩式幼儿园接受机器人的潜能开发教育呢？这也许是因为，无论机器人基于情感算法拥有多么丰富的面部表情和虚假情绪，孩子们的父母也能凭直觉意识到，机器人并不能培养孩子们应对人类生活的能力，而只能培养他们应对机器人生活的能力。在幼儿园阶段，孩子们学什么最重要？答案并不是知识和词汇，也不是堆叠积木塔或翻筋斗的能力，而是通过与其他孩子和温和的权威人物（教师）打交道习得的社交能力。某些重要的能力只能通过与不完美的人——而非完美的机器人——打交道才能获得，这些能力包括：倾听和表达、自我评价、掌握分寸、懂礼貌、风趣幽默、懂谋略、自我控制、压力管理、正确看待失败和不公正，等等。此外，除了学习社交技能，孩子们还应当学会应对危及人身安全的紧急情况。然而，人们根本无法想象机器人调解打架斗殴的场景。

机器人接手教育类工作，很可能是一个毫无未来的荒唐想法，至少在西方国家是这样。教育类工作是相当稳定和安全的职业，被机器人取代的风险相对极低。社会工作者、假释官或治疗师同样如此。需要人情味的职业不会受到机器人的威胁，即使是一些单调乏味的职业，例如酒店接待员。如今的机器人甚至不需要人工智能就能向客人提出一些常规性问题，例如"您曾经入住过我们酒店吗？""您路上还顺利吗？"而有一些酒店已经放弃了传统的前台服务，采用了深受年轻旅客欢迎的二维码登记入住的方式。尽管如此，人们仍然难以想象，阿尔卑斯山度假酒店的客人将接受冷冰冰的机器人服务，而不是面带微笑、衣着得体的真人员工的热情招待。真实的交谈、同情和关怀将变得越发珍贵，这也使得度假活动策划师、富有魅力且有能力的销售员、景观设计师、室内设计师或发型师等职业无法轻易被机器人所取代。

第二个机器时代不会把人类变成机器人，而只会让我们意识到：人类与其他自然生物（如动物和植物）同属于"另一种人工智能"。[2]和其他复杂生物一样，人类也需要被认可和鼓励，需要爱和关怀，这一点并不会因为机器人在幕后执行常规重复性工作而改变。如今在德国，接近五分之一的工作需要关心和照顾他人，而这些工作都是由人类承担的。在幼儿园、日托中心、中学、大学和职业培训机构从事教育工作的高达 200 万人。此外，随着人们对幸福感的要求越来越高，教练和顾问的数量也在不断增加，他们致力于帮助人们在这个日益复杂的世界中找到自己的方向和属于自己的幸福。这里的教练和顾问指的是健康和健身教练、瑜伽教师、生活方式顾问、心理学家、心理治疗师、美容顾问、哲学实践家，等等。

护理人员的数量也在持续增加。最需要护理人员的是医疗卫生部门和老年护理院。在德国，超过 500 万人在该领域从事相关工作，而且从业人数仍在急剧上升。1999 年的德国，约 200 万人有护理需求，而今天这个数字已经突破了 300 万，预计到 2060 年会接近 500 万。[3]在这个取得重大医学突破和居民健康意识日益增强的时代，人均预期寿命也在不断提高。医疗护理领域可能是未来最庞大的就业机会创造者，其他任何领域都没有那么高的劳动力需求。

英国物理学家、诺贝尔奖获得主乔治·佩吉特·汤姆森（George Paget Thomson）可能会为此感到无比欣喜。这位于 1955 年出版了《可预见的未来》（*The Foreseeable Future*）一书的知名作家在晚年陷入了深深的忧虑：在一个对技术要求越来越高的社会，那些"（真正）愚蠢的人"将来还能从事哪些工作？即使对于普通人（智商平平的人）而言，劳动力市场上终有一日也不再有他们的一席之地。汤姆森在 1975 年去世之前，想到的唯一办法是，未来社会对护理人员的需求将大幅增加："对许多工作来说，例如照顾老人，善良和耐心比智商更为重要、更有价值。财政宽裕的国家可以适当地补贴这类工作。"[4] 尽管如今已经没有人会像汤姆森那样提出这样的观点了。毕竟智慧和善良从来都不是对立关系，无论是在过去还是现在。但可以确定的是，在 21 世纪，只有少数人需要通过与技术竞赛来获得稳定的就业机会。

以上便是数字化革命的四个赢家。然而长远看来，前两个领域面临高素质人才短缺的问题，而另外两个领域也面临着类似情况：没有足够的热心员工。用汤姆森的话来说：劳动力市场既缺乏适合尖端信息技术领域和第四产业的超级大脑，也缺乏友好耐心的、富有同理心且能够接受低薪的人。未来几年内，数以百万计的岗位将会消失，这些岗位既不需要超级大脑，也不需要特别强的同理心，其中包括制造业和服务业中不计其数的常规重复性工作。继续从事这类工作的人，将会面临被淘汰的命运，如同数百万美国人已经遭遇的现实命运一样。服务人员和中低阶层可能会失业，或者转型成为新的服务阶层以满足高收入人群的需求，例如成为食品配送员、清洁工、保姆、遛狗员和安保人员。高收入人群因为工作时间较长，所以需要随叫随到的服务人员来维持日常生活的正常运转。

由此可见，形势已经相当严峻。劳动社会学家萨宾·菲佛（Sabine Pfeiffer）曾如此总结："尽管德国的繁荣程度达到历史新高，但是财富分配却越来越不均衡。就业人数达到峰值，但是低薪岗位的数量同样如此。"[5] 近几十年以来，不稳定的、有限期的、低薪的工作数量相比于制造业工作日益增加。实际上，贫富差距的问题在很久以前就已经被成功预测。法国社会哲学家安德烈·格尔茨（André Gorz）[①] 早在 20 世纪 80 年代就曾准确预言了这一趋势。[6] 自那时起，关于贫富差距扩大的讨论就从未停歇过。今天的经济学家和社会学家奥利弗·纳赫特韦（Oliver Nachtwey）将这种不平等的加剧称为"社会的衰落"，他的同行安德雷亚斯·莱克维茨（Andreas Reckwitz）称为"新阶级社会中幻想的终结"。[7] 由此可见，社会并不会自动朝着人人富裕的方向前进。如果放任事态自由发展，很有可能会导致中产阶层沦为底层，造成社会分裂、社会动荡和民粹主义加剧等严重后果。

资本主义经济并不会自动地为更多的人创造广泛的繁荣。莱克维茨提到的"幻想的终结"并不是一个例外。实际上，历史上的每一次技术经济革命都会在初期产生许多输家。只有通过大胆的政治措施和全面深入的改革减轻负面影响，并将聚集在少数人手中的财富分配给多数人时，事情才会出现转机。在第一次工业革命初期，几乎所有企业家都不用缴纳大额税款，这种情况仍然存在于今天的许多发展中国家；国家教育系统、养老金系统和医疗卫生系统等公民权利保障措施在最初并不是理所当然的福利，而是公民通过不断争取得来的。经济越动荡，国家的调控政策就显得越必要。正是这些调控政策——而不是市场——引导社会朝着更为平衡的方向发展，

---

① 安德烈·格尔茨（1924—2007），法国左翼思想家、萨特的学生、《新观察家》周刊的创始人。——译者注

同时保障多数人的利益。没有任何证据表明，自由发展的资本主义曾在历史上为多数人创造过广泛的繁荣。因此，为了防止第二个机器时代催生过多的输家，全面的调控政策是不可或缺的。可是，为什么到目前为止还没有人认真对待这个问题呢？

经济陷入困境：转变思维的必要性

在讨论未来科技的会议上，"游戏规则改变者"（Gamechanger）这个词尤为响亮。它指的是那些挑战传统并引起生产方式变革或者引发革命的人或想法。一旦这个想法在世界上得以实现，现有的游戏规则就会立即发生变化——一切都会变得不一样。史蒂夫·乔布斯（Steve Jobs）、马斯克、智能手机、脸书、优步和特斯拉都属于著名的游戏规则改变者。然而，那些对工作和社会产生重大影响的创新想法，却从未被称为游戏规则改变者。更加令人惊讶的是，在人类文明史上，技术和经济的游戏规则改变者一直以来也都是社会、政治和文化的游戏规则改变者。全新的技术和经济理念曾推翻了君主制、贵族制和其他形式的统治，改变了人们的生活节奏、价值观、日常需求和挑战、思维模式、生活观和世界观。而所有的变化都需要由伟大的游戏规则改变者去发展新的思维模式、立场、理念和构思，历史上的孟德斯鸠、让-雅克·卢梭（Jean-Jacques Rousseau）和康德都属于这类人物。

今天的情况与过去并无不同。我们正面临着一个摇摇欲坠的旧世界和一个冉冉升起的新世界。人们需要具备极其丰富的幻想能力，才会相信 19 世纪和 20 世纪的传统工作社会几乎未受第二个机器时代的影响，其 DNA 未曾发生改变。万物各有时才是现实。此处的"万物"也包括我们所熟知的雇佣劳动和绩效社会。但是我们为什么还没有对此进行深入探讨呢?

自由民主的工业社会充满了焦虑。历史上没有其他社会能够拥有如此多的成果和财富可供失去。因此,政府有理由对民众的焦虑感到担忧。在面对剧烈的动荡和变化时,人们往往抱有敌对情绪甚至会出现攻击性行为。不仅如此,人们还总是严重低估自己的实际适应能力。以欧盟国家的餐馆和公共场所禁烟令为例,它曾经遭到了激烈的反对,然而对于今天的大多数人来说,这条禁令已经变成了一件理所当然的事情。尽管某些事物会在最初遭到激烈抵制,但随着时间的推移,争议将变得无关紧要。人们在最开始只看得到这些事物的缺点,但其优点会渐渐深入人心。

当然,相较于其他重大变革,禁烟令只是一个微不足道的例子。面对剧烈的动荡,例如工作世界的革命所带来的动荡,政治家们和许多德国经济学家普遍持有谨慎态度。他们在舞台,学校讲台,电视演播室里发表公开演讲时,已经习惯于使用缓和的措辞来缓解民众的不安情绪。即使他们的内心也充满了不确定感,却仍然表现出沉着和自信的态度。专家们知道,即使他们再怎么聪明,也无法预测未来。因此,他们鲜少做出预测,更多的是去揭穿那些自诩未来专家的人所做出的荒谬预言。由于没有人能准确地预知未来,人们索性得出一个奇特的结论:如果所有大胆的预言都是错的,那么一切很有可能都会保持原状。

然而,这一推论是所有可能性中最不现实的一个。一些专家表现出的虚假平静和自信仅仅表明他们没有 B 计划(备选计划)。关于大规模失业的大量预测哪怕只有一半或三分之一成真,那么在德国哪位经济学家能够提供应对方案或建议呢?为了应对可能发生的大规模失业危机,人们不仅仅需要计量经济现象和经济活动、收集实证数据,了解经济增长和市场、供求关系等经济学理论,还需要跳出传统的思维模式,寻找全新的解决方案。人们应该质疑那些声称

"一切都将保持不变"的预测，对变化保持开放态度，为新的挑战做好准备。面对重大变化时，人们往往会因为害怕和压力而固守陈规，历史上所有的经济和社会变革都曾遭到激烈反对，例如自由贸易、第一次工业革命（特别是在法国）、普选权、奴隶制和农奴制的废除、工会的兴起、为了提高购买力刺激国内需求而推动薪资增长，以及向环保经济的转型。那些拥有权势和地位的人往往无法设想不同的社会形态。新的想法和要求常常遭到质疑和反对，被打上"不现实""不合理""荒唐""无效"的标签。因为既得利益者害怕失去特权和财富再分配。这份恐惧成功地使权贵和他们的追随者闭上双眼，对即将发生的一切选择视而不见。

通过进一步的观察，可以确定的是未来的劳动社会将面临两大经济挑战：财富分配不平等将进一步加剧和数百万人可能面临失业风险。实际上备受争议的只有后者。因为许多保守派经济学家已经接受了这一观点：在第二个机器时代，工作自动化加剧了财富分配的不平等。可是如今，我们仍然缺乏切实可行的解决方案来缓解这种日益加剧的不平等状况。通过税收进行财富的再分配，无论对保守派经济学家还是对自由派经济学家来说都称不上是明智之举，可是除此之外，几乎别无他法。人们要么通过征税将这个巨大的社会隐患简化成一个纯粹的财务问题，要么用魔术——向大众承诺经济会持续增长、岗位会无限增加——消除这个危机。

这显然并不是理想的办法。即使被自动化淘汰的蓝领工人和白领雇员被低薪工作吸纳，财富分配不平等的加剧也将成为一个定时炸弹。如前文所述，美国就是一个活生生的例子。经济和社会分化的原因并不是什么秘密，所有的经济学家都知道：在 21 世纪，工作不再是最重要的财富来源。至于努力工作是否曾经是最重要的财富来源，这也有待商榷。然而，可以肯定的是，在这个智能自动化时代，工作的重要性已经大不如从前。如今，财富的主要来源是各种投资带来的收益，例如房地产投资、大型项目投资或者股票市场投资。在经济全球化的背景之下，资本几乎可以不受国界的限制而自由流动。而且，自动化程度越高，资本对地域的依赖度就越低。因为数据处理和人工智能程序的运作方式在任何一个国家都完全相同，无关乎这个国家的经济状况。这一趋势严重威胁到那些在全球化第一阶段凭借低廉劳动力而获利的贫穷国家和新兴工业化国家。全球化的第二阶段正在迅速吞噬这些国家的原有优势，并将一些工作流程重新带回到工业化国家，涉及布匹生产到会计核算等各个环节，值得注意的是，该进程并没有创造大量的就业机会。而真正的受益者是那些在全球范围内大额投资金融市场或科技公司的人。这些投资者通常在短短几毫秒内频繁转移资金进行投资，他们不断寻求着最大限度的收益。财富差距因此加速扩大，以至于全球前 10% 的富人拥有全球约 85% 的资产。最富有的 1% 拥有超过 45% 的财富，几乎占据了世界财富的一半。[1] 无论是在曼谷、班加罗尔、布加勒斯特还是柏林，输家都是那些不得不继续出卖自己的劳动力来维持生计的人。

简而言之：在第二个机器时代，工作的价值被边缘化了！因为越来越多的企业采用软件解决方案实现了工作流程的自动化，以至于软件价格逐渐取代了劳动力支出。哪个国家将在这个时代拥有最好的经济发展？这个问题的答案已经与以前不同了。几十年来，像德国这样的国家凭借其高素质的工程师和机械师、优质的高校教育和企业培训取得了斐然的成就。可是这种优势正在逐渐消失。常常被人们忽视的一个要点是：在数字化的未来，德国不必成为一个拥有数十万顶级计算机科学家的国家，就像它今天拥有数十万顶级工程师那样。从长远来看，随着技术的发展，劳动力市场不会增长，但是岗位要求会更加严格。因此就业人口不会随意增加，也没有必要无限增加。

由此可见，第一个问题（财富差异加剧）和第二个问题（低技能劳动力被淘汰或被降职降薪）是相互关联的。为了解决这两个问题，众多国家面临着相同的处境：国家的社会保障制度必须在经济层面上应对工作世界的变革所带来的挑战。但是应该如何应对呢？除了零利率政策引起的一些小幅度的波动，近几十年来，在大多数工业化国家，特别是在美国，政府机构越来越穷，而富人的财富却大幅增长。如果这种趋势继续发展下去——按照我们目前的工作和经济组织方式，这种趋势大概率会继续保持下去——那么对于大多数工业化国家，包括德国在内，其社会保障制度的崩溃将是不可避免的。

由此可见，"乌托邦资本主义"——主流经济学家认为经济将继续以目前的方式发展，甚至会趋向于充分就业这一目标——是不现实的。"机器永远不会取代人类！"这句安慰之辞没说错，当然不会有这一天。可是机器的出现是否可以使人们不必再为了生计而工作呢？此外，人们常说的"工作总是会有的！"这句话也没错，毕竟工作并不是有限的资源，可是工作岗位是否会显著减少呢？遗憾的是，简单的口号无法缓和紧张的局势。正如弗雷和奥斯本所言，突破思维的瓶颈似乎有时比突破技术的瓶颈更加困难。

劳动力市场的结构性变化、自动化、技术工人短缺和高失业率等问题不会在未来自动消失，相反，这些问题可能会导致我们陷入一个充满冲突的社会：过时的技能和新的技术需求之间的冲突，技术工人短缺和大规模失业之间的冲突，以及第三个被严重低估的冲突：年轻人所期待的工作和现实劳动社会所提供的工作之间的冲突。

求职者的能力和雇主的需求之间将存在冲突，关于未来经济的分析报告无一例外地都在研究这种供求不匹配现象。针对该问题，专家们发出了统一呼声：迅速培养更多的顶级 IT 人才以满足劳动力市场的需求。因为德国对办公人员、行政雇员、税务顾问和银行家的需求明显降低，对大数据分析师、人工智能程序员、无人机飞行员、虚拟现实（Virtual-Reality）设计师、技术人员以及手工艺人的需求在持续增加。研究机构欧洲应用经济研究中心（Prognos）受巴伐利亚州商业协会委托发布了研究报告"2040 年的劳工市场"，该研究报告指出：目前德国已经面临超过 100 万技术工人的短缺，而且这个问题正在恶化。[2] 与许多其他经济协会一样，该研究报告对教育扩张导致的高学历人才过剩表达了不满。显然，人们期望中学和大学的唯一任务是为劳动力市场提供符合其需求的人才。令人感到担忧的是，每年都有大量的学生辍学或未接受职业培训。即使是工程师，在 50 岁失业时也很难找到新的工作。显然，无论是过剩的低技能劳动力，还是年长且薪资过高的员工，都无法缓解技术工人短缺这个问题。

数字化革命并没有解决供求不匹配的问题，它甚至会加剧这种不匹配。自动化的目的或任务并不是平衡劳动力市场，更不是实现充分就业。如果我们为第二个机器时代设定一个经济目标，充其量就是提高生产率，但这显然不等同于"充分就业"。基于上述多种原因，人们期待的补偿效应根本不可能成真。然而，好消息是，面对供求不匹配加剧、高素质人才和低薪服务人员之间的差异加剧，人们并非束手无策，反而可以采取有力的应对措施来改变现状。如前所述，技术经济革命将带来重大的社会政治挑战。第一次工业革命期间的大规模失业、剥削和贫困问题并不是自行消失的，第二次工业革命同样也是通过新的政策和措施得以避免严重的社会后果并重振劳动力市场。鉴于所有的预测都预示着第四次工业革命将引发社会危机，我们有必要思考以下问题：我们应当如何重建劳动力市场和社会保障制度？我们应当如何重构社会和经济？我们能为企业和员工做些什么？最重要的是：未来的工作组织形式将会是什么样的？

在盎格鲁–撒克逊国家，这些问题已经引起了经济学家的关注。然而，他们提供的答案并未充分考虑到问题的复杂性。"未来的挑战在于政治领域，而非技术领域。"[3] 卡尔·贝内迪克特·弗雷曾得出该结论，可是相对于他对劳动力市场的惊人预测，这个结论似乎不太引人注意。如果弗雷关于未来工作的预言全部成真，我们的社会很可能将走向崩溃。

弗雷对未来也充满担忧，他担心那些声势浩大的反对运动可能会限制、减缓，甚至会阻止技术进步。在他的著作《技术陷阱：从工业革命到 AI 时代，技术创新下的资本、劳动力和权力》（*The Technology Trap: Capital, Labor and Power in the Age of Automation*）一书中，他列举了有史以来所有针对技术进步的反对运动。他认为，当技术创新的发展因其短期社会后果而受到阻碍时，就会出现"技术陷阱"。实际上，这个由斯坦尼斯瓦夫–莱姆（Stanisław Lem）创造的术语原本有着完全不同的含义。[4] 根据莱姆的原意，"技术陷阱"指的是技术进步的矛盾性，技术进步不仅创造美好，而且总是摧毁值得保存的旧物。但是，弗雷并不认为技术进步是利弊兼具的。对他而言，技术进步只有一面，且永远只有好的一面，他呼吁技术发展应该"一直向前，永不后退"。他告诫人们不要抵制技术进步，即使它会在短中期内造成巨大的社会动荡和经济冲击。弗雷认为，根据历史经验长远看来，技术进步总是会提高生产效率，促进经济增长，从而推动社会进步的。

人们似乎无法反驳他的观点，但是，弗雷的担忧是否真的是当今社会的主要问题仍然有待商榷。至少在目前看来，人们似乎还不必担心未来会发生抵制人工智能的大规模起义，也没有迹象表明人们应该担心这一点。由技术进步引起的大规模失业很少会引发暴力抗议这样的紧急问题。众所周知，世界上没有任何一个工业化国家的政府抵制技术进步。党派之间的争论主要集中在法律问题、数据保护以及可能违背道德伦理的技术应用场景等话题上。这些争论并不针对自动化技术本身，而是针对某些特定应用场景带来的不受欢迎、令人不快和非法的后果。

弗雷强烈建议不要放慢自动化的步伐，避免在任何环节浪费时间。他呼吁，政府必须尽其所能刺激产能增长，尽量不受工会和其他因素的阻碍。为了将"社会成本"降低到人们可承受的水平，政府需要进行教育体制改革，提供搬家补贴，为人们换工作扫清障碍，消除加剧社会分裂和经济分裂的居住限制，并通过税收优惠提高低收入家庭的收入。同时，政府还应该为那些因自动化而失去工作的人提供失业保险金，并加大对幼儿教育的投资，以减轻下一代受到的负面影响。[5]

为了缓解数字化革命对社会带来的冲击，弗雷认为国家应当承担起责任并支付社会转型所需的费用。但是，如果国家的税收收入因大规模裁员而大幅减少，那么它又如何向数百万人提供税收优惠呢？而这些税收优惠对于失业风险极高的低收入家庭而言又有多大的用处？工业化国家的工会又是否愿意放弃他们长期以来一直在争取的权利和规则，来支持一个通过不断负债来满足社会弱势群体需求的国家呢？而幼儿园的计算机科学课程又是否真的能够批量生产顶级的计算机科学家呢？

弗雷并未向大众透露这些问题的答案。众所周知，大多数的问题都是由于考虑不周而引起的。我个人认为，弗雷的建议就是一个很好的例子，他的考虑并不周全。数字化革命所带来的冲击是否真的像天要下雨一样是不可避免的？我们是否必须相信那个被弗雷隐藏在面具之下的宿命论？实际上，我们应该尝试理解数字革命带来的挑战，并以开放的态度来面对这些无论是政治层面还是经济层面的挑战，而不是盲目地相信每个人都会从中受益，因为这并不会发生。[6]

由于弗雷无法设想，或者不愿意设想一个不同的经济模式、工作模式、工作文化和社会制度，所以他认为这场技术变革势必会催生大量的输家，也就是目前备受热议的那个人群。他只担心这些人可能会反对技术发展，而不关心他们的福祉。可是实际上，反对和仇视技术发展可能是最不可能发生的情况。更有可能出现的场景是：大部分中产阶级沦为社会边缘人群，因此在政治上变得更加激进，最终引起右翼民粹主义的泛滥。

事实上，受到抨击的并不是机器人和人工智能系统，而是移民群体和少数族裔、一切被视为"左派"的事物、执政党"建制派"和媒体"建制派"，以及气候政策。那些在社会上失利的人通常会寻找外表或社会背景与他们不同的人作为出气筒。外来人口和有远见的知识分子都会成为他们的攻击目标。到目前为止，还没有迹象表明右翼民粹主义者会举起标语牌走上大街游行抵制"邪恶的机器人"。第四次工业革命带来的巨大危机并不是反对技术进步的大规模起义，而是社会两极分化、社会激进化和文化斗争，这种斗争并不是围绕"技术进步"展开的，而是围绕其他议题展开的：预防保健措施、移民政策、性别议题、社会多样性和正字法。

为了确保数字化革命能够造福于大多数人，我们不能像弗雷所设想的那样，任由这场技术革命走上那条看似注定的道路，否则社会的分裂将进一步加剧。但是，在这个岔路口，我们应该选择哪条路呢？我们是否需要为我们的工作提供更加有力的社会保障和司法保障，以避免未来出现大规模的工作岗位流失？我们是否应该减少工作量，以降低社会的失业率？或者，我们是否应该意识到，由于这些措施过于局促且效果有限，因此我们需要对劳动社会进行彻底的改造？

在本书的第三章和第四章，我们将详细讨论这些问题。但在此之前，我们应该先弄清"工作"这个奇特的概念，以及隐藏在其后的矛盾。为了更好地判断在我们当前的劳动社会中什么值得保留，什么应该摈弃，我们必须更加清楚，当我们谈论工作时，我们到底在谈论什么。

第二章
什么是工作

当我们谈论工作时，我们在谈论什么，我们不会谈论的是什么，以及我们应该更多地谈论什么。

工作：一个矛盾重重的概念

工作，这个概念在不断地发展和演化，这一点是显而易见的。如同 19 世纪和 20 世纪的社会一样，21 世纪的社会重新定义了工作的概念。传统的工作概念认为工作是为了生存，而现代的工作概念则在不断变迁，不同的人和文化对工作有着不同的定义。生活在采集狩猎社会、史前时代和热带雨林的原住民们只关心如何生存下去，他们并没有进行真正意义上的工作。现代办公室里存在真正意义上的工作，但却不是为了保障生存，而是为了追求更富足、更美好的生活。无论工作是生活的一部分还是生活的全部，无论它是可耻的还是高尚的，无论仅仅有偿工作才算作工作，还是恰恰相反，人们自愿并乐意去做的事情才是工作，无论工作是一份职业还是一份使命，是一个岗位还是一种自我实现的途径，无论工作是艰辛劳苦的过程还是乐在其中的体验，这些关于工作的概念都带有前提条件且短暂易逝。其中一些概念已经消失了，例如欧洲的奴隶制、苦役、强制劳动和农奴制。这些旧有概念已经被新观点所取代。同样，未来的人们将再次更新工作的定义。

但是，如果工作的定义不断变化，那么它的本质是什么？人们应当如何识别工作？乞丐乞讨是工作吗？毕竟流落街头乞讨并非易事，而是一种艰辛谋生的手段。黑手党算是在工作吗？毕竟其运作模式就像一家市值数十亿美元、要求其员工无条件付出的成功企业。窃贼偷窃是工作吗？毕竟完成珠宝抢劫任务也需要一定的技能、经验和逻辑能力。安格拉·默克尔算是以德国总理的身份工作了 16 年吗？毕加索（Picasso）算是以画家的身份工作吗？比尔·盖茨又是以什么身份工作的呢？资助者和国家总理极少出现在人们脑海里的职业列表中，就像乞丐、教父、窃贼、毒品交易商、网络红人、黑客、哲学家、投机商人、摇滚明星或真人秀明星一样。但他们不都是以某种方式在工作吗？似乎一项活动越少被标记为"工作"，就越有吸引力。

工作这个概念是很复杂的。根据《布罗克豪斯百科全书》（Brockhaus）的定义，工作是"人类为了维持生计和满足个体需求而进行的有意识的、有目的的行为，它同时也是自我实现的重要途径"。[1] 然而，这个笼统的定义只有语法和单词的拼写是正确的。至少在德国这样的国家，即使公民没有工作，他们的生计也是有保障的。此外，人们还可以通过"有意识地、有目的地"慢跑、旅行或调情来满足"个体需求"，可这些活动却很少被视为工作。至于工作是"自我实现的重要途径"，我们将在后文中了解到，这一观点是基督教意识形态中一个可疑的遗产，对于在呼叫中心的客服人员、秘鲁的矿工或在孟加拉国的纺织工，这个说法并不成立。

可是在西方工业化国家，这个工作的概念已经被大众接受，以至于《布罗克豪斯百科全书》这本权威的百科全书将其"浇筑"在思想的混凝土中，使其变得不可动摇。然而，这个概念充满了矛盾。实际上，没有任何一个关于工作的定义是充分的、详尽的、独特的。这些定义要么也适用于那些不被称为工作的活动，要么不适用于所有被称为工作的活动。实际上，只有结合社会、文化和经济背景，人们才能真正地定义工作。工作指的是被自己和他人感知为和解释为工作的活动。因此，工作总是有意识的行为。此外，我们将为起床、洗漱、穿衣和烹饪所付出的努力和辛劳，与我们称为工作的行为区分开来。原因很简单：只有当我们的努力和辛劳换来了报酬，我们才能把它称为工作。比如,梳理自己的头发不是工作,但为他人梳理头发并获得报酬就是工作。虽然维护房屋需要花费大量精力,但是我们并不把维护自己的房子称为工作。社会公认的工作概念排除了那些只对我们自己具有重要意义的自愿行为。正因如此,即使存在强烈的内在动机和金钱形式的报酬,作家、哲学家或摇滚明星等职业都不能被称为工作。撰写本书也不属于工作,而应被归类为(有偿的)自我实现。

综上所述,我们可以合理认为:工作一词通常具有负面含义。毕竟那些非自愿的、对于自己毫无意义的活动也被称为工作。然而令人惊讶的是,比起古希腊和古罗马时期,如今这个词的负面含义已经减少了。这一转变源于一个非常独特的发展过程,正如后文所述,这并不是一个显而易见、不言而喻的过程。新教对西方世界的深远影响极大地改变了人们对工作的态度。工作逐渐被社会定义为人们存在的意义,而不仅仅是维持生计的手段。因此,工作的意义得到了极大的提升:它不仅是人们不得不做的事情,也是人们天生就应该追求的事情。一个人的事业成功与否,影响了他社会地位的高低。不同于古代或封建时代,现代社会的工作使我们成为社会人,我们的社会地位由工作内容和工作收益来决定。因此,职业为我们建立起了身份认同,我们会用自己的职业进行自我介绍:我是公证人、锁匠、教师或汽车机械师,虽然有些职业——不同于艺术家、运动员等自我实现类职业——完全无视我们是否具有内在动机。不管我们是否接受,我们的"职业"都会赋予我们社会身份,并将我们归入特定的类别。

因此,工作这个概念发生了重大转变和延伸,它逐渐成了社会化的焦点。相较于古代和封建社会,整个近代西方社会都围绕着工作展开,这是人类历史上一次独特且前所未有的转变。对于18世纪逐渐兴起的资产阶级社会而言,工作成了真正意义上的中央操作系统。它的独特基因正是雇佣劳动和绩效社会所奉行的基本理念：在现代社会中，一个人的地位不是由神的旨意或大自然决定的，而是由他所从事的工作决定的。职场不仅提供了就业机会，同时也为人们提供了建立和巩固社会地位的机会。

与其他一切相比，工作被广泛视为一种"人生成就"。人们所享有的权利往往源于他们在工作中所取得的成就。对于继承者而言，其享有的权利则来自其父母和祖先的工作成就，即使在他们自己并没有取得明显成绩的情况下，其祖先的成就仍然以一种神奇的方式被传承下来。而"成就"这个词的含义有时是晦涩难懂的，成功的投机者比辛勤的护士更加青睐这个神秘的概念。作为现代劳动社会的核心，"成就"一词常常与"努力"联系在一起。那些付出了辛勤努力并取得成就的人，相应地能够享受一定的物质回报。令人惊讶的是，那些无须付出努力就能取得巨大收益的人却不会受到谴责。在绩效社会，我们经常听到中产阶级辛勤工作的说法，尽管相对于前几个世纪，21 世纪西方工业化国家的中产阶级的工作强度已经大大降低。他们只需要在办公室里坐上 8 个小时，而不像矿工或钢铁厂工人那样连续 16 个小时在地下或钢铁厂工作。然而，中产阶级纳的税依然被描述为"辛苦钱"。政客们利用这些花言巧语来讨好选民，进而助长了绩效社会的神话——鉴于政客们有理由担心自己从事的活动可能不被视为工作，他们更有动机这样做。

因为工作不仅应该是"艰辛的"，还应该是"有益的"。根据人们的普遍理解，无益的活动很难被认可为工作。毕竟在人们的心目中，政客的一贯形象始终存在着：他们似乎比选民更不关心公共利益。然而，在工作世界中，"有益"往往只是一个传说，就像"成就"或"努力"一样。众所周知，用"金融业"一词掩盖其本质的金融投机市场是世界上最大的赢利市场。根据传统的世俗观念，金融交易员在证券交易所内外进行的博弈并不被视为真正的工作。事实上，投注、赌博、欺诈更像是懒汉所热衷的。那些从事高频交易、食品投机和商品期货等赌博活动的人，连自己都不会相信他们的所作所为对社会有任何益处。任何看过马丁·斯柯席斯（Martin Scorsese）执导的电影《华尔街之狼》（*The Wolf of Wallstreet*）的人都很难将那些金融交易员的可耻行径称为工作。

然而在现实中，几乎所有形式的投机行为都被社会认可为工作，至少是被间接地认可为工作，而自愿在公园无偿地清理垃圾却不受认可。显然，一个活动是否被视为工作，主要取决于它能不能带来高额的收益。即使是最隐蔽和不光彩的活动，只要能带来高额利润，就会被视为工作。然而，那些辛苦劳累但收益不高的工作则不然。可见，资产阶级社会对工作的定义往往是矛盾的、模糊的、不精确的，且受到不同解释和利益的影响。令人费解的是，尽管工作的定义并不明确，但人们仍然愿意投身于工作世界，因为比起其他任何因素，工作更能定义我们的社会地位。同样不合逻辑的是，西方世界的国家自认为有义务为人们提供工作或支持人们找到工作。德国联邦劳动局——致力于为人们介绍工作的国家机构——巩固了劳动社会的存在，认为有酬劳动是社会稳定的基石，并强调保障就业是国家的重要职责。国家会督促那些接受社会福利而不工作的人证明自己的求职意愿，且保留对不愿工作的人进行惩罚的权利。事实上，资本主义社会将工作视为一项重要的社会使命。那些不工作的人在某种程度上会失去身份认同感。他们甚至算不上一个独立的社会阶级，而只能被归类为"无阶级"人群。这些不工作的人有可能是所谓的"无用且多余的人"，也有可能是忙于照顾小孩的人，抑或是继承财产之人，对于他们而言，唯有经济财富的高低决定着他们的社会地位和受认可程度。

虽然资产阶级劳动社会高度重视有偿就业，但这并没改变有偿就业存在的悖论。一方面，社会要求每位成年人在退休前自愿参与劳动，并积极展现自己的主动性和自主性；另一方面，有酬就业为人们提供社会身份的同时也限制了他们的自主性。"我应该如何度过这一生？"该问题的回答范围受到了工作义务的限制。想要摆脱这个限制是十分困难的。劳动社会的自主性意味着，人们需要在他治的规范之下做出自主决策，否则将会面临社会边缘化和老年贫困的风险。这会影响到那些终身从事志愿社会工作的人，但那些帮助银行维持营收的人却可以避免这种风险。

资产阶级劳动社会强调：工作即为人生的意义。除非一个人出生在富裕家庭或者与富人结婚，否则工作之外的人生意义便是一种奢侈品，而不是必需品。无论是陪伴孩子，还是照顾父母，都被视为是次要的事情，最重要的是参与劳动，尤其是对于男性而言。

这是在西方社会中被广泛接受的规范性认知。那些工作繁忙的人往往不会提出太多问题，尤其是那些他们没有答案的问题。这并不奇怪，毕竟工作和哲学探讨自古以来就是相互矛盾的。在资产阶级劳动社会中，人生的目的和意义通常是被预先设定好的：人们为了生活而工作，为了工作而生活，直到退休的那天。

至少到目前为止情况是这样的。然而，人们对工作和生活的看法正在发生变化，旧有观念和模式开始出现裂痕。因为"工作是人生的一半"这句话逐渐引起了人们的思考：人生的另一半又是什么？是闲暇时间还是真正的自由？是放松、购物，还是留给自己和他人的时间？实际上，这种对人生意义和价值的探索在历史上一直存在，早在封建社会这个问题已经悄然形成，尽管在资本主义社会中一再受到忽视，如今却越发受到关注。资产阶级在掌权之后就开始效仿贵族建造华丽城堡、王宫般的剧院、歌剧院、市政厅和法院，并仿照橘园温室和兽园打造了植物园和动物园，但同时它也谴责了封建时代的闲散生活，因为贵族的无限自由是以大多数平民的忙碌劳动为代价的。因此，资产阶级社会把"工作之外的事"留给文学作品去表达，而在这些文学作品中，往往以女性为主要角色来表现闲逸的姿态。塞万提斯（Cervantes）的著作《堂吉诃德》（*Don Quijote*）一书中游手好闲的骑士形象由此不再适应新时代，但人们仍然可以从这个角色中获得乐趣。无论是在劳伦斯·斯特恩（Laurence Sterne）的《项狄传》（*Tristram Shandy*）、路德维希·蒂克（Ludwig Tiecks）的《威廉·洛维尔》（*William Lowell*）、古斯塔夫·福楼拜（Gustave Flauberts）的《布瓦尔和佩库歇》（*Bouvard und Pécuchet*），还是马塞尔·普鲁斯特（Marcel Proust）、托马斯·曼（Thomas Mann）、罗伯特·穆齐尔（Robert Musil）、纪尧姆·阿波利奈尔（Guillaume Apollinaire）、罗伯特·瓦尔泽（Robert Walser）和塞缪尔·贝克特（Samuel Beckett）等作家在 20 世纪的杰作中，无一例外都出现了一些不工作的英雄形象。歌德也没有从事那些传统意义上的工作，否则他就不可能成为歌德。

虽然资产阶级的劳动伦理谴责游手好闲的行为，但它却暗自憧憬那种无须劳动就能享受生活的特权生活方式。"享乐主义者""花花公子"（Playboys）、"浪荡子"（Dandys）等概念的产生正是源自这份憧憬——他们（主要是男性）不受工作的消耗，专注于享受生活。虽然资产阶级总是强调工作的价值，但是它也深知享受生活和辛苦工作是相互对立的。正因此，多才多艺、风流倜傥的花花公子冈特·萨克斯（Gunter Sachs）才会在资产阶级社会成为人人艳羡的楷模，而不是被贴上"懒惰"、"寄生虫"或"无所事事"的标签。同样，比起成为一名勤劳的超市收银员，人们更加憧憬成为一位"球星太太"，即知名足球运动员的妻子。即使今天的球星太太可能化身为网络红人、模特、珠宝设计师或真人秀明星等角色，但这份憧憬始终不曾改变。对她们而言，重要的并不是必须得工作，而是拥有职业女性的身份。

由此可见，劳动社会的勤劳美德并不总是受到推崇，还会受到怀疑。在第二次工业革命时期，文学作品试图以"漫游者"这一形象对抗忙碌的都市生活。这些漫游者虽然身处于都市文明与拥挤人群，却能以一种超然的姿态旁观世事，他们在漫游的过程之中不断地思考与验证。对深受新教影响的劳动社会而言，漫无目的地在街上闲逛是一种深重的罪恶，是社会底层人士、娼妓、懒汉和游手好闲者的癖好。漫游者不工作，他们无所事事，并且乐在其中。但是对于劳动社会中受过良好教育的人，漫游者和享乐主义者一样，都是备受憧憬的人物形象，因为那些不工作的人可以通过闲逛、观察和思考来开阔视野，丰富自己的生活经验和认知。毕竟，没有闲暇时间就没有反思时间，而反思对于个人成长和社会发展都是十分必要的。而所谓的"智慧的、受到良好教育的、懂得如何生活"的工厂工人只存在于现实社会主义的幻想之中。

不同于传统的徒步旅行者，那些备受争议的漫游者并不是在大自然中漫游，而是在大城市中穿梭。普通市民通常会在闲暇时候远离繁忙的大都市，走进大自然或者去宁静的地方放松身心，因为他们在城市里总有着无休止的事务需要忙碌。而这种公然逃离工作的行为不仅仅是漫游者的乐趣，对于劳动者也是一种挑衅。在大自然中观赏鹿吃草与在城市中观察工人在建筑工地上搬运钢梁是两种完全不同的体验。劳动者休息时会在树林和田野中散步，而不会像漫游者那样炫耀自己不工作。

漫游者是现代主义先锋派最钟爱的形象，这并非偶然。艺术先锋派有目的地、有意识地将漫游者与劳动者对立起来。法国作家夏尔·波德莱尔（Charles Baudelaire）认为，只有那些不从事世俗工作的人才能成为"现代生活的画家"。[2]而他本人正是一位现代生活的画家，一方面他描绘了现代生活的真实情况，另一方面他勾勒了现代生活的理想形态：创造性的自我实现，而不是被动地苦力劳作。那些将创造性的生活方式置于谋生工作之上的人们，摆脱了世俗工作的束缚。他们在社会上很难被归类。艺术家在很大程度上就是一个"不同寻常的职业",因为它打破了传统的社会秩序。艺术先锋派不仅认为自己是"独立自主的",更是"至高无上的"。[3]他们试图跳出传统社会的束缚和限制,通过他们的艺术作品反映和批判社会。尽管在当今被资本主义所渗透的艺术市场中,先锋派的无畏思想已经成为一种迷思,但这些艺术家的追求却预示了在21世纪越发重要的东西:对自我实现的渴望、对高度个性化生活的追求、不再通过"职业"定义自己的社会身份。

如果今天的人们在追求自我实现的同时,也渴望放慢生活节奏,那么这在某种程度上也属于先锋派思想的精神遗产。20世纪中期,西奥多·阿多诺(Theodor W. Adorno)曾在其著作《最低限度的道德》(*Minima Moralia*)中抱怨道:"交通高速发展的城市成了漫游者的末日。"在现代城市化进程中,人们无法像过去那样悠闲地在城市中漫步,他们必须不停地向前奔跑和冲刺。在这个快节奏的社会中,人们感到惶恐不安,无法保持用清醒的头脑去冷静地观察世界。但是,在21世纪的城市愿景中,我们可以看到一种趋势:通过增加绿地面积、减少汽车的使用、鼓励步行和骑自行车等绿色交通方式,城市将变得更加宜居和人性化,城市居民将重新获得更多的自由和宁静的空间。城市愿景中出现的人物形象更像是城市漫步者,而不是工作中的劳动者。这表明,在劳动社会的变革真正开始之前,变革的构思早已在美学中得到了体现。

然而,这一要点很容易被忽视:只有在其他人都忙于工作的前提下,19世纪末和20世纪的传统"漫游者"才能扮演这个享有特权的角色。如果所有人都不工作,城市的商店和喧嚣都消失了,那么漫游者除了观察其他漫游者,还能观察什么呢?先锋派认为,不劳动者必须依赖劳动者才能存在。因此,漫游者的角色并不完全适合未来。

如果我们想重构劳动社会，使其适应当前的技术经济革命，并为更多人提供美好生活，就不能再像现在这样过于美化它。尽管我们的城市变得更加绿色环保、汽车数量逐渐减少、居家办公越发普遍，但这些都只是表面现象。现代的劳动社会要求人们在生活保障、心理压力和个人实现之间取得平衡。但是，它的结构和框架还建立在几个世纪前的土壤之上，显然已经无法适应未来的发展。在 21 世纪，随着科技和经济的发展，人们对于时间规划、生活节奏、工作意义这些问题的看法也发生了变化。因此，我们需要重新审视这些问题。但在探讨这些问题之前，我们需要更深入地了解"劳动社会"，从它的起源、发展和衰亡，方方面面都需要进一步地了解。只有全面了解了劳动社会，我们才能将其与其他替代性社会构想进行比较，并通过分析其优缺点来得出更加适应未来发展的正确结论。

劳动与工作：劳动社会的诞生

人类的原始状态是不工作的。19 世纪和 20 世纪初的人类学家曾将旧石器时代的人类生活描述为"为生存而进行的艰巨斗争"，而现代人类学家认为该描述并不符合事实。[1] 实际上，旧石器时代占据整个人类历史的 99% 以上的时间，至于这个时代是否是美国著名人类学家马歇尔·萨林斯（Marshall Sahlins）所谓的"最早的富裕时代"，仍需专家们的进一步研究评估。[2] 毋庸置疑的是，经济学家汉斯-维尔纳·沃尔特曼（Hans-Werner Wohltmann）在《加布勒经济词典》（*Gabler Wirtschaftslexikon*）中发表的这个观点——"工作最初是人类为了保障生存而与自然界进行互动和对抗的过程"[3]——绝对是错误的。因为早期的狩猎采集社会并没有将人类的生存活动理解为后来工业社会所称的"工作"。事实上，在旧石器时代，人类的大部分时间都是用于休闲、玩耍和交流，这点与其他群居哺乳动物并无不同。恰恰可能是这段漫无目的的时光——而不是那段研制石斧和石棍的漫长岁月——成了人类文明发展的起点。[4]

智力是人们在面对未知或复杂情况时发挥作用的一种能力。人们不仅在制作工具或点火时需要智力，在充满挑战的部落生活中处处都需要智力，如育儿、恋爱、竞争、欺骗、摆脱厌倦、共同狩猎和进食。物质资源越丰富，人们的生活就越舒适，进而就会有更多的时间用于创新和探索。人们普遍认为艰苦的体力劳动会使人思想贫瘠，这个观念在拥有高度文明的古典时代仍然普遍存在。因此，关于古代劳动生活的文献资料十分有限。相较于其他主题，经济生活在当时的重要性似乎并不高。

我们今天统称为"工作"的活动，被希腊人和罗马人细分为不同的类别。在希腊语中，艰辛劳动被称为 pónos，罗马人称为 labor，而 laborare 一词表示繁重的体力劳动，这往往是奴隶的命运。手工业者的创造过程则被希腊人称为 érgon，被罗马人称为 opus。而这个创作过程所需的技艺和技巧，在希腊语中被称为 techné，被罗马人称为 faber，而 facere 一词指的就是专业人士所从事的活动。在古希腊、古罗马时代，将 laborare 和 facere 这两种概念混为一谈是不可想象的，facere 这种需要技能和专业知识的创造性活动通常被赋予更高的社会地位，而 laborare 这种体力劳动则恰恰相反。

在古希腊和古罗马社会，自由的男性几乎不参与劳动，无论是体力劳动，还是制作可出售的商品。正因此，他们感到自由、骄傲、光荣。而他们的理想，正如哲学家近一千年来所定义的那样，是投身于具有挑战性的智力和社交活动，并在该过程中不断完善自我。只有那些不工作的人，才有时间和精力关心城邦，即城市国家（Polis）的事务。他们天生独立、廉洁、不受其他义务的束缚。

事实真的如此吗？值得怀疑。毕竟哲学文献并不是中立的历史见证者。历史表明：贪婪、贿赂、欺骗、对权力的渴望和堕落在古典时代并不罕见。这些行为在哲学家们的眼中被认为是低劣且不体面的。然而，这并没有改变男性公民的荣誉准则，他们认为参与家庭劳动和农业劳作是有失身份的。oîkos（在古希腊语中指家庭）被认为是奴隶、妇孺和外邦人的领域。相较之下，农民、手工业者以及商人所属的领域则很难被明确界定。

色诺芬、柏拉图和亚里士多德曾多次批判手工业者和商人的"庸俗"活动，因为当时的许多雅典市民对赚钱和经商兴趣颇高。亚里士多德曾这样斥责道："那些只关心个人利益的人，他们没有能力、也没有权利决定城邦的命运。"这个告诫显然是非常必要的。[5] 无论是基于阶级优越感（如柏拉图），还是出于对城邦的真正担忧（如亚里士多德），这些德行教育者，从柏拉图到西塞罗，都一再警告人们不要混淆公民意识和商业意识。如果将两者混为一谈，就会危及公民的内在自由和政治自由，甚至摧毁整个城邦的繁荣。

简而言之：自由人的公民身份是以牺牲他人的自由和人权为代价的。因此，资产阶级和奴隶制度是一枚硬币的正反面。在技术尚不能取代奴隶劳动的情况下，有自由人就会有受压迫者的存在。在此背景下，亚里士多德发表了本书开头那一段颇具远见的言论："假使每件工具都能按照他人的意志自动完成工作，如同代达罗斯（Daedalus）的雕像或者赫斐斯托斯（Hephaestus）的三足宝座，它们自动参与众神的集会，如诗人所说："若不假人手，机杼能织布，锦瑟可自鸣，工匠就不再需要帮手，主人也不再需要奴隶了。"[6]

如今，古希腊和古罗马被广泛视为古典时代的代表，因此人们往往容易忽略其他城邦所遵循的不同规则。以斯巴达为例，为了时刻准备战斗，人们被禁止从事营利性工作。而其他城邦显然并不完全排斥公民的营利性工作，比起是否为金钱工作，他们认为更重要的是拥有足够的财富。这种观念在某种程度上预示了现代社会的发展趋势——财富的重要性逐渐凸显。随着城邦的发展，就连古罗马也不再完全排斥手工业者和商人通过商业活动积累财富。

在古典时代存在着数百万的女性劳动力、奴隶和低薪工人，但当时并没有形成"劳动社会"的概念。教师、医生、律师或建筑师等知识分子长期以来名声不佳，因为他们通过不光彩的报酬玷污了光荣的工作。柏拉图针对"智者派"（收费授徒的教师和雄辩家）的抨击便是一个很好的例子。在古希腊雅典，尽管公职人员也会领取薪水，但是工作从未成为社会地位的衡量标准。工作者并不能因为工作而融入社会，相反，一个人越依赖工作，他的社会地位就越低。这一规律至今仍然适用于全世界范围的许多劳动者。例如，在阿拉伯世界受剥削的奴隶劳工，在美国从事服务行业的拉美裔，以及在东亚从事农业、建筑业和养老护理的民工。

根据哲学家的观点，古代社会对那些依靠体力劳动维持生计的人持有一种轻蔑的态度，他们被视为"自然、原始状态"[7]的人类，与动物相差无几，而非拥有自主权的公民。体力劳动者的生活完全由必要的实践活动（praxis），而非思考和反省活动（theoria）组成。而西塞罗所提到的 dignitas——人的尊严，只有当人们过上了有尊严的生活时才会出现。有尊严的生活意味着人们能够超越基本的生存需要，能够自主并自由地塑造自己的生活。只有从劳动中解放出来的人，才能践行斯多葛学派的自我提升理论（oikeiosis），逐渐形成和完善自我。相反地，"手工业者"（opifices）则被视为一种"肮脏"的职业，因为工坊本身就无法具备高尚的特质。[8]

在此背景之下，我们便能理解为何古代哲学家会如此轻视"家计管理"（oikonomia）。他们认为参与家庭事务会限制思想的自由。当时的家计管理处于一个较为边缘的位置，它主要发生在个人家庭中，远离公众视野。虽然城邦的男性公民享受平等的待遇，但是他们参与城邦事务的前提是建立在妇孺、奴隶和小农的不自由之上的。

哲学家们担心家庭（oîkos）和城邦（polis）这两个不同领域之间的界限会被混淆。

在《理想国》一书中，柏拉图描绘了一个完全符合至善理念的、正义的国家——卡利波利斯（Kallipolis）。在这个理想国度中，从事家庭事务的女性甚至无法教育小孩，因为人们认为女性的物质贪婪会让小孩变得自私，进而腐化城邦公民的道德和政治价值观。柏拉图和亚里士多德一致主张金钱的权力应当受到限制，亚里士多德认为金融经济、金融投机和信贷经济并不符合自然规律，并试图抵制这些金融活动。他们将节制视为一种美德，以此对抗金钱所带来的贪婪、不道德和不正当的行为。这种价值观几乎受到所有古希腊哲学家的推崇。因此，柏拉图和亚里士多德在他们的理论和著作中都十分关注如何控制经济无节制地增长，以及如何保持城邦理想的人口数量和理想的人口结构等问题。

在古典时代，工作并没有成为社会身份的象征，反而将大多数人排除在社会之外。但这也并非绝对，对那个规模很小，却十分引人注目的群体——基督徒——而言，他们一直都是那个例外。随着基督教在整个希腊罗马世界的传播，它也带来了一种与上层阶级完全不同的工作观念，因为基督教在公元一世纪还只是小人物的宗教。它不仅尊崇那些受人尊敬的渔民、牧羊人、木匠和农民，也接纳那些被社会轻视的职业，例如税吏。福音书作者认为门徒的传教活动与他们先前所从事的手工业劳动并无不同，这些门徒就像"葡萄园里的工人"或"丰收季节的工人"一样，他们的工作是有意义和价值的，应该获得认可和报酬。[9]

实际上，孕育全新工作观念的土壤早已被培育：对于犹太教而言，工作早已不是什么可耻之事，耶和华将亚当和夏娃逐出天堂之前就让他们工作，因为伊甸园并不是一个游乐园，而是需要努力耕耘的地方；那些在巴比伦受囚禁、在埃及受奴役的以色列人既无法维持，也无法想象不参与劳动的生活。基督教徒几乎从未拥有过奴隶，这个在古代社会属于下层阶级的群体将自己的困境转化成了高尚的美德：他们对工作的认可度和重视度胜过所有更大的宗教。[10] 基督教在古代世界的迅速传播归功于基督徒从工作中获得收入，进而提供了巨额捐款，教会因此得以繁荣发展，并能够支付教会工作者的薪酬，派遣传教士到世界各地，以及救济贫困者。相比于其他神祇形象，一个拥有人格特征的、与人关系密切的神和一个宣扬"博爱"的宗教，可能提供了更多的附加价值。如果没有对工作的高度重视以及由此吸引而来的大量信徒，基督教无法以如此之快的速度发展壮大。

通过工作获得社会认可，而不是受到轻视。这个由基督教所倡导的工作伦理获得了空前的成功。而这份成功在最初并不为人所预见。古代的自由公民通过不工作的方式模仿并接近逍遥的众神。而基督徒则相信，只有遵循上帝的旨意去工作和生活才能接近上帝，并获得上帝的赞赏和救赎。上帝这位伟大的造物主并不喜欢闲适无为，他花了六天时间创造世界，在第七天歇工休息，如同一个疲惫不堪的工匠一般。古代的上层阶级通过无须工作来展现他们的社会地位，而基督徒则为自己创造了一种内在自由和个人地位，这个地位完全取决于他们与上帝的亲疏远近。基督徒相信他们是为了上帝而工作，而真正的报酬不仅是世俗的物质奖励，还有上帝的认可和救赎。他们愿意为了上帝的欢心和来世的回报承受任何的艰辛和困难。

基督教重视所有的工作和所有的人，包括收入微薄的短工，处于贫困边缘或生活拮据、不知如何生存的人。在上帝的眼中，任何工作都是一种美德。然而，早期的基督教对那些不愿意工作的人十分严厉，并声称他们应当承受上帝的惩罚。例如，保罗就曾在《帖撒罗尼迦后书》（*Thessalonians II*）中表示"不劳动者不得食"。[11]

继保罗之后的第二位伟大的基督教教父、对基督教教义和教会组织的发展曾做出巨大贡献的奥古斯丁则认为，神赋予了人类大量的资源和天赋，人类应该通过自己的劳动和创造力来发挥这些天赋和资源的最大潜力，进而完善神创造的世界。尤其是修道院的修士应该投入工作中去，而不应该仅仅专注于冥想；修道院的创始人本笃（Benedict of Nursia），在公元6世纪确立了一整套修道院规章，即《圣本笃训诫》（Regula Benedicti）。该规章将"祷告和工作"视为修道院生活的基本准则，主张修道士们应该在主的"工作室"中勤奋工作。[12] 它还提到，怠惰是人类的天敌，对灵魂构成了威胁。[13] 这些规章不仅被反复灌输给本笃会修道士，其他人也受到了熏陶。

尽管这种严格的劳动风纪在最初仅存在于修道院的院墙内，但在深受基督教影响的中世纪，劳动精神在整个社会得到了普及和推广。虽然一些高级的神职人员和骑士通常享有一定的特权和豁免，无须从事体力劳动，但是占人口比例最高的农民群体却被要求终生辛苦劳动。包括手工业者在内的第三等级[①]同样需要艰辛劳动，因为这是上帝赋予他们的使命。中世纪的两位伟大哲学家，道明会的托马斯·阿奎纳（Thomas von Aquin）和方济各会的波纳文图拉（Bonaventura），曾不厌其烦地强调劳动的重要性，他们一再地敦促第三等级从事体力劳动。因为他们认为，所有的职业都是上帝的神圣召唤。上帝就像封建领主一样为人们指派工作，因此个人的职业选择并不是由个人的兴趣和倾向决定的，而是由上帝的旨意决定的。

反之，懒惰则被视为一种极大的罪过。那些能够工作的人也必须愿意工作，只有那些真正无法工作的人才能获得基督教为穷人提供的救济。中世纪晚期教会花了大量的时间和精力来甄别那些不能

---

① 第三等级（Dritte Stand）通常指的是中世纪欧洲社会中的商人、手工业者和农民等非贵族、非教士的社会阶层。——译者注

工作的人，因为只有他们才能获得救济。[14] 政府甚至为乞讨人员颁发了乞讨许可证，这是一种特殊的乞丐标志。同时，教会的福利工作者和教育工作者向他们的门徒和学生灌输严格的劳动风纪。由于欧洲的一些城市在中世纪晚期经历了人口的迅速增长，大量的人涌入城市，导致城市的公共秩序难以管理，面临失控的风险。因此，教会和政府官员希望通过劳动纪律来约束人们的行为，以确保每个人都有规可循且易于监管，以此维护社会的稳定。在古典时代，只有穷人才被迫工作。但是在中世纪晚期，教会宣称工作是摆脱贫困的最佳途径。尽管基督教在福音书中表示"富人若想进入天国，比骆驼穿过针眼还难"，但它却要求中世纪人民努力追求财富。[15] 随着时间的推移，贫穷和谦卑的教会变得越来越富有和强大。

无论教会多么努力地强调所有工作都是神圣的，但中世纪的城市居民还是意识到了这一事实：不同的工作具有不同的性质和价值。正如希腊人和罗马人区分了这两类完全不同的工作，laborare 和 facere 在中世纪仍然被明确地区分开。中世纪时期的手工业者通常由行会组织管理，他们享有社会地位和职业荣誉感，与那些只能协助他人完成某些任务的杂工、临时工和零工有明显的区别。杂工不从事创造性的工作，他们做的是一些不需要任何技能的脏活累活，例如，在田野间劳作或者为手工艺人准备和运送材料。根据行会规定，手工业者享有稳定的报酬。相较之下，零工却薪酬低微。

其背后的价值体系是僵化的。阿奎纳不是声称事物的价值是根据上帝确定的稀缺性和有用性来衡量的吗？僵化的价值体系使得手工业者的劳动富有价值，而零工的劳动则一文不值。即使临时工可以帮助手工艺人完成一些烦琐的工作，但他们本身无法创作出可以世代传承的有用物品。此外，临时工并不稀缺，几乎到处都有这样的劳动力。中世纪时期存在技术工人短缺的问题，但不缺乏临时工。

但凡与劳累和辛苦相关的工作都会受到轻视，尽管所有工作都被视为神圣的使命。中世纪的 labor 以及英语中的 labour，它们最初的含义都是"没有价值的、不重要的、不受尊重的体力劳动"。法语的 travai 和西班牙语的 trabajo 同样如此。这两个词的起源是 tripalium，这是一种古罗马时期的木制三柱架，用来把人的手臂固定在侧面并施以酷刑。在中世纪，tripalium 被用作马和牛的架设工具，用于束缚牲畜。而 travail 或 trabajo 的意思是"艰苦或苦力劳动"。这种工作绝不可能与手工业者的工作，以及要求高技能或高智力的工作（拉丁语称为 operae，法语称为 œuvres）相提并论。而犹太语中的 Maloche，它同样指的是体力劳动，与需要专业技能或智力的工作完全不同。

人们通过工作来接近上帝的旨意，并不意味着每个人都必须工作。贵族和高级神职人员就免于体力劳动，就像古代的上层阶级一样，他们的社会地位取决于他们的阶级或家庭背景，而非工作表现。工作义务并不是人人都有，只有第三等级才会被灌输这样的观念："懒惰是一切罪恶的开始，而劳动可以征服一切（labor vincit omnia）。"然而，劳动却无法征服终身劳动的义务。众所周知，这种意识形态在新教教义中被不断强化。根据先定论的教义，人们可以通过工作成果来证明自己的生活符合上帝的旨意，并获得来世的回报。工作因此成了衡量理想生活的唯一标准。

相比之下，托马斯·莫尔（Thomas More）的《乌托邦》（*Utopia*）则显得更为先进。虽然人们在乌托邦也要工作，但无须整天工作。更重要的是，所有乌托邦居民都要工作，而不仅仅是只要某个特定的工人阶层工作。在这里，工作并不是为了实现自我或完成神圣的使命，而是为了增加公平分配给所有人的财富，人们工作是为了过上更好的生活，而不是像新教教义所宣扬的那样为了工作而生活。

但实际上，随着资产阶级的经济实力和社会地位的不断提高，"每个人（不仅是第三等级）都必须工作"才逐渐成为一种要求。17 世纪和 18 世纪的制造业资本主义不仅将经济权力从贵族转移给了资产阶级，它还赋予了工作更高的价值，它将工作视为实现全面繁荣的唯一途径并鼓励人们提高个人的工作效率。同时，它将 laborare 和 facere 这两个含义完全不同的词统一成一个词：labour 或 travail。这使得高技能工作和低技能工作之间的区别变得模糊起来。毕竟那些从事重复性工作的手工制造业工人也在创造着一些东西。语言上对辛苦的体力劳动和有意义的创造性劳动的区分逐渐消失。

实际上，新的劳动概念的普及主要归功于一位极具影响力的思想家。他重新定义了劳动，他主张人们不仅可以为自我保全和自我发展而劳动，也可以为他人的利益而劳动。这个人就是约翰·洛克（John Locke）。他出身微末，但是才华横溢，因此得到了赞助人的大力支持并成为新兴资产阶级时代最重要的哲学家。洛克对资本主义和私有财产制度的贡献无人可及。可是鲜为人知的是，他对劳动的重新定义同样对社会产生了深远的影响。

洛克在其著作《政府论两篇》（*Two Treatises of Civil Government*）中表达了两个主要观点：一方面，他试图证明英国以牺牲印第安人为代价对北美进行殖民统治是完全合法的，并声称这是上帝的旨意。作为殖民事务部的高级官员，这位哲学家本人在卡罗来纳州拥有大量原属于印第安人的土地，因此他从驱逐原住民的行动中获利颇丰。另一方面，洛克希望确立财产权，以确保英国土地贵族和资产阶级的利益得到持久的保障，而那些无法获得土地的穷人和边缘化群体不会从中获得任何收益。

洛克将财产与自我保全紧密联系在一起。他认为，为了促进自我发展，人们需要关心和保护自己的财产，就像关心和保护自己的身体一样。在理想状况下，土地应该被平均分配：每个人都能分得足够的土地作为基本财产。然而，随着时间的推移，自然状态被终结了，人们发明了货币并签订了一种虚构的契约，该契约允许人们的财产无限制地增长，即使这是以牺牲他人的利益为代价的。洛克曾大胆地声称："如果每个人只拥有自己所需的财产，那么世界上将不会有任何人因为缺乏土地或其他资源而陷入困境，因为世界上的土地足以支持地球双倍人口的生活。可是货币的出现，以及人们赋予货币的价值、财产的积累和财产权的确立，使得一切都发生了变化。"[16]

货币的出现使得自然状态下的游戏规则失效了。洛克并没有对此进行批判，反而还赞扬了贪婪所带来的积极影响。他认为，当人们开始追求基本生存所需之外的物质财富时，也会推动社会向前发展。然而，人与人之间的差距也会越来越大，尽管人们生来是平等的。人们开始无视公共福祉，无限制地追求个人财富，无数人因此而陷入贫困线的边缘。然而这种不平等却被认为是正当合法的现象，因为适度的不平等可以推动经济发展，经济发展好了，最贫困的人最终也会从中受益。

其实这个观点并不新颖。早在半个世纪前，英国东印度公司的说客们就已经提出了类似的观点，他们声称那些在古代和中世纪常常受到排斥的商人是 17 世纪的新英雄。商人爱德华·米塞尔登（Edward Misselden）在其于 1623 年撰写的关于商业循环的著作中提出了这个问题：What else makes Common-wealth, but the private-wealth?（除了私人财富，还有什么能创造共同财富？）。[17]他巧妙地选择了 wealth 这个词，它既可以表示"幸福"，也可以表示"财富"。从那时起，"大公司的成功最终会惠及所有人"的说法便被反复提及和强调。人们开始认为，商人或企业家本质上都是道德高尚的、公正的、品行端正的好人。他们甚至不需要努力去成为好人，他们的逐利行为本质上就是好的，因为这会自然而然地给所有英国人带来繁荣和富裕。由此可见，从古代的公民美德到现代的商人美德，传统的美德观念发生了转变。

文化的变迁和价值体系的演变是最根本的原因。如今的美德标准已经不再是两千年前所提倡的思想价值，而是经济价值。洛克认为，工作就是判断一个人是否拥有经济价值的最理想的方式。在他的人类学理论中，他强调财产和工作是构建一个良好和公正社会的基础。工作和财产是相互关联、相互依存的，因为财产是通过辛勤劳动应得的报酬。和斯多葛派哲学家（尤其是洛克热衷研究的西塞罗）一样，洛克认为人类被赋予的使命就是要提升自我。他巧妙地使用了"劳动"（labour）这个词。而斯多葛学派的理论则表达了截然相反的观点：只有那些不需要为了生计而工作的人才有足够的闲暇时间自我完善和提升。然而，洛克将劳动和工作这两个概念混为一谈。他认为人类的使命就是自我保全，并通过辛苦劳动获得财产，从而扩展自己的生存空间并保障自己的生存。

洛克的理论恰好符合 17 世纪后期的时代精神。他认为那些在工作上付出更多努力且更有能力的人会获得更多的财产，从而有条件从事贸易活动。按照今天的说法：付出更多的努力会带来更多的回报和奖励。然而，就连洛克自己也知道，在当时的英国已经没有了通过公平竞争获得土地的机会。他甚至质疑这种公平竞争的机会是否曾经存在过。土地所有权的分配是不公平的，这使得在田间或制造厂里工作的、一贫如洗的数以百万计的临时工根本没有任何机会可以通过公平竞争证明自己的能力。

而洛克的观点是站不住脚的。与当时的许多富人一样，他质疑英国农民的工作热情和劳动伦理，就像如今许多非洲的白人农民质疑黑人农民一样。尽管人们的社会存在决定人们的意识，但洛克认为这并不是改变社会存在的理由。如果农业劳动者和临时工没有能力提升自我和获得财产，那么这完全是他们自己的责任。这个观点遭到了英国社会改革家罗伯特·欧文（Robert Owen），以及自由主义者杰里米·边沁（Jeremy Bentham）和约翰·穆勒的反驳。它是自由主义的一个基本错误，因为它认为人们可以不受阶层、环境、文化和社会的影响，实现社会化并创造自己的未来。实际上，那些英国临时工完全无法与地主和东印度公司的商人进行公平的竞争，他们的起点相差甚远。为了实现真正的竞争，需要普及通识教育和全面的教育体系。但是在 17 世纪的英国，这样的设想只是一个理想化的乌托邦。此外，将工资视为主要的财产来源的观点也是错误的。在那个时代，相当多的财产是通过继承获得的。即使是最坚定的自由主义者也无法认同富裕和贫穷仅由个人能力和努力所决定。

由此可见，洛克的哲学思想是矛盾的。一方面，他捍卫所有人的自然平等和自由；另一方面，他又为那个由金钱主导的不平等（和不自由）社会辩护。对这位哲学家而言，不平等的金钱社会比平等的自然状态更为优越。他将英国和北美殖民地进行了对比，并指出北美殖民地仍然接近自然状态，土地也足够供所有人使用，但这块土地上却没有英国的繁荣景象。在未开化的美洲，即使是国王的生活也赶不上英国的临时工。因此，作为一个拥护平等和自由、积极倡导私有财产的哲学家，洛克并没有承认印第安人对土地的所有权。相反，他像清教徒一样辩解道：不开垦土地的人就没有权利拥有这块土地！因为只有通过劳动，才能真正将土地变成财产。

在美洲，洛克看到了广袤无垠且未经开垦的土地，他认为这些土地的面积远大于当地人实际所需或能够利用的范围，因此这些土地仍然是公共财产。[18] 如果情况反过来，印第安人来到英国并占有那里的闲置土地，那么很难想象洛克会如何与之争辩。与他的同时代人一样，洛克认为只有欧洲人（特别是英国人）才真正了解农业。他曾提出这个问题："在听任自然从未加以改良、栽培或耕种的美洲森林和未开垦的荒地上，一千英亩①土地所能为贫穷困苦的居民提供的生活所需品能否像在德文郡的同样肥沃且被栽培得很好的十英亩

---

① 1 英亩约为 4047 平方米。——编者注

土地所提供的同样多呢？"[19]

洛克认为，不劳动者无法拥有任何权利。不利用自然资源的人，也就没有履行上帝赋予他的任务。洛克的劳动理论对资产阶级社会产生了深远的影响。然而，这个理念具有排他性，不是每个人都能够劳动并获得相应的权利。尽管如此，洛克认为每个英国人都应该被教导告知，他们生来就是"劳动动物"。而众所周知，面临经济困境时，人们还有许多其他手段来维持生计，而不仅仅是依靠工作。马克思在《资本论》（Das Kapital）中写道："资本主义生产关系已相当发达，无产者只能被迫接受资本主义所设定的工作条件。他们比工人群体更有可能沦为流浪者、盗贼和乞丐。"[20]人并非生来就是雇佣劳动者，而是在社会条件的影响和塑造下后天成为的雇佣劳动者。洛克甚至撰写了两部教育著作，旨在向年轻人（包括绅士和穷人）传达工作的重要性，并教导他们尽可能地融入劳动社会并创造经济价值。[21]洛克的思想与他所引用的柏拉图、亚里士多德和西塞罗等哲学家的教育思想形成了鲜明对比。这些哲学家主张教育的目的是培养美德，而非为了劳动，他们认为美德和劳动是互斥的。而洛克则强调，劳动在任何情况下都是一种美德。尽管这似乎并不符合常理。

用"劳动"替代"人"：经济学中的"工作"概念

洛克的劳动理论为何大获成功？答案很简单：因为它填补了一个解释上的空缺。英国政治理论家罗伯特·菲尔默① （Robert Filme）主张：世间万物归君主所有，因为这是上帝赐予他们的。这一观点

① 罗伯特·菲尔默（约 1588 — 1653）英国政治理论家，主张"君权神授"。——译者注

旨在为君主制的统治提供正当性。然而，洛克在《政府论》上篇中极力并有效地驳斥了君权神授的观点，他认为世间万物并不因为上帝的赐予就自动归属于任何人。虽然上帝将美洲赐予了印第安人，但是在洛克看来，其他人有权合法地夺取这片土地并加以开发，如果一个人没有占有和开发某个资源，那么他就没有权利拥有这个资源。

在《政府论》中，洛克试图构想出一个理想的国家，一个有别于当时的国家形式、并且与当时的经济状况完全契合的国家。与他的哲学前辈托马斯·霍布斯（Thomas Hobbes）和詹姆斯·哈林顿（James Harrington）不同，洛克的国家理念并不承诺为所有人维持和平与正义。他的构想只是为了支持当时奉行自由资本主义的英国经济。他主张国家应该服务于经济，而不是像古代和中世纪的相关理论那样主张经济应该服务于国家和公民。因为他认为经济的繁荣会使每个人受益，而公正的国家并不能保证这一点。

在当时，经济学仍然是哲学的一个分支。随着时间的推移，经济学的研究逐渐摆脱了宗教和哲学的影响，转而朝着更加科学和理性的方向发展。洛克的同时代人、"古典政治经济学之父"威廉·配第（William Petty）提出了一个新的主张，即使用客观数据和分析来理解经济现象，而不是基于哲学或神学的信仰。在他的著作《爱尔兰的政治剖析》（*Political Anatomy of Ireland*）中，他以医生的冷静态度对爱尔兰社会和经济问题进行了诊断。最后，他提议将所有居民和贵重物品运往英国，因为这是最经济和高效的解决方案。这个荒谬的建议后来激发了爱尔兰作家乔纳森·斯威夫特（Jonathan Swift）创作出著名的讽刺小说《一个小小的建议》（*A Modest Proposal*）。在该作品中，斯威夫特针对爱尔兰的极度贫穷和人口过剩提出了一个荒谬的建议：将爱尔兰婴儿作为食物卖给英国人。

配第将人和命运视为资源。在他的著作《政治算术》（*Political Arithmetic*）中，他严谨的数学分析为人所称道。配第创立了统计学，并强调了使用客观数据和分析来理解经济现象的重要性。他认为政府的决策应该基于可靠的、理性的数字和统计数据。这种思想在当今的经济学家和政治家中广受推崇，尽管它可能会极大地限制政治的创新力。

配第可能是第一个提出纯粹经济学价值理论的人。根据该理论，一个物品的价值不仅取决于它所占用的土地的价值，还要考虑到生产该物品所花费的人力劳动。洛克很快就被这一理论说服了。跟当时的许多经济学家一样，他强调劳动在价值创造中的重要性：一件商品的生产成本与投入生产的时间和劳动力成本成正比。因此，洛克和配第一致认为，应该尽可能降低农业劳动者和制造业工人的工资，以创造竞争优势，因为只有这样才能超越法国和荷兰等对手。

然而，这也意味着允许工资倾销的存在。荷兰医生伯纳德·曼德维尔（Bernard Mandeville）曾清晰地描述了这种低价竞争的残酷本质。自 1693 年以来，曼德维尔一直生活在伦敦，他曾明确地指出："在一个禁止奴隶制的自由国家，最可靠的财富在于大量艰苦工作的穷人。"[1] "如果一个国家的劳动人民每天工作 12 小时，每周工作 6 天，而另一个国家的劳动人民每天只工作 8 小时，每周工作不超过 4 天，那么前者的生产成本明显会更高。只有当一个国家的食品和所有生活必需品比邻国更便宜，或当他们的工人更勤奋、工作时间更长、生活方式更简朴时，这个国家才能获得竞争优势。"[2]

无论是配第，还是后来的亚当·斯密和萨伊，他们对"工作"的定义都与具体的工作情况无关，因为他们都忽略了工作的性质、工作者的使命感、社会地位、工作动机、生活环境或工作条件等真正构成工作的具体因素。对萨伊而言，经济简单地由自然定律构成。他认为，无论是行星的运行，还是资本的循环，能源的产生和消耗，或是劳动力的投入和消耗，它们的结构都是相同的，都可以被观察到某种规律，而这些规律可以被描述为定律。在这种理论框架下，经济学家认为他们可以像自然科学家一样找到普遍适用的经济学定律，这些定律就像自然科学中的自然定律一样不可改变、不受人类意志的影响。正如贵族曾声称上帝赋予了自己权力，资本主义经济的捍卫者也用这个理由为自己辩护并声称：资产阶级和工厂主之所以拥有权力，是因为他们洞悉了经济的自然定律，并相应地优化了生产和分配方式。就这点而言，他们的统治比君王和贵族的统治更加"科学和客观"。

萨伊曾在 1817 年提出，商品的价值是由劳动、资本和土地这三个生产要素共同创造的。他认为，如果人们能够更加理性地利用这些要素，就能创造更高的产出和更多的财富。然而，这个定义在 18 世纪末 19 世纪初就过时了。因为它仅仅适用于农民的劳动、手工制造业和早期工厂的劳动，却并不适用于主教、医生、政治家、作家、教师、司法官员或掘墓人等职业。要使这个定义成立，要么将这些职业排除在劳动的范畴之外，要么人们必须承认，travail 或 labour 这些概念也可以有其他含义。18 世纪末，人们采取了第一种方法，然而在 19 世纪，几乎所有的服务行业都被纳入了劳动的范畴，而萨伊的"生产三要素论"却没有因此被否定。

时至今日，在经济学领域，劳动仍被视为与土地和资本同等重要的原始生产要素。但这种等同并非没有问题。正如《加布勒经济词典》所指出的那样："人和劳动力之间的不可分割性被忽略了；因此，劳动应该被视为真正的生产要素，而土地和实际资本应被视为生产资料。"[3] 然而，劳动这个词蕴含着复杂和矛盾的含义，仅通过"要素"和"资料"这两个概念来区分可能还不够。与土地和实际资本不同，只有当劳动不再与许多具体的义项联系在一起，而是作为一个庞大且抽象的概念出现时，它才能被视作一种经济量度标准。那些只从经济角度看待劳动的人，根本没有真正理解劳动。毫无疑问，即使没有劳动力市场和资本主义，人们也会劳动。数十万年来，人们并不需要市场的存在来满足他们基本的物质需求。而且人们对劳动的需要，在没有物质报酬的情况下，也同样存在了数十万年。

经济学教科书对劳动的定义过于简化和夸张：劳动价值＝劳动力 × 劳动时间，这个公式是脱离现实的。比如，在创作本书的过程中，我所付出的"劳动力"具体是什么？是我的专注力、我的勤奋、我的动力、我受过的教育，还是我的智慧？这些因素无法简单地用物理学中的"力"来描述。如果我的写作时间加倍，也就是说我使用了更多的劳动时间，那我的劳动价值真的会更高吗？实际上，这对于最终的结果——本书的质量来说无关紧要。人们同样也会质疑，那股票交易员的"劳动力"又具体指的是什么呢？按照这个定义，如果顶级运动员没有进行全天候的训练，也就是说没有 8 小时的劳动时间，那他们的劳动价值也不会太高。

劳动这一概念的数学式定义不仅过于教条，还忽略了历史背景。要理解这个定义，就必须了解它最初产生的历史背景和目的。在 18 世纪，商业资本主义和手工制造业在英国、荷兰、法国和德国的一些中心地区逐渐兴起。在这些中心城区，传统的经济和生活形式受到了威胁。在英国，分包生产和家庭手工业成了一种普遍的商业模式，洛克的祖父也曾以此为生。分包商预付资金，以便进行家庭手工生产。分包商也负责将商品推向市场。工作量、家庭劳动者的薪酬以及分包商的分成通常都是固定的。这种劳动方式和生活方式既不追求无限的经济增长，也不追求持续攀升的利润率。

然而，资本主义思想带来了一种全新的理念：不断追求利润最大化，将这些利润重新投资以增加利润，漠视传统价值观和人们的生活方式。这种理念是高度理性的。但问题是，这种理性是合理的吗？保守派社会学家马克斯·韦伯（Max Weber）详细描述了这场变革，并指出自 18 世纪末以来，一种"非理性的因素"极大地推动并改变了经济发展。为何称为"非理性"呢？因为无限制的逐利并不是一件理所当然的事情。在基督教文化中，工作的目的是维持生计和取悦上帝，但并没有明确规定人们应该不断地追求财富和利润。尽管新教鼓励人们勤奋工作、不要懈怠，但是积累财富并不是新教的主要目的。相反，新教认为灵魂的救赎才是终极目标，而财富只是实现这一目标的要素之一。

资本主义思想解除了所有束缚，追求无限制的财富积累。工作成了无限扩张的推动力。没有了道德、信仰、理智或生活智慧的约束，不受限的资本主义将赚钱的欲望推向了极致。但是，正如韦伯所言，这并没有使资本家更加幸福，因为"如果一个人的存在是为了追求经济利益，那么幸福将离他远去"。[4]

资本主义思想虽然在现实生活中并不总是理性的，但在理论上确实是理性的。在萨伊和李嘉图极具影响力的经济理论中，现实生活中的"非理性因素"变得理性且合理。当经济学家将土地、资本和劳动力视为生产要素，将利润增长、价格、供求关系和市场竞争的理性描绘为自然定律时，人类学、个体和社会心理学、社会学和哲学等纬度被忽视了。因此，他们的经济理论中只剩下一种被剥离了人性的、冷漠的经济理性。

19世纪，人们试图克服经济学思维的单一性。然而，他们采取的方法并不是将经济学人性化，而是将经济学的单一维度视为人类真正的本性。例如，亚当·斯密的经济学理论被投射于生物学[5]，而达尔文的进化论又被反向应用于经济学。自19世纪末以来，一些生物学家一直尝试着将生物学和经济学之间的理论联系起来。他们把竞争、淘汰、生存斗争和适者生存视为人类的本性。进化心理学不断在践行该理念，这门学科自20世纪70年代以来越来越受欢迎，尤其是在英美国家。如今，它已经摒弃了那些不再被接受的观点，例如种族主义以及将战争视为合理的民族自我保护。

在此背景下，"经济人"（Homo economicus）这个概念诞生了。

无论它是否有生物学来源，整个世纪它都一直占据着真实人类的位置。经济人总是会理性地追求自身利益或效用的最大化，这与那些有政治意识的人在投票时根据自身利益和偏见做出选择并无不同。1957 年，"理性选择模型之父"、美国经济学家和政治学家安东尼·唐斯（Anthony Downs）在其极具影响力的著作《民主的经济理论》（*An Economic Theory of Democracy*）中表达了相同观点[6]。然而，今天的经济心理学家已经证明了，这种不惜一切代价地追求利益最大化并不适用于经济或政治领域。人们对那些有利于自己的事物兴趣浓厚，但是总是着眼于自己的直接利益可能会起到反作用。实际上，我们做的很多事情，并不能给我们带来直接的益处或经济利益，但可以满足我们对善的追求。我们会批评指责那些对我们个人没有影响的不良行为，我们还会支持那些跟我们自身没有直接利益关系的立场。[7]

将经济理性视为人类理性的人并不了解人类。作为经济理性的奠基人，萨伊和李嘉图并没有将经济理性与人类理性等同起来。他们的目标是将经济量化并建立有意义的量度标准。他们试图将工作转化为可量化的经济概念。为了实现这一目标，他们忽略了工人的真实生活状况。他们认为这种计量方式是不可避免的，因为只有准确地量化生产力，才能实现生产进步。劳动因此成为一种可计量的参数，与其他参数一起用于计算生产成本。为了准确预测未来的生产情况，劳动和预期的生产力被数学化处理，工作流程和产出标准得到严格规范。这样做的目的是让生产过程更加可控，从而更好地管理生产流程和资源利用。

萨伊和李嘉图的理论与当时的现实情况相吻合。19 世纪初的工厂主和英国牧师、经济学家托马斯·罗伯特·马尔萨斯（Thomas Robert Malthus）一致认为："人类本性懒惰且厌恶一切工作，迫不得已才会去工作。"[8] 在那个年代，工人们只能按照精确的时间表完成一些简单的任务。亚当·斯密的分工理论使得工人就像专业机器一样工作，工作被分解成最小的单位，工厂主因此得以完全控制工人。[9]这种工作模式与洛克的自我提升理论相差甚远。长期以来，给予工人更多的自由，并根据他们的个人表现支付薪酬，都是不可想象的。直到新拉纳克村的苏格兰纺织厂的经理欧文提出了这一想法。这位社会改革家向世人证明了，给予工人更多的自由、缩短工作时间并建立激励性的奖励制度可以显著提高工厂的效率。欧文的成功无法用任何数学公式来解释，关键在于他重新将每个工人视为有情感的人。尽管欧文提出的改革措施经过了相当长一段时间才得以实施，但绩效工资制和缩短工时制最终得以广泛普及，工人阶级的生活和工作条件也相应得到了改善。

当马克思和恩格斯在《共产党宣言》中描述 19 世纪中叶的实际工作情况时，欧文的开创性思想在现实中几乎还没有得到实际应用：随着机器和劳动分工的普及，无产阶级的劳动失去了独立性和吸引力。工人变成了机器的附属品，他们只需要进行极其简单、极其单调、极容易学习的操作。工厂支付给工人的酬劳，几乎仅限于他们维持生计和延续后代。但是，商品的价格，包括劳动的价格，等同于其生产成本。因此，随着工作的痛苦程度增加，工资水平逐渐下降。[10]

19 世纪上半叶的工厂劳动残酷得令人难以想象。救济院和孤儿院遭受到不人道的剥削，在纺织厂和狭窄的地下煤矿中，雇用童工是合理且司空见惯的事情。工厂工人每天工作长达 16 个小时，他们的平均预期寿命基本不超过 30 岁。在生产过程中，工人被视为成本因素。在经济学理论中，劳动与土地和资本被视为生产要素，该理论也反映在了现实中，工人沦为纯粹的生产资料。

因此，经济理性的胜利是以反人类的劳动观为代价的。如果 19 世纪上半叶的工厂工人不被当成人对待，或者用康德的话说，如果他们不是作为"享有尊严和自由的人"而存在，而是作为生产资料和增加资本的手段而存在，那么《人权宣言》（*Declaration of Rights of Man and of the Citizen*）对他们有何益处呢？经济思想家和工厂主的经济理性摧毁了农民和小手工业者的传统生活方式和社会结构。工厂工人被迫在工厂中从事重复性的劳动，类似于古代的奴隶或美国南部的棉花采摘工人，他们失去了自主权和创造能力，与手工艺人形成了鲜明的对比。工人不再被看作是独立的个体，而只被视为生产机器的可替换零件。此外，对于工人而言，工作不再只是生活的一部分，他们活着就是为了给别人工作，直到力竭而亡。"异化的生活"这个概念可以追溯到亚里士多德，马克思使得这个概念闻名于世。它指的是一种缺乏平衡和自我实现的状态。在资本主义制度下，无论是资本家，还是工厂工人，都生活在这种状态之下，他们难以获得真正的满足和内心的平静。前者不断地追逐更高的利润，每一次的获利都只是为了新的获利，缺乏真正的自我实现和发展；而后者则被迫接受无尽的身体和精神剥削，他们的生活变成了机械化的、以生产和消费为中心的循环。

自 19 世纪后半叶以来，工人的生活条件逐渐得到改善，但是这并非基于对人性的尊重和关爱，而是由于经济理性自身的矛盾所致，这种矛盾至今仍被低估。企业为了在国内外的竞争中获得优势，在经济理性的要求之下尽可能降低劳动成本，但从国民经济的角度来看，经济理性要求提高大众的收入，以增加购买力并确保持续的经济增长。为了调和这种矛盾，欧洲各国出台了相关的社会政策。面对日益强大的工会和难以抵抗的工人运动，政府开始采取行动保障工人的权益。它们实施了系列措施来保障工人的退休生活，并帮助他们应对健康风险和工作风险。随着社会保障体系和公共卫生设施的建立，现代社会福利国家的雏形逐渐形成。在 20 世纪，德国政府为了平衡雇主和工人的利益，制定了集体薪资协议，这份协议在某种程度上为"大众福利"奠定了基础。经验告诉我们：政治理性并

不等同于企业的经济理性，尽管自由主义者坚持否认这一点。政治
理性首先考虑的是国民经济，而国民经济并不总是与单个企业的利
益相一致，有时甚至会相互冲突。

自 19 世纪中叶以来，人们开始重新认识到：经济利益并不是
人类创造的唯一价值。在过去的很长一段时间里，这个观点似乎被
遗忘了，但如今又再次受到关注。自从亚当·斯密提出经济理性的
理念以来，他的理念继承者，从萨伊到穆勒，都开始区分"生产性
劳动"和"非生产性劳动"之间的差别。这些经济学家认为，只有
生产性劳动才能创造真正的财富和价值，而非生产性劳动只是转移
财富而已，像佣人、官僚、音乐家、教师、演员、士兵、神职人员、
律师、医生和思想家这些职业都不创造经济价值。尽管穆勒在 1848
年承认，其中一些职业（例如教师或政府官员）可以通过他们的非
生产性劳动来提升其他职业的生产力，但是这些职业在经济层面仍
然受到贬低。[11] 直到今天，这种对于非生产性劳动的轻视至今仍然
存在，人们常常会指责那些参与公共辩论的哲学家从未真正工作过。

在 21 世纪，没有哪个经济学家会否认服务业对于一个国家的生
产力具有巨大的积极影响。否则，像联邦德国这样的国家在 20 世纪
后半叶早已一蹶不振。然而，自从 19 世纪初经济理性兴起以来，一
种特殊的思潮在无产阶级和资产阶级的雇佣劳动社会中流行开来：
明确划分工作时间和闲暇时间！对于受剥削的工厂工人而言，这种
划分是十分必要的，因为他们渴望从工厂主那获得一点自由时间，
以便他们能够恢复精力。

行政类工作和文秘工作往往难以给人带来成就感或满足感，因
此闲暇时间显得格外重要。然而，神职人员、音乐家或哲学家却从
来没有所谓的"闲暇时间"，他们只有分散注意力和恢复精力的时
刻，因为他们的工作和生活是紧密相连的，而不像其他人那样工作
和生活是相对分离的。可是，劳动社会将神职人员、音乐家和思想

家变成了有固定工作时间的政府机构职员或公务员，并为他们划分了工作时间和闲暇时间。这种固定工时制取代了自我决定的秩序规范并影响着他们的存在和行为。尼采曾于 1882 年抱怨道："工作越来越使人们感到良心安宁，但是人们对享乐和休闲的渴求却带来负罪感。当人们休息或者外出度假时，会用'为了健康着想'这样的说辞来掩饰自己的真实渴望。终有一天，人们可能会因为享受思考而感到良心不安。"[12]

就好比古代社会期待公民自我完善一样，现代劳动社会对劳动者提出了"勤劳能干"的要求。然而，这种要求却引发了一系列的矛盾：在经济方面，工作被视为成本因素，人们在追求最小化成本的同时，又希望尽可能实现全民就业；此外，劳动社会期待劳动者勤劳和敬业，但现实是劳动会让人感到压力和痛苦；在一些保守思想者——从韦伯到弗莱堡学派的创始人之一威廉·勒普克（Wilhelm Röpke）——心中也存在着一种矛盾，他们认为资本主义虽然在经济层面表现出色、无可替代，但在伦理层面却应该受到谴责。经济理性虽然带来了无尽的物质财富，但也破坏了一些传统的价值观和伦理道德，尤其是保守的基督教的节制伦理，它被无节制的资本主义制度所抛弃。在 20 世纪，以电气化和工业化生产为标志的大众消费社会实现了前所未有的经济繁荣，但这个社会却与节俭、谦虚、自省等美德背道而驰。韦伯对现代社会的忧思使他成了保守主义的代表性人物。他指出，机械化和大规模生产会导致文化和精神的贫瘠，他痛恨现代工业化生产方式决定着每个人的生活方式，而且这种生活方式"恐怕要持续到最后一吨化石燃料燃烧殆尽为止"。[13]

韦伯的抱怨十分激烈，并带有文化悲观主义的色彩。"对于外在财货的顾虑，应该像圣徒肩上'一件薄斗篷'，随时可以舍弃。但是，命运却使得这件薄斗篷变成了钢铁般坚硬的牢笼。苦行精神决意改造世界并在世界中发挥作用，结果却是，俗世的外在财货便史无前例地赢得了凌驾于人类之上且最终无法挣脱的力量。如今苦行精神已经逃出了那牢笼，但能否永久逃脱，谁又知道呢？高歌猛进的资本主义，既已建立在机械的基础之上，就不再需要这样的支柱。"[14] "没有人知道，将来谁会住在这个牢笼中。这一惊人发展的终点，是否会产生新的先知，抑或是否会迎来旧有思维和理想的伟大复兴？如果两者都不是，是否会出现一种自鸣得意的、机械的僵化现象？无论如何，对这种文化发展的'最后的人'而言，下面的话可能颇为准确：'专家没有灵魂，享乐者没有良心——这种虚无竟自负地幻想已经达到人性前所未有的高度。'"[15]

韦伯的内心充满了矛盾：一方面，他支持人们在资本主义制度下过上自由的生活；另一方面，他又蔑视大众消费社会对物质和金钱的过度追求。资产阶级学者韦伯在理智上认为将工人从机械化生产中解放出来是一种进步；可是在情感上他却哀叹，在这个社会中不仅知识分子和富人提出各种要求，社会的各个阶层都开始提出要求。如果韦伯来到 21 世纪，很难想象他会感到多么不适和厌恶：外来移民在市中心的林荫大道上开着奢华跑车炫耀；一些金融投机者通过高风险的投资和金融工具在极短的时间内获取数十亿的财富，尽管这种方式与传统的劳动价值观相悖；那些曾经被称为无产阶级的人们，现在在路易威登商店前排队等待购买奢侈品；许多人的手腕上都戴着或真或假的名贵手表；而成功的青年企业家们则穿着连帽衫和运动鞋。

但是，从客观的角度看来，这种无尽的文化悲观主义缺乏充分的依据。就像如今的保守派大资产阶级和知识分子对下层阶级嗤之以鼻一样，两百年前的贵族阶级也对大资产阶级也抱着类似的鄙夷态度。作为当时的新兴社会阶层，大资产阶级以嘈杂、粗鲁和笨拙的方式用贵族阶级的身份象征物来打扮自己。在朱塞佩·托马西·迪·兰佩杜萨（Giuseppe Tomasi di Lampedusa）的著作《豹》

（*Il Gattopardo*）① 中，面对资产阶级的崛起，萨利纳亲王这样说道："我们是豹子和狮子，取代我们的是小豺狼和土狗；但是所有的豹子、豺狼和羊，都自认为是社会中坚。"[16]

无论是文化悲观主义还是多愁善感，都无法改变这样一个事实：在西方工业化国家，人们已经在很大程度上摆脱了枯燥乏味、耗费体力且不人道的工作，这是人类历史上的一大进步，尽管这个解放还不够全面。摆脱了束缚之后，各个社会阶层的人都开始追求个性化，人人都渴望成为独特的个体，在大众消费社会中，个性的表达通常由显眼的地位象征物品（如奢侈品、名车等）得以展现。而这种极力凸显自我重要性的行为普遍存在于各个阶层。

如今，将人仅仅视为生产要素的经济理论和经济实践不再有未来。在 21 世纪西方工业化国家，如果劳动社会的传统观念不再适用于现实，那么这并不一定是现实的过错。然而，为什么最后的这一步——把所有人从低薪工作中解放出来——尚未在全世界实现呢？要想理解这个问题的答案，就必须先理解社会民主主义的角色和社会民主主义对工作的定义，这两者都充满了矛盾。

工作厌倦和工作认同：社会民主主义中矛盾的工作概念

自从人们开始工作以来，摆脱工作的束缚便成为人们的目标。随着蒸汽机的问世，工厂主和公司开始憧憬着使用更多更先进的机器，以尽可能地降低人力成本，而工人们则渴望着不再为了谋生而被迫工作。大多数的劳动者都认为闲暇时间比工作时间更加美好，

---

① 它描写的是西西里一个古老的贵族家庭在资产阶级的革命风暴中逐渐衰亡，被新兴的资产阶级所取代的历史。——译者注

因此，缩短工时的设想被视为一种福音而非诅咒。然而，这一设想并不完全符合代表工人权益的工会的立场。尽管工会代表们曾在不同时期、不同国家为缩短工时而斗争，但他们同时也高举"劳动权"的旗帜。难道这不是与缩短工时的诉求——摆脱工作的义务——背道而驰吗？如果人们根本不愿意劳动，那么劳动权又意味着什么呢？

　　劳动权这个概念从何而来？这个概念最初由法国社会乌托邦主义者查尔斯·傅立叶（Charles Fourier）提出。傅立叶出生于一个富裕家庭，但在 19 世纪初不得不以旅行推销员和出纳员的身份勉强维持生计。他的伟大目标是全面重建法国经济和社会，因为工业革命并没有带来普遍的繁荣，而只是让少数人以牺牲许多人的利益为代价变得富裕。法国大革命之前的不公正封建社会，不过是换上了资产阶级社会的外衣。因此，傅立叶开始思考如何重组 19 世纪的工作和工业，即整个经济综合体，以确保所有人能真正从中受益。于是他勾勒了一个由合作社组成的和谐社会，在这里，全体社员共同劳动、共享成果，每个人都能够在社会道德规范下自由发展自己的爱好、才能和欲望，并从事自己有意愿做且有能力做的工作。在这个和谐社会，劳动权意味着人们有权利选择和决定自己的工作。这是傅立叶和他的许多同时代人没有得到的权利。在他那个时代，工业化国家的大多数人都是靠着辛苦、无意义的工作艰难度日。许多更不幸的人甚至找不到工作，只能上街乞讨，或者组建马克思后来所称的"工业后备军"。

　　劳动权是否是一项被法国大革命所忽视的人权？虽然仍有一些人主张将劳动权视为公民权和人权，但傅立叶的相关理念已经很少被人提起。1839 年，法国记者路易·勃朗（Louis Blanc）出版了他的著作《劳动组织》（*L'organisation du travail*），在本书中他已不再憧憬那些理想化的合作社，也不想重建整个社会，他只是希望能够消除工人在争夺工作岗位时的残酷竞争。由于求职者多于工作岗位，因此工厂主可以将工资降至最低。最终总有一些人不得不接受最低工资，而那些工作竞争的失败者则会步入犯罪的深渊。勃朗通过表格和统计数据来支撑他的论点，这些数据表明了犯罪率日益增长、贫困化问题凸显、农村人口向城市迁移等社会问题。如果法国宪法保障每个人的劳动权，就能阻止工人之间的恶性竞争，从而减少其带来的极端的社会后果。这种"物的暴政"决不能继续存在，工人阶级和资产阶级之间严格的阶级壁垒必须被消除。

勃朗曾有机会实现他的理想，作为少数有雄心壮志的社会理论家和社会改革家中的一员，他曾有幸担任相关的政治职务。1848年"二月革命"爆发后，勃朗的机会来了。当时小资产阶级起义反抗大资产阶级，勃朗被任命为劳工委员会的主席。但他的任期相当短暂。在1848年3月至6月短短几个月之内，他未能实现煤矿和铁路的国有化，也未能稳定住粮食的价格；未能建立起国家保险制度，也未能成功将所有求职者安置在国有企业中（即所谓的国家工厂）。1848年"六月起义"爆发后，他被迫流亡到英国。流亡期间，这位"社会民主主义之父"仍然坚持不懈地推动有关社会改革的讨论。然而，当勃朗于1871年再次进入法国议会时，尽管他仍属于左翼，但是对激进的政治乌托邦已经不再抱有任何幻想。

勃朗认为，解决社会问题的关键并不在于重新组织整个社会，而在于改变工作的组织方式：改善工作条件、缩短工作时间、使工作更加人性化。社会民主党人接受了他的主张，并将其视为全体社会民主党人的共同奋斗目标。他们的第二个目标是，根据勃朗的理念，要求政府承担更多的责任。国家应该创造尽可能多的工作岗位，或者至少帮助每个人找到工作，同时在必要时为无业者提供社会保障。充分就业的理念起源于19世纪的社会民主主义，至今它仍然主导着几乎所有政党的思维方式，而不仅仅局限于社会民主党。

想要以社会民主主义的方式使工作变得更加人性化，就不得不妥协于许多规则的限制，而这些规则遭到了社会乌托邦主义者的质疑。早在 18 世纪末，英国人威廉·戈德温（William Godwin）、欧文和傅立叶就梦想着通过成立合作社的方式来组织工作和生产，以创造更公平和人性化的工作环境。而法国哲学家昂利·德·圣西门（Henri de Saint-Simon）和他的一众追随者则提出了一种不同的思路。他们认为国家应该成为主要的经济管理者，并根据每位劳动者的才能将其安置到合适的位置上，从而最大限度地推动社会进步。19 世纪上半叶涌现了许多乌托邦主义者和颇有远见的人，他们提出了取代资本主义体系的替代方案，并期望通过这些方案进一步提高生产力、建立更公正平等的社会秩序。

　　然而，社会民主主义者则采取了不同的路线。他们无可奈何地向资本主义经济和社会妥协，并对资本主义采取了一种实用主义的态度。他们将实现一个公正社会的目标推迟到遥远的未来，并希望通过渐进且低调的步骤来实现这个目标。然而，这也意味着他们会逐渐淡化对于制度问题的关注和讨论。采取该路线的原因之一在于所谓的"社会民主主义的补偿理论"。另一个原因在于发生在东方集团国家的可怕的"非现实的社会主义"。

　　社会民主党的核心理念是在工作中尊重和满足工人的需求和权益，而不仅仅是把他们视为生产要素。随着时间的推移，社会民主党的社会理论逐渐淡化，直到与其他所谓的资产阶级政党难以区分。其主张为，工人应该拥有足够的业余时间来提高自己的能力和素质，雇主，也就是企业主和工厂主，在政府的施压下艰难地接受了这一主张。社会民主党用口号"兄弟们，向太阳，向自由！"强调了闲暇时间的重要性，同时也明确了工作和生活的界限。实际上，他们的目标并不是划分两者的界限，而是追求两者之间的平衡，即所谓的 Labour-Life-Balance（劳动与生活的平衡）。

　　然而，对于社会民主党、工人组织和工会来说，由此产生了一个悖论。尽管他们竭力主张尽可能地减少辛苦的工作，但是他们同时又通过工作来定义自己。工作是他们共同的核心议题，与企业家协会并无二致。对于社会民主党、工人组织和工会而言，工作是他们存在的意义所在，是追求个人价值和成就感的方式；而对于企业家协会来说，工作是获取财富的手段。[1] 然而，尽管工作那么艰辛、令人厌恶，工人代表们仍然接受工作给予他们的身份认同感，他们自称为矿工、金属工、印刷工或车床操作员。工人政党及协会为辛勤的劳动者提供了社会身份，就像中世纪的同业公会①为手工业者提供社会身份一样。然而，井下作业的矿工从事的并不是创造性工作，而是体力劳动。而且，不同于同业公会的手工业者，19 世纪乃至 20 世纪的工人是没有自由的。他们无法自主决定自己的工作节奏、工作量和薪酬。而 20 世纪争取到的集体谈判协议与同业公会制定的工资规定也有所不同。

事实上，在社会民主党和工会的优先事项清单上，工人在劳动过程中的自决权不那么重要。这就是妥协于资本主义所付出的代价。虽然共产主义者主张工人应该夺取生产资料，以便将经济大权掌握在自己手中，并自由地开展工作，但这仅仅是一种幻想。1905 年，奥古斯特·倍倍尔（August Bebel）② 曾说过："我们不相信通过全面罢工就能推翻资产阶级社会，但我们会为工人必需的生存权益而斗争。" [2]

自 20 世纪初以来，社会民主党的首要任务就是改善工人阶级生存权益、增加工人的工资。因此，工会不断地向企业家争取更高的工资和更多的休息时间。这不仅有利于工人阶级，对国民经济的发展也有积极影响。当工人拥有更多的可支配工资，他的消费能力

① 同业公会是中世纪欧洲工业组织的重要组成部分，公会是由同一行业的工匠和商人组成的组织，其主要目的是维护该行业的利益，保护其成员的权利和利益。——译者注
② 德国社会主义者，德国社会民主党创始人之一。——译者注

会增强，由此可以促进商品销量的增长。此外，更多的休息时间也有助于推动经济增长，因为这意味着人们可以有更多的时间去消费。在 20 世纪的工业化国家，随着技术的不断进步，雇员的平均工时越短，工资越高，国民经济状况就越好。这个经验规律与 19 世纪上半叶绝大多数经济学家提出的观点相悖，当时的经济学家认为，增加工人的工作时长，工厂支付的工资低于国际竞争对手，才能创造财富。显然，经济规律的适用性是有限的。不幸的是，20 世纪的经验规律同样如此。如果大型企业——比如"世界出口冠军"德国的大型企业——越来越不依赖国内市场，并将大部分销售市场转移到国外时，那情况又会怎么样呢？

至少在过去很长一段时间内，社会民主主义道路被视为一个巨大的成功。随着西欧工业化国家的富裕程度不断提高，雇员为了维持生计所需的工作时间也逐渐减少。基于税收的社会保障和养老制度可以帮助他们更好地应对生活中的各种挑战。但是，为了进一步推动经济增长，需要一种新的经济模式，它不再像 20 世纪那样仅仅追求足够的生产，而是致力于生产过剩的产品。社会从过去的以满足需求为导向转变为以创造需求为导向，而且是创造以前不存在的需求。自 20 世纪中期以来，西方工业化国家的雇员不再仅仅是为了满足基本的生存需求而工作，而更多的是为了能够"承担得起"一些额外的东西。20 世纪 80 年代，格尔茨曾如此描述这一转变："从劳动义务制度过渡到物质激励制度绝非易事，人们必须说服劳动者相信消费能带来一定程度的幸福愉悦，可以弥补自己为工作所做出的辛勤付出，能够使人们摆脱普通、平庸的命运。"[3]

实际上，工业化国家确实成功转型成为以物质激励为基础的需求创造型社会，它通过投入数十亿元的广告营销费用，成功唤醒了数百万个新需求。这些需求对于雇员来说值得投入精力去努力工作。社会民主主义的补偿措施——不断提高工资以满足不断增长的消费需求——持续了一个世纪之久，被证明是有效可行的。雇员受到激励乐于"出售"自己的劳动力。而蓬勃发展的消费社会则演变成了当下的超级消费社会。无论是艾哈德时代的冰箱、瓷砖浴室和大众甲壳虫，还是 20 世纪七八十年代的联排别墅、大众高尔夫、长途旅行和网球俱乐部会员，抑或是今天的城市别墅、SUV（运动型多功能汽车）、鲁滨孙度假俱乐部会员，都让人趋之若鹜。

如今的消费社会已经达到了前所未有的规模，其为人们提供了无数令人着迷的商品和满足需求的机会。在 21 世纪的工业化国家，大多数人都是被广告教育得很好的消费者，他们愿意在网络平台上为了搭讪付费，愿意化身为社交网络中的产品载体或产品本身，甚至愿意将最私人的事物商业化。在这个世界中，几乎所有人都追求着相同的目标：通过购买一些量产的产品来显示自己与他人的不同。消费信仰成了当今世界的普遍信仰，成功地将所有需求都转化为货币价值。对于这种持续发展的趋势，人们有着不同的观点。有人将其看作一种全新的文化的现象：通过消费表达个性；也有人将其视为一种"文化突变"（格尔茨）：一切都与金钱有关。人们最好是同时保留这两个视角，因为它们都有一定的合理性。

新马克思主义者安德烈·格尔茨曾批判道："一个由消费主导的个人主义社会将导致人们失去归属感。"他将这个现象归咎于社会民主主义的补偿措施。[4] 那些试图通过物质财富超越他人的人，那些不必租房并住在城堡式私人住宅中的人，不再生活在团结的社群之中。此外，他们拒绝通过"共同行动来应对工作中的共同处境"。[5] 在过去，社会关系网由互帮互助和家庭责任编织而成，而如今，政府不得不介入并通过提供社会福利来弥补社会关系网的衰落、社会团结感的下降。可是，在社会福利国家出现之前是否真的存在过一个更为团结和互助的社会？何时存在过呢？对于这个问题，每位新马克思主义者都必须做出冷静且不浪漫的回答。

对社会民主主义道路的另一种批评则更为准确：格尔茨指责工会和政党迫使雇主不断增加工资，但却未能使工作时间缩短太多。实际上，增加工资或缩短工时在很大程度上与市场经济体制存在矛盾。在过去 70 年中，尽管德国取得巨大经济成功，但是平均周工作时长仅从 48 小时减少至 38 小时，这个降幅并不显著。不仅雇主，就连工会也宁愿接受数百万人失业的代价，而不愿意大幅缩短工作时间。

需要进一步解释的是，为什么社会民主党和工会至今仍把充分就业视为丰裕社会最重要的目标。在资源匮乏的时代，路易·勃朗提出的劳动权是有意义的，因为充分就业可以保障数以百万人的生存，并维持社会稳定。然而，在丰裕社会，充分就业并不会起到同样的作用。维利·勃兰特（Willy Brandt）曾在 1972 年发表了一份著名声明，他表示会努力确保"每个人都能保住工作岗位，虽然可能不是原来的那个岗位"。最重要的是提供足够的工作岗位，实现尽可能高的就业率。他这么做的原因是什么呢？因为一个代表工人利益的政党并不希望就业失去重要性，即使在勃兰特时代，德国已经成为一个高生产力的丰裕社会，其创造的财富已经足够让许多人不必为了满足基本需求而被迫工作。

诸如此类的思考对传统的社会民主党和工人组织来说是相当陌生的。相反，工会按照资本主义的逻辑不断地追求经济增长，这个逻辑没有上限、没有约束，也没有考虑到其他选择。这导致了自 20 世纪 80 年代初以来，大多数社会民主党人和工会成员对待环保运动的态度十分狭隘，尤其对可持续性发展和资源保护等议题缺乏应有的支持和关注。工会领袖对绿党（Die Grünen）①的嘲讽丝毫不亚于基

---

① 绿党，1980 年前后德国环境保护主义者与和平主义者组建的一个政治组织。——编者注

民盟雇主派和自由民主党对绿党的嘲讽。对于工人代表来说，追求经济增长似乎总是值得付出一切代价，因为他们曾经从中受益匪浅。

可是，工作不仅带来益处，也可能带来损害，特别是在工会主导的传统领域，如煤矿业和重工业。这个观点深深触动了那些将工作视为全部生命意义的人。过去两个世纪里被视为好的、有用的事物，为何在今天就是有害的呢？随着时间的推移、社会和环境的变化，人们需要重新思考工作的价值和重要性。在 21 世纪，传统且集中的产业，如煤矿业和重工业，其生产方式对环境造成的负面影响越来越大，而且经济效益也大不如以前。与此同时，新兴产业对于劳动力的总体需求降低，其创造的新工作通常是对工会意义不大的创造性工作，而非体力工作。

无论是社会民主党还是工会，它们都将人视为工人，并像企业家一样通过工作来定义他们，这也难怪社会民主党至今都无法想象一个不以工作为中心的社会。这正是社会民主主义在 21 世纪走向衰落的根本原因，而不是所谓的人事问题或竞选策略问题。当社会民主主义者思考教育时，他们考虑的是劳动者进入劳动市场所需的资质和技能；当他们思考生活质量时，他们考虑的是更高的工资，以便能够负担更多的费用。当他们思考数字化时，他们担心的是工作岗位；当他们思考休息时间时，他们将其视为工作时间的逻辑对应物；当他们展望未来时，脑海中仍然会浮现充分就业这个目标。

社会民主主义的工作概念在上述各个方面与资产阶级阵营的工作概念几乎没有太大差别，而这个工作概念实际上是另一个时代的遗留物。作为一个存活至 21 世纪的活化石，猛然间发现当下已经没有适合它的生存条件了。在当今社会，完全通过工作来定义自己的工人阶级已不复存在。充其量只有某些不属于工人阶级的职业，如医生、作家、音乐家，仍然通过工作定义自己。在 21 世纪，职业身份对劳动者的身份认同感和自我价值感的影响已经不如以前那么强烈。无论是暖气安装工人、屋顶修建工人或银行职员，还是面包师，他们都不再像以前那样完全被自己的职业所定义，也不再受到职业身份的限制。他们的服装、音乐品味和政治倾向也不再像过去那样与职业身份密不可分，而是更多地由个人的价值观和兴趣爱好所决定。他们的身份认同很大程度上是由他的职业生活之外的价值观和活动所决定。

在 21 世纪，人们的主要需求已经发生了变化。对大部分人来说，生活的重点是享受工作之外的闲暇时间。只有少数人能有幸在他们相对较小且享有特权的职业领域中找到工作的最大意义，而多数人的需求更多的是在工作领域之外得到满足。那工会和社民党不断呼吁的工作场所中的社会群体又是怎么一回事呢？首先，这种社会群体并非无处不在；其次，它往往不是在工作过程中形成的，而是在休息时、喝咖啡时、在食堂或办公室里进行私人交谈时形成的。然而，不把工作视为生活的中心势必会带来双重打击：一方面，它会对经济理性造成冲击，毕竟经济理性将劳动者的价值仅仅限定为他们所能提供的劳动产出；另一方面，它使那些代表工人利益的组织深感不安。如果工作的重要性降低，那么这些组织也就变得越来越不重要。实际上，这一趋势已经如火如荼地发展了相当长一段时间。

在当今社会，社会民主主义的内在矛盾及其与工作的矛盾关系越来越明显。若想解放工人，仅仅需要提高工资水平是不够的，更重要的是要尽可能地使他们摆脱繁重工作（体力劳动）的束缚，使他们拥有更多的自由时间和选择权，不再把生命全部奉献给工作。从这个角度来看，工会的真正目标是使自身的存在变得多余，就像现实社会主义领袖为实现无阶级社会而期望其政党的消亡一样。

在过去几十年，社民党和工人代表往往缺乏前瞻性和创新性，这导致他们如今受到惩罚。在 20 世纪，以奥古斯特·倍倍尔（August Bebel）为代表的社民党曾经拥有很高的支持率，是德国的一个重要政治力量，但恰恰因为其成功的政策而变得虚弱。奥古斯特·倍倍尔的接班人包括赫尔穆特·施密特（Helmut Schmidt）、汉斯·约亨·福格尔（Hans-Jochen Vogel）、弗朗茨·明特费林（Franz Müntefering）、皮尔·施泰因布吕克（Peer Steinbrück）、西格玛·加布里埃尔（Sigmar Gabriel）和奥拉夫·肖尔茨（Olaf Scholz）。由于他们所领导的社民党长期以来一直在打击内部人员的社会想象力，所以未能迸发出引领 21 世纪的开创性思想。"同志潮"的时代已经远去，社民党没能跟上"新时代"的步伐，即使它在联邦选举中赢得了四分之一的选票。那些坚持认为乌托邦始终应该是乌托邦，而不愿向现实迈进的人，无法进一步深入思考劳动社会，因此也就无法推动劳动社会向前发展。社民党将以"诺基亚党"的形象留在人们的记忆中，他们过度依赖曾经的成功秘诀，失去了与时俱进的能力。即使它现在跳上了行驶中的列车也无济于事，因为人们会理所当然地认为它的创新思想不是它的独立思考。尽管社会民主党对过去做出了诸多贡献，但如果不发生剧变，未来很可能不会再有它的一席之位。

劳动世界的解放：自由主义的劳动概念

何为工作的目的？是为了制造产品吗？但并非每种工作都最终制造出产品，而也并非每个制造出产品的人都在从事一份工作。是为了保障生存吗？但在德国，几乎没有人通过工作来保障最基本的生存，这是社会福利法律的原则。是为了对人民进行规训吗？但我们对人性的印象真的如此之差，以至于会相信"如果人们做不到在工作中挥汗如雨，就会变得道德沦丧"这样的观点吗？抛开这些想法，参考一下下面这个提议如何：自由才是工作的目的！首先是怀着对成果的骄傲完成工作之后的自由。再者就是工作之中的自由。这种自由意味着人们是自愿自发地从事一份喜爱的事业，理想情况下甚至还能在此过程当中进入一种忘我的境界，也就是所谓"心流"。

几乎每个从事过一些工作的人都明白这是怎样的一种情况。而且大概没有什么人会否认，它是积极向上并且能令人充满幸福感的。但它为何既没有成为一种社会主流，也并不处在工会的诉求之列呢？

最显而易见的答案是：因为生活并不是一场可以自由选择曲目的"愿望音乐会"。然而在现如今的德国，这样的"愿望音乐会"（即能够自由选择工作）对不少人来说已经比过往的任何时候都要普遍。这一情况不止存在于德国的历史之中，也同样存在于整个世界上。至少在西方工业国家，技术领域的一项惊人进步促使从强制劳动跨越到自由选择工作的发展浪潮得以越发快速地向前推进。我们不是正在迅速向一个如古代雅典时期的社会靠拢吗？与那个时代不同的是，如今从事劳动的已不再是妇女、奴隶和外邦人，而是全自动化的机械装置。社会目标也变成了追求充实的生活（eudaimonia），而不再是诸如充分就业这样过时的玩意儿。

在工业社会中，难道不是全体人民都能够享受到古代特权阶级的同等生活水平吗？这种想法已相当陈旧，它的开端在如今也几乎被遗忘了。先于傅立叶几十年，英国人戈德温就早已有过这样的梦想。第一次工业革命的福音在戈德温的时代才刚刚降临，他认为工业革命的成果应当被更加全面而公平地用于实现这一目的。戈德温是一位全面的学者，他于 1793 年出版的两卷本《政治正义论》（*An Enquiry Political Justice, and Its Influence on General Virtue and Happiness*）也是一部充满真知灼见的著作。以合作化的方式组织一切经济的理念正来自他。如果生产效率极高的机器被用于为所有人而不仅仅是少数人谋取福利，人类将迎来一个光明的未来。在他的脑海之中，戈德温看到了未来的几个世纪，机器将逐渐取代所有的初级人类劳动。机器会将人们从许多单调的工作和重复的日常中解救出来。工业革命一方面在其初期将人们变成了机器的帮工，因为这些机器只能做到一些极其简单的事情；另一方面又在某一时刻将他们从中解放了出来。

而工业革命在18世纪末从我们这里夺走的时间，也会在后来被交还回来。在遥远未来的某个时候，全体人类每天都将只需要工作半个小时。在像古德温这样一位富有远见的人物看来，这一切是否能成真，他极力捍卫的民主制度是否能够发展到这样的程度，主要是一个关乎教育的问题。只有民主制度能够让人们意识到他们自身的价值。而只有在社会层面上感到被尊重和认可的人，才能够发展到一种成熟的状态。谁能知道理想的共存关系和良好的教育还会在未来将人们塑造成什么样子呢，戈德温这样问道。在一种尊重人、认可人的文化的影响下，未来的人们将变得远好于18世纪末的人们。"因为没有什么比根据当下我们所了解的人的情况去推测他们未来的样子更加不合理的事情了。"[1]

在1836年，当80岁的古德温逝世时，他几乎为世人所遗忘。而由他所提出的问题尚没有得到解决。技术上的进步只让极小部分的人获取了好处而并没有满足大多数人的需求，更遑论让他们过上更加人性化的生活。当时的工作条件极其恶劣，工厂中有数以百万计的劳动者在糟糕的环境中艰苦地劳作。要如何结束这种残酷的"剥削"，这种消除无产者的被异化了的工作呢？在19世纪40年代，马克思和恩格斯这两位年轻革命家的思想正聚焦于此。在他们所处的时代，工厂中的工作对他们来说仅仅是"资本的产物"。脱离了原来的环境，被迫从事单调的体力劳动，这种情况下的劳动者已不再是人，而只是一个被异化了的、能够实现某些功能的机械装置罢了。[2]

劳动者"与生产力以及他们自身的存在之间的唯一联系，也就是工作，对他们来说已经失去了一切用于确认自我价值的假象，并且只能通过一种使生活失去活力的方式来维持生活。"工作变得毫无体面可言，劳动者自身也随之失去了尊严。那么工作和劳动者究竟要如何重获体面与尊严呢？

在马克思的政治经济学笔记《巴黎手稿》（*Pariser Manuskripten*）中有诸多片段论及了这一问题。马克思与恩格斯希冀着工作能够重新被视为人与自然之间的"新陈代谢"，以及被视为人类自然朴素的生活基础的生产过程，而不被看作旨在实现利益最大化的、由他者决定的一种强力制约。他们的理想是以"联合"取代资本主义的生产方式，也就是指过去戈德温和傅立叶所提及的商品合作社：以自愿合作替代强迫，以合作社的形式替代剥削。异化应当被消除，以便今后每个人都有机会从事任何活动，而不仅仅是某一门专门的手艺或一种被简化了的工作。用《德意志意识形态》（*Deutschen Idelogie*）中最著名的一句引文来说："一旦分工开始，每个人就拥有了一个强加于他的、特定的、专门的活动范围，无法从中脱身。一个人可以成为猎人、渔夫、牧民抑或严格的评论家。如果他不想失去维持生计的手段，就必须一直保持这一身份。而在共产主义社会之中，人们并没有这样的专属活动范围，而是可以在任何行业中发展自身。一般性的生产由社会来调节，这使人们获得了这样一种可能性：今天做这件事，明天做那件事；早晨打猎，下午捕鱼，晚上放牧，晚饭后再随心所欲地针砭时弊，而并不需要以猎人、渔夫、牧民或者评论家作为职业。"[3]

这一愿景过于理想。人们不必再从事被异化了的工作，而在经济上卓有成效的社会分工也就此被再度废止。新的繁荣现在源自合作、互补和协作。工作与生活不再彼此割裂——就如同资本主义所导致的那样——而是形成了统一的整体。经济层面的理性和现实生活中的需求也不再彼此对立、互不相容。主宰自然也绝不意味着让一切都听命于经济逻辑。恰恰相反，经济逻辑会被洞察透彻，并被视为理性的一种形式，置于恰如其分的位置。从此不必再有人以保障生产力为名被利用与剥削。起主导作用的不再是外部动机，而是自我激励。紧随通过经济理性实现的错误现代化而来的必须是更加优质的现代化。它是一种通过更加高阶和全面的理性来实现的现代化，能与作为"人"的人类相适应，而不是与作为要素和资本的人类相适应。

为什么马克思和恩格斯在探讨未来社会的时候想到的都是诸如打猎、捕鱼、牧羊这样的古老行当，而不是工业社会的劳动形式呢？这样的讶异已经足够司空见惯了。事实上这些职业画像只是单纯从傅立叶那里被引用过来的，它们在18世纪仍然深深植根于人们的思想当中。但一个由纺织工人、矿工、司炉工和铸铁工人组成的，由他们自主决定的工作世界应当是什么样子的呢？"一般性的生产由社会来调节"这一说法究竟应该如何理解？另外尤其重要的是：应该通过什么样的方式迈向这样一个能够自主决定的工作世界呢？

是像众多巴黎的革命者幻想的一样通过颠覆、暴力以及革命吗？又或者如戈德温和傅立叶设想的那样通过理性的胜利、通过教育与演化吗？《巴黎手稿》是一部以批评推崇革命的竞争对手的形式撰写的思想集合。当时的马克思仍在与他那基于黑格尔的历史观缠斗着：每个论题（These）都在辩证过程中推导出它的反论题（Antithese），随后在综合（Synthese）之中消除这种矛盾。将其应用于历史的话：正如贵族阶层推翻了古代奴隶社会，而从事资本主义经营活动的"资产阶级"又推翻了贵族阶层一样，无产阶级出于对于资本主义生产的异议而获得了权力，目的是为迈向历史的终极目标铺平道路，即无阶级社会。

这一思想是马克思的一大王牌。这是他个人的构想，它令当时更出名的法国社会乌托邦主义者都心生嫉妒。但资本主义的架构在什么节点必定如同遵循自然法则一样地崩解？马克思在他的有生之年都没有就此得出确切的答案。是在"大规模贫困化"发生的时候吗？是依靠李嘉图提及的数以百万计的、被技术进步解放出来的工人吗？马克思的竞争者，法国人皮埃尔-约瑟夫·蒲鲁东（Pierre-Joseph Proudhon）在他们身上看到了革命的潜力。但无论马克思和恩格斯多么焦急地等待着，1848 年之后在西欧的任何地方都没有发生革命。恰恰相反，"社会民主补偿"缓慢而切实地在占据主导。那么，马克思在他充满激情的青年时代于巴黎做出的历史哲学预言出了什么问题呢？他终其一生为此反复琢磨。资本主义的终结是否会经由股市的崩盘而到来？

但无论马克思经历了多少次股市崩盘和销售危机，资本主义总能不断地走出这些危机，并且变得愈加强大。又或者是人性使然，才使得共产主义无法取代资本主义？但自洛克以来的自由主义者认为他们了解的所谓"人性"究竟为何物？对于马克思而言，一种纯粹的人性并不存在。人是一种社会性的存在，他的文化作为一种"第二天性"紧紧包裹着他，脱离了它，人就完全无法进行思考。马克思和恩格斯认为，这正是人类与所有其他动物的区别所在。正因为如此，应当作为人的真正天性的东西不能被剥离和生物化。

在人类的感觉、思考和行动中，生物性相较于社会性并没有更高的优先级，二者是相互联系、不可分割的。人类拥有欲望、本能和动物性的倾向，马克思对此丝毫没有否认。但他并不认为它们支配着我们的决定，尤其是因为我们的渴望与追求在很大程度上取决于那些在各种特定的条件下给我们带来赞许、爱、尊重和认可的事物。[4]那些谈论"人的天性"的人多半都想利用它来维持统治的状态，无论是君主制、贵族制还是资产阶级的统治。因为这些引证"人的天性"的人想让人们相信这样一个并无依据的说法：人们无法塑造出其他形态的社会，因为"人"就只能是他自己的样子。然而恰恰相反，文化和社会是持续变化的。在古希腊，财富被视为一种有用的手段和工具，但并不是最高的人生目标。[5]

然而，劳动者脱离外部支配而被解放出来这件事情并不是自然而然地发生的，无法凭借道德上的进步，也无法依靠理性。正因为如此，马克思终其一生都在寻找一种能够最终解放全人类的、类似自然法则的机制。在 1857 年或 1858 年的一个漫长冬夜里，他似乎感到答案就近在眼前。他读了一本不寻常的书：《工厂哲学：或论大不列颠工厂制度的科学、道德和商业的经济》（*Philosophy of Manufactures: Or, an Exposition of the Science, Moral and Commercial Economy of the Factory System of Great Britain*）。这是一本在当时已经出版了二十多年的著作，它并非由经济学家撰写，而是由一位英国的医生兼化学家安德鲁·尤尔（Andrew Ure）创作的。他是一位极其杰出的科学家，也因为曾经尝试通过电击来唤醒尸体而身背恶名——这可能是威廉·戈德温的女儿玛丽·雪莱（Mary Shelley）创作《弗兰肯斯坦》（*Frankenstein*）的灵感来源。但尤尔对经济学也抱有同等的兴趣。他将工厂描述为一种类生物体，一种"由众多具备智能的机械器官组成的巨大自动装置，这些器官协调无间地运作，并受到一种自发的驱动力的支配"。[6]

马克思将尤尔的这段文字记录在笔记本中，用自己的话概括了其中的思想，并将其融入自己的思想世界之中。如果将工厂视为一个完整的有机体，并将持续的技术进步纳入考虑，那么有一天与机器的协同工作将不再需要工人的参与。工人们仅仅需要负责"关注机器的状态，确保它不发生故障"[7] 即可。现在机器已经成为"一个拥有自己的灵魂艺术大师"，它"遵循其内在的机制进行着自发性的运动"[8]，并在这一过程中消耗能量。"有生命的劳动"消失在"物化了的劳动"之中。而"科学作为机器的无生命组成部分……并不存在于工人的意识之中，而是作为外部力量经由机器对工人产生影响，即机器本身的力量"。[9]

马克思设想了这样一副图景：未来的工厂将通过全自动化的机器改变整个劳动世界。"生产的过程将不再是劳动的过程。"[10] 因为"活的工人"越来越不重要了。他们会被一种"活（跃）的机器"取代。这种机器相对于工人"个体的、微不足道的劳作"[11] 而言，显得像是一个巨大而有力的有机体。但这意味着什么呢？越来越多的工人被日臻完善的机器从异化的工作中解放出来，难道我们需要对此有所抱怨吗？绝非如此！事情恰恰相反。马克思欢呼道："通过这个过程，生产某种商品所需的劳动量的确被最小化了，但这样做只是为了利用最大数量的劳动力来生产尽可能多的产品。前一个方面十分重要，因为资本在此处无意中将人类的劳动力输出减少到最低限度。这将有益于被解放了的劳动，也是其得到解放的条件。"[12] 换言之，由于在完全自动化的机器中集成了无穷无尽的劳动力，工人需要进行的工作大大减少，并有更多时间进行"被解放了的劳动"，即他们真正想做的事情。

虽然并非有意为之，但高度自动化的资本主义将劳动者解放了出来——这是马克思出人意料的结论。有人为了以尽可能自动化和减少人力的方式完成工作，因而不断投资于技术。他们在无意间改变了资本主义经济的传统规则。劳动者现在不再需要遭受剥削，经济正在接近亚里士多德梦寐以求的状态：自动的三脚炉架和织布机。但如果生产活动的运转不再需要通过大量人力劳动来维持，那么为什么还需要资本主义呢？随着机器变得越发智能，对劳动力的剥削也越发减少。劳动者"立于生产过程侧畔，而不必受其驱使"[13]。如果就此继续思考，最终就不再有任何人会被剥削了。生产的自动化是否包含了对于这些诺言的承诺？即资本主义已经不再有其必要性。

马克思或许在某段时间里沉醉于他的想法之中。他终于找到了一种通过资本主义实现共产主义的机制，而不是像许多革命者所想的那样去对抗资本主义！无阶级社会会自然而然地从受资本主义推动的自动化中产生。人们要做的就是坚定地将它构想到底而已。因为如果没有雇佣劳动的话，资本主义还是资本主义吗？如果没有受剥削的人，剥削还算得上是剥削吗？"一旦工作不再是财富的主要来源，那么工作时间就会顺应这一变化，不能再作为财富的衡量标准……大众的剩余劳动已不再是发展一般财富的条件。"[14] 从强制工作中被解放出来的劳动者可以将他们的时间用于"非直接生产性的工作"。这意味着"所有人的可支配时间都在增加。因为真正的财富是所有个体都得到发展的生产力。此时财富的衡量标准不再是工作时间，而是可支配时间。"[15]

依照马克思的观点，一个社会越能够承受工作量减少所带来的结果，它就越是处于一种良好的状态。机器中集中的劳动力使得人们能够进行自我实现，无论是何种意义上的自我实现。剥削与被异化的劳动并不通过革命结束，而是通过技术和经济的演进来实现。所有这一切都在奔向无阶级化这一结果，因为再也没有人需要对劳动力进行剥削了。而解放人类的也并非工作，而是工作的必要性的终结。青年马克思的《巴黎手稿》未曾回答的问题现已得到解答。"调节一切"的"一般性生产"不再处于一团模糊之中。它即是全自动化工厂的全自动化生产。钢铁工人和矿工应该如何成为猎人、牧民、渔夫或者评论家，这一问题也得到了新的答案：其中的关键恰恰不在于他们的职业工作，而是在于工作之外大量的可支配时间。

这篇今天被称为"机器论片断"（Maschinenfragment）的文章从未有过哪怕一天的影响力。在现实社会主义中，它未曾发挥过任何作用——无论是在正统的学说之中还是在对实践的考虑之中。它隐藏在《政治经济学批判大纲》（*Grundrissen zur Kritik der Politischen Ökonomie*）之中，略显笨拙地被冠以"固定资本与社会生产力的发展"这样的标题，很容易就会被人略过。但即使是马克思本人也没有始终如一地追随他在深夜中产生的关于全自动化生产的想法，这对他来说不过是众多思想中的一个罢了。在晚年时，他目睹了资本主义由于全然不同的原因而失败，即他口中所谓的利润率的趋势性下降规律。日臻完善的生产无止境地提高产品的数量，随之也破坏了价格与利润。但即使是这样的发展路径，时至今日也没有实现。

于是可能发生的情况是，东欧和东南亚的那些自视为归属于社会主义和共产主义的国家以完全不同于马克思的方式来定义劳动者的解放。应当将工人和农民的工作从其异化中解脱出来的并非自动化，而是这样一个事实，即企业实质上属于国家——按照这一理念也就意味着属于全体人民。如果没有资本家对劳动者进行剥削，他们就应该会认为自己的工作是有价值且充满意义的。他们应该通过自己从事的工作来完成自我认同，就像通过他们所处的企业来做到这一点一样；并且应该满心欢喜地参与到人人各得其所的社会主义的建设中去。通过这一方式，即使是在现实社会主义中，"工作"也会变成存在的情念程式。但并没有人以上述方式满足了实现人生意义的崇高要求。即使是在国有企业，锯木厂或露天矿中的工作也不会有任何实质的变化。而在锯木厂或铀矿开采中做到完全的自我实现，充其量是一种俗套的说法，往坏了说就是一种不得已的挖苦讽刺。即使企业和公交车都掌握在人民——也就是国家——的手中，也并不意味着成为铸造工或公交车司机这件事情就能和人生的意义画上等号。过充实的生活并不等价于终身从事一份特定的职业。相反，这二者是相互矛盾的，这种矛盾即使通过"党的工作"也无法调和。

现实社会主义并没有如像马克思和恩格斯所梦想的那样让工人和雇员变成能够自主决定的猎人、牧羊人、渔民或批评家。而20世纪的复杂工业生产使得这种想法变得比在马克思生前还要遥不可及。然而他在"机器论片断"和《资本论》的第三卷中纠正了自己的观点："只有在迫于贫困和外部目的性而进行的劳动终结之后，自由的国度才得以真正诞生。"[16] 自由只存在于"生产领域之外"[17]——他不愿意彻底质疑这样一个会令一个"工农国家"不知所措的观点。在劳动中解放劳动者，这是一项充满雄心的任务。而它只有在更加注重"质"的工作中而非纯粹重视"量"的体力劳动中才有可能实现。在传统的体力劳动职业中，要获得有意义的整体经验是十分困难的，即使在所有权关系发生变化的情况下也是如此。在机器旁、工地上，又或者是纺织厂中的现实社会主义工人只不过是机器上的一颗小齿轮罢了。他们并没有掌握完整的生产流程，而只是在其中一个细分领域埋头耕耘而已。尽管在竞争压力和失业恐惧的威胁下幸免于难，但劳动者在工作之中远远谈不上自由。他们无法独立行动，而是成了一个庞大的、必须完成某项"计划任务"的官僚机构的一部分。因此，他们的工作在多数情况下既不是完全自由选择的，也不是自由计划的。劳动者也无权自主决定工作流程或者改变工作的组织形式。社会主义意识乃至社会主义者要如何在这样一种前提下产生，这实在令人捉摸不透。无论在青年时期还是晚年，马克思都将自决权等同于社会主义和共产主义，而这种自决权几乎不存在于任何地方。至少在体力劳动的领域，这种自欺欺人的制度始终是官僚主义的，具有党派性、控制性和强迫性的制度，而永远无法成为自由的制度。它如同一个鸟笼，不同程度地困住了许多与注重"质"的工作相关的职业。

现实社会主义中的"仿佛经济"（Ökonomie des Als Ob）既不符合马克思青年时期的想法，也不符合他晚年的想法。身处东方阵营的国家或中国的劳动者感受到的受异化程度并不比资本主义社会中来得低，区别仅仅在于"上位者"的不同：政党的高层取代了企业高管和公司老板。从事体力劳动的劳动者的真正解放只能发生于工作之外。但为了实现这一点的话，劳动不能够再作为存在的情念程式，它不能定义人，也不能强制支配人的生活。这正是马克思在

"机械论片断"中做出的阐释。

然而，认为技术进步会越发地将人们从消耗性的、被异化的劳动中解放出来的观点在左翼的思想史中一直位于边缘，从未处在中心位置。1880 年，当马克思的女婿，医生兼社会革命家保尔·拉法格（Paul Lafargue）再次论及这个观点时，它短暂地重获过生机。在第二次工业革命前夕，他发表了论著《懒惰权》（*Das Recht auf Faulheit*）。这本于 1891 年再版，一度被人遗忘，直至 1966 年才重新被想起的小册子不容小觑。它毫不留情地揭露了社会主义者和社会民主党人的自欺欺人之举。为何当富裕的资产阶级能够在空闲时间里沉湎于艺术和享乐，甚至都想象不出还有什么比这更美好的事情，而有人却还在天真地索取工作的权利，在非人的条件下艰苦劳作，并因此身心俱损，这究竟有什么值得追求的？

就如同马克思在"机器论片断"中所表现的一样，拉法格也寄望于能够带来越发完美的机器的技术进步。技术并不像后来的李嘉图所认为的那样造成了失业，而是导致了根本无工可做的局面！在未来的某个时候，劳动者很可能每天只需要工作三个小时就能够过上体面的生活。因此需要实行的是每周 21 小时的工作制度，因为现在已经不再需要将周末特别指定为"休闲时间"。谁也不会因为一天工作三小时就精疲力竭。与此同时，机器"以火热的呼吸、钢铁般不知疲倦的身躯、神奇且无穷的生产力，顺从而自发地完成着它们神圣的工作"。对拉法格来说，"机器是人类的救世主，是让人们摆脱雇佣劳动的上帝，是给他们带来闲暇和自由的上帝"。[18]

拉法格的文章非常不受西欧的社会主义政党的欢迎；在他们围绕劳动和劳动世界运转的意识形态当中，拉法格十分碍事。白发苍苍的马克思即便对自己的女婿没有太多意见，他也放弃对拉法格的这本论著进行评论。但拉法格难道不正是以更加简洁而昂扬的文字再现了马克思在"机械论片断"中陈述过的观点吗？至少在伦敦的费边社（Fabian Society）中是如此针对拉法格的观点进行热烈讨论的。这个于 1884 年由萧伯纳（George Bernard Shaw）和 H · G. 威尔斯（H · G. Wells）这样的作家以及贝特丽丝 · 韦伯（Beatrice Webb）和艾米琳 · 潘克斯特（Emmeline Pankhurst）等女权主义者组成的上流圈子意在推动社会朝着更加公平和幸福的方向演进。爱尔兰浪荡子奥斯卡 · 王尔德（Oscar Wilde）为此大受鼓舞，也随即于 1891 年就拉法格的话题写下了一篇文章：《社会主义制度下人的灵魂》（*The Soul of Man under Socialism*）。王尔德的思想与拉法格方向一致。只要人们还被迫从事重复机械的劳作，那么一切谈论解放和独立的夸夸其谈就都是谎言与俗套。因此，只要有工作是"机械而单调乏味的，或是令人反感并且会将人置于糟糕的境地，那么它就必须由机器来执行"。[19]

技术进步是人类解放的唯一真谛。这也使得王尔德不仅仅在他所处的时代与多数人所承认的社会主义背道而驰。他的目光直指远至 21 世纪的未来："机器现在正在取代人类。在合适的条件之下，机器会服务于人类。毫无疑问，未来会是机器的时代。而正如同树木会在农夫沉睡之时生长，当人类沉湎于享乐和闲情之中时——闲情才是人类的目标，而非工作——当他们在创造美好事物或阅读美好事物，或者仅仅用赞赏和享受的目光欣赏世界时，机器将会完成一切必要且令人不快的工作。"[20]

全社会的目标应当是创造一种生活条件，让身处其中的人们能够自由地进行自我发展——人人皆是如此！正如王尔德设想的，这样的社会不再需要社会民主主义的补偿。人们不必在被金钱和消费收买的情况下才去进行他们不会自愿从事的工作。在埃里希 · 弗罗姆（Erich Fromm）写出《占有还是生存》（*Haben oder Sein*）的几十年前，王尔德就写下了这样一句话："真正关键之事并非'占有'，而是'存在'；人类真正的完美不在于他的占有之物，而在于他的本质。"[21]

这样一个使所有人都能够真正地成为他们想要成为的人的自由社会只有通过越发智能的机器的效能才能够形成。它不需要革命者，而只需要这样的人——他们思考如何适当地分配因生产力提高而产生的社会财富，以便使每个人的物质需求都能够得到满足。与之相对，王尔德所预测的借由暴力革命实现的，正是后来在俄国和中国的革命中发生的事情："如果社会主义是专制的，如果其中存在以经济力量武装自己的政府，那它就同现在以政治力量武装自己的政府别无二致。简而言之，如果我们得到的是工业暴政的状态，那么人类的最终阶段将比最初阶段更加糟糕。"[22]

根据王尔德的设想，国家不应当接管企业并分配工作。它甚至应当尽可能地逐渐消亡，就如百年前戈德温所设想的那样。王尔德这位臭名昭著的挑衅者和讽刺家是否真的抱有这些想法？他的朋友萧伯纳不是唯一对此表示怀疑的人。从全自动化到无阶级的社会和多余的国家的道路似乎很快，乃至过快地被勾勒出来，与"机器论片断"中所描述的没有什么不同。因为马克思之所以能相信全自动化的工厂和全自动化的农业能够解放劳动者，从而以某种方式解放全人类，是由于在 19 世纪中叶，西欧的大多数人的确在这两个领域之中工作。与之相对，王尔德处于雇员社会的开端，对这个社会来说，这种职业世界的自动化还处在非常遥远的前方。而所有这些自由职业者和从事高端服务行业的工作者，例如医生、律师、建筑师、智能机器的工程师、科学家和研究人员，他们都在做些什么呢？他们会因为全自动化工厂而被送入每周工作 21 小时的状态之中吗？在德国，只有 1.4% 的就业人口从事农业工作，只有四分之一在制造业工作。与之相对的是，有四分之三的就业人口从事服务行业的工作。传统体力劳动的总量锐减这一情况并没有影响到重视"质"的工作所在的世界。历史告诉我们的是，截至目前，后者并未减少，而是越发强劲地增长。然而，资本主义并不会借此伴随着全自动化的到来而必然终结，马克思、拉法格和王尔德梦想中的无阶级社会也并不会开始。

但是，去设想这样一种职业工作（指传统体力劳动这个意义上的工作）越发减少的生活的图景，难道就没有什么意义吗？也难怪即使在 20 世纪，也有许多先进的、有批判性的思想家为它而笔耕不辍。例如，英国哲学家、诺贝尔奖得主伯特兰·罗素（Bertrand Russell）就于 1935 年在《赞美闲散》（*In Praise of Idleness*）一文中写道："我想要严肃认真地做出解释，当今世界的诸多不幸都源于对工作本身价值的过度信仰，而通向幸福与福利的道路则在于有组织地限制劳动。有赖于现代技术的发展，如今空闲时间和闲散的生活在一定程度上不再是小部分特权社会阶级的专利，而是可以公平地惠及全体社会成员。劳动道德是一种奴隶道德，而现代社会已经不再需要奴隶制了。"[23]

在 1896 年，恩格斯在《劳动在从猿到人转变过程中的作用》（*Anteil der Arbeit an der Menschwerdung des Affen*）一文中梳理了马克思的观点，这篇文章揭示了在劳动世界中实现自由与自决的另一条道路。根据恩格斯的观点，人是唯一会从事劳动的动物。他塑造自己的环境，并在一定的发展阶段自行生产食物。在这个意义上，人是由工作定义的——没有工作，人就不成其为人，而仅仅是动物罢了。然而恩格斯的劳动概念指的从来都不是传统意义上的体力劳动——那种极其艰苦的劳作，它所指的一直都是自我实现与自我发展。正如同洛克把整个劳动世界都归结为传统体力劳动一样，恩格斯一以贯之地认为劳动即是注重"质"的工作。而传统体力劳动则无非是被扰乱的、扭曲的、被异化的劳动。如此一来，社会主义的目标就确定了：铲除被异化的劳动（即传统体力劳动），并让人们遵循其天性，重新从事注重"质"的工作。

　　唯一的问题是：应该如何达成这一目标？在一个只认可注重"质"的工作而不认可重复性的体力劳动的社会中，要由谁来完成那些令人不快、低贱肮脏的工作呢？机器会完全承担这一切吗？而一个公平分配财富的社会不是同样也需要放弃那种强调"越来越多"以及无条件增长的意识形态吗？诸如格尔茨这样聪明绝顶的思想家一生都致力于回答这样一些问题：为应对 20 世纪的情况，要如何重新审视马克思的观点？要如何确保工人拥有尽可能多的可支配时间？要如何让一个受经济主义支配的社会意识到这世上存在比经济理性更加高等的生活智慧？

　　自由主义劳动概念的力量和说服力，及其错误和混乱之处，使我们能够更清晰地重新提出本书第一部分结尾处的问题。其一：传统的雇佣劳动社会将会在未来会得到多少保留？其二：它还有哪些可取之处？其三：哪些思想能够真正地重塑格局，而哪些可能只不过像是给癌症病人做整容手术一样荒诞不经？为了回答这些问题，我们应该以不同于本书第一部分的方式向当今的劳动世界发问，即质疑其公理："尽可能多的工作是好的"，以及"多劳多得"。与之相应的问题是就：我们如今究竟为何而工作？繁荣富足在 21 世纪意味着什么？如果一个社会的核心不再是要求工作的权利，而是对意义的追求，这又意味着什么？

第三章
劳动与当今社会

为何我们的劳动社会没有未来可言？为何这并非灾难，而是一种进步？

在场即是一切：如今我们为何而工作

当艾哈德于 1957 年发表著作《大众福利》时，他绝不会料到，仅仅在一年之后随之而来的是一本世界级的畅销书，并在国际上远远超出了他的著作所获得的成就。这本书在美国和西欧受到热议，它的标题与艾哈德的作品有几分相似：《富裕社会》（The Affluent Society）。当艾哈德还在赞颂几乎无限的经济增长带来的好处时，约翰·肯尼斯·加尔布雷思（John Kenneth Galbraith）已经向前迈进了一大步。这位时年 50 岁的哈佛大学经济学家，同时也是后来的总统顾问，在《富裕社会》一书中描述了一个矛盾的社会。虽然由于高度发展的生产力，不应当存在任何物质上的匮乏，但贫困、失业却依然存在，许多人缺乏教育机会，巨大的社会不公也没有消失。美国和西欧虽然已经变得极其富裕，但财富的分配却极度不均。"富裕社会"主要促进的是少数人的私人财富，但恰恰没有为所有人带来类似的繁荣和富足。

原因何在？按照加尔布雷思的观点，这主要是由于 20 世纪下半叶的经济学家和政治家们还在像 19 世纪的人们一样思考问题，即认为最重要的是尽可能多地进行生产，剩下的问题或多或少都能够自然地迎刃而解。但这只能起到一些十分浅层的作用。人们通过提供越发廉价的消费品来收买社会成员，甚至连低收入者里最下层的三分之一都在此列，社会和平从而得到了维护。但是富裕社会将走向何方？是带来家庭里不必要的第二辆车，并在某个时刻带来纯粹多余的第三辆车？是带来越来越多为了消费而进行的消费？而谁会为这种可怕的跃进式生产支付代价呢？加尔布雷思在1958年如是问道。如果一个社会一方面满足公民的需求，但另一方面又不断创造出新的需求，并且全然不去考虑这会逐步导致大自然乃至整个星球的毁灭，那么它将会变成什么样子呢？

在德国，加尔布雷思的观点很快就被抛弃了。毕竟德国人可以这么安慰自己：相比于美国的资本主义，社会福利市场经济能够更好、更广泛地分配生产进步带来的福利。至于要为繁荣付出怎样的代价这一问题，经济奇迹世代本就毫不在意。他们也同样不在意这些问题：过剩的生产长远来看对于劳动生活和劳动社会意味着什么？为何过剩的生产没有带来公民的满足感？为何人们仍旧必须将生命的大部分用于工作，尽管从国民经济角度来看这对于满足基本物质需求已非绝对必要？

早在1930年，著名的英国经济学家约翰·梅纳德·凯恩斯（John Maynard Keynes）就已经意识到财富增长和需求满足并不会携手并进。他在《我们后代的经济前景》（*Economic Possibilities for our Grandchildren*）一文认为，纯粹从经济角度来看，百年后的孙辈每个工作日只工作三小时，很可能就已经足够了；这与拉法格曾经的预言大致相当。[1]凭借其惊人的远见卓识，凯恩斯在大萧条期间就预见到工业国家的经济实力将会大幅增长，财富也会显著增加。一切"压抑的经济忧虑"都将随之成为过去。而到2030年，值得关注的问题将会是如何度过闲暇时光，而不是考虑工作时间里该做些什么。

但凯恩斯是个聪明人。他深知，针对劳动的未来的追问并非一个纯粹关乎经济成就和理性的问题。有多少人从不知足？有多少人渴望通过金钱和物质财富来获得高人一等的地位？如果没有一场能在未来学会并教导人们革除"对优越感的渴求"或"对金钱的热爱"的文化演进，那么光明和平的未来可能就会化为泡影。凯恩斯以一种将来完成时的手法巧妙地表述了他对于文化变革的希冀：在未来的某个时候，"人们将会认清对热爱金钱的实质：它是一种令人反感的病症，一种半是犯罪半是病态的倾向，使人只能将它交给精神疾病的专家来处置"。[2]

生活在 21 世纪 20 年代的我们距离这样一个社会还十分遥远，凯恩斯如若能够目睹今天的社会现实，恐怕也不会对此感到惊讶。草率地批评嘲笑凯恩斯的那些人如若听到他下面的论断可能会竖起耳朵："从充满贪欲的社会过渡到人人幸福满足的社会的巨大变革并不会一步一步地降临，也许在一百年后它才会到来，也就是 2030 年前后。直到那时人们才会'以完全不同的方式利用大自然的馈赠'，并且重拾最值得信赖的宗教信条和传统智慧——贪欲乃是恶习，借由高利贷牟取暴利乃是罪行，对金钱的热爱乃是可憎的。"[3]

即使凯恩斯将他的愿望乔装成预言，但被勾勒出的职业工作大大减少的未来，绝非一种经济预测。更准确地说，它是对人类的呼吁。他们得认识到，美好未来的实现并不仅仅在于"更多的物质"，而是有赖于新的经济组织形式。在这种组织形式之中，社会不再完全受经济理性支配，而是受"价值观"和"传统智慧"支配——简而言之就是以下几点：未来应当由道德和理性来决定，而非低级的欲望和利己的驱动力；针对幸福的追问是一个关乎经济组织形式和财富分配方式的问题；而这不能简单地被等同于无条件的对于更多物质条件的追求。

尽可能缩短工作时间的想法是有一定吸引力的。不只凯恩斯一个人在 20 世纪 30 年代初设想过工作明显减少的未来。纵观整个 20 世纪，进步的经济学家和社会改革家都梦想着一个人人都能少工作、多休闲的社会。例如，纽约的经济学家和经济史学家罗伯特·海尔布龙纳（Robert Heilbroner），他在 1965 年写道："如果机器以这种方式继续植根于社会，并且承担越来越多的社会任务，那么逐步变得多余的就是人类劳动本身了——至少是我们所理解的那种'劳动'。"[4]
海尔布龙纳虽然完全能够想象在未来服务行业会迎来爆发式的增长，
未来将会有为数众多的"精神病医生，艺术家之类的人"，但他也认
为服务业的市场并不是无限的。

20 世纪 60 年代是怀疑派和梦想家的伟大时代。控制论者和未来
学家赫尔曼·康恩（Herman Kahn）在 1967 年对他的同胞做了这样
的预言：到 2000 年，你们每周只需要工作四天，每年能享受 13 周
的假期。[5]与凯恩斯和海尔布龙纳不同，康恩不是左翼自由主义者，
而是个铁杆保守派。他因为曾经推演过美国如何才能够打赢一场
核战争而身负恶名。人们因此猜测他是斯坦利·库布里克（Stanley
Kubricks）执导的电影《奇爱博士》（*Dr.Seltsam*）中奇爱博士这一人
物的原型。当康恩描绘他对未来劳动世界的想象时，自然是毫无人
文主义或解放主义的动机。实际上，他只是想说明美国的经济成就
是多么的了不起，远远优于现实社会主义。因为在他看来，只有在
资本主义中才能为劳动者实现繁荣富足，东方阵营里那些在经济建
设方面乏善可陈的共产主义者对此只能望洋兴叹。

数十年来，西方社会有强烈的动机在社会福利方面将社会主义
远远甩在后面。但随着苏联的解体和冷战结束，这一动机突然失去
了意义。几乎与此同时，德意志联邦共和国的工会为争取缩短工作
时间而进行的斗争也逐渐弱化了。这场运动的高潮出现在 1984 年。
然而自 20 世纪 90 年代初以来，却几乎没有任何关于全面推行每周
35 小时工作制的讨论。能听到的只有对于实行临时性的每周 28 小时
工作制的要求，以满足人们照顾孩子和亲人的需要。[6]认为产能越高
工作就越少的旧有观点，从工会运动和民主主义中消失了。

原因何在？为什么尽管在生产和财富方面取得了巨大的进步，
西方工业国家的工作时间在最近几十年里还是没有大幅减少？纯粹
考虑数量的话，稀缺经济早已经被克服了。但无论生产力如何发展，

物质财富如何增加，如今未得到满足的物质欲望也并不比过去来得少。放眼历史，这个不断唤起需求的社会是一个空前的繁荣社会，然而尽管生产极其旺盛（乃至过剩），许多人却始终没有感觉到自己身处于加尔布雷思早在 1958 年就已经描述过的那个富裕社会之中。那么就如汉斯约格·西根塔勒（Hansjörg Siegenthaler）所问，为何我们的生活中虽没有真正意义上的稀缺性，但却还是存在一种"基于文化的稀缺性"？ [7] 这种稀缺性显然也正在消耗生产进步赠予我们的东西：马克思所说的可自由支配的时间。

最简单而常见的回答是：因为人类就是如此！他们很少能够持续地对某样事物感到满意，自然也不会满足于自己的生活水平，他们永远欲壑难填。如凯恩斯那样的设想过分高估了人的理性，同时严重低估了他们的贪欲。在物质方面缺乏远大前景的社会，譬如东欧的现实社会主义社会，明确地教会了我们一点：没有物质激励，生产的跨越式进步就无从谈起；而没有生产的跨越式进步，就不会有愿意努力工作的劳动者。得出的结论是，身处需求满足型社会的人们因此比处于需求创造社会的人更不幸福。后者可能会因为无法完全负担他们想拥有的东西而感到痛苦。前者则根本没有任何他们可以合理追求的更大的新增物质需求目标，他们的痛苦甚至有过之而无不及。

这样一种围绕贪欲的人性论断乍看之下甚至很是可信。而且众所周知，凯恩斯也考虑到了这一点，但他并不将其视为人性问题，而是视其为一种文化的结果。这种文化通过低水平的刺激来唤起并且奖励许多人的低水平需求。物质上的贪欲是本就深植于人性之中的，还是通过文化培育而生并为人所习得的？首先必须明确的是，"贪欲"是个相当难以捉摸的概念。人类可以对各种事物心存贪欲，包括爱情、性、食物、知识、享乐、认可、权力乃至毒品。然而根据"贪欲人类学"的观点，只有对于金钱与消费品的贪欲才与经济挂钩。而它应当作为塑造人类的主要因素。如果这种说法当真如此准确明了，那人们不禁要问，这种物质上的贪欲为何没有一一体现于人类历史之中？倘若它是人类的本质，为何上至古典时代下至中世纪之后，人们都对它嗤之以鼻" 为何几乎所有东方宗教和智慧学说都如此不重视物质贪欲？显然存在一种基于节俭的经济学，在人类历史上的数万年间比基于贪欲的经济学更具影响力。而后者仅仅有两百年的历史，它如今的形态也是在过去几十年里才野蛮生长而成的。即便如此，就算在今天也有许多人——包括在西方文化中——仍然对那些他们眼中毫无节制、贪得无厌的人避而远之。

对不断增加的财富和资产的追求，与一些人的天性或许并不相悖。但它既不是全体人类的特征，也不为所有文化和文明所赞同。因此它仅仅是人类众多需求和行为模式中的一种而已。至少一概而论地以特指的方式使用"人类"这个词语通常并不正确，这对太多人来说都有失公允。人类是一个社群，加入这个社群并不意味着要遵循特定的行为方式。

但是还有另外一个反驳凯恩斯的论点。它并不把我们想要拥有更多的愿望归因于作为个体的人类以及他们的需求，而是指向了来自体制内部的强制力，即资本主义经济必须持续增长。这就是它的本质所在，因此这个体系之中的商品和服务根本不存在"足够"一说。只要没有饱和状态的出现，人们就必须大量劳动以生产这些所需要的东西。如果这种观点言之有理，那么如凯恩斯设想的那般将在 2030 年发生的转变就完全不可能实现。因为阻碍向着适度与克制回归的并非被误导的人们的"令人反感的病症"，而是"令人反感的、病态"的资本主义体系自身。它只会不断地激起并刻意鼓动新的虚假的需求，除此之外什么也做不到。

这个论点很受自由派和左翼欢迎。它包含两个强有力的假设。其一，如果发展程度超出一定界限（限度），资本主义就无法再改变了。其二，工作量实际上是随着生产力的提高而逐步增加的，这与前文中详细论述过的补偿理论是相符合的。针对第一个假设必须提出疑问：发展程度超过什么界限（限度），资本主义就无法改变了？鉴于资本主义在其发展历程中表现出极强的学习能力和近乎无限的适应性（在其各个发展阶段都能据现实情况做出调整、改变），我们如何能够简单而有效地确认以上界限何在呢？在历史上，最能体现资本主义经济活动的特点的莫过于它犹如变色龙一般对于新的条件与挑战的适应能力。在 19 世纪上半叶的曼彻斯特资本主义之下，纺织厂和矿井中的童工像牲口一样拼命地工作。它和如今德国的社会福利市场经济一样都是资本主义，但它们之间差异还是远远大过共性。要明确定性什么是或者不是资本主义"来自内部的强制力"，并非易事。它一度是必须尽量降低劳动者的工资以维持竞争力；后来又变为通过提高工资来创造需求旺盛的内需市场。

第二个假设认为财富会随着生产的进步而增加，而随着财富的增加，对有偿就业的需求也会增长。这同样经不起推敲。与 19 世纪的德国国内生产总值相比，如今德国的人均财富高出了 20 倍，约为每年 40 000 欧元。这一数字在 1870 年为 2000 美元。[8] 即使在统计数据中扣除通货膨胀的影响，也可以明显看出，对于劳动力的需求完全不像国内生产总值那般增长迅猛。此外，在西方工业国家，远非所有有偿就业都在经济层面有其必要性，有些工作甚至连效用都产生不了。其中相当一部分都是美国人类学家大卫·格雷伯（David Graeber）所说的"毫无意义的工作"[9]（Bullshit Jobs）。在格雷伯看来，如今的很多职业中都充斥着多余的工作，时间被大量浪费。甚至有不计其数的职业是压根没意义的。员工们的工作往往报酬丰厚，但却是彻头彻尾的"谎言"，他们自己也痛苦地意识到了这一点。当今的信息社会中的一大批岗位其实都没有存在的必要，包括公司律师、说客、营销专员、战略顾问和广告从业者。格雷伯使用了一个非常惹眼的词汇："随从"（Lakaien）。这些人的存在只是为了让他们的上级显得比较重要。那些向他人推销纯属多余的保险或投资产品，或者作为公司的律师和公关专员在竞争中牵制自己的同行的人，格雷伯称之为"打手"（Schläger）。那些要么为老板犯的错误善后，要么通过自己的工作转移问题的人，被他称作"修补匠"（Flickschuster）。他还提到了"打钩者"（Kästchenankreuzer），也就是那些虽然装出一副全情投入的样子，但实际上只不过是在记录和总结他人工作的人；还有那些常见于中层管理岗位上，只是在简单地委派要求的"任务分配者"（Aufgabenverteiler），任何公司或机构都可以随手将其开除，而不会有任何损失。格雷伯认为，这些岗位之所以会存在，仅仅是因为它们处在一些极少由于企业经济效率的原因而需要削减开支的领域罢了。

格雷伯引用了一些研究。根据这些研究，在西方国家有将近40%的白领认为他们的工作是毫无意义的。尽管这种心理层面上感受到的无意义不一定等同于经济层面上的无意义，但这一充满挑衅意味的论点还是向劳动社会对于自身的认知发起了极大的挑战。如今我们是不是在相当大的程度上是为了工作而工作？而在此过程之中，我们是否造成了这样一种情况，使得关怀性的工作和一些对社会有益且能够真正助人的职业——例如垃圾处理、警察和老人护理——被视作没有价值的垃圾工作？与之相对，许多更受尊敬的、通常报酬丰厚的职业则成了没什么必要存在，乃至完全多余的毫无意义的工作。在发达的工业国家中是否有众多在高薪岗位上无所事事的人，而那些做着有益于社会的、充满意义的工作却领着微薄薪水的人们则成了这一切的代价？而其中的缘由是否正犹如格雷伯所想，是因为统治我们当今世界的金融资本主义刻意不公平地分配它的"战利品"？

金融资本主义并不是一个存在意图且追求战略目标的主体，这

一点对于格雷伯来说似乎无关紧要。对他而言重要的只有结果。在
过去，贵族压迫农民，并以他们作为代价换取自己的奢华生活。而
时至今日，仍有无数从事无用职业的人正间接地从那些从事着有用
而且必要的职业的人们的劳动成果中获益。如果我们不愿像格雷伯
一样把一些阴险的意图强加于这个体系，那么至少也可以说：在我
们的社会之中，以有用性衡量的劳动成果和以金钱衡量的报酬之间
并不存在任何关联。大量有用的工作要么根本没有报酬，例如，主
要由妇女在家庭中完成的家务劳动、育儿和照料的工作；要么报酬
极低，例如帮工和护理人员之类的职业。这些职业不可或缺，假如
没有它们，一切都会崩溃。另外，我们的劳动世界中又充斥着这样
一些职业，它们并不能满足那些真实的或者重要的需求。正如纳赫
特韦所指出的那样，相当一部分此类职业的产生是由于对于规则的
遵守以及规则的扩大化。[10]对流程合乎规定的处理、对于评估的狂热、
无穷无尽的会议、不计其数的委员会以及日益庞杂的官僚体系（例
如，在质量保障或环境及劳动保护方面），如此种种造就了一支办公
室文员组成的大军，而遵守规则这件事情本身就是他们所创造的全
部社会效益了。

在这种疯狂之中是否如格雷伯猜想的那样蕴藏着某种方法，以
及在工业化国家中，创造无意义的工作的目的是否仅仅在于不产生
失业问题，还有待商榷。一种可能性是：为了扩大官僚体系，以及
出于不让护理人员和消防员分享"战利品"这样的目的，并不需要
有远见而审慎的金融资本主义。只需认识到，官僚化的方方面面都
在通过一些过去并非必要且效用有限的工作来扩大就业市场，假如
不曾这么操作的话，如今在德国就会有数以百万计的人处于失业状
态。凯恩斯有句名言：建造金字塔好过支付失业金。这一说法广受
认可。而这或许就是他的孙辈的工作量仍然如此之大的原因所在？
我们的经济创造、增加了如此多非必要的工作，而我们的工作量相

较于五十年前并没有明显减少，这一切也许完全是有意为之。难道不能提出这样一个观点来反对凯恩斯，说大多数人可能根本就不想减少工作量？

从全社会的角度来看这似乎有些道理。但从个体心理学的角度来看，这肯定是不正确的。因为大量增加的非必要工作对从事这些工作的人来说通常没有什么乐趣可言，也不会产生任何深刻的意义。在结束了一天的工作之后，行政办公人员常常感到疲惫不堪、筋疲力尽、烦躁不安，但很少获得充实感和成就感。德国人在工作中有多高的幸福感，针对这个问题的研究和测量一直持续不断。而结果一般来说大同小异。在"打钩者"的岗位上，人们时不时地就要找上几千个人，然后询问他们在工作中有多大的幸福感。这样的岗位已经蓬勃发展很长时间了。根据德国工会联合会 2020 年的年度问卷调查的计算结果，在德国仅有 15% 的雇员对自己的职业感到满意，并称之为好工作。39% 的雇员认为他们的工作质量处于"中上水平"，31% 的雇员认为其处于"中下水平"，15% 的雇员用"糟糕"二字来评价自己的工作质量。[11] 盖洛普敬业度指数（Gallup Engagement Index）的调查也得出了相似的结果。根据其结果，在德国每三个雇员中就有一个认为自己的工作毫无意义。只有 16% 的雇员喜欢自己的工作，68% 的雇员或多或少只是按部就班地跟着规章办事，另外 16% 的雇员则称自己内心已经处于一种离职的状态了。[12] 对工作不满的原因包括"工资过低""灵活性不足""负荷过重"。

说我们如今从事工作主要是出于对我们所做的事情的热爱？这样的说法就是一个谣言。发达国家中的很多人希望的是减少工作、从事其他工作或以不同方式工作。只有极少数的人把工作本身作为工作的目的。与之相对，越来越多的人则在对自己进行着关乎工作意义的灵魂拷问：我到底为何而做着我正在做的事情？我因为拥有一份工作而开心，这远远不能倒推出我的工作使我感到幸福这一结论。

如此一来我们就更加明了，能够更加敏锐地看清这个问题：为何劳动社会没有充分适应生产的进步并显著缩短工作时间。我们不应该像某些经济学家、政治家和经济新闻记者那样满足于一些极其简单直白的答案，而应该考虑市场、国家、社会和文化之间的相互作用。我们当今的劳动社会既不反映人的贪欲以及共通的人性的需求，也不与令人生疑的市场提出的要求一一对应。正如匈牙利裔奥地利籍的经济史学家、社会学家兼经济学家卡尔·波兰尼（Karl Polanyi）在 20 世纪 40 年代做所的那番令人印象深刻的说明中揭示的那样，市场本身并没有推动或塑造任何社会整体的发展。如果没有国家的行动和国家机构，于 19 世纪促使市场经济和现代国家产生的"大转型"就不可能成为现实。由秩序政策管控的市场经济总是将其社会目标与"市场规律"相对立，并以此引导国民经济的发展。国家对进程的速度施加影响，减缓或加快各种过程，决定税收政策，有针对性地对某些领域进行补贴，并通过预防措施、关怀以及对教育政策的干预来对经济变革的结果进行社会化。而这一切的背后是社会政治信仰和文化价值观。它们永远不会和市场一比一地协调一致，或是单纯随着市场行为所带来的利益而改变。

波兰尼已经敏锐地认识到，大多数人生活中最重要的价值并非金钱或物质财富，而是来自社会关系的认可。若非如此，这世上就不会存在老年护理员和护士了。众所周知，他们在世界任何国家都不处于收入金字塔的顶端。而假如一个人被奉上一百万欧元，代价如下：他故乡的每一个人都会被言之凿凿地悄悄告知，他的钱是靠着泰国的童工和卖到索马里的武器挣来的，而他必须在这种前提下在故乡继续生活。那么他是否会接受这笔钱？这也是要打上一个问号的。

金钱本身并非目的。当人们不仅需要满足物质需求，还需要获得尽可能多的认可、社会地位和名望时，它就是一种非常有效的手段。假如保时捷的车十分廉价，而且是那些领取社会救济的人日常使用的交通工具，那么大多数原本以此为豪的司机就不会再坐在他们疯狂追捧的车里了。在一个经济成就决定社会地位的文化中，许多人很容易想到要去追求象征着财富的商品，这一点可想而知。而且，财富越是来之不易，人们就越要显摆这些商品（譬如手提包、手表、车辆和房产）。另外，为了在崇尚地位的社会中获得认可而被迫进行的消费肯定不是任何有偿工作的主要动机。现今越来越多的财富是通过赌场、博彩业、红灯区、毒品等途径创造的，这些都已经超出了传统劳动社会的范畴。而在许多传统职业中，引人注目的社会地位远非通过辛苦工作就可以获得。

所以现如今工作的主要动机已有所不同了。只要金钱不足或者有孩子需要养育，工作就是理所应当的。这样一种存在于一个不工作就会受到蔑视的社会中的和工作绑定的"理所应当"就是其主要的动机。在一个不工作对于并非富人的群体即意味着"放弃"的社会之中，从事一份有偿工作是一种非常自然的行为方式。这种放弃包括对于被视为财物的事物的放弃，也包括放弃参与到一种文化之中，这种文化在任何地方都提供着选择昂贵的商品和生活理念的机会，而且不断创造出新的能够显示地位的商品，并将其作为一种新的标准加以应用，以维持人们的物欲以及这场经济游戏的无限延续。我们因何工作？这个问题是由市场逻辑、主流文化和社会心理学的相互作用来回答的。我们的工作方式和"正常"的工作时间不仅取决于经济发展，也取决于培育出一个适宜的劳动社会，并通过养老金制度（以及诸多其他要素）对其提供支持的国家理念。

以当前的形式组织起来的工作因此充满了道德色彩。它受到国家的重视。对有劳动能力的人来说，退出劳动社会是要被谴责的——除非你身为人母（对于父亲来说情况仍然有所不同）或者拥有更好的经济条件。没有人会要求成绩斐然的德甲球员们在结束了职业生涯之后还继续工作。然而人们会要求社会救济金的领取者接受国家分配给他们的工作，否则救济金就会被削减。因此，受到谴责的并非不工作，而是无偿接受转移支付的行为。如果事情当真如此，那么后果将非常严重。我们只需要想象一下，所有那些生活在糟糕的经济条件下的无业者在某一时刻将不再能够通过那些从事有偿工作的人们的劳动来维持生计，就能够理解这一点。如果是这样，从逻辑上来讲就不应再谴责不工作的人。我们会在近期或中期内进入这样一个社会吗？是谁为此铺平了道路？是明智的洞察？抑或仅仅是旧制度的崩溃？

苦力劳动并非真正的工作：旧有劳动社会崩溃的原因

如今人们在像德国这样的富裕社会中工作，既不是为了确保自己的生存，也不是为了自我保护。根据《加布勒经济词典》中的定义，工作被解释为"人类用于确保自身生存的潜能，对于一部分就业者来说也是为了自我保护"。[1] 这一说法已然过时。如果人们从存在主义的角度而非经济的角度来定义"生存"和"自我保护"，那么生存这件事也包括认可、共鸣、爱、社会参与以及投身众多社会活动。然而《加布勒经济词典》中的这一词条的作者极可能没有考虑到这些因素。

因此，关于未来社会最重要的问题并不是如何尽力保住全部或尽可能多的工作岗位。因为在西方发达国家，工作不再具有必须保障人们生存这一意义。更加重要的问题是如何在 21 世纪分配权力和资源，即如何将技术进步所带来的收益尽量合理地分配给尽可能多的人的这一问题。当财富越来越多地由机器创造，而非依靠中等素质劳动力的大规模雇佣劳动来创造时，工作和收入之间的密切联系也越发失去意义。

在 1964 年就已经有一群杰出的科学家富有远见地——尽管对他们所处的时代来说太过超前了——当时的美国政府提交了一份备忘录:《三重革命》(*The Triple Revolution*)。化学家莱纳斯·鲍林(Linus Pauling)、教育家兼哲学家弗雷德里克·迈尔(Frederick Mayer)、海尔布龙纳和瑞典籍诺贝尔经济学奖得主贡纳尔·默达尔(Gunnar Myrdal)在这份备忘录中指明了将会开拓未来的三场革命:以越发先进的自动化技术为代表的技术革命、以越发致命的大规模杀伤性武器为代表的武器装备革命,以及为妇女和非裔美国人伸张公民权利的人权革命。

备忘录聚焦的重点是技术革命以及劳动社会的未来。高度自动化的机器那近乎无限的生产力,从长远来看,使人类的劳动变得越发可有可无。而生产过程中留给劳动者的少数工作也变得越来越具有挑战性,以至于很多人无法胜任。如此一来,劳动和收入之间的紧密联系就被打破了。这是一个划时代的飞跃!科学家们写道:"富裕社会可以为全体公民带来财富和经济保障,无论他们是否从事常规意义上的'工作'。"[2] 这一点能否实现取决于国家。它必须确保今后每个个体、每个家庭都获得足够的收入——不是作为福利,而是作为一项基本人权。

社会主义是日益成功的资本主义发展的必然结果——可以理解,林登·B. 约翰逊(Lyndon B. Johnson)的政府不会想听到太多关于这种思路的信息;只有关乎更好地扶助未来的失业者这件事情的必要性的讨论得以进行。因此,由机器劳动带来的日益增长的财富究竟有利于少数人、大多数人还是所有人,这并非关乎自然进化的问题,而是关乎政治意愿的问题。鉴于生产力得到了极大发展,很多人已经不需要通过工作来过上好日子,但这能否真的实现还未可知。使之真正成为可能的并非逻辑过程,而是关乎权力关系的问题。

事实上，自 20 世纪 60 年代以来，工业社会并没有走上利用巨大的生产收益来为全体公民提供基本权利保障的道路。取而代之，它们在更大程度上扩大了福利制度——失业津贴、失业援助和社会援助——但仍然坚持每位成年男性（对于女性则不那么重要）都应该为了自己的生计而工作。工作与收入之间的纽带在经济意义上有所削弱，但在社会层面上，人们仍然对它深信不疑，就仿佛它还像早期一样强劲有力、不可替代。从越发自动化的新兴经济中获益的赢家变得越来越富有，工会坚持要求"工作权"，而政客们在每一个新的十年里都把"充分就业"这个词如星星一般描绘在代表未来的夜空之上。

无论在过去还是现在，这一切都不是理所当然的。就连《加布勒经济词典》中也有这样的表述："对于工作的未来，一个重要方面是增长的闲暇时间，通过这样的闲暇时间，人们便能触及工作在与人类生活相关的方方面面中的核心地位以及工作对社会关系的重要意义。"[3] 但是，"增长的闲暇时间"到哪儿去了呢？它为何没有得到普及？《加布勒经济词典》在紧接上述引文的句子中给出了答案："工作的意义很可能会发生变化，因为就业者们在其职业生涯中要多次更换工作单位，在特定情况下还必须更换职业，并且越来越多地被迫通过向前发展的技术变革来优化其人力资本。"[4] 这一观点十分明确：原则上，使工作日趋完美的自动化可以带来更多的闲暇时间；但对许多人来说，这种潜在的闲暇时间马上就又会被消耗殆尽，因为雇佣关系变得更加不稳固，而他们要一刻不停地忙于优化自身的"人力资本"。词典的词条里将这种发展趋势定义为一种必然，即便不考虑词典中这句话的不恰当之处（因为资本无法被优化，只能被花费或者不断增值），这样的做法也显得颇为盲目。

关于技术革命的想法具有引领西方社会向前进步的潜能，但众所周知的是，它在历史上并未得到利用。相反，工业化国家的商业协会和大多数政党都坚持认为社会中的一切都必须保持不变。他们对技术的乐观程度越高，对人类和社会的看法就越保守。他们（人们）的反应与第一次工业革命时一样缺乏思考和远见。工厂主和经济学家们根本没有预料到极具前瞻性的社会福利市场经济的出现，更不用说作为先驱者对其进行构想了。而那些受尽了剥削，直至过早结束生命的工人们则被冷血地视作一种不得不接受的附带损耗——毕竟也别无他法。相同的模式在最近的几十年间也仍在重复着：技术可以螺旋上升，不断进步，达到令人目眩的高度；但在社会福利层面，人类的共同生活似乎再难更上一层楼。人们注定要停留在 20 世纪的工业时代的水平上。富者愈富，贫者愈贫——这是世界运行规律，令人无可奈何。

如果技术在以一种令人兴奋的方式革新我们的生活与相处模式，改变我们工作、交流和思考的方式，那么与之相对，在经济和社会制度方面，则要遵循"不做实验"的准则。持续创新、适应新事物、追求日新月异、向星辰大海进发，诸如此类层出不穷的口号只适用于新产品的生产，而不适用于人类共同生活的全面改善。初创企业可以天天重塑世界，必要的时候甚至可以对着尚未提出的问题给出无数个答案，为未曾了解的困难提供解决方案——但它们不能让社会变得更加公平，不能减少紧张的局势与冲突或者让生活变得更加充实。

这种无知招致了严重的后果，这一点现在已经变得难以忽视。因为其他发达国家的实际情况与德国近 4500 万就业人口数量所表现出来的情况大相径庭。根据德国联邦劳动局的估计，事实上在 2019 年 12 月新冠疫情暴发之前，被认定为"具有就业能力"并在领取失业救济的有约 4 462 000 人。但是，远非全部具有就业能力而没有工作的人都被纳入了统计范围内。此外还有那些年满 63 岁被就业中心强制要求退休的人，以及那些（在新冠疫情过后）领取短时工作津贴或临时请了病假的人。

在德国，十分之一具有就业能力的人口并不从事有偿工作；这个数字对于整个劳动社会来说似乎还可以承受。然而更具戏剧性的是雇佣关系正在发生的变化。2021 年 4 月，德国有 3360 万缴纳社保的就业者。[5] 然而有超过 1000 万人在不稳定和无保障的工作条件下工作。差不多每四个就业者中就有一人如此！为了更好地理解这种从好工作到糟糕工作的动态发展，需要好好地回顾一下历史。1993年，德国只有 440 万人从事不需要缴纳社保的工作。2013 年这一数字已经是 760 万。而如今这个群体的人数又进一步增加了。根据联邦统计局的数据，约有 21% 的就业者在时薪 11 欧元或以下的低薪领域工作。[6] 这相当于 800 万个工作岗位。此外，"派遣员工"的数量也急剧增长。20 世纪 90 年代中期大约有 20 万名派遣员工，近年来则跃升到了 100 万名左右。[7] 德国所有的空缺职位之中约有三分之一是派遣岗位。

这种发展在 20 世纪 70 年代末就已经开始。特别是在英国，不稳定就业的数量急剧增加。有些人还记得保守党的口号，撒切尔夫人（Margaret Thatcher）曾用这个口号来嘲弄工党："Labour isn't working."（工人没有工作 / 工党不作为）。海报展示了这样一幅画面：一群貌似失业者的人在劳动局门口排起了长队（参与照片拍摄的实际上都是保守党的党员）。当撒切尔夫人指出国内居高不下的失业率时，选民明白了她的意思，并帮助她以巨大优势赢得了选举。但他们没有理解的是，保守党的竞选纲领还包含了这句话的第二层含义：Labour（低技能的苦力劳动）并非 working（真正的工作，即做具有较高价值的事情）。保守党创造的新增就业岗位往往不是长期固定的职业，而是短时且低薪的工作。

难以忽视的是，经典的劳动社会自那以来就不再是它几十年之前的样子了。即使在今天，日益增多的众包工人（Crowdworker）也

没能改变这一点。这一群体包括灵活就业者，送餐员，网约车司机
或者很多没有缴纳社保的清洁工。双薪家庭越多，家政服务就越重
要。无论是在安保服务行业从业还是去餐厅当服务员和帮厨，报酬
低廉且缺乏社会保障的工作无处不在，等待着被人接手。社会学家
安德烈亚斯·雷克维茨（Andreas Reckwitz）认为，现在已经形成了
一个不断增长但却缺乏社会上升通道的服务阶级 [8]；然而这个结论并
非新知。早在 20 世纪 80 年代，格尔茨就未卜先知，预测到了 "新
仆人阶级" [9] 的出现。

　　新工党（New Labour）——这个名称的双关含义（"新苦力"）是
对英国前首相托尼·布莱尔（Tony Blair）在任期间的就业状况的讽
刺——确实厘清了统计数据，使高收入者不必操心太多事情。但新
的劳动关系并非我们所熟知的劳动社会的延续。它在结构上更加类
似于新兴工业国（Schwellen-länder）的劳动社会。这种趋势使许多
就业者离开了生产的核心领域，进入边缘的低阶服务行业中去。他
们并不处于有着充分社会保障的公司文化之下，而是孤独、自由地
生活着，口袋里装满了香烟，就像广告中的万宝路牛仔（Marlboro-
Mann）一样，只不过他们既没有马匹，也看不到草原。

　　无论现实世界还是数字世界中的地下经济都不能阻止工业社会
的不断分化。相反，它们更大程度上是这个过程带来的结果。波兰
尼已经揭示，对市场自我修复能力不加批判的盲目信任是一种意识
形态，它大大加剧了这种社会分化。这种意识形态最简明的呈现就
是 21 世纪初以来保守派和自由派的政客们无数次重复的一句话："创
造就业即是社会福利！"因为工作是有效用的，所以它永远符合社
会道德。这个充满功利主义色彩的等式有着一段阴暗的历史，但
如今似乎已经没有人对此在意了。阿尔弗雷德·胡根贝格（Alfred
Hugenberg）是（前）魏玛共和国的民族保守派媒体大亨，同时也是
希特勒的支持者。在世界经济危机期间，他于 1932 年 7 月在广播中

宣布："根据我们历史的教训，一个清廉、强大和公正的国家最可靠的保证就在于德意志的帝王思想。健康的国家将拥有健康的经济。健康的经济在如今首先意味着消除失业。创造就业机会的才是真正关心社会福利之人。永恒的经济法则是存在的，没有任何一个民族能够违背法则而不遭惩罚。"[10] 胡根贝格在提及所谓的"健康的国家"时，所指的主要就是纳粹。随后他迅速跃升为希特勒政府的经济部长，也能够印证这一点。

由德国金属和电气行业雇主协会（Gesamtmetall）创立的"新社会市场经济倡议组织"（Initiative Neue Soziale Marktwirtschaft）采纳了胡根贝格的智慧，这并非什么好主意，但却极具效果。自 2000 年以来他们一再重复上述的这句口号，直到它最终渗透到自由派和保守派的党纲中。与之相对，欧盟委员会在 2017 年指责了德国错误的劳工和社会政策并冷静地指出，"在 2008 年至 2014 年期间，德国的政策在很大程度上加剧了贫困问题的扩大化。"而联合国社会理事会则在 2018 年批评德国在"社会人权"方面存在明显缺陷。[11] 也就是说，"创造就业即是社会福利"这条准则在暗地里并没有使人们习以为常的劳动社会得以延续，而是对其造成了破坏。一方面数百万人依靠低薪工作、短期合同或迷你工作（Minijob）苦苦维持生计；另一方面生产取得了巨大的进步，社会最上层三分之一的人们的财富与日俱增，高薪阶层的薪水飞速上涨（例如，DAX 指数组成公司的董事们的工资就高得令人咋舌）。这两者形成了难以忽视的巨大反差。如果硬要把这样一种发展趋势说成是在经济层面上不可替代且必不可少的，那可相当需要胆量和技巧。

根据德国经济研究所（DIW）的数据，1% 的德国人占有了全部个人净资产的 35%，而富有程度在前 10% 的德国人占有了全部个人净资产的 59%。[12] 这样的数据乍看之下很难让人联想到德国是一个以中产阶级为主体的国家，而且财富分配越发不均的趋势还在持续发展。对于一个将劳动置于核心地位的社会来说，这种趋势极其令人担忧。因为没有任何人能够言之凿凿地表示，那 1% 的富人的财富增长完全是他们个人工作成就的体现。

对一个视自己为绩效社会的国家来说，这并非无关痛痒的小事。德国就恰恰是这样一个重视绩效并以此定义自身的国家。努力工作有其价值，汗水和辛勤付出会得到回报，人的尊严与其在工作上实现的成就密切相关，这些观念从经济奇迹时期一直延续至今，深入人心。事实上，20 世纪 50 年代到 80 年代，德国比其他许多国家都更加接近绩效社会的理念。整整一代人通过教育与职业培训从中产阶级的中下层广泛跃升至中上层的历程历历在目，令人难忘。德国从一个由工人和小职员组成的国家转变为一个由工程师、教师、商业代表、经理人、律师主导的国家，它有着充分的理由重视绩效概念。但那些早已步入退休年龄的曾经经历了阶层跃升的人们不应该忘记，他们取得的成功背后存在着强烈的社会意愿以及政策支持——否则这样的大规模跃升不可能发生。因此，除了个人的努力之外，生对了世代也很重要；这是一个教育普及且有机会接受不断改善的职业培训的世代。它应该为要求日益提高的生产和服务行业输送具备相应能力的劳动力。

然而，努力工作就会获得回报的说法，即使放在过去也未必完全正确。一位护士或者老年护理员也许工作十分努力，但他们并不会得到丰厚的报酬。业绩与薪酬之间的不平衡问题自雇佣制度出现以来便一直存在。而业绩和薪酬真正相当而非失衡的情况反而才显得不寻常。自由主义的绩效概念认为：达成的绩效越高，就会获得越多的收入。这个清晰明了的观点在现实中很快就会变得模糊不清。此外，这一概念如今似乎已经不再有任何有效的衡量标准。一位公司董事能够拿到的钱是一般员工的十倍、一百倍乃至一千倍，这与他能够达成的绩效相符吗？绩效的概念没有内在的标准，缺乏对工作"价值"的评估，最终仅仅是由供求关系以及独断专行的掌权者来做出决定。

仅仅通过需求来定义绩效，这与说"努力工作就会获得回报"完全不是一个概念。两种效能概念的含义完全不相同。将二者都打上"效能"的标签是令人完全无法理解的做法。更加有意义的做法是用"成功"（Erfolg）一词来取代第一种由供求关系决定的绩效概念，并把"绩效社会"这一提法改为"成功社会"，即以成功为导向的社会。这也符合与之相关的认可文化（Anerkennungskultur）。一个在选秀节目中称为所谓顶级模特的女孩会受到钦佩；而一个工作尽心尽力，成天加班加点的小职员则收不到任何赞美。如今唯一能够决定社会地位的就是成功。否则难以想象"客籍劳工"的孙辈们为什么要开着拉风的跑车在我们的大城市里的大街上呼啸而过。没有一个路人会根据这些人工作上的绩效来衡量他们的成功。也几乎没有人会认为，这种用于炫耀的经济方面的成功是源自勤奋与努力。在这样的场景之中，想显得自己有些身价的人就得尽量看上去放松一些，身上不能有打工人的气质。无论是足球运动员、扩大化的毒品经济领域的企业家还是某个成功的家族的成员，这样的人都是新时代封建贵族阶级的一员，已经完全脱离了苦力劳动。

当然，以上所举的例子不过是一个微不足道的表征。而由此产生的关注方式在钦佩、替代性尴尬（Fremdschämen）和嘲讽之间摇摆。然而这种奇观显然对参与其中的人来说效果很好，这显示了高效能社会发生了怎样的变化。如今，相比于办公室文员或供暖工程师，真人秀明星或者网络红人这样的身份才更加受到年轻人的青睐。成功社会正在逐步重塑旧有的高绩效社会。无论是通过创业、股票交易、诈骗还是通过社交媒体事业，快速的成功均变得越发具有吸引力，至少比缓慢而艰难的职业生涯更有吸引力。

不稳定的劳动关系正在迅速增长，社会下层的三分之一人口被贬为佣人，国家日益分化为富人和穷人两个群体，高薪阶层的收入越发无节制地增长，对于成功的评价与其所产生的绩效无关，此外还有广为讨论的许多例行性职业中潜在的失业危机——这一切都是无法忽视的信号，表明我们所熟知的劳动社会和绩效社会在未来将难以为继。时事评论员马蒂亚斯·格雷弗拉特（Mathias Greffrath）甚至将此称为"实际存在的资本主义的勃列日涅夫时期"。[13] 事实上当前讨论的情况与之有诸多相似之处。硅谷对于技术乌托邦式的未来的构想正变得越发宏大，而与此同时，社会关系在逐渐受到侵蚀。资产阶级绩效社会的时代正悄然结束，并没有引发热烈讨论或是成为选举话题。在富裕的德国，数百万人做着佣人般的工作，帮助那些成功人士节约时间，而他们自己只能眼睁睁地看着属于自己的生命在此过程之中一分一秒地流逝。这是一种极其危险的社会发展趋势。正如我们将看到的那样，这种趋势在经济上毫无必要，同时也不符合德国的自我认知。自艾哈德时代以来，这个国家就只有一条发展路线，即为了最广大人民的福祉而促进财富增长。

然而发生根本性变化的除了不断寻求优化的发展趋势，也包括我们如今所理解的繁荣。在当今的工业国家中，时间和空间被视为最重要的财富，而不仅仅是雇佣劳动带来的成果。在富裕社会中，时间尤其被视为长期稀缺的资源。正是这一点使得极不平等的工作时间分配成为当下迫切需要解决的问题。近乎新封建主义的趋势将社会割裂为拥有充裕时间和空间的上层阶级和由四处操劳的服务人员组成的下层阶级，这实际上应当引起各个党派，尤其是工会的警惕。呼叫中心的工作人员或者送餐员难道真的只做得了如此简单的工作吗？硅谷很喜欢这样一套说辞：将人力用在那些重复的例行工作上实在太过可惜了，所以这些工作最好应该交由机器人来完成。然而整个硅谷的生活都要依靠外卖送餐员、保安、清洁工、保姆以及其他服务人员才能继续。但由他们来完成这些工作，对硅谷来说显然算不上"太过可惜"。乌托邦式的资本主义始终只关注社会上层三分之一的人，而并不在意让这三分之一的人得以够享受美好生活的那些劳动者。

创造力——数字时代的神奇咒语——似乎是为某个社会阶层所预留的；在此过程中存在一个假定：程序员在一整天内都可以保持创意，而为他们服务的网约车司机则缺乏创造力。这让人回想起封建时代的领主们。仅仅因为农民这一身份，这些领主就不信任农民的能力。我们不禁要问，一个认为需要大量服务人员的协助才能保持头脑清醒的社会，是否真的在尽一切必要的努力来创造能使每个人都有机会各得其所的教育体系和就业市场？

事实上，雷克维茨所说的晚期现代性（die Spätmoderne）确实被"新的两极化和悖论"所影响。它们在挑战关于繁荣发展以及全民富裕的旧有叙事。[14] 更为糟糕的是，从 20 世纪 90 年代至今的政策都严重低估了经济和社会发展的爆发力。许多国家层面的措施——放松金融市场管制、扩大低工资领域和社会福利政策——在事后看来就像是试图用汽油灭火一样。在重新计算过的劳动力市场统计数据中，数字层面的成功总是比劳动力社会受到长期侵蚀更加引人注目。然而，认识到所走的道路会引向错误的方向本就意味着加强对替代方案的意识，以真正实现持久的社会进步而非倒退。但可悲的是，在与东方的体制之争结束之后，西方社会广泛失去的恰恰就是这种替代方案意识。

能否迅速开发出一种针对当前劳动社会空转状态的替代方案，如今已经成为一个命运攸关的问题。我们必须接受雷克维茨判断出的"幻想终结"吗？还是我们将成功地创造一个新的开端，以适应21 世纪的挑战和期望的方式续写关于财富持续增长的叙事？但如此一来，我们不仅需要思考今后应该如何处理经济体系的财务收益，还必须考虑那些工作环境发生了根本性变化的人们会受到什么影响。什么会夺去他们的立足点？什么又会将他们解放出来？

紧握栏杆：工作对我们来说意味着什么

在德国，一个人在一生之中要花费多少时间从事一份工作？答案十分惊人：这部分时间大约占其一生的十分之一，占其清醒时间的七分之一。[1] 因为对于一个平均每周工作五天，每天工作八小时，每年有二十四天年假，活到八十岁左右，其中有四十年从事职业劳动的人来说，实际上几乎没有更多的时间能够用于通常被社会称为"工作"的事情。

这确实令人惊讶。人们怎么能够将自己与仅仅占用他们生命十分之一的事情如此紧密地联系起来？我们怎么能从中得出我们的自我认知？我们怎么能说，我们身为人类的尊严就在于我们现在或者曾经从事的某种工作呢？或者像前社民党籍劳工部长肖尔茨如同描述一个几乎不可改变的事实所说的那样："身份认同、自尊和归属感都与工作相关。"[2] 很显然，许多人像抓住栏杆一样紧握着他们的职业生涯。这个栏杆能够确保他们迈出正确的步伐而不会陷入无依无靠的境地。这个栏杆也确实保证了他们社会地位，为他们指派了在社会中的席位，并将他们置于"劳动社会"宏大的秩序宇宙之中，使得他们能够成为巨大机器中的一颗有意义的齿轮。

貌似几乎被忘记的是，这个栏杆并不像人类自身那般历史悠久，而是较为新鲜的事物。它取代了过去数千年间人类紧握的另一个栏杆：即大家庭的融合、家庭生活与职业的传统，以及在一种环境或信仰之中的定位。与此相对，劳动社会在很大程度上已经拆除了这个旧栏杆，并在劳动分工的基础上建立起了一个新的栏杆。价值和声望现在主要（尽管不是仅仅）通过前文提及的所谓的绩效原则——所指的是等级制度和报酬——来决定，无论绩效的定义有多么随意。

毫无疑问，新的"栏杆"长期以来在德国等国家发挥了良好的作用，尤其是在 20 世纪下半叶。对许多人来说，说出"我是市长""我是检察官"或者"我是建筑师"这样的话会让他们感觉良好。然而对另一些人来说，抓住显眼的"栏杆"这样一件事情在过去和现在不可避免地都成了一种诅咒。"我是派遣员工""我是家政服务人员""我在屠宰场打零工"，这些话听起来可就没那么好了。给一部分人带来身份认同的东西却会对另一部分人造成污名化。

无论有益还是有害，我们的整个社会运作系统都建立在工资劳动之上。劳动意愿是被高度赞扬的美德，懒惰则在社会层面上受人唾弃。"劳动"这个单词在德语的语法中是阴性的（即女性化的），但在文化层面上，劳动则具有男性属性。即使在 21 世纪，不工作的女性也还是比不工作的男性更容易让人接受。工作能够提升存在的价值，即使是处理自己的心理问题这样一件事情，也必须通过一些诸如梦的工作（Traumarbeit）、伤痛疗愈工作（Trauerarbeit）、人际关系工作（Beziehungsarbeit）的概念来使它听起来更值得尊敬一些。[3] 德国公民首先是工作的公民。[4] 教育，职业培训，工作以及理所应得的退休生活，这一切填满了他的履历。为了金钱而工作的人获得了那些不为金钱工作的人无法主张的权利。工作年限更长的人就能够领到更多的退休金，拥有更高收入的人同理。如今的劳动局（Arbeitsagentur）在过去叫作劳工局（Arbeitsamt）。无论使用哪一个提法，工作机会都主要由这些国家机构介绍。能让许多人获得"工作与面包"就是一个政客成功的标志。在其任内失业率数字不断攀升的政客则会直接被要求对此负责，就仿佛是他本人亲手雇佣或者解雇了那些人。

至少到目前为止，情况如此。但所有人都一致认为在这点上会发生诸多变化：劳动力市场研究者、经济学家、社会学家、雇主协会、硅谷的自由派乌托邦主义者和拥有大学教职或在非政府组织任职的左派乌托邦主义者，他们中有的也在个人主页上发表观点。社会学家海因茨·布德（Heinz Bude）就提出过：如今，任何想通过工作来定义自身的人都会立即意识到，这件事情只能是暂时的、片面的，且有着决策主义和极权主义的倾向。[5]换句话说，用工作来定义自身这件事要么不全面且带有一丝强加的意味，要么就是一种意识形态上的夸张化。新的劳动世界的口号是"灵活性"。对于雇员进行定义时应该更多地参考他们的工作能力，即哈佛大学的经济学家兼社会学家罗莎贝斯·莫斯·坎特（Rosabeth Moss Kanter）所说的"可雇佣性"（employability），而非参考他们的职业本身。[6]职业活动或者说工作（无论人们自 20 世纪 80 年代以来在德国是怎么称呼它的）需要的是灵活多元的特质——今天在这个地方，明天在那个地方——另外也尽可能需要同样丰富多样的"能力"。

没有固定的"栏杆"的职业生涯早就不会为所有人所欣然接受，这一点毫不奇怪。与家园和周遭环境之间的联系常常被打破，却没有新的容身之处。对一些人来说，这令人兴奋且很有吸引力，对其他人来说则是一种苛求。当效率和竞争需要人们即使年事已高也要不断继续进修时，和职业挂钩的身份认同就会彻底陷入动摇。与不必终身从事相同工作的自由一样，超负荷工作和身心俱疲的状态也是灵活多元的劳动世界的一部分。就失去可以依靠的"栏杆"所引发的后果而言，在注重"质"的工作的世界与苦力劳动的世界之间存在一种几乎没有被明确表达过的差异。前者之中的新机遇和自由的光芒也许盖过了风险与标准化，在苦力劳动者的世界中，可雇佣性很少意味着收获。这意味着不稳定的就业和工资待遇较差。

在 21 世纪之初，美国社会学家理查德·森尼特（Richard Sennett）就谈到过"无处不在的落入虚无的威胁"。[7]波兰裔英国哲学家齐格蒙特·鲍曼（Zygmunt Bauman）则为"现代社会中的边缘人"[8]感到过惋惜。对这两人来说，工业现代化最大的功绩就是确保了许多人能处在一个有保障的劳动世界中。重新解除这些保障的话，真的会带来任何收益乃至于解放吗？对森尼特而言，"MP3 资本主义"受年轻人的狂热以及充斥着不加追问的喜新厌旧的冷酷意识形态所驱使，摧毁了许多人生活的世界。对于人们所珍视的传统的尊重何去何从？为什么变化总是好过延续？追求速度相较于深思熟虑有着更高的优先级，理由何在？

对数字经济与文化的隐隐不安引起了许多人的共鸣：每一次进步也是一次倒退，并非每一次优化都必然指向一个更加美好的世界，而颠覆并非仅仅因为它是颠覆就一定是好事。但反过来说，传统的劳动社会真的在所有方面都优于新社会吗？像森尼特这样忧郁的马克思主义者往往倾向于将资本主义的未来视为一种倒退，并以此对过去进行美化；不过在这种过去尚没有成为"过去"的曾经，他们就已经对其进行过同样的批评了。不幸的是，森尼特坚持左翼浪漫主义的观点，认为雇佣劳动从基本上构建了身份认同；这与马克思恰恰相反，马克思认识到，高度分工的工业社会根本无法提供能够创造身份认同的雇佣劳动。因此，能够自我决定的生活对工厂中的工人来说只有在"生产范围之外"才有可能实现。

左派和自由主义的思想家们随口提起的关于能够创造身份认同的劳动的叙述事实上缺乏逻辑，自相矛盾。因为工作是否令人感到充实，是否能够创造身份认同感，要取决于许多因素。第一个因素是工作本身：流水线上的工作或许几乎不会让人有充实感，呼叫中心的工作也很少能做到这一点。最能够令人充实的工作似乎是这样的：人们能在其中很大程度地独立自主，但同时也能拥有较为有保障的条件。第二个因素是能否融入一种社会互动之中，基于这种互动，人们能够在职场上与同事们建立起某种关系，从而获得（不同程度的）认可。第三个因素则是社会的主流文化。它裁决人们所做的工作是否有价值。有多少人的工作能够充分满足这三个创造身份认同的要素？反过来则存在一个问题：如果一份工作能够带来乐趣，与其相关的合作极具启发性且能够带来认同感，人们在这份工作中所做的事情都是有价值的，那么为什么这样一份工作非得是有酬工作呢？

毫无疑问，森尼特极其敏锐地描述了过去和现在的劳动世界，并细致地分析了它们的社会结构。但他为何还是必须把有偿工作视为工作？非常遗憾的是，这模糊了人们的视线，使他们看不清未来的可能性。只要人们能用优秀的想法和巧妙的概念来塑造未来的劳动世界，那么打破终身职业身份认同难道不是为其提供了巨大的机会吗？如果数字经济带来的劳动世界的巨大变革是错误的，那么为什么不能将其变成正确的呢？

如今有偿工作也具有社会功能，它为人们提供社交环境，使他们感觉到融入其中，成为社会的一部分。但如果认为这一切都必须与有偿工作有必然的联系，难道不是一种无视历史的错误吗？确保所有这些重要社会品质的存续，而不需要在未来为每个人提供等量的有偿工作，难道不能是我们这个世纪最紧迫的任务之一吗？由劳动社会、国家机构和市民自我意识形成的牢固整体绝没有正常到能够必然延续到 21 世纪末。更有可能的情况是，它会在第四次工业革命中解体。而根据未来的需求和期望重新组合其各个组件的机会确实存在，需要的只是把握好这个机会。

于是任务就在于解决劳动社会被两股完全矛盾的力量来回拉扯的悖论。一方面它欣然接受通过机器带来的效率提升，经济界也因为未来需要的劳动力大大减少而欢欣鼓舞；另一方面，劳动社会又为随之而来的工作岗位流失而伤脑筋。那么现在该如何是好？如果单调重复的工作减少了，是好事还是坏事？如果人们的工作减少而拥有了更多的时间呢？尤其是应该欢呼雀跃的是工会：减少刻板老套的工作，带来更多的闲暇时光！这不正是工会自其出现以来追求的宏大目标吗？德国工会联合会不是在 1956 年贴出过写着"星期六爸爸归我！"的海报吗？也许不久之后星期四和星期五也会加入其中了。

然而在现实中却很少有人还将有偿工作的消失视为一种巨大的进步。失业——所指的仅仅是失去有偿工作的机会——在今天被视为一种缺陷和污点的程度并不比过去几十年间来得低。如今失业的人可能无法从这些理由中得到安慰：失业是人类的自然状态，古希腊人以不工作为荣，甚至晚年的马克思也只能在有偿工作的范围之外设想普遍的自我实现。在我们当下的社会中，失去有偿工作就意味着收入减少。糟糕程度至少与此相当的是，它还意味着社会认可度的下降以及对自我价值感的打击。我们退休金总是"理所应得"的，而当我们处在劳动年龄时，哪怕短暂的失业都是不可接受的。

那些长期工作之后失业的人们会感到自己如同失败者一般，即使去阅读那些关于与生俱来的创造欲望的诗歌也无济于事。失去了日常工作这一习以为常的"栏杆"，人们也就失去了熟悉的，将他们与其他的就业者关联到一起的节奏。固定的时间结构和生活结构消失了，人们在双重意义上脱离了常态：其一是在个人的生活节奏这个意义上，其二在是社会期望这个意义上。人们发现自己突然间已经站在社会之外，而非身处其中。因为在劳动社会的视角之下，具有劳动能力的人脱离有偿工作这样一件事情是不存在的（或者只在某些特定的领域存在）。人们要么只能短期暂时地没有工作，要么就得是因为一些或多或少同等重要的任务（例如育儿）才中断工作。但即使是这样的任务如今也几乎不再广泛地被视为一种替代选项。

那些只有"家庭主妇"，或者——这甚至更加糟糕——只有"家庭主夫"这一个身份的人，如今都面临着一种间接的、要求他们为自己的选择做出合理解释的社会压力。当一个全职母亲越来越难以成为替代职业生涯的生活模式。对女性以及越来越多的男性而言，两种要求紧密相连：既要在家庭中实现自我，也要在职场上做到这一点，并且两者或多或少要同时进行。

正如社会学家卡尔·奥托·洪德里希（Karl Otto Hondrich）在 20世纪 90 年代末明确指出的那样，有偿工作在社会中的价值越高，失业就越会被视为一种罪恶。[9] 因此有偿工作和失业不仅在经济层面上有所关联，也在社会意义上有所关联。古代社会、原住民社会或者贵族社会对于有偿工作并非不屑一顾。在那里，人们对于失业问题甚至闻所未闻。因此也不了解那些不工作的人的个人和社会无用感，这种感觉一般只存在于劳动社会之中。此外，在非劳动社会中，时间结构并不是通过工作划定的，而是更多地依照太阳的起落，根据宗教或者社会习俗，以及其他一些集体活动来规划的。获取经验的领域截然不同，评判价值的标准也同样如此。社会关系并不发生在工作岗位上，因此，当这样一个岗位消失的时候，也并不会错失一些社会关系。地位和身份认同也与特定的常规工作无关，而是遵循完全不同的标准。

具有劳动能力但是不从事有偿工作的人在个体层面和社会层面成为一种问题，这主要是由文化造成的。更令人惊讶的是，人们常常坚信工作（指有偿工作）的价值，好像它是决定人类存在的重要因素一样。格罗宁根大学的哲学家兼社会学家丽莎·赫尔佐格（Lisa Herzog）十分恰当地写道："工作不仅仅是一让人厌烦的事情，也不仅仅是赚钱的工具。"她在其后确定了一个结论："工作极大程度上是一项存在于人性之中的事情，它是我们本质的一部分，即便社会关系的组织形式完全改变，它很可能也仍然会存在。人们想要创造某些东西，想要塑造世界，工作是满足这种冲动的核心形式。"[10]

这句话十分精准。它难道不是以紧凑的形式完整展示了仍在影响围绕劳动社会的讨论的意识形态偏见吗？但主要的错误在于，赫尔佐格轻率地将"工作"和"有偿工作"混为一谈。与她所说的有所不同，有偿工作并不能塑造人性，关于这一点已经有过详细的讨论。它无论如何都不是"极大程度上存在于人性之中的"。谁对此深信不疑，那么就是在否认人类自然史和文化史当中关乎人性的部分。同样的错误随后也出现在关于对人类个体存在有决定作用的这部分内容上："人们想要创造某些东西，想要塑造世界。"对德国公众进行一个小小的调查或许就可以很快证明，这种充满激情、渴望塑造世界的人在我们的社会之中并非多数。如果不把塑造世界的行为局限到一些对基本需求的满足上的话（例如身体护理，安家落户，养育子女以及保障物资供应），那么那些伟大的、能够塑造世界的人就更加罕见了。比起被催促着去完成那些大事业，许多人宁愿安安静静地待在自己的圈子里。在我们文化圈层之中，很多人更加热衷于消费，而不是去从事创造性的工作。那些去讨论"人类是什么样子"的陈述总是有其问题。轻率地混淆人类学和文化印记，这通常是意识形态偏见的明显标志。

人类作为农民劳动了数千年，并且从大约两百年前以来也大规模地在工业领域劳动，这一切并非出于任何采取了"核心形式"的"冲动"。如果他们舒适的生存和共处得到了保障，那么有去田间挥汗如雨地耕作或者在钢铁厂的高炉边干活这两种冲动的人肯定极少。去做些事情，以某种方式恣意生活，这些都是人类天性的一部分。但从事一份有偿工作却并不在此列。赫尔佐格对劳动的概念同时赋予两种含义，这可能源于她对黑格尔的研究。弗里德里希·黑格尔（Friedrich Hegel）确实在劳动之中窥见了人类的自我实现，只不过是在古典的传统之中，只限于脑力劳动。似乎只有手工业劳动——最好是在遵循中世纪传统的"公会"之中的手工业劳动——对他而言才是在社会层面上可以接受的。与之相对，新兴的工业化劳动因其单调乏味以及对大众造成的痛苦（例如在当时的英国），甚至根本没有被纳入他的资产阶级劳动概念之中。当赫尔佐格在如今把注重"质"的工作和苦力劳动等同起来，并轻率而浮夸地谈论"工作"

时，她恰恰模糊了那些在深入研究劳动社会时至关重要的差异。

因此，许多人想要在生活中拥有稳固的"栏杆"，与这个"栏杆"在根本上必须是一份有偿就业的履历并非同一回事。这个"与"字将这种需求以及当前对于它的满足明显地区分开来。有偿工作越是被解读为"极大程度上存在于人性之中"，它就越会使得那些——无论出于什么原因——并未通过有偿工作在自己的生活中有所成就的人遭受污名化。与黑格尔所期望的相反，对于自我实现的要求很少与有偿工作的历史有联系。19 世纪的工厂工人和 20 世纪的大多数劳动者从未被人要求通过工作来完成自我实现。利用天赋，发挥创造力，乃至自我实现，所有这一切都是理想主义的哲学家们的要求罢了。在很长一段时间里，这些要求完全是虚无缥缈的。直到今天，在高度现代化的社会之中，它们才第一次成为广泛讨论的话题。另外，也只有在今天，那些没能通过有偿工作达成自我实现的人们才会感到难过。但没有改变的是，并非所有的有偿劳动都适合身处其中的人们充分开发自身的可能性，并且充满创造性地在社会中尽情生活。那么我们能否继续将对于自我实现的要求与有偿工作紧密相连？对许多人来说，这些要求难道不是在职业劳动之外才能得到更好的满足吗？依照赫尔佐格笼统的说法，工作"将我们置于社会空间之中，如果没有工作，我们的生活会变得十分贫瘠"[11]。诸如此类的说法难道不是一种用于粉饰的夸张吗？

只要观察一下真实的生活，我们就能够清清楚楚地知道，在 2021 年德国的现实之中，有偿工作和认可并不能画上等号。一个在夜间看守大楼的保安所处的社会空间给他带来的充实感，很可能远不及他在一支足球队的球迷俱乐部的会员身份或者与妻儿相处能够带来的充实感。与社会福利劳动社会的财富相关的理论也已不适用于德国当前的状况，即德国不稳定工作关系的数量正迅速增长。它也不适用于这样一种情况，即数字化正在促使越来越多的劳动者更换工作。正如显示出来的那样，至少在美国，这种趋势迄今为止在很大程度上是伴随着社会恶化出现的。那么，应该以什么理由来恢复旧有的劳动社会，而不是从根本上对其进行改组并使其更加以需求为导向？或者——用赫尔佐格的话来说——要以什么理由来"拯救工作"呢？

拯救或是替代：使工作变得人性化

我们所熟知的劳动社会能否有意义地被保留下来？它是否能够被"人性化"或者"文明化"，以使其不必经历大规模改造，同时也能确保人们免受一切风险和不良影响？不少来自经济学、社会学和哲学领域的专家都致力于完成这项任务。他们如同医生和药剂师，想要找到药物和处方，以使我们的劳动社会在结构上得以存续，同时也能变得更加健康，美好且充满欢乐。

正如前文所展示过的那样，这份关切与雇佣劳动社会的历史一样悠久。自第一次工业革命以来，政治乌托邦主义者、政党和工会就在争取建立一个更加人性化的劳动社会，使工人摆脱最恶劣的剥削，确保他们拥有更好的生活条件并享有更多的权利。尤为令人记忆深刻的是 20 世纪 60 年代末以来在"使工作人性化"的口号下所争取到的一系列改进。它们有着势不可挡的契机。尽管自动化提供了极大的助力，但西方工业国家的大多数劳动者的工作条件起初却没有任何变化。正如海尔布龙纳和其他与其观点相同的人所说，技术革命并没有给产业工人带来他们热切期待的成果。与之相反，劳动代表们不得不进行艰苦的谈判、罢工和政治讨论，以求至少争取到其中一部分的权益。

与提出"三重革命"的专家们的想法不同，这些要求并非意在进行大规模的重启。相反，它们符合社会民主主义的路线，即推进渐进式改革和无数小规模改良。随着 20 世纪 60 年代和 70 年代生活水平的迅速提高，社会对关于工作条件的问题也变得越发敏感。泰勒主义式的工作组织形式——得名于自 19 世纪末起对美国的劳动世界进行"科学化"的美国人弗雷德里克·泰勒（Frederick Taylor）——在 20 世纪下半叶被打上了不合理的标签。因为工作被拆分成细小的工序，工作时间通过时钟被精确计量，所有工作都在流水线上完成——这一切都违背了劳动者们的要求。在繁荣的消费社会中，他们渴望被培养成具有自主权的人，能够自己决定什么才是对自己来说最好的东西。那些能够在私下决定是选择达诗（Dash）还是奥妙（Omo）的洗衣粉，是选择福特（Ford）还是欧宝（Opel）汽车的人，是不会像 19 世纪那些在自己的生活中几乎无法决定任何事情的工资奴隶一样，甘于成为巨大机器上的一颗小齿轮的。

身为消费者是自由的，身为生产者则不自由，这是常常让人感知强烈的一对矛盾。而恰恰是它推动了随后一段时间内的众多变革。从此以后，企业委员会、员工对决策的参与，劳动场所条例和公司章程确保了劳动者能够获得更多的劳动保护以及一定限度的发言权。同时还有关于如何使单个工作小组在计划和生产中能够更加自主地进行决定及推进行动的讨论，例如在瑞典和挪威的某些公司。自 1974 年以来，在联邦德国甚至有一个名为"使职场变得人性化"的国家计划，旨在减轻劳动世界对人们身体造成的负担，且在社会福利层面更加合理，并降低劳动场所的健康风险。

无论在何处，有偿工作都不应该是僵化单调的，而应该是灵活的，并以自我决定、自行组织的方式，在尽可能扁平的等级制度之中开展。这一切都是二十多年来人们所要求的。然而发生了什么？毫无疑问，这种趋势已经彻底改变了中低级的管理层，创造了无数个项目小组、团队和特别工作组。但它完全没有改善呼叫中心、屠宰场或者芦笋采摘行业的工作条件。难以忽略的还有来自产业协会的批评。因为工作的人性化既没有把银行顾问改造成聪明的问题解决者，也没有让动作迟缓的大型公司、银行以及保险公司变得精简灵活且以客户导向，以便符合数字世界的需求。如今，争取改善个人工作的斗争与第二次机器时代提出的要求相去甚远。

目前，当人们谈论人性化时，所关注的更多不是发言权，而是对健康的保护。关键的问题是：人们如何才能人性化地使劳动世界适应数字时代的要求？但与此同时，一个与过去的时代形成对比的全新要求贯穿了整个讨论：我的工作是否有意义？它是否包含了更加高尚的、不仅仅是营销口号的目标？这样一种在工作之中通过工作达成自我实现的要求对许多既有的传统工作组织形式提出了巨大挑战。一项由 A.T. 科尔尼（A.T. Kearney）委托调研查机构 Gfk（Growth for Knowledge）进行的研究显示，早在 2015 年，在一所顶尖大学就读的学生之中几乎每两人就有一个认为其从事的工作有重要的社会效用，只有 14% 的受访者特别重视高薪水。[1] 有偿工作应当在充满信任的环境中开展，企业需要具有较高的可信度；对于可持续的经济发展以及对于解决未来社会与环境问题的重视，并非问题的一部分，而是解决方案的一部分。如今，对那些能够承担得起成本的人们来说，以上这些都是广泛普及的诉求。

用于确定意义和获得满足感的一个重要指标是：谁在支配我的（生命）时间？我是否能够自主决定工作的时间与地点？从这个角度来看，在新冠疫情期间得到广泛实践的居家办公，就不只是我们的日常文化中的一个美学现象。人们的实体不再长期处于监视之下，相对于传统的办公室中的工作，他们获得了一种基于信任的自由空间。虽然智能手机和公司专用的电脑程序还在控制着员工的注意力，但他们获得的好处是能够自行安排时间，而且时不时地可以不被来电和信息打扰。经历过办公室日常的人都知道一个道理，身体长期在场并不一定意味着精神也长期在场。与之相对，居家办公几乎只关注有效的净工作时间，而不关心人们是不是把规定的总工作时间都坐满了。即使新冠疫情过后只有少数的办公室岗位能够完全实行居家办公（多数情况下采取的是一种混合的形式），要求对（生命）时间和（生活）空间更多的个人支配权利的这种趋势也是不可逆转的。

居家办公的胜利完全有可能在某个时刻被视为脱离职业的起点；脱离那种资产阶层的观念，即认为自己会一辈子都做同样的事情，并且适应相对应的环境，被自己的工作所定义。这将是一次漫长而影响深远的发展的结束的开端。这一切都始于法国建筑师克洛德·尼古拉·勒杜（Claude-Nicolas Ledoux）的建筑乌托邦。在 19 世纪初期，勒杜就为未来的资产阶级时代设计了建筑——主要是用于职业工作的房屋。他用直尺和圆规以几何图形——冷静理性的建筑语言——绘制了卢河管理负责人的圆筒形住宅的设计图；它形如一个巨大的水管，中间有水流过，就像 130 年后弗兰克·劳埃德·赖特（Frank Lloyd Wright）设计的流水别墅一样。勒杜为轮胎制造商们设计了一栋房子，它有着由几个圆拱门组成的高耸立面。传达出来的信息非常明确：你即是你从事的工作，你应当完全以此定义自身。每个人都应该认识到这一点，且应该做到能够将自己相应地归入社会的静态几何中去。

勒杜的建筑并未收获成功，当时新兴的绩效社会与雇佣劳动社会的劳动功能主义才是成功之道。但如今这一话题却越来越鲜为人所提及。虽然在西方工业国家，职业生涯中断的情况可能还并非多数，也不会在每次求职申请时都得到重视，然而在许多行业中，讲述或者在必要的情况下编造自己的职业生涯中出现"空档期"的理由已经成为一种常规操作。根据职业社交平台 XING[①] 在 2015 年的一

---

① XING，德国社交网站，原名为 Open Business Club 2006 年改名为 XING。——编者注

项研究，每两个受访的雇员中就有一个认为，"简历中的弯路"不应该再成为招聘过程中的阻碍因素。[2]

对很大一部分能够被视为真正具备价值的有偿工作来说，劳动确实越发向着人性的方向发展。我想要从事的工作与我正在从事的工作恰好相同——这与马克思和恩格斯在他们狂野的巴黎时期所梦想的情景别无二致。而事实上，当今存在的有偿的创造性工作比他们那个时代要多得多，是的，比自有偿工作出现以来任何历史时期都要多。唯一的问题是，带有负面意涵，让人联想到中世纪的"苦力劳动"的劳动概念是否仍然适用。因为如果它充满创造性并且能够带来乐趣，那么它就不算是劳动了。而在仍然存在劳动的地方，即苦力劳动的领域，创造性和自我实现也仍然无从谈起。许多在机器上完成的工作即使如今也仍然会对身体造成很大的负荷，并且对健康有害。有些事情甚至变得更加糟糕，例如在英国和荷兰签下的数百万份零时合同（Null-Stunden-Verträge）。雇员不再拥有受保障的稳定工时，但又必须随时待命。[3] 而那些在快递公司当分拣员或司机，或者以临时工身份工作的人们，即使在今天也仍然清楚地了解什么是剥削。

人们应该时刻牢记这两种发展趋势，否则就无法理解当前的有偿劳动社会。但是，当我们谈论使工作变得人性化以及拯救工作时，我们在谈论什么呢？拯救现有的有偿就业社会的动机是什么？拯救手段是什么，有多大的机会获得成功？什么才是对所有人都有意义的、充实的工作？

在她努力拯救工作的过程中，赫尔佐格自称反对两类人的立场。首先是那些不惜一切代价推进数字化进程，而对劳动者的命运、对工作的整个社会维度毫不关心的人。虽然偶尔有人持有这种激进自由主义的观点，但它在德国并不占据重要地位。然而，更加脱离现实的是她的第二个对手，即所有那些"寄希望于工作的终结"的人。

他们要么想要废除工作，要么相信工作将会消亡。[4] 赫尔佐格在她的
"政治呼吁"中并没有区分真正有价值的工作和纯粹的苦力劳动之间
的差异，因此存在一个问题：这到底是谁？谁想要广泛地废除工作？
是否真的有人持有这样的想法，想要废除医生、律师、警察或者建
筑师这些职业？是否有人想让人们相信，"今后的'好'工作不可能
还以传统雇佣劳动的形式存在"？[5] 只有后期的马克思曾经拥护过这
一点，而 20 世纪和 21 世纪其他有些名气的自由主义劳动概念的支
持者们都没有这么做。将人们从工作中解放出来，而不是在工作中
解放他们——如果存在这样的要求的话，只涉及苦力劳动的世界，
而并不涉及有价值的工作的世界。而认同自由主义劳动概念的那些
人居然认为所有的劳动都会在数字化进程中消失，这实在太过荒谬，
以至于赫尔佐格不得不自己提出这一观点来与之抗争。[6]

赫尔佐格位于中央，站在两个自制的人形立牌之间，努力争取
使劳动的社会意义得到认可，不将市场完全置于调控之下，并将劳
动力市场中职能与责任紧密联系起来。此外，她还希望通过让劳动
者更多地参与进来以实现经济世界的民主化，同时"不忽视劳动世
界对于社会团结发挥的作用"。[7] 因此她从一开始就坚定不移地认为，
"在劳动力市场不断变化的条件下，是能够维持团结和社会保险的原
则的"[8] 但却从未解释过为何这一切必须如此。难道不能以完全不同
的方式改变劳动力市场，从而使"税收负担在劳资双方之间的分配"
变得比她通过"再三考虑"[9] 得来的结果来得更加彻底吗？

相应地，赫尔佐格关于使工作变得人性化的建议也没能得出令
人信服的结果："能够在后期带来职业方面的改变的继续教育课程"
肯定是好事一桩，但如人们所见，考虑到未来的挑战的话，它已经
算不上什么万灵丹了。更换工作时提供"过渡性津贴"可能无法长
久地提供帮助。"为未经培训的女性求职者提供的就业岗位指标"[10]
或者它的一种替代形式，即向继续教育基金中注入一笔经费，都只

是一种美好的愿望罢了。因为未经培训的人员通常难以胜任这些职位，另外也不是所有的企业都有足够的财力来使自己免于被迫提供这样的岗位。赫尔佐格梦想着在全球范围内存在一个能够有效运行的规则框架，"以便做好应对技术变革的准备"。[11] 抱有这样的愿望未尝不可，但在可预见到的未来达成这一点却并不现实。当与中国、美国和其他国家之间竞争日益激烈，当竞争力变得越发重要，谁会创造一套全球性的规则来保护劳动者？同样很难让人相信的是，劳动世界会因此而变得更加人性化，等级制度会普遍被消除。不管怎么说，到目前为止，很多公司——尤其是硅谷的一些公司——虽然已经消除了等级制度，但薪资不平等的情况就算没有加剧，至少也是维持不变。赫尔佐格为何一定要强化现有社会制度中的保险理念，这一点仍然不得而知。为何她要硬要骑着一匹死马越过终点线呢？她究竟为何要坚持一套由于人口发展而受到极大削弱，同时被数字化革命的浪潮所席卷的分配制度呢？

最后，赫尔佐格希望失业者也能从对工作的拯救当中受益——具体来说是通过一种"让我们以不同的眼光看待工作和失业的文化变革"。[12] 但如果要同时强化劳动社会以及劳动具备的创造身份认同的作用，那么应该如使这种文化变革成为可能？这个问题的答案就像很多事情一样，仍然是完全未知的。当融入社会这件事情主要是通过工作来确保的，那么如赫尔佐格所预期的那样因为数字化而失业的人们要如何融入社会呢？工作的价值越高——回顾一下洪德里希的分析——失业者的失落感就越深。赫尔佐格希望通过她的呼吁唤起并强化的社会民主主义并未因此得到帮助。事实上，这样只会使失业者进一步在社会上被边缘化。正义、团结、责任、公平、参与和社会融入无疑是崇高的价值——但要使它们在 21 世纪得以存续，需要的不仅仅是对现有制度的小修小补。只有当人们明白，在充满划时代变革的第二次机器时代中不能再简单直接地使用第一次机器时代的方法来使工作变得人性化，他们才能够理解这种形势。如果如赫尔佐格所说，如果无法利用社会民主主义的工具箱中那些久经考验的工具来拯救工作，那么也许能够通过以下方式做到这一点，即将工作的定义从有偿工作的狭窄范畴中解放出来，同时或多或少地将人们所做的一切事情都视为工作并且予以重视。至少这一条是由"第三部门"的支持者们提出的方案，他们希望通过和赫尔佐格完全不同的方式来拯救工作并使工作变得人性化。

后来成为法国经济和财政部长的雅克·德洛尔（Jacques Delors）于 1980 年编纂出版的宣言《自选时间的革命》（*La Révolution du Temps Choisi*）为这一方案提供了蓝图。此书的作者们在四十多年前就认为，技术进步会在某个时候使有偿工作大大减少，从而使得大多数人显著地拥有了更多可供支配的时间，而他们可以充满创造性地利用这些时间："自由的时间将会盖过充满强迫的时间，空闲时间将会盖过工作……空闲时间不会再仅仅被用于恢复元气或者作为一种补偿，而是实现充实生活所必需的重要时光，工作则会被降格为一种纯粹的工具。""这些自由的时间会对共同的价值起到促进作用。试想一下，如果创造力、社交和游戏胜过了效率和绩效这些与工作相关的价值，这对我们的社会来说会意味着怎样的巨大变革？……此处的关键不外乎重塑生活的艺术以及创造社会创造力的新形式。"[13]

与社会民主主义的道路有所不同，上述宣言的作者们认为人性化并非通过对有偿工作的改革来实现，而是要使劳动回归其最初的本质：即人类具有创造性的恣意生活。这种可能性的范围近乎无限："如此一来，地方自治和邻里互助的任务就能够更加容易地转而被它们的受益者掌控。对个人或社会财产的维护和保养将获得新的价值；加入各种协会也将成为可能；业余爱好者能在艺术和文化活动中施展才华，创造自己的小小文化……这种重视人们切身所处的环境的文化将会刺激社区生活，从而有助于'使世界重新焕发魅力，使情感重获生机'……这种社会活力将会为我们重新开辟通往那些与'行动'或者'作品'相关的美好表达的道路。现代工作使我们一度遗忘了它们。"[14]

第一个受到《自选时间的革命》鼓舞并致力于实现相关理念的是格尔茨。他认为，技术进步本身并没有意义，只有将其对劳动世界的影响用于造福大多数人才能使其变得有意义。反之，这对他来说意味着："如果节省下来的工作时间不能变成自由时间，如果被解放出来的时间不能用于实现'个体的自由发展'，那么节省工作时间这件事情则毫无意义。"[15]在有偿工作过程中节省下来的时间越多，也就有越多的时间可供用于"自己的工作"——并非为了市场或国家，而是在第三部门进行的自己的工作。

在格尔茨的模型中，第三部门至少与有偿工作同等重要，并且能够为人提供充实的生活。他与拉法格和王尔德持有相似的理念，认为在法国，经济层面上必要的工作时间将在二十年内从平均每年1600小时减少到1000小时，而且是在工资不变的情况下。此外，劳动者也应该被允许尽可能自由地分配他们的工作时间。然而这一切在现实中要如何实行，格尔茨对此并没有解释。国家是否应该下令普遍缩短工作时间，以便警察、医生助理和管理者都能够减少工作？若是如此，要为此增聘多少警察，又要去哪里雇用这么多警察？有多少诊所会因此而倒闭？有多少管理者情愿被国家限制工作时间？此外，火车司机、警察和消防员能否自己决定何时出勤到岗？格尔茨的出发点虽好，却容易在具体实践中被偷梁换柱，变成缺乏现实基础的社会主义幻想。难怪格尔茨后来放弃了他的幻想，转而提倡无条件的基本收入。在20世纪80年代，他也仍在唇枪舌剑地为之辩护。

但"自主工作"的想法并没有因此而消失。在20世纪90年代，依然有许多人关注被劳动社会所忽视和低估的第三部门，即无偿完成许多十分必要的、有实际意义和价值的工作。在 1998 年的一篇 "罗马俱乐部的新报告"[16]，即一篇题为《我们将如何工作》（*Wie Wir Arbeiten Werden*）的文章中，相关的辩论达到了白热化。经济合作与发展组织（OECD）成员国的失业人数已经上升到 3600 万。同时新自由主义的政策也使许多国家削减了其社会保障体系的开支。在这种处境下，该报告的作者奥里奥·贾里尼（Orio Giarini）和帕特里克·M. 利德克（Patrick M. Liedtke）臆想出了一项全新的 "充分就业新政策"。为了实现这一点，就必须推动有偿劳动社会必须向 "多层工作模式" 转型。他们提出，除了常规的有偿工作和志愿工作之外，还应该增加第三个层次，即 "工作的基本单位"。

同此前的格尔茨一样，贾里尼和利德克主张国家以严厉的法规重组劳动社会。每位劳动者都有权从事大约每周 20 小时的兼职工作，并获得维持生计的最低工资。与此相适合的领域是教育部门、卫生事业以及社会福利工作。在劳动社会中若有偿工作岗位不足，则必须利用国家资金人为地创造新的工作。人们缺乏工作意愿或者资质不足的情况似乎并不存在。一旦这个想法得以推行，虽然也许有些幸运的人们会因此最终发挥自己的价值，但也会有数百万的兼职劳动者必须不情愿地从事并不适合他们的工作，否则他们就会失去经济来源。倘若这样的人从事了教育、卫生以及社会福利工作等行业，他们提供的教育以及社会关怀是否真的能够给人以充实感与满足感，这一点就交由各位自行判断了。如何在这条路径上找到一种前瞻性的解决方案，同时避免出于不合时宜的执拗而刚愎自用，这无论如何都并不容易。

在 20 世纪 90 年代中期的德国，自主工作以及第三部门也经历了激烈的讨论。慕尼黑大学的教授、社会学家乌尔利希·贝克（Ulrich Beck）对此展现出尤为强烈的热情。1996 至 1997 年期间，贝克为萨克森州州长库尔特·比登科夫（Kurt Biedenkopf）及其同僚迈哈德·米格尔（Meinhard Miegel）的巴伐利亚–萨克森未来委员（Zukunftskommission）起草了"公民工作"的概念。贝克与"罗马俱乐部的新报告"的作者持同样观点，认为从长远来看，自动化将大大减少有偿工作的岗位。作为社会民主主义而非自由主义劳动概念的拥趸，贝克仍然想要挽救大规模有偿工作带来的宝贵财富。因此他建议将第三部门纳入有偿工作部门之内，并相应地将其升格为公民工作。贝克将公民工作定义为"自愿的社会参与行为，它与具体的项目绑定（因此在时间上受到约束），具备合作性的、自我管理的工作形式并由公益企业家指导，得到授权并在与（地方的）公民工作委员会的协调之下经过公示和商讨后方得以推行"。[17]

贝克认为，如果承认了公民工作是除有偿工作之外的一种工作的形式，那么活跃在这一领域的人将和有偿劳动者一样获得"乐趣"和"认可"。那些曾经在 20 世纪 90 年代难以在劳动力市场上找到长期工作的年轻大学毕业生可以从公民工作之中受益。从事公民工作让这些年轻的大学毕业生为未来需要的终身学习做好了准备，并且扩大他们的视野；公民工作也可以成为他们临时的替代性工作或者长期的兼职工作。失业且有工作能力的救济领取者将获得一份令人满意的工作，对于那些寻求新挑战的家庭主妇和家庭主夫来说也是如此。同样的情况还适用于那些还把自己视作老古董的养老金领取者，以及一些只是想暂时脱离工作的人。通过这种方式，所有非有偿劳动者都不会被社会排斥以及边缘化，而是能够融入社会，并且在"精神层面上"通过认可，在"物质层面上"通过社会保障金中的一笔"公民津贴"获得奖励。

贝克认为他的"双重就业社会"有一个巨大的优势：工作所创造的意义将脱离有偿工作的狭窄框架，并对社会产生深远的影响。这便会催生出一种"创造的文化"，并将大幅减少失业人数。有偿劳动社会将变成一个"混合的活动社会"（gemischte Tätigkeitsgesellschaft）。

"这将开辟出一个公共空间，人们可以在其中体验到有限度的'戒断工作'的美好一面"。[18] 贝克毫不怀疑他的理论会被大众所接纳。他如是问道："救济领取者所渴望的难道不正是社会认可吗？"

事实上，贝克的双重就业社会使得他四处都不讨好。救济领取者最为重视的是获得社会认可，这已不再是一个谣言。实际上在目前的劳动社会中，那些尤其有动力参与志愿工作或公民工作的人，恰恰是那些并没有因为失去有偿工作而感到认可不足的人。全职工作的人远比失业的人更有可能参与到志愿工作中。在公民社会中，这种情况可能也不会有什么改变。毕竟，如果志愿工作继续被视为二等工作，我们又怎么能促进它的发展呢？如果无论用多么华丽的辞藻去美化一份工作，它都仍会被视为替代性的工作，因为有偿劳动社会始终把握制定标准的权力，那么救济领取者又何必急迫地为他们终究会在这份工作中得到的报酬而劳动呢？毕竟根据贝克的说法，国家机构和公民工作的项目负责人应该"确保参与志愿工作不会损害人们在社会福利框架内从事常规的有偿工作以及其他活动的意愿"[19]。

贝克的双重就业社会只是空中楼阁，不过是只纸老虎。它无法在现实中立足，这一点也并不奇怪。社会民主主义坚持旧的有偿劳动社会，而只是将活动社会（Tätigkeitsgesellschaft）作为前者的一种补充形式。这是一种懒惰的妥协。倘若人们当时尝试推行这种模式，那么时至今日，这个官僚主义的怪物依然会是一个未竟之作。国家委员会和地区公民就业管理处并不让失业者无所事事，而是不断询问他们打算从事何种有偿工作的替代劳动。在劳动社会即将消亡之际，它的阴影也会再次几乎无限地扩大，并且比以往任何时候都更加沉重地压在每个有就业能力的人身上。

贝克很快又放弃了他所坚持的想法，这并不稀奇。相反，他先是短暂接触了格哈特·施罗德（Gerhard Schröder）的"2010议程"，后来又公开谴责并称其为劳动世界的"巴西化"。他之前所称赞的东西对他来说很快就变成了"不稳定的、不连续的、片状的、非正式的要素对西方世界的充分就业社会的堡垒的入侵",变成了一个由"多样性、混乱和不确定性"的元素所构成的"社会结构的拼凑产物"。[20] 在结束了思想上的摇摆不定的阶段后,被提升为伦敦政治经济学院教授的贝克,最终转向了无条件基本收入的有关主张。

传统的劳动社会既不能通过多层次模式,也不能通过双重就业模式得到拯救。美国的畅销作家杰里米·里夫金(Jeremy Rifkin)在1996年就已经提出了这个论点。他的同名国际畅销书以一种宏大的姿态宣布了"工作的终结"。[21] 里夫金并不畏惧可能被打脸的风险,他在书中向读者计算出2010年只有12%的有偿劳动者仍在从事工业领域的工作,而在2020年这一比例将只有2%。免于被自动化取代的主要是第三部门的工作,即为照顾自己、照顾他人和保护环境所做的迄今没有报酬的工作。这样的体系所需的仅仅是一个新的税收模式,使自动化生产的利润被转移到第三部门,为其发展提供丰富的养料。

里夫金很快就意识到,他的预测过于激进和荒诞。例如,在德国仍有800多万人在制造业工作,与2008年的人数基本持平[22],规模更大的有偿服务部门也还占据一席之地。言过其实也可能会破坏好的想法,但这似乎并没有继续让这位热切的新事物的信徒感到难过。他在2014年出版的《零边际成本社会:一个物联网、合作共赢的新经济时代》(*The Zero Marginal Cost Society: The Internet of Things, the Collaborative Commons, and the Eclipse of Capitalism*)一书中就论证了这一点。[23] 由于在第二次机器时代,网络几乎是免费的,无限的通信渠道对所有人开放,无限的知识也可以为所有人所用,因此不仅劳动社会面临着来自内部的破坏,资本主义也是如此。事实上,里夫金代表的正是马克思在"机器论片断"中的观点:完全自动化的生产和普遍可用的一般智力，将使基于剥削和知识垄断的资本主义制度作废。正如马克思所言，成本的指数级下降与效率的指数级上升轻而易举地"炸毁了资本主义制度"。里夫金幻想以合作公社取代资本主义，即合作者一起工作，但并不从对方身上获得金钱上的利益。

对里夫金来说，工作世界的人性化就意味着必须废除资本主义制度。而资本主义炸毁后的废墟必须在"第三次革命"中才能被清理掉。第三部门并不仅仅像书中所说的那样，通过工作的终结来扩张自身，它还在接管所有的权力，并且——根据里夫金的说法——它是未来工作世界中唯一能够存留的形式。大型集团公司将不复存在，它们将会变得可有可无。而人们将共享生活所需的事物，无论是住宅、汽车、工具还是知识。

他的思想并没有变得更加荒诞。制造业并不全都是资本主义性质的，同时服务业也会受到资本主义大规模影响，这不恰恰构成了马克思的预言的一大缺陷吗？哪怕银行业在第二次机器时代从内部被破坏，整个服务业也肯定不会像马克思和里夫金预言的那样迅速地灰飞烟灭。也许我们还应该仔细看看，哪些领域受到共享经济的影响最为明显；也就是说，应该首先去关注那些有价值的工作领域，而非被诟病为苦力劳动的领域。共享的理念主要会在城市环境中、在年轻的高收入者中推行，而不是在临时工人以及所有其他当下的被数字革命所淘汰的人中推行。所有工业国都远远未能实现共享社会，也远未实现大型集团公司源自内部的破坏。而那些通过爱彼迎出租公寓的低收入者，并不是把出租住宅看作是共享经济的组成部分，而是一种无可奈何的必要之举。

目前，效率的提高、成本的下降以及以一般智力的形式呈现的普遍可供使用的知识并不一定会引向共享经济。因此，第三次革命首先必须由民主的多数人发起，并且必须与强大的权力利益进行抗争才能实现。一般智力并非自由而独立的，它并不进行支配，而是主要为谷歌或脸书等私人公司所拥有。而数字消费品的成本不会无限制地下降，它迄今为止仍然在数字世界中催生新的商业模式。这样的革命会在某个时候到来，这在某种程度上是可以想象的，但仍然难以断言。而里夫金与马克思并没什么不同——他在有生之年焦急而徒劳地等待着他的期望得到实现。

与里夫金不同，美籍奥地利裔社会哲学家弗里特约夫·伯格曼（Frithjof Bergmann）没有做出任何预言。他也是人性化的工作世界的倡导者之一，他称为"新工作"（New Work）。但伯格曼并没有预测未来，而是选择宣扬他的理论，直到他于 2021 年去世。他对于"新工作"的宣传始于 20 世纪 80 年代的弗林特。这是一座位于底特律西北部约 100 千米处的城市，也是通用汽车公司最大的生产基地。伯格曼在这里建立了一个"新工作中心"。作为密歇根大学的教授，他建议这家陷入困境的汽车公司不要按计划裁掉一半的工人，而是让他们每年只受雇六个月。剩余的时间可供他们自由支配，以使他们能够在伯格曼的新工作中心找到"他们真正真正想要的东西"。这一表达从那时起便无数次地在伯格曼的口中出现，已然成了他的口头禅。据传言，他其后又创立或启发他人成立了 30 多个新工作中心。然而这个故事中唯一可以得到证实的部分是，通用汽车公司曾一度资助伯格曼的新工作中心，但是并没有遵循他关于"横向削减"工作时间的提议。

伯格曼的一生都相当平静。直到年事已高，他的机遇才姗姗来迟：他成为各种研讨会与国际会议上备受欢迎的发言人。他在讲台上一次又一次地妙语连珠，他认为工作应该赋予我们动力和能量，应该使我们成为"更有活力的、更完整的人"。不好的工作是一种"轻微的疾病"，而好的工作则至少像性爱一样美好。他甚至以传教士的风格称好的工作是一种"救赎"。他的著作《新工作，新文化》（*New*

Work, New Culture）也的确不出所料地写得像一本《圣经》，既没有提到它的思想来源，也没有提到其他的观点，而且完全没有注释。[24]

伯格曼对未来工作世界的美好想象与数字化变革的时代十分相称。他的想法反映出极大增长的对于年轻高素质员工的需求。这些想法似乎在指点管理者、企业老板和顾问们，有偿工作应该何去何从。然而与此同时，这些格言是迷人的、无害的、非政治性的。虽然伯格曼还主张未来我们的平均工作时间将大大减少，有偿工作也许只应占我们日常生活的三分之一。他大胆预言"雇佣劳动制度将会消亡"，必须建立"新型工作的制度"，即一种不再服务于某种目的、其本身就是目的的工作。[25] 尽管他的想法很美好，但在伯格曼的演讲与他言之凿凿的著作中都没有解释，具体应该如何实现这一切。

大幅减少有偿工作的时长并将自主工作（高科技的自给自足）和人们真正想要做的工作扩大到相同的程度，并在合作性的自给自足关系中生产必需品——但是，仅仅因这一概念具有说服力，新工作在未来就真的会在全世界传播，并且不受政治斗争的影响吗？伯格曼并没有给出丝毫依据来说明他想怎样使美国的清运垃圾的工作、越南稻农的工作或者是印度大型厨房中的工作转型，使工作像性爱一样美好并赋予这些劳动者"更多的动力与能量"。[26] 我们只需想想身边的例子：在德国税务局、呼叫中心或重症监护室，所谓的"独立、自由和参与"该是怎样一番景象呢？

而如果在未来，这些工作场所由于缺乏工作人员而不得不关闭，那么取代它们位置的会是什么呢？如此多的谜团悬而未决，也难怪伯格曼的新工作理念只能在从事有价值的工作的人们而非苦力劳动者那里占有一席之地：作为管理顾问们和管理研讨会中用于启发人们的引子。

伯格曼真的告诉了弗林特的流水线工人，在公司的批准下，他们更应该从现在开始做一些完全不同的事情吗？这难以让人相信。

在伯格曼的鼓励下，一名改行的工人后来成为瑜伽老师，这件轶事仅仅是个例。鲜为人知的是，弗林特的工人们全都由于失业而改变了他们的生活。如果工人们都听取了伯格曼的建议，管理层本来可以不必违背工人意愿而裁员，弗林特也本可以成为当今世界上的一座可以让人实现自我的大都会，而不致成为 2012 年美国犯罪率最高的城市。

如果世界上所有的人都的确想要实现自己做真正想做的事的权利，那么就不会再有人在孟加拉国酷热难耐的纺织厂中工作，也不会再有工人从中部非洲的矿场为我们的电动汽车提取钶钽铁矿石或钴，数以亿计的人将从非洲的饥荒国家蜂拥至富裕的工业化国家。若要在全球范围内消灭剥削，那么世界的财富就必须被公平分配。一言以蔽之，资本主义世界经济将土崩瓦解。剥削的终结将使许多产品变得更加昂贵。人们必须重新填补经济权力的真空地带，并将面临大规模的移民、内战、革命和屠杀等结果。

人们应该做他们真正想做的事情，是一句动听的指导原则。但是如果缺乏现实的社会概念，缺乏政治上的议程，没有彻底思考如何为此提供资金支持、未来由谁来完成那些不那么美好的工作以及谁必将忍受"轻微的疾病"，那么这句话也只能是虚谈高论。

结论是什么？使工作更加人性化是一个高尚且有意义的目标，是全人类的一项十分复杂的任务。然而若像赫尔佐格或者 20 世纪 90 年代的贝克所主张的那样，不惜一切代价地保留旧有的有偿工作制度，其结果可能是徒劳的；这就好比试图用气泵改变风的方向一样。有些主张虽然并非适用于任何情况，但却十分可取，如格尔茨、里夫金、伯格曼和赫尔佐格所主张的缩短工作时间。但为什么不能像在公共服务部门所做的那样减少工作时间并雇用更多的员工呢？比这项呼吁更加重要的是一个能够解决资金问题的巧妙方案。许多其他的解决方案也与之相似，粗略看来可行，但经不起推敲。若想将

第三部门置于和有偿工作相同的位置，这与既有的劳动社会的基因完全不相容。那些像里夫金一样期待资本主义不日便可转变为共同利益经济的人是将美好的愿望与现实的预测混为一谈。伯格曼宣称，对于自我的心理剖析和对自身愿望的认识可以在渐进式变革中改变全球劳动力市场，这种说法即使在 21 世纪也只是一厢情愿罢了。

要将第二次机器时代真正视为一个实现更好世界的机遇，应该先摆脱几个幻想。首先是一种极端的宿命论。处于就业年龄的人如果不从事有报酬的工作，就会被指责为失去了自我价值感和生活的意义，这并非出于文化原因，而似乎是出于人性方面的原因。真正相信这一点的人就像所有古老的法老一样，不断固化着"工作的本质"的定义，企图使他们所处时代的转瞬即逝的精神永久地存续下去。第二个幻想是第三部门。第三部门越是执拗地在有偿劳动社会边上建立起一个准有偿劳动社会，那么它就越会固化传统的有偿劳动社会模式，直至没有任何一项人类活动不被视为工作。最后一个幻想则是希望通过让越来越多的人做他们真正想做的事情来使整个劳动世界变得更加公平、更加人性化。

不可否认的是，21 世纪的数字现代化下的宏伟人文主义工程无法再使人适应劳动社会，无论人们是否愿意。相反，它从工作内容与工作量的方面都尽可能地使劳动社会适应人们的需求。有偿劳动世界不必再是评判所有人美好生活的最重要标准，但是它仍然应该比以往更能使人实现美好生活。它应该向所有人敞开大门，允许尽可能多的人从事他们喜欢和认同的事情。这仍是一个漫长的过程。在未来的几十年里，机器人还无法完全承担所有令人不快和乏味的工作。我们不能仅凭夸夸其谈来缩短这个过渡阶段，也不能仅仅守株待兔，期待所有不受欢迎的日常工作完全自动化。新的劳动世界的组织机构的形成不仅仅有赖于社会中数百万公民心理上的转变与成熟，也需要具体的计划与纲领，能使范式转变在实践上成为可能，同时使其经济成本可控。

然而我们是否真的能够想象这样一个社会？在这个社会之中，时间成为最高的财富，全自动化机器能够在生产过程与服务部门中节省越来越多的时间。我们会不会不将工作量的减少视为一种失败，而是人类对于苦役的一场胜利？如果越来越多的工作被夺走并交由机器完成，德国乃至整个中欧的人们是否会失去他们的依靠？如果没有办公室，没有实践，没有工作台，没有议程和时限的压力，他们是否会无所适从？他们能否像非洲或拉丁美洲国家的许多人一样，学会享受这种不必日夜为金钱而奔忙的状态，并将之视为自我充实的方式？

做正确的事：意义社会

几千年来，人们沿着河流定居，围绕河流开展经济活动，建立村庄，后来又建立城市。那时候的经济很匮乏，那些没有贫困、不缺生活物资、没有饥饿的地方，都可以说是"有福之地"。然而，在21世纪先进的工业化国家，人们的经济活动越来越多地围绕着信息和数据的流动而展开，虚拟地形已经取代了地理地形的重要地位。而且，物资也不再匮乏，而是大大地丰富了起来，其程度之大、之广、之几近无限，是前所未有的。

在技术和文化紧密的相互作用之下，经济得以向前发展，社会也因此得到了永久性的重塑。围绕数据流动而展开的经济新秩序就是在这种发展态势下迈出的最新的一步。早在19世纪，美国人类学家刘易斯·亨利·摩根（Lewis Henry Morgan）就对这一文化演变过程进行了生动的描述。现在，该演变过程的存在已经成为公认的事实。20世纪，美国社会学家格尔哈特·伦斯基（Gerhard Lenski）将该演变过程扩展为一种名为"生态进化论"的社会理论，该理论的核心概念是"沟通"。伦斯基认为，人们如何相互沟通，信息如何产生、传递和增长，这些问题比其他任何问题都更能够改变社会。信息改变了商品的生产和分配方式，让人们有了更高的要求和期望，引发了关于公平性的问题，从而改变了整个社会。

我建议将这种新的社会形式命名为"意义社会"。正如18、19世纪的生产机器革命孕育了劳动社会一样，意义社会也在20世纪后三十年的信息技术革命中诞生。就像以前的劳动社会围绕着雇佣劳动而存在一样，今天的意义社会在心理上、经济上和文化上都围绕着意义而存在。而正是因为经济和社会运行体制已经发生了改变，所以第二个机器时代实际上并不是简单地延续了劳动社会，而是变成了一个全新的社会。前文中已经详细分析了新时代对劳动力市场所造成的影响，例如，按部就班的工作会减少，对创造力的期望会上升。除此之外，新时代还会创造出一些其他的可能性：通过数字技术，让几乎所有人都可以成为生产者。在过去的劳动社会中，让生产者占有生产资料始终是一种幻想，在世界上的任何地方，矿场、纺织厂、钢铁厂和生产设备几乎从未属于过劳动者，它们属于生产资料所有者、股东和投资者，或者像社会主义国家那样，属于国家。但这种社会主义并不切合实际，因为所有合作生产社都被国家置于官僚主义的束缚下，所以以合作社方式让所有生产者都平等享有生产资料所有权的想法始终都只不过是一个遥远而不切实际的梦想。

而在意义社会中，情况则截然相反，笔记本电脑和智能手机是极为强大的生产资料，利用它们可以进行很多有意义或者无意义的产出。就这点而言，马克思所向往的"对生产资料的掌握"在理论上并不荒唐。荒唐的只是像里夫金那样，认为掌握了生产资料以后，就一定会出现一个没有统治的大同世界，进而实现共益经济①。要想实现里夫金所描述的世界，首先肯定要剥夺数字经济中掘币人②的权利，没收其挖币收入；有些公司还会在全世界范围内锁定那些利润丰厚的矿场③，囤积虚拟货币或将其出售给出价最高者。但目前没收这些财产还缺乏法律依据。事实上，通过自然改造根本无法没收这些财产，要想没收它们只能依靠暴力行为。人人都掌握着一些强大的生产资料，可以进行有意义的产出，这并不意味着共产主义的到来。但这确实意味着，我们所熟知的劳动社会变得越来越没有存在的必要。理论上，已经有越来越多的人可以在劳动与生产的过程中自由安排自己的时间和生活——这对采矿工或流水线工人而言是无法想象的。

这使得意义社会出现了两个极端：一方面是数字化进步带来的大规模失业，另一方面是数字化让每个人都有机会实现自我赋权④。因此，人们对"后工业社会"这个概念也有了更深一层的解读。自1969 年以后，法国社会学家阿兰·图雷纳（Alain Touraine）就一直在讨论这个概念。自 1973 年以后，美国社会学家丹尼尔·贝尔（Daniel Bell）也加入了对后工业社会的讨论。[1]这样的社会当然也有很多优点，但是鉴于前文已经提到过的一些畸形现象，又因为政治上的一些不作为，意义社会面临着堕落为上述两级社会的危险，即社会上只剩两类人，一类是收入越来越高的高素质劳动力，另一类

① 共益经济是一种强调经济活动应该有益于地球、人类和子孙后代的经济模式。它将共同利益、合作置于首要位置。同时，它还强调人的尊严、团结、生态可持续性、社会正义和民主参与。——译者注
② 这里的掘币主要指挖掘比特币之类的虚拟货币。——译者注
③ 这里的矿场主要指挖掘比特币之类虚拟货币的矿场。——译者注
④ 自我赋权指的是相信自己在生活中的主导地位，并通过这种认知来更好地理解和把握自己的人生。——译者注

是越来越多的再也跟不上时代的人。为了有效地应对这种危险，意义社会需要进行一种破坏，需要进行一种深入劳动社会 DNA 的干预才能取代它，也就是说意义社会需要切断收入和工作之间那条坚固的纽带！这正是我们接下来将要详细讨论的问题。然而，在此之前，我们还需要描绘一下，如果我们大胆地、创造性地设想意义社会，那么意义社会可能会是什么样的呢？

前文已经提到过，和工业化同时代诞生的还有一个理念，那就是建设一个可以休闲、可以实现自我的社会。但无论是戈德温、傅立叶、马克思、拉法格还是王尔德，都没有完全描绘出这个社会的样貌。这项任务及其艰巨，毕竟在这些思想家所生活的年代，就连传统劳动就业社会也才刚刚萌芽，还没有在所有人心中扎下根来。但也正因如此，他们才没有接触到现在常常被提到的一个反对意见，即在我们这个古老而又僵化的劳动社会中，就业岗位正在变得越来越少，空闲正变得越来越多。在 1958 年，也就是"经济奇迹"时期，当时大众福利的前景一片光明，这时才有人关注到关于这一反对意见的声音。当时，哲学家汉娜·阿伦特（Hannah Arendt）看到自动化还在继续走向完全自动化，于是写下了以下话语来预示灾祸的来临："技术进步似乎只是实现了人类世代梦寐以求却无法实现的东西。但这只是骗人的表象。17 世纪，人们开始从思想理论上颂扬工作与劳动，这标志着新时代的开始。20 世纪初，整个社会完成了向劳动社会的转变，这标志着新时代的结束。实现这个古老的梦想就像实现童话里的愿望一样，梦想得到祝福最后却受到了诅咒。因为，劳动社会一方面想要摆脱劳动的束缚，另一方面却对什么才是更高层次、更有意义的活动几乎一无所知，而只有为了这一类活动而去摆脱劳动的束缚才是值得的……劳动是劳动社会所拥有的唯一的优势，而劳动社会将不再会有劳动，这就是摆在我们面前的劳动社会的前景。还有什么能比这更致命呢？"[2]

在 20 世纪 50 年代末，人们总是怀着一种傲慢自大的心态看待整个西方社会。如果我们抛开这些傲慢自大的成分就会发现，整个西方社会除了工作这一个优势外别无所长。所以，阿伦特所描述的困境依旧存在。传统劳动就业社会已经扎根于人们的生活日常，成为很多人人生的重要组成部分，它已经通过各种呼吁、口号和法律变得根深蒂固，不可能一瞬间就能完全转变成另外的样子。而且可以预见的是，因为旧秩序已经长时间地影响着人们的身份认同感，所以会有许多人反对并抵制对传统劳动就业社会进行变革。而阿伦特想让人们"回想起来"的这个人人都可以做自己想做的事情的社会，就是"活动社会"①。虽然比起 20 世纪 50 年代末，人们对这种社会形态已经多了一些了解，但对许多人而言，它至今仍是一个很陌生的概念。

当然，认为传统劳动就业社会不符合社会原本的样子，而活动社会更适合人类的人，阿伦特并不是唯一一个。与阿伦特同时代的德裔美籍精神分析学家、哲学家埃里希·弗洛姆（Erich Fromm）和后来的哲学家、社会学家赫伯特·马尔库塞（Herbert Marcuse）以及神学家和哲学家伊凡·伊里奇（Ivan Illich）也都极为向往这样一个自主自决的世界。另外，物理学家、哲学家卡尔·弗里德里希·冯·魏茨泽克（Carl Friedrich von Weizsäcker），他的儿子环境科学家恩斯特·乌尔利希·冯·魏茨泽克（Ernst Ulrich von Weizsäcker）和儿媳克里斯蒂娜·冯·魏茨泽克（Christine von Weizsäcker），以及社会学家、曾长时间在伦敦政治经济学院任院长的拉尔夫·达伦多夫（Ralf Dahrendorf）也都曾有过这方面的想法。1967 年，马尔库塞表达了他对传统劳动就业社会走向终结的期望，他希望取而代之的

① 活动社会是一个相对于劳动社会、就业社会而存在的概念。人们参与的所有个人事务和社会事务都可以统称为活动。——译者注

是一个自由的社会，在这个社会中，"技术与艺术"以及"工作与娱乐"完美地融合在一起。[3] 1980 年，伊里奇对传统劳动就业社会提出批判，他认为传统劳动就业社会在很大程度上受益于所谓的影子工作，也就是那些工作成果根本不被认可或不被充分认可的工作。[4] 伊里奇问道，谁又会关注到那些不得不从事此类工作的人，他们做着怎样辛苦又单调的工作呢？又有谁能意识到母亲和祖母所提供的关怀与照顾其实也是一种劳动成果呢？伊里奇所提出的第二个问题克里斯蒂娜·魏茨泽克也有提到。她是第一个将家务劳动描述为"个人工作"并将其与带薪工作置于同等地位的人。假如活动社会得到大家的理解与接受，那么传统劳动就业社会中不公平、盲目的等级制度就可以被消除。

因此，活动社会的概念包含两个方面。一方面，活动社会希望所有的劳动都能得到平等的承认。因此，自 20 世纪 80 年代以来，人们经常呼吁为母亲付出的劳动支付报酬，无论这个劳动是指抚养孩子还是照顾父母。另一方面，正如阿伦特和马尔库塞所想的那样，活动社会还想让人们（重新）习惯一种不以工作为中心，而以自己想做的事情为重心的生活。这一点正好反映出阿伦特的思想中流淌着的古希腊、古罗马贵族精神，即怀念悠闲的生活，怀念对时间的自主支配权，让人们可以有空关注公共事务，怀念在社会群体中实现个体和社会共同进步的那些日子。

但活动社会到底是支持为所有的劳动适当支付酬劳呢？还是要继续像现在这样不强制要求支付酬劳呢？这两者远远不是一回事，它们是两种截然不同的选择。虽然这两种选择的确可以结合在一起，但这并不能改变这样一个事实，即两者背后的精神理念是截然不同的。前者将劳动社会的外延无限扩大，而后者则限制了劳动社会的意义与价值。既然活动社会这个概念如此模糊又如此自相矛盾，可想而知我们会更倾向使用意义社会这个概念：在意义社会，相比是否有必要工作的问题，人们更加重视和意义相关的问题。在意义社会，人们无论是花更多时间去做饭、拍视频还是画画，无论是更多地参与政治还是投入社会活动，无论是在手工艺还是在文学中实现自己，无论是做音乐、写电脑程序还是干脆什么都不做——所有这些事情，只要它此刻在某种程度上是有意义的，它就是被允许的。是选择"积极生活"（Vita activa）还是"沉思生活"（Vita contemplativa）？这在古希腊时期曾是一个矛盾的问题。但在意义社会，这对矛盾却不复存在。因此，人们不再需要对二者进行评估和权衡。

然而，什么才是有意义的事情呢？这个问题并不只关乎个人。它的答案在很大程度上还取决于一个人所处的文化。在西方基督教的历史中，一千多年里人们都曾认为：将自己的一生奉献给修道院并成为神职人员是一种有意义的、被社会高度认可的人生规划；而在伊图里丛林或巴布亚新几内亚情况则截然相反。在西欧，当萨满、制作木乃伊或者当武士，这些职业从来都不是能得到社会认可的选择。文化决定了需求。如果某种文化以人生的智慧和获取知识为最高目标，那么在这样的文化中总是会诞生一些哲学家，比如古代雅典就是如此；如果某种文化重视军事并欣赏勇气，那么它就会培育出许多不畏死亡的士兵，比如古代的斯巴达；如果某种文化欣赏冷漠、傲慢和种族主义，那么在这样的文化中就不难找到成千上万的"第三帝国"党卫军士兵。而那些把商业成功看得比什么都重要的国家，比如美国，也会培养出数百万同样追求商业成功的人。对雨林中的原住民来说，修道生活是不自然的；对古希腊、古罗马时期的哲学家来说，追求尽可能多的财产也是不自然的；同样，懦弱于斯巴达人而言，种族平等于种族主义者而言，平等分配于激进资本家而言，都是不自然的。生意迷看重精明胜过看重智慧，他们嘲笑那些精神充实的人（除非这些人很富有）；相反，知识分子往往也认为，对金钱强烈的痴迷是一种性格上的缺陷。

这对意义社会来说意味着什么？首先，这意味着许多人一生都在传统劳动就业社会这个模子里，所以他们不相信另一种社会，对它并没有多少信心；这不是因为他们不明白，在一个富裕的社会里，意义正在变得越来越重要，而是因为他们受到了某种文化的影响。在这种文化中，只有少数人（医生、建筑师、作家、企业家、政治家、牧师等）才能在工作中寻找到意义并实现自我。而与之相反，其他人只有在工作之外才能寻找并找到意义。经验告诉我们，生活并不总是心想事成，工作也并不总是轻松愉快的。但如果人们不仅可以在越来越多的商品和服务之间不断进行选择，而且其生活还充满了无限的可能性，那情况又当如何呢？虽然工作确实是一个重要的选择，但要想实现充实的生活，我们其实还有其他选择，不是吗？

关于意义社会还有第二种反对意见。这种反对意见并不怀疑未来实现意义社会的可能性，甚至还认为意义社会是非常有可能实现的。但它怀疑这样的社会是否是一个值得人们向往的社会，这样的社会是否能增加人们的幸福感。拥有"时间自主支配权"这个说法确实听着很美好，但它真的能给我们带来其他什么益处吗？经验告诉我们，当我们真正有事情要做的时候，我们才会觉得无事可做的时光尤为美好，不是吗？与失业者相比，有工作的人才会更享受他们的闲暇时光。我们通过工作挣得一段闲暇时间，能享有这段时间是因为现在或过去取得了一些业绩，这段时光是自己应得的——这种感觉不正是我们享受闲暇时光的一部分原因吗？在以前的劳动社会的运作系统中情况确实大都如此。但或许，我们是不是也可以做出一些改变呢？那些志愿帮助照管游乐场或志愿带领青年球队参加比赛的人，他们其实也可以觉得，喝着啤酒放松的周末是自己挣得的。当孩子疯玩一天后躺在了床上，母亲和父亲才能松口气；当徒步旅行的人在劳累了一天后才能享受他们应得的休息。这些人的休息时光也同样是自己挣得的。

不一定只有通过工作，人们才能找到那种自己挣得休闲时间的感觉。但是如果有一天，工作对许多人来说变得不再像现在那么重要，那么人们是否会有足够好的计划来应对那一天的到来呢？这就是我们要考虑的对意义社会的第三种反对意见。当"我们的价值创造不再和我们的时间规划挂钩"时，"我们能做些什么呢"？社会学家亚明·那塞希（Armin Nassehi）在评论我的《猎人、牧人与批评家》一书时提出了这样的疑问。[5] 好吧，也许会有更多人去做那塞希正在做的事情，比如写书、写文章、写评论和写书评。但他提出的这个问题当然是有道理的。这个问题已经引起了弗洛姆和哈佛大学社会学家大卫·里斯曼（David Riesman）等各类人士的思考。早在1964年，里斯曼就提出了疑问："社会的繁荣是为了什么？"[6] 只有当工业化国家的人们真正愿意改变他们的态度和价值观时，他们才会在社会上就业岗位明显减少的情况下，依然感觉到幸福。更加感到担心和悲观的是美国内政部的工作人员，他们在1974年警告说："休闲时间，尽管对许多人来说是天堂般的存在，但它也很可能成为未来最令人不安的问题。"[7]

意义社会需要有大量的创造力，这样它才不会沦为一个满是只知玩乐之人的无意义社会。意义社会所要求的能力和未来的工作所要求的能力是一样的。毫无疑问，它们都将创造力视作最重要的能力。但有多少人能在多大程度上拥有创造力呢？这个问题大概取决于有多少人能够超越经济理性进行思考。毕竟，在传统劳动就业社会中，经济理性的指南针总是能可靠地指引方向。除了金钱、财产和地位，什么能让我感到永久的满足与充实？这确实是一个极具挑战性的问题。许多人因为这个问题而踏上寻找内心世界的崎岖之旅。他们借助瑜伽和心理学，通过阅读大量找寻自我的书籍，开启了一场"奥德赛之旅"。值得注意的是，在寻找自我的过程中也还是要考虑经济理性：比如，什么样的放松方式对我来说最为有效？哪些建议对我有用？我可以从哪种人生哲学中获得最大收益？哪种冥想能让我在工作的时候更加精力充沛？

如果未来的意义社会能让人们拥有更多工作以外的时间，那现在那些已经被教育得只知道为了赚钱而努力工作的人确实会面临这样一个问题，那就是：有了更多时间以后，他们应该做些什么？对此，千年"计划"［千年计划是一个国际智库，德国的贝塔斯曼基金会、大众汽车公司、德国工程师协会技术中心、弗劳恩霍夫系统与创新研究所（ISI）和柏林自由大学都是该智库成员］通过专家调查法也未能给出一个很好的答案。根据对 289 位专家的意见进行的评估，任何可以在中长期内被技术取代的东西都会消失。留下来的主要是那些需要同理心的职业，主要是那些负责照看、关怀、护理、鼓励、指导、教育、减轻个人忧虑与痛苦、帮助别人解决问题的职业。这些在本书中都已经详细讲述过了。至于大多数人在有了更多工作以外的时间以后会做些什么的问题，专家调查法确实不负其"能做预言的研究法"之名，它对这个问题给出了如下回答："所有人都会做些事情，但他们做的很多事情都不会和工作相关。所有人都还是会有一定的产出，无论这些产出是一些令人感到快乐的东西，还是仅仅只是一些无意义的喧嚣。"[8]

对于这个回答，我们并不需要感到困惑和绝望。因为，相比制造快乐和喧嚣，我们其实可以把意义社会未来的图景想象得更加多彩与友好。比如，我们可以想象一个共益经济已经实现的场景。在共益经济中，没有人会破坏大自然，也没有人会损害他人的利益；我们还可以想象这样一幅场景，即每个人都能或多或少地发现自己潜藏的创造力。就算没有物质奖励，每个人也都能找到创造的乐趣，这是一种既不需要花很多钱，也没有任何门槛的微妙的乐趣。我们没必要节省时间，也没必要去争取时间，我们要做的就是把时间花在自己和自己周围的人身上。对于那些受过良好教育且受到高标准要求的中产阶级子女，这些场景都是可以实现的，这一点我们稍稍观察一下柏林的普伦茨劳贝格区、杜塞尔多夫的弗林格恩以及其他德国时尚街区就能得知。在这些街区，因为有父辈的积极支持，大家很乐意尝试这样的生活方式。但关键问题在于，我们有多大的可能将这样的生活方式从社会中三分之一的特权阶层普及到所有人。这个问题取决于许多因素，尤其取决于特权阶层有没有兴趣让尽可能多的人都过上类似的生活。

在 19 世纪下半叶，马克思、拉法格和王尔德并没有想到，贫穷且没受过教育的薪资奴隶 ① 也可以变成独立的个体以及自由的艺术家，变成和他们一样的人，虽然这样的转变确实经历了一条漫漫长路。此外，他们也没有想到，如何才能给那些因自动化而失业的人提供社会和经济上的支持，让他们有时间和闲暇去做他们真正喜欢做的事情。说实话，这个问题其实至今也没有得到解决。唯一可以肯定的是：那些在第二机器时代失去了工作的人，例如电车司机或保险公司员工，他们并不一定就会变得有创造力。相反，他们中的某些人可能还会变得具有攻击性、破坏性或变得抑郁。银行业、保险业及制造业的裁员浪潮极有可能在社会文化发生全面转变之前就已经发生。也就是说，当失业浪潮对人们造成冲击之时，人们的思想却还没来得及发生转变，他们依旧认为：我能挣多少钱就意味着我有多少成就，而没有挣到钱就意味着我没有实现什么有价值的成就。一方面，是高水平人才正在调整他们与工作的关系，正在以一种新的、更灵活的方式将工作与生活联系起来；另一方面，许多跟

---

① 薪资奴隶指的是那些完全依赖工资收入、无法摆脱财务束缚、无法自由选择工作或追求自己兴趣的人。——译者注

不上数字时代步伐的人却完全不知道自己今后应该做些什么。如果我们称这样的社会为意义社会，那不过是在粉饰太平。毕竟，在意义社会中找不到自己存在的意义，可能最终会比在劳动社会找不到工作更能给人的心理带来毁灭性的打击。

未来学家和未来大会在对未来社会进行设想时，只谈到了整体工作时间会减少，而可自由支配时间会增加，但几乎从未提及上文所述的问题。当人们已经拥有了足够的金钱和社会认可之后，才会特别愿意花时间在一些不求经济收益的事情上。只有这样，才会在经济理性之外产生另外一种理性，另外的这种理性强调，生命的最高价值在于那些不为经济目的而做的事情。内在动机是一种柔弱的植物，要想他们茁壮成长，就不能让他们受到"不被认可"和"不被自我肯定"的威胁。正如阿多诺在他的《最低限度的道德》中所做的精彩的论述：唯有如此，人们"才能在各种各样的选择中自由地做出自己的抉择，才不会因为不知该如何选择而产生不必要的压力，从而失控冲向一个陌生的世界"。[9]

与活动社会不同的是，意义社会并不一定害怕人们变得闲散。在意义社会，有的人过于无所事事，从不想着如何去发展和完善自我，而有的人却又太闲不住。意义社会敏锐地注意到：人类，尤其是那些富裕工业化国家的人为了自我的发展，对大自然进行了怎样的强取豪夺。和阿多诺一样，意义社会也认识到，"不受束缚的人绝不是过得最舒服的人，甚至不是最自由的人"[10]。而且，只有在工业化影响下的传统劳动就业社会才会把"永不失业"当作口号，而随着传统劳动就业社会逐渐退出历史舞台，人们越来越不会强求永不失业。因此，意义社会是一个既懂开发，也懂保护的社会，它明白可持续发展的意义，不会不惜代价地进行生产。

如我们所知，半个多世纪以来传统劳动就业社会一直无法应对我们这个时代所面临的巨大的生态挑战，这一点无须赘述。其实自

20 世纪 60 年代以来，以产量持续增长为目标的工业社会就已经意识到，海洋已经遭到了致命的污染，森林被无情砍伐，物种正在大规模灭绝。而且，自 20 世纪 80 年代中期在北极冰层上钻出深孔后，世界各国政府就已经确认了一个很久以前就有的猜测，即二氧化碳浓度与全球变暖之间确实存在联系。但此后，二氧化碳排放量依旧持续上升，海洋污染、森林砍伐和物种灭绝也依旧有增无减。那些申明，那些会议，即便是《京都议定书》（*Kyoto Protocol*）之类的公约，也无法让人们的思想发生根本性的转变。

但如果生命最重要的意义，即我们自身及后代的生存都受到了极度的威胁，那意义社会又如何能正常运行呢？如果我们在日常生活中越来越不重视生命的意义，那情况又当如何呢？"在荒谬的时代里没有正确的生活"，这是《最低限度的道德》中最著名的一句话。如果所有人的未来继续被摧毁，那我们就无法真正找到生活的意义。难怪意义社会会排斥社会民主主义补偿机制，难怪它必须要改变这种机制。"无止境地想要拥有更多东西"并不是一件好事，而是一个巨大的麻烦。有些人因为工作而错过了一些生活的乐趣，所以会不断地给自己物质奖励，并且已经完全离不开这些物质奖励。如果这样的人高达数十亿，那么他们就会变成一颗颗钉子，钉在人类的棺材板上。

正如前文所述，这种"想拥有更多东西"的想法并不是人类天性中不可动摇的一部分，而只是一种受社会文化影响而产生的结果。事实上，工业化国家的人们之所以工作，其实并不是因为每个家庭明明已经平均拥有了 1 万件东西，而他们还想在此基础上再添几千件东西。[11] 在欧洲，有 250 万个家庭拥有 3 辆及以上的汽车；在德国，平均每 100 个家庭就拥有 156 台电视机；美国儿童在一生中会收到价值 6500 美元的玩具——我们已经拥有了如此多的东西，所以根本没必要再添一些新的东西。如果我们现在通过不断上涨的消费来增加幸福感，那么在未来，我们就会因破坏生物圈而遭受痛苦，而这样做完全是不值得的。毕竟，这样做带来的痛苦会远远超过它所能带来的幸福感。尽管如此，人们还是会参与到高消费中，这是因为人类非常需要归属感，这一点我在前文中也已经提到过了。而如果想要改变这种想拥有更多东西的想法，想改变这种想法所催生的各种对生态不负责任的疯狂行为，我们其实并不需要改变人的天性，而只需要改变社会的奖励机制。

关于这个问题，人们已经进行了很长时间的思考，而且也出版了很多相关书刊。人们思考着，不能再继续把大自然当作"物件"，继而当作私有财产来对待。人们梦想着，当生产者和消费者之间的界线变得越来越模糊，社会上就不再需要有资本家。在这样的社会里，并不是那些大公司，而是那些小生产者为我们生产我们所需的那些有用且耐用的商品。这些小生产者一起进行大规模的采购，并且共同使用采购到的东西。人们梦想着，在这样的世界里，就不再会有社会地位意识，人们也不会再强烈地想要去拥有越来越多的东西。

意义社会能不能实现，以及在多大程度上能够实现上文所描述的内容，这一点我们现在还很难预估。首先，大公司并不会因为洞悉到事态的发展趋势而自行瓦解。而自制汽车或通过小型合作社来生产汽车，也并不是一个合适的选择。或许在 21 世纪，汽车确实可能会消亡，但在未来几十年内它肯定还会发挥重要的作用。所以更为重要的是，要在可再生能源方面进行合作生产，并且还要考虑如何才能提高能源效率。毕竟，不依靠大型企业，我们也能通过太阳能电池和风力发电来获取能源。许多行业，例如工业化的家具生产、大规模养殖业或军火工业，可能也会消亡——特别是生产坦克或战斗机这样的军备，其耗能情况极为惊人。在 21 世纪，确实没理由再让这样的行业存续下去了。

未来要想大规模实现以上这一切，西方社会还有很长的路要走，毕竟这一切必须由多数人的民主决定的，而且还必须合法化。然而，在数字革命和生态政策变革的危机时期，德国是否真的在形成一个人人机会均等且人人享有所有重要资源的社会，这一点还无法确定。至少在短期内，工业社会不会放弃一种信念，那就是所有的环境问题都可以通过技术的进步来解决，虽然他们对这种信念其实已经有一些绝望。社会变革很少会让人们变得更加团结，它只会加深社会的裂痕，使其变成火山口。

虽然可持续经济是否能成功，哪方面能成功以及哪方面不能成功的问题确实能引起热议，也确实具有紧迫性，但不可否认的是，这些问题只是意义社会的某一个方面，相较之下更容易预见的其实是工作世界的变化，比如：就业的重要性整体上会有所下降。"灵活性"会变成工作世界的口号，这个口号要求我们不仅在进行工作时以及找工作时要灵活，还要求我们灵活地选择是否参与就业。在传统劳动就业社会，失业是一种耻辱，也是政治家最忧心的事情。现在，我们必须让人们摆脱对失业的恐惧，这一点非常重要，因为唯有如此，向可持续发展的转型才不会因为人们害怕失业而不断受到威胁和恐吓。或者，正如瑞士自由派经济学家托马斯·施特劳布哈尔（Thomas Straubhaar）所言："目前，失业从微观上而言一直是经济失败的标志。而在未来，失业将成为宏观上经济成功的标志。"[12] 但是，如果未来的经济发展让我们更进一步摆脱了对就业的依赖，那我们的现收现付制度又将变得如何？现收现付制度不就是建立在就业者为无业者提供资金的基础之上吗？

后工业社会的生存保障：现收现付制度的终结

社会何时才能积聚足够的勇气来做出重大的改变？19 世纪，法国政治评论家、政治家亚历克西·德·托克维尔（Alexis de Tocqueville）给出了一个很好的答案：只有当社会失去了对自己的信心，它才会有勇气做出重大改变！因为一个社会体制，只要它是强大的，只要它还在顽强地做出抵抗，那么不管这个体制是多么不公正，也不管在这个体制里有哪些社会矛盾存在，它都不会崩溃与瓦解。只有当它暗暗意识到旧的方式已不再可行，它才会进行自我变革。

这样的"托克维尔效应"早已笼罩着传统劳动就业社会。无数以未来工作为主题的研讨会、大会，以及各种倡议活动都已经清楚地谈到了这一点。因此，传统劳动就业社会依旧如此固守其核心，即固守现收现付制度和代际契约（现收现付制度和代际契约指的是在职的一代赡养已退休的上一代），这就更加令人惊讶了。

显然，意义社会的生活不会围绕工作而展开，因而也不可能围绕工作来进行生活保障。"大规模灵活就业"与"几乎只靠就业来保障生活"，这两者从根本上就是矛盾的。我们的养老金账户迫切地需要稳定的收入来满足上一代人的养老金需求，但这笔钱从何而来呢？自从阿登纳（Adenauer）政府在 1957 年推出现收现付制度以来，社会契约就是这笔资金的来源。这个设想由弗里德·施莱伯（Wilfrid Schreiber）提出，他曾在波恩任私人讲师，后来又在科隆任经济学教授。相比俾斯麦于 1889 年在德国引入的投保资助型养老保险，这种新方式的抗风险能力可能会更高。在投保资助型养老保险模式下，雇员领取的养老金是基于他之前为自己存下的养老保险金的。两次大规模的货币贬值，即第一次世界大战后的恶性通货膨胀和 1948 年货币改革中 10∶1 的汇率，暴露了这种投保资助体系的脆弱性。随着货币的贬值，人们先前储存的养老金也化作了泡影。

当施莱伯接下了养老金改革这个任务，并于 1955 年开始撰写《工业社会中的生存保障》（*Existenzsicherheit in der Industriellen Gesellschaft*）这一项目方案时，许多人就知道，全国性的投保资助型养老保险模式在联邦德国即将成为过去式[1]。看看战后有多少伤残者、遗孀和来自前东德的老年难民啊！他们要如何才能获得足够的养老金呢？施莱伯有充足的理由认为，既然这一代人都是靠工作来维持自己的生活，那鉴于现在的情况，这代人的晚年生活很可能就无法像那些靠财产生活的人一样得到保障——这是一种极富前瞻性的观点，今天仍有一些新自由主义者反复强调这一观点。投保资助型养老保险的旧方法早就已经不适用了。况且，自联邦德国成立以来，养老保险就一直在很大程度上依靠现收现付的转移支付制度来支撑，所以人们不禁会问道：那我们为什么不马上就转移到现收现付制的轨道上去呢？

社会学家格哈德·麦肯罗斯（Gerhard Mackenroth）坚定地认为，养老金和社会福利不应来自储蓄，而应来自当前的收入。和施莱伯一样，麦肯罗斯从 1933 年起就加入了纳粹党，并于 1934 年加入冲锋队。1955 年，麦肯罗斯意外去世，留下施莱伯独自负责拟定联邦德国的现收现付制配制度。该制度的重点在于，未来的养老金应动态上涨，与经济产出和工资水平成正比：随着经济产出的提高，不仅雇员的工资应该上涨，退休人员的养老金也应该增加，毕竟经济繁荣通常也伴随着物价的上涨。对施莱伯来说，还有一点也同样重要，那就是尽可能让所有劳动者都缴纳基本养老保险。他认为，雇员及其雇主各自承担一定的养老保险比例，就能提高养老保险的抗风险能力。所以，最好能让所有德国人民在就业期间缴纳养老保险。唯有如此，才能确保养老保险不会受到经济社会中各种结构性变化的影响，也不会受到经济社会中职业结构的影响，始终保持"计算依据"的"一致性"[2]。这个想法很宏伟，从政治层面来看也很大胆，毕竟在 1955 年，其实已经有不少能适应不同需求和不同环境变化的特殊养老保险了。

今天，人们很难想象，在德国引入一个全新的养老保险体系，以完全不同的方式进行融资，并废除现行养老金模式，如伤残保险或矿工医疗保险，这是一个多么伟大和勇敢的壮举。让在职人员赡养退休人员，这是现收现付制一个非常宏伟的目标。而现收现付制其实不仅仅只针对养老金领取者，同时还适用于儿童和青少年。对施莱伯而言，强制保险只不过是以另外一种方式延续了传统的家庭运作模式。先是父母抚养子女，而等到父母老了以后就是子女赡养父母。当然，无子女的人也同样有权要求领取养老金，但他们应该缴纳更多的养老保险。很值得一提的是施莱伯对此给出的理由，非常具有洞察力，他认为："那些无子或少子的退休人员，他们自以为是地强烈要求并且确实也拿到了与多子女者相同的养老金，但归根到底，他们其实是寄生虫似的蚕食掉了多子女者所做出的额外贡献，因为是多子女者承担了更多才弥补了少子女或无子女者少承担的那一部分贡献。虽然有很多人对这种说法不屑一顾，但关于孩子的数量确实有一个社会性的目标，那就是人均必须拥有 1.2 个孩子，社会才能保持活力，才能负担得起赡养老人的费用。"[3]

施莱伯受到纳粹政治体系的影响，所以要走这种专制风格对他来说应该并不是难事。而今天，施莱伯这种专制的风格在很大程度上暴露出了这种制度的两大缺点之一，那就是：如果现收现付制度与人口发展绑定在一起，那就不能允许人口减少，这样才能保证未来的劳动力数量不会缩减。但这样一来，施莱伯的角色就从养老金制度的改革者变成了人口生物学家。他用尖锐的言辞和强硬的经济手段提醒公民有结婚生子的义务。而且，值得注意的是，当初所谓的团结契约还被换上了一个听起来更像生物学的术语，即代际契约。但事实上，从未有人代表这两代人真正去缔结并确认这样一个契约。

施莱伯的方案并没有完全打动阿登纳政府。经济部部长艾哈德不希望代际契约的实际覆盖范围宽泛到包含所有儿童、劳动者和退休人员。在他看来，把抚养儿童看作代际就业契约的一部分，并让

儿童通过其父母的强制保险来领取资金，这个步子跨得太大了。此
外，艾哈德还认为，那些只带孩子的人不应该像有工作的人一样通
过社会保险领取养老金。正因为艾哈德的这些想法，所以现收现付
制度只实现了养老金的公共化，而未能实现儿童福利的公共化（德
国从 1955 年起为第三个及以上的孩子提供儿童福利，从 1961 年起
改为为每个孩子提供儿童福利，这一模式效仿的是"第三帝国"的
儿童福利模式）。也正因艾哈德的这些想法，家庭主妇作为传统劳动
就业社会一分子的身份也遭到了明确的否认。

施莱伯的方案中，还有一点也未能实现，那就是：真正让每个
有工作的人都缴纳强制保险。施莱伯提出，那些自营职业者或高收
入人群，即使他们不需要养老金，也应该出于跨社会阶层的团结和
互助精神参与缴纳强制保险，只是他们的缴费额应该要设有一定的
上限。对施莱伯的这一提案，人们的反应有很大的分歧，因为自民
党的强烈反对，这个提案还是被否决了。同样被否决的还有另外一
个提案，即没有达到"社会为其设定的子女数目目标"的无子女夫
妇[4]应该为儿童养恤金支付双倍的补偿。但战后的那一代人最不担心
的就是人口问题，因为正如阿登纳所说的那样，"无论怎么样，人们
都是要生孩子的。"所以，这个提案也未能通过。

在剔除了关于儿童养恤金的提案和强制自营职业者入社保的提
案之后，施莱伯的方案于 1957 年得以实施，养老金水平不再是总收
入的 50%，而是 70%。此外，许多人还可以通过企业补充养老保险
获得额外收入。除了不通过私人储蓄来保障养老金这种前瞻性的想
法，代际契约还在 1957 年将几个变量假定为恒定不变的常量。尽管
当时仍然存在一些保留意见，但代际契约还是做出了如下假设：第
一，联邦德国将永远处于工业化的传统劳动就业社会。第二，平均
工作时间将保持不变。无论如何平均工作时间都不会大幅降低，也
不允许大幅降低。第三，未来没有人可以在达到一般退休年龄（即

65 岁）之前退休。第四，经济产出将随着预期寿命的增加而不断增长，所以预期寿命大幅延长并不会给养老基金带来问题。第五，人口变化不会导致缴纳养老保险的人数大幅下滑，或者人数即使出现滑坡，也可以被不断增长的经济产出所抵消。第六，在较长时间内不会出现大规模失业，从而导致养老基金出现巨大缺口。第七，只要存在雇佣关系，就强制要求缴纳社会保险，因为如果不强制要求入社会保险，那么那些不缴社会保险费的人他们的老年生活就得不到很好的保障。第八，经济增长将主要体现在实体经济中，而非金融经济中，因为金融经济的增长对养老基金几乎没有任何促进作用。

毫无疑问，德意志联邦共和国的现收现付制度是成功的。代际契约不仅具有其经济意义，而且还稳定了社会的根基；至少，只要这个社会依旧是典型的传统劳动就业社会，人们的平均工作时间依旧还是很长，那么代际契约的作用就依旧有效。然而，从工业社会到服务业社会的转变、医学的进步以及社会繁荣带来的文化变革，包括出生率的下降，很快就像海浪一样不断侵蚀着这个建立于 20 世纪 50 年代的养老体系。施莱伯曾强烈反对国家对养老基金进行补贴。他认为，必须"严格限制"额外的资金流入，因为"先以税收的形式拿走纳税人的部分收入，然后以恩人的姿态把钱还给他们，这显然是毫无意义的。结束这样的把戏吧！它只会给我们造成国家无所不能的假象"。这就是为什么"养老基金原则上禁止接受或管理任何资产。不论是法人、自然人或基金会的赠款与捐赠，无一例外都不予接受"。[5]

施莱伯预见了很多事情。他察觉到国家可能会试图操纵现收现付制度，工会可能会要求提前退休，他还预见到将来可能必须提高退休年龄。但他没有看到他看不到的东西，因为他并不想看到，比如：20 世纪 50 年代的工业社会不可能会永久保持不变；随着生活水平的提高，人们会重新定义工业社会，并产生新的需求；就业在社会中的地位将会发生变化。对大多数人来说，将养老保障完全建立在就业的基础之上，这必然会导致一个致命的后果，即代际契约必须满足一些它根本就无法满足的条件。然而，这样一来，代际契约就必然会在某个时候成为社会进步的障碍。

我们不能简单地断言施莱伯无法预见这些发展趋势。1955 年，也就是施莱伯制订计划的那一年，弗洛姆的著作《现代人与他的未来》（ *Der moderne Mensch und seine Zukunft* ）正好在同一时间出版，这本书后来改名为《摆脱病态社会的方法》（ *Wege aus einer kranken Gesellschaft* ）。与汉娜·阿伦特在 1957 年出版的《积极生活》（ *Vita activa* ）一样，弗洛姆也对传统劳动就业社会提出了批判。与施莱伯不同的是，他并不想巩固这一社会制度并使之永续，而只想尽快摆脱它。弗洛姆和施莱伯所处的两个世界可能在各方面都大不相同。一个是被纳粹党强制流放的心思敏锐的犹太裔德国精神分析学家、社会心理学家，而另一个曾经是纳粹党员，之后又当上了天主教企业家联盟的顾问；他们就像两条直线，而这两条直线几乎很难会有交集的时刻。

现收现付制度的命运已经注定。从 1957 年该制度开始实施到 2020 年，德国劳动者每年的平均工作时间减少了三分之一以上；虽然这个数据远远低于凯恩斯、弗洛姆、海尔布龙纳、伊里奇、格尔茨等人的期待，但毕竟现收现付制度在设计的时候就没有考虑过平均工作时长会降低，所以这已经是一个很大的下降幅度了。此外，以保守著称的德国联邦统计局预计，在未来几十年里，就业人数将持续下降，从目前的约 4500 万人降至 2060 年的 3330 万人。[6]

同时，自 20 世纪 60 年代末的"避孕药生育拐点"[①]以来，出生率就一直呈下降趋势；而平均寿命则在大幅增加。因为允许提前退休，所以平均退休年龄降低到了今天的 62 岁左右。就平均生活质

---

① 20 世纪 60 年代末避孕药得以广泛推广，人口增长出现拐点。——译者注

量而言，这些都是很好的变化——但对于现收现付制度来说却不是。虽然养老保险费用不断上调，但早在 1965 年，养老基金就不得不接受了 30 亿马克的国家补贴。30 年后的 1995 年，这个补贴额已经达到了 300 亿马克，而到 2020 年，这个补贴额则达到了 720 亿欧元。"不允许用额外税款来填补养老基金"，这个由施莱伯提出的铁律，现在已经变成了一个笑话。

随着越来越多的税款流入养老金账户，又因为年轻一代的养老金预计将会大幅减少，所以德国政府从 20 世纪 90 年代开始越发频繁地敦促劳动者增加私人养老储蓄。整个国家都忙于讨论像"里斯特养老金"和"吕鲁普养老金"这样基本毫无益处的投保资助型养老金概念，这分散了整个国家对现收现付制度是否仍有意义的根本性思考。如果一个制度的唯一目的是保障每个人的晚年生活，那么当这种制度无法再做到这一点时，实际上就没有什么理由再继续保留该制度了。

如果要寻找一个合适的比喻来解释这一点，可以想想维京人在格陵兰岛定居时的情景。自 986 年以来，维京人就开始从冰岛向格陵兰岛这座北方大岛扩散。他们在格陵兰岛上饲养牛和羊，继续像在冰岛上那样生活。因为北半球北部正处于一个小温暖期，所以非常有利于饲养牛羊。但之后条件发生了变化。1400 年左右，小冰河时期开始了，平均气温明显下降，北极的冬天变得极度严寒。这样的天气不管是对人类还是对牛羊，都太过寒冷了。牛羊的死亡率急剧上升，但移居到格陵兰岛的移民们却犯了一个致命的错误：为了尽力确保自己的食物来源，他们继续加大力度发展畜牧业。他们在夏季过度放牧，但他们饲养的动物到冬天就死了。这些移民自己的身体情况也与日俱下，逐渐变得虚弱而矮小，他们的孩子也无法正常长大成人。如果他们想生存下去，就必须放弃传统的畜牧业经济，向因纽特人学习如何捕猎海豹和鲸鱼。但他们的自我认知、他们的传统、他们的骄傲和固执，显然阻碍了他们前进的步伐。这个移民地逐渐衰落了下来，现在几乎消失得无影无踪。[7]

随着人口结构的变化、工作时间的缩短、预期寿命的大幅提高、提前退休以及经济增长从实体经济向金融经济的转移，现收现付制度也和维京人一样，遇到了自己的"小冰河时期"——只是这次他们遇到的不是气候变化，而是社会和文化的变化。现实条件已经发生了重大且不可逆转的改变。鉴于这些新态势，那些传统的、曾经有效的制度已经无法成功延续下去了。为了更好地理解形势的紧迫性，我们可以想象一下，如果德国在未来取消了国家养老金制度，那人们会创造出什么样的新养老制度呢？可以肯定的是，这个新制度会完全不同于1957年推出的现收现付制度。但由于现收现付制度现在已经存在，它有其不可否认的价值，而且也没有政治家敢去宰割这头圣牛，所以这个制度就像一件要穿一辈子的礼服一样，被一次又一次地缝缝补补。然而，事实上，我们的现收现付制度已经完全不适用于正处于巨变中的传统劳动就业社会，而且它在未来的意义社会中也完全没有任何价值。

为了勉强继续维持现收现付制度的可靠性，国民收入以及经济产出就必须保持像20世纪60年代到2000年之间那样的强劲增长。这意味着，要想维持代际契约，经济就必须在量上保持无条件的增长——在生态革命时代，这会带来灾难性的后果！这个世界上的资源是有限的，世界上的饥饿国家越来越多，经济根本不可能实现无限的增长。粗放地开采一切资源、过度采矿以及对生态环境的过度开发的现状迫使我们必须尽快摆脱这种对无限增长的依赖。

然而，社民党并没有选择迎接挑战，而是在21世纪初将退休年龄提高到了67岁。我们可以推测，这还只是在进一步提高退休年龄限制的道路上迈出的第一步。事实上，就在我撰写本书时，联邦经济部科学顾问委员会确实也提出建议，要将退休年龄推迟到68岁，以抵消"从 2025 年起，法定养老保险制度所面临的以惊人速度日益加剧的融资问题"。[8]至于专家组为什么要用"惊人"一词来形容这个早就众所周知的问题，那就不得而知了。而持有这一想法的并不只是经济部的顾问们。联邦银行和伊福经济研究所（ifo）也建议最早在 69 岁退休。而德国经济研究所则希望退休年龄推迟到 73 岁。[9]当然，如果能等到 80 岁再领退休金那就更好了，或者不用领退休金那就最好了。

这是要让数以百万计的老年人未来继续留在劳动力市场去挤占年轻人的就业机会？即使他们中的大多数人因为技术变革和劳动力市场的新要求甚至都无法胜任自己的工作，还要让他们继续留在劳动力市场？经济研究所的劳动力市场专家是有多么不谙世事才会提出这样的建议？这些专家耸耸肩辩称，鉴于人口结构的变化，只能采取这种解决方案。他们的辩词换句话说就是：自动化的不断进步和经济产值的增长虽然带来了更多的自由，但劳动者并不应该从中获益。相反，我们应该根据人们的预期寿命来调整退休年龄，从而继续维持过去几十年来的社会运作模式。而专家们做这一切的原因并不在于，21 世纪富裕的德国需要这种社会运作模式，而在于他们需要拯救这个诞生于 50 年代、曾经意义重大的制度。在 75 年前，现收现付制度的出现确实是一个巨大的进步，但现在它却成了最大的绊脚石。而把现收现付制度说成是唯一的选择，这种想法背后的伎俩其实很容易被识破。联邦经济部的顾问们所提出的"根据预期寿命对退休年龄进行动态调整"的想法其实并不是一项自然法则。相反，它只不过是在一个过时的概念下诞生的一种致命的制度性约束。

既然工作与就业已经发生了革命性的变化，为什么工作时间与退休时间之间的关系还要继续长期保持不变呢？其他的工业革命都大规模地改变了工作时间和退休时间之间的关系，这次革命为什么要成为一个例外呢？在过去的一百五十年里，人们越来越不必要把一生都用在工作上。而随着工作的自动化程度不断提高，怎么反而突然退步到从前了呢？慕尼黑马克斯·普朗克社会法律和社会政策研究所所长阿克塞尔·博尔什-祖潘（Axel Börsch-Supan）（他也是联邦经济部咨询委员会主席）预测："如果预期寿命下降，那退休年龄也可能会降低。"[10] 这种预测真是太宿命论了！

当下，几乎所有疾病都有望通过医学治愈。如果在这样一个时代，却只是冷漠地指望人们的预期寿命总有一天会下降，那社会的发展真是已经跌到了谷底。这样的社会显然无异于进入了"当代资本主义的勃列日涅夫时期"。[①] 此外，如果德国经济明明正繁荣发展，却预计"以后养老保险费用可能会更高，而养老金水平可能会更低"，那么不难看出，现收现付制度现在其实已经深陷泥沼，寸步难行了。[11] 经济顾问们敏锐地指出："国家对养老基金的补贴是来自于联邦预算，而对养老基金的补贴急剧增加"就会牺牲"对未来的投资，例如对教育、基础设施和气候保护的投资"，并且还会"破坏现有社会保障制度的可持续性"。[12] 既然现收现付制度已经出现了这么多问题，那有没有什么更好的方式来替代它呢？关于这一点，经济顾问们也没有找到答案。

毫无疑问，我们对养老保险制度的未来所进行的所有讨论都弥漫着忧虑的气氛、充斥着悲观的预测和令人无法忽视的宿命论。即使是现在，德国的普通工薪阶层退休后也只能拿到他们之前工资的50%作为养老金，而相比之下，荷兰的退休金可以达到退休前收入的95%。[13] 而且，今后德国的退休金还要继续降低！德国数以百万计的养老金领取者将生活在贫困之中。而即便如此，我们的后代仍然会不堪重负，因为每2个人就需要负担1个退休人员的养老金，

---

① 勃列日涅夫时期是苏联的一段历史时期，社会制度衰落，经济萎靡，政治环境紧张，人们的生活异常艰难。——译者注

而在 20 世纪 60 年代初还是 6 个人负担 1 个人。工会也提供不了什么帮助。当然，他们拒绝提高退休年龄，要求提高工资，这对养老基金也有好处，而且他们还对那些不要求缴纳社保的雇佣关系进行了抨击。然而，作为旧社会的产物，工会其实只是在现收现付制度的逻辑体系内小打小闹。工会清楚地知道，即使它提出了这些要求也不能阻止现收现付制度走向消亡。在这种情况下，工会怎么可能在争取减少工作时间的同时又不陷入自相矛盾之中呢？

工会居然会对现收现付制度表示认同，这绝不是一件理所当然的事情，毕竟现收现付制度在很大程度上阻碍了劳动者的进一步解放。当然，社会福利国家在分配经济增长成果时也会遵循社会民主主义的团结原则。但社会国家主义，即由国家进行再分配，不一定主要是对劳动成果进行再分配，它也可以是对非劳动成果进行再分配，而这些非劳动成果其实比劳动成果更为丰厚，这也是我们在下文中即将讨论的。此外，社会国家主义也不必像社会民主主义一样，浪漫地希望将不同阶层、不同社会背景和不同年龄层的人联合起来，实现一种伟大的、有凝聚力的"团结"。虽然人们常说，代际契约所规定的团结互惠模式可以促进公共利益或者是减少人们对政府的不满情绪，但它其实远远做不到这一点，所以缴费者和受益者是否会认为他们同属一个团结的共同体，这很值得怀疑。众所周知，现收现付制度并未能在市场之外释放出任何可以将人们凝聚在一起，使他们变得更加团结的力量。

自 20 世纪 90 年代以来，出现了越来越多在现收现付制度之外还要购买私人养老保险的倡导。但反对这一倡导的主要原因其实并不在于它破坏了这个表面团结互助的社会，而在于现在的社会已经出现了和 1957 年一样的情况：重大政治事件、不可预测的经济发展和困难重重的资本市场，使购买投保资助型养老保险成了一种高风险行为。例如，人们在 20 世纪 90 年代以及 21 世纪初预测的那些资本积累模式，现在因为零利率政策的引进就已经完全失效了。如果有人在此期间大量购买私人养老保险，并期望在未来几十年内能领取到缴费额百万倍的退休金，那最终会发生什么事情，就非常难以想象了。

因此，将国家用于支持养老保险的资金中的一小部分投资于资本市场，几乎也不会有任何作用。这方面的模范是瑞典：瑞典仅仅将 2.5% 的法定养老金缴款投到了股票和债券市场。虽然把养老保险的资金投资到资本市场上去的想法是由自由派人士提出并写到了德国联合政府文件上面的，但连同他们自己其实也并不相信，这种想法会对德国的法定养老保险制度有所帮助。毕竟，到 2025 年，德国用于补贴法定养老保险的税额就将超过 1000 亿。

因此，现收现付制度的替代方案并不是回到前现代的投保资助型养老保险制度。面对数字革命和生态革命，退回到从前的做法实在是太冒险、太荒诞了。我们必须得承认，要想在后工业社会保障人民的生计，我们就需要在施莱伯的方案之后找到一些全新的模式与想法；因此，我们也需要找回曾经的勇气，这种勇气在 19 世纪 50 年代显然是存在的，而可怕的是现今的政界却没有了这种勇气。因为，正如社会心理学家哈拉尔德·韦尔策尔（Harald Welzer）所言，我们的社会显然已经不再有"停下来"的文化。[14] 我们无法阻止危害生态的工业主义。我们无法摆脱对经济增长的依赖。我们无法停止不断进行军备扩充的恶性循环，而这种军备扩充无论是对社会还是对生态都是一种不负责任的行为。我们同样做不到的还有：使社会保障体系适应 21 世纪的要求。这对现如今西方工业化社会中几乎所有掌权的政治家而言，都是一项难以完成的挑战。又或者，这些政治家们还在不断通过新的尝试来努力维持短暂的现状。他们缺乏勇气，缺乏必要的意识，又因为害怕公众的反应，所以他们像过去的维京人一样，一直在对一个错误的东西进行改良。

　　然而，无论从社会还是从经济的角度看，这种固执的做法都是不可取的。自1894年起，经济学里就出现了"机会成本"这一概念。我们在做选择的时候，不仅会产生做出某种选择的成本，而且还会产生不做另外一种选择的成本。以格陵兰岛的维京人为例：如果他们没有固执地选择加强畜牧业，而是效仿因纽特人自给自足的生活方式，那他们就不至于付出如此高昂的成本与代价，他们也就可以存活下来了。可悲的是，机会成本往往会被忽略。因为即便不做某种选择能给我们带来一定收益，往往也只能在事后去衡量它可能具备的价值。比如，如果不参加那场失败的阿富汗战争，那是不是就能把那一万亿多美元花在更有意义的地方呢？也许这笔钱可以用来帮助许多非洲国家实现碳中和，或者可以用于其他有益的事情，不是吗？

　　与之同理，我们也必须要考虑，如果继续用巨额资金来补贴奄奄一息的德国现收现付制度，而且这个金额还在继续快速上涨的话，会产生什么样的机会成本。当初，现收现付制度并不是为了相对自由的工作社会而建立的，而是为了当时极其不自由的劳动社会而设计的。如果我们真的想尽可能地让每个人都享受到第二个机器时代为我们带来的自由，想用这份自由来实现21世纪的社会自由主义，那么我们就必须彻底重建我们的工作、经济和社会保障体系。我们不能再用传统劳动就业社会那套过时的标准来衡量我们的自我价值感和我们的社会效用，毕竟在传统劳动就业社会，工作的意义和物质自由只是少数人的特权，基本的经济保障也只是少数人的特权。在21世纪，我们所熟知的传统劳动就业社会将完成向意义社会的伟大转变。如果我们还想像过去一样继续用劳动与就业的成果来养活所有人，那么这场伟大的转型就会无可奈何地跌入虚无之中。好消息是：我们大可不必让这样的事情发生！

第四章
无条件基本收入

为什么意义社会必须要切断生计保障和就业之间的联系？为什么这意味着无条件基本收入制度的实施？

天堂里的饥饿：进步的悖论

"过去两百多年来技术进步的故事从根本上来说也是人类试图再次找到通往天堂之路的故事。这种尝试虽然缓慢，但无疑正在进行，如果它成功了，会发生什么呢？所有的商品和服务将不需要通过工作就可以获得，也没有人会为了报酬而去从事某一份工作。而目前，失业也就意味着没有工资，所以人们如果不采取新的收入分配政策来应对新的技术形势，那他们就会在天堂里挨饿……"[1]

宣告天堂里存在饥饿的人，正是经济学家列昂季耶夫。在 20 世纪 80 年代初，他凭借严谨而理性的数学思维分析了这一悖论背后的逻辑关系。毫无疑问，完全自动化会继续发展，而它的进展越快，传统劳动就业社会需要的人力就越少。然而，拿工资的人越少，自动化经济下的产品消费者就越少。因此，政治家们必须想出一些新政策，例如"收入分配的新政策"，才能促进经济循环。否则，企业和劳动者都会面临灾难性的结局：公司将不再盈利，失业者也将忍饥挨饿。

列昂季耶夫所说到的内容，其实奥地利作家雅各布·洛伯（Jakob Lorber）早在 19 世纪中叶就已经预言过了："但在最后，将会到达一个时期。在这个时期，人们各个方面都变得非常聪明且灵巧，而且还会制造出各种机器，这些机器像活生生的、有理性的生物一样，承担人类的所有工作；但许多人将会因此失业，而贫穷、失业的人将会完全陷入饥饿之中。继而，人类将面临无以复加的贫困与痛苦。"[2]

列昂季耶夫并没有列出一个具体的时间表来说明何时才是必须重新分配收入的时刻。与凯恩斯和其他许多人不同，他并不关心什么时间会发生什么，他只对完全自动化经济背后的逻辑与推论感兴趣。本书第一部分对大量研究和预测进行了分析，这些分析表明，社会与经济的列车确实正朝着列昂季耶夫所描述的方向前进。然而，它时快时慢，沿着相当曲折的路径，路过许多国家和地区的站台。在实现完全自动化的过程中，一些列车可能会永远停留在车站，一些列车在运行时还会刹车。然而，为了拯救传统劳动就业社会而完全停止这些列车，从中长期来看，将会让德国的经济状况陷入和现有社会主义国家一样的境地。这些社会主义国家没有像西方那样推动技术发展，而是固执地想要确保每个人一直都有一份工作，无论这份工作是多么不劳而获。众所周知，这会带来经济毁灭的灾难性后果。为了保障就业而挽救工作岗位，这是一种以毁灭为代价的选择。历史的教训已经清楚地反映了这一点。

在这种情况下，有一个新的想法出现了，那就是：将工作和收入分离。这个想法深深扎根于匮乏经济中，但只有在现在西方工业化国家的丰裕经济中才能得以实现。将工作和收入分离之后，人们不需要任何形式的工作表现和工作贡献，其生存就可以得到物质上的保障。这种想法有很多名称——如"公民津贴""最低生活保障""土地分红"或"社会分红"。今天，它在德语国家被概括为无条件基本收入（BGE）；在英语国家被称为基本收入保障（BIG）、无条件基本收入（UBI）或全民基本收入（UBI）。

如果经济上可行，那为什么不让全国所有公民都获得至少能够保障生存的基本收入呢？这样，我们不就能迈向一个更加自由的社会了吗？在这个社会里，每个人都不再有物质生活上的压力，因而也都有机会实现自我。无条件基本收入的想法曾经在匮乏经济中以自由主义的形式萌芽，而现在所有这些自由主义的梦想，这些对有自由且有尊严的生活的渴望，都将在丰裕经济中得以实现。只要实施无条件基本收入，我们自然而然就能实现这一最终目标，不是吗？而我们唯一需要跨越的思维障碍就是传统劳动就业社会的历史残留。正如前文所言，传统劳动就业社会的出现与自由主义有着不可分割的联系。如果自由主义不想在 21 世纪和传统劳动就业社会一起灭亡，就需要向着自由迈出下一个大步，即转变为意义社会的自由主义。届时，它将承担起它在人类历史上的使命——松开连接就业与生存的最后那条绳索，让那些身处丰裕经济中的人民不再依靠就业而生存，从而化解列昂季耶夫的进步悖论。

事实上，除了自由主义，还有其他许多思想也都蕴藏着无条件基本收入的理念。无论是在社会制度，还是在人类学中，我们其实都能找到相关的设想。在这些持支持态度的声音里面，有些人希望通过无条件基本收入将资本主义带到更先进、更人性化的阶段，而另外一些人则认为可以用它来克服资本主义制度的弱点。有些人想支持现有的社会秩序，而有些人则想推翻它。有些人认为无条件基本收入是工业国家历史上一个全新的起点，而另一些人则仅仅将它视为社会运作系统的一次新升级。对于无条件基本收入的反对者和批评者，情况也是如此。朋友和敌人的界限往往是模糊的，这取决于他们是受到稍纵即逝的情绪影响，是囿于陈规旧俗，还是能提出专业且内行的反对意见。

无条件基本收入被寄予了过多的期待和幻想，难怪人们对它的引入充满了各种恐惧与担忧。对有些人来说，无条件基本收入是解决问题的工具，所有对它的抨击都太言过其实。而对另外一些人来说，它是敌对的世界观的一部分，旨在完全改变社会。保守派和自由派几乎条件反射般地声称，未来获得基本经济保障的公民将失去工作的动力；社会民主派也同样条件反射似的担心无条件基本收入不仅会让福利国家的成果毁于一旦，而且还无法建立一个更好的制度来替代原先的福利国家制度，这确实是一个需要详细研讨的论点。但另一方面，人们是否反对无条件基本收入往往取决于他们对无条件基本收入的了解有多详细，毕竟人们对这种想法一开始并不熟悉，而且还常常对它感到不安。人们如果仍对无条件基本收入持有怀疑的话，这种怀疑大多数是针对某些特定的无条件基本收入模式以及与之相关联的各种意图和期望。他们怀疑的重点就在于这些无条件基本收入模式的实际可行性，尤其是它们能否获得稳定的资金来源。

因此，无条件基本收入并不适合任何现有的政策框架。到目前为止，它只是作为自由主义或社会主义思想中的一个异类而存在。然而，这个异类近年来却得到了越来越广泛的关注。不过，这其实也在意料之中。其原因是多方面的，毫无疑问，这个异类的流行并不仅仅是由于传统劳动就业社会正在向意义社会转变，也是由于，过去在第一个机器时代建立的意识形态堡垒，如今已经无法再适应第二个机器时代的需求，所以它们正在走向瓦解。整个欧洲全民政党的日渐没落就是最雄辩的证明，这些党派只是在名义上依旧标榜自己是保守主义、基督教或社会主义的政党。换句话说，所有那些不愿将无条件基本收入纳入其计划的意识形态，现在都很难适应时代的需求。

然而，这种不再将工作和生计、权利和成就必然联系在一起的想法，毕竟是对资产阶级雇佣劳动制度和绩效制度的一种根本性的干预。而大多数西欧人都有充分的理由认为，资产阶级雇佣劳动制度和绩效制度是一个史无前例的成功范例。难怪，人们并不愿意相信这两种制度将逐渐走向衰落，不愿意接受雷克维茨所提出的"幻想的终结"。但如果社会的繁荣和自由本质上是基于工作表现和职业道德的，那我们不是正在用无条件基本收入来锯掉我们"赖以栖息的枝干"吗？

　　这个"枝干"是由名为"自我责任"的木材制成，而拥有自我责任就意味着愿意参与就业。西方工业化国家的整个社会保障体系就是建立在这个基础上的。无论社会民主党人、工会主义者或社会市场经济之父为公民们设计并实施了怎样的社会保障措施，失去工作对人们都意味着"社会风险"。退休者需要保障，因为他们太过年老，所以不再具备充分的工作能力。病人需要保障，因为他们同样也无法参与工作。那些不是因为自己的过错，即因"非个人过失"而失业的人以及那些因工伤事故或患上职业病而丧失劳动能力的人，他们同样需要保障。产假及陪产假也是如此：它们也是公认的暂时离开劳动力市场的正当理由。

　　在工业化国家中，任何不参与工作的人都需要有一个好的理由来解释自己为什么不去工作，而这个理由需要家长式的政府进行严格的审核与评估，除非这个人非常富有，不需要国家的资金来维持生计。这样一个国家，这样一个质疑每个人是否有充足理由不工作的国家，实际上应该让 21 世纪的每个自由主义者都感到愤怒。国家到底按照什么标准来判断不工作的理由是否合法？在一个富足的社会里，不论自己的年龄大小，有些人可能会选择旅行一段时间以获得经验和进一步的成长，这难道不是一个合法的理由吗？有些人可能会抽出更多的时间来反思自己的生活，可能决定离开职场去写书，去修复房子或照顾父母，这难道不都是合法的理由吗？

　　但如果这些人在进入传统劳动就业社会后真的不参与工作，那他们仍然很快就会被排除在以雇佣劳动为基础的社会体系之外。因为，社会保障制度只对购买社会保险的人提供保障，而社会保险的费用是从工资中或者从公务员的养老金福利中扣除。位于救助等级最末尾的是失业救济金Ⅱ，但它已经无法再称得上是"社会援助"，自从哈茨法案实施以来，它就与工作直接挂钩。接受失业救济金Ⅱ

的人可能被要求从事某些特定工作，这违反了《基本法》第 12 条规定的自由选择职业的基本权利。此外，他们还不允许较长时间的离开居住地，基本法第 11 条第 1 款中规定的迁徙自由权也因此受到了限制。根据基本法，"只有在缺乏足够的生活基础，并且因此会给社会公共利益带来特别负担时，才能通过法律或者依据法律对迁徙自由权加以限制。"[3] 换句话说，如果失业救济金的领取者根据其年龄和健康状况还有能力工作，却仍然依赖国家救济，那么他们就无法完全享有宪法规定的基本权利。

在社会福利国家中，国家所提供的支持并不是绝对的，如果未能履行工作这一项首要义务，那么国家就只会提供较低程度的支持。从德国在"二战"后初期的时代精神，重建时代以及后来的"经济奇迹"来看，这种想法不难理解。全国上下都强调必须要努力工作，但我们真的要一直如此吗？这对注重实现自我的意义社会而言真的会是一幅合适的蓝图吗？而且，这种以努力工作为重的价值观真的能适应技术发展的趋势吗？毕竟，技术发展的目标就是要大规模地取代那些常规性、重复性的工作。

社会的进步使工作不再像往常一样被置于生活的中心，这种想法与我们既定的福利国家相去甚远，同样也与"代际契约之父"麦肯罗斯和施莱伯的想法大相径庭。社会援助是为不工作的人提供的一种替代性收入，而不是一种基本权利。正因此，哈茨四救济金，即臭名昭著的"一揽子"补助的标准费率才按照紧急救济的标准设定，它只能保障在德国生活一个月所需的基本物资。与其他一些欧洲国家不同的是，德国"一揽子"补助的标准费率不与工资水平挂钩，而取决于基本消费水平的高低，因为那些不工作的人不应该以他人的劳动成果作为他们获得救济金的衡量标准，更不应该再从中受益。领取失业救济金 II 的人就这样被故意排除在了传统劳动就业社会之外。作为被社会边缘化的人，他们和这种社会模式之间的关系纯粹是消极的。

我们不能让这种现状长期存续下去，因为它根本不符合 21 世纪技术和社会的发展。现在，这个问题除了引起左派的关注以外，还吸引了越来越多人参与讨论。在早期的讨论中，人们可能只关注那些救济金领取者因被迫从事特定工作或削减生活福利而形成的心理层面的抵触，只关注社会边缘化带来的对国家不满、怨恨、抑郁和攻击等后果。但现在人们越来越多讨论的是，哪种社会保障制度才更加适合意义社会？哪种社会保障制度可以消除进步的悖论？最后还有一个关于新的评价体系的问题，这个问题也同样重要，那就是：我们应当工作还是不工作。在军工行业工作真的比不工作更有价值、更有意义吗？那些过度开发自然资源的工作又应该获得多高的评价呢？如果有一份工作是以剥削穷人为基础，那这份工作依旧值得向往的吗？又或者，如果某一份工作会引起二氧化碳排放量超标，那是不是不做这份工作反而会对人类更有利呢？

与传统劳动就业社会相比，意义社会有其不同的价值标准。做一份工作并不等于做一份有意义的工作——这种想法创造了一种新的价值判断体系，即：做一份有意义的工作和不工作相比，哪种选择会更好？做一份无意义的工作和不工作相比，哪种选择又会更好？但不可否认的是，许多在传统劳动就业社会中长大的人，其实始终还是难以接受基本收入的无条件性。正如弗洛姆曾中肯地指出："因为人们对传统社会还有情感，所以他们总是会倾向于认同传统观念，这就是许多人无法……理解诸如保障收入之类的新观念的原因。"[4]这不仅仅只是基本收入面临的问题，而是所有基本权利的命运：从妇女权利到儿童权利，再到废除奴隶制，建立福利国家，等等。当代有相当一部分人总是受到这种观念的影响，认为这一类新事物完全是疯狂的，不可想象的，或者至少是无法完全实现的。这些新事物完全违背了他们深受社会现状影响而形成的直觉。人们总是认为自己熟悉的东西是现实的，而将强烈的偏差视为不现实的。不论过去还是现在，那些保守的人都不愿意讨论无条件基本收入的相关问题，他们总是对社会所设定的目标不感兴趣，反而更关心那些批评和反对的声音——明明这些批评和反对的意见都极不严谨，明明它们所批评和反对的对象才极具前瞻性。

国家不再以社会救济的形式来提供失业补助，而是普遍为每个公民提供绝对的生存保障，这种模式仍然被看作是对现有社会保障制度的一种挑衅。然而，媒体的言论并不能代表大众的意见。有关无条件基本收入的调查显示，在那些从未听说过无条件基本收入的人中，有一半的人对这个想法表示支持。在那些认为自己已经对无条件基本收入有一定了解的人里面，甚至有三分之二的受访者表示赞成。[5] 其实，出现这样的调查结果并不奇怪，毕竟，不论工会还是"新工作大会"都曾提出，工作应该成为自我实现和意义的来源。既然当代社会对以上这种说法表示认同，那它如何能够拒绝无条件收入的想法，却又不陷入自我矛盾之中呢？如前所述，同样会陷入自我矛盾之中的还有自由主义。只有在机会高度均等的条件下，绩效才会是一个合适的衡量标准，不是吗？如果有些人得到了家庭充分的供养，而另一些人却为了维持生计而被迫从事他们绝不会自愿从事的工作，那自主掌握自己人生的机会怎么可能会是人人均等的呢？

从这个角度来看，只要实施无条件基本收入，我们就能在社会进步的阶梯上再向前迈进一步。无条件基本收入甚至比许多自认为是自由派或左派的人更加认真地对待自由主义和左派的基本信仰。因为事实上，相当多的自由主义者或左派人士相比自己的基本信仰，他们其实更靠近的是他们的利益集团，比如游说团体或工会。列昂季耶夫认为，在未来社会，生产力可能还会进一步提高，可能会有许多人不必再从事全职工作。因此，沿用旧有的社会模式不仅意味着停滞不前，而且如雷克维茨等所言，这可能对许多人来说还意味着一种退步。[6] 再者，从生态学的角度来看，无条件的充分就业也是十分可怕的。所以，总有一天人们会意识到，现有的社会制度必将成为过去式。不惜一切代价进行生产，不顾一切地追求就业迟早会将人类引入苦难的深渊。正如比利时哲学家和经济学家菲利普·范·帕里斯（Philippe Van Parijs）所写的那样，一个不工作的冲浪者对公共利益造成的损害很可能比一个高收入者通过奢侈生活带来的损害要小得多。[7]

因此，鉴于在第二次机器时代可能会出现的社会动荡，无数思想家、领导人和实干家要求实行无条件基本收入，这并不奇怪。他们中包括克林顿政府的前劳工部长罗伯特·赖克（Robert Reich），来自伦敦政治经济学院的英裔塞浦路斯籍诺贝尔经济学奖获得者克里斯托弗·皮萨里德斯（Christopher A. Pissarides），印度裔美籍人工智能研究员迪利普·乔治（Dileep George），硅谷重要投资人乔伊·索恩多夫（Joe Schoendorf）、马克·安德森（Marc Andreessen）和蒂莫西·库克·德雷珀（Timothy Draper），德国企业家格茨·维尔纳（Gotz Werner）和克里斯·布斯（Chris Boos），首席执行官蒂莫修斯·霍特格斯（Timotheus Höttges）和希腊前财政部长亚尼斯·瓦鲁法基斯（Yanis Varoufakis），这还只是众多支持者中的一部分。然而，他们的动机并不完全相同，所以他们对设定多少金额作为无条件基本收入的想法也并不完全相同。硅谷最担心的一件事是，穷人的数据一文不值！如果被硅谷进行数据监测的人根本买不起提供给他们的产品，那硅谷还能把这些数据卖给谁呢？数据经济在社会繁荣时才能取得重大的经济效益。与此相反，如果社会上的大多数人陷入了集体贫困，那便会对这种商业模式产生极为不利的影响。而另一些人担心的则是，今天和未来的很大一部分人会陷入老年贫困。他们担心，在这些工业国家如果真的有数百万人沦落到依靠社会救助的地步，那么抗议示威、社会动荡以及内战之类的情况就会越来越多。还有一些人，比如瓦鲁法基斯，不仅将无条件基本收入视为人民参与社会以及财富再分配的手段，甚至将其视为制度变革的工具。为了更准确地理解上述这些人所遵循的论证路径以及他们在讨论无条件基本收入时所指的意思，我们有必要详细地了解一下无条件基本收入的过去：在历史上，无条件基本收入的提出到底是为了实现什么样的目的？它的提出到底是为了解决什么样的问题？

没有土地的人：基本收入的起源

19 世纪前三十年，"社会主义"一词首次出现，它包含两大基本原则："资本不得统治劳动"以及"劳动不得成为保障生存的唯一来源"。尽管第一条原则被当作社会主义和共产主义的核心要求，常常以红旗为象征被画在海报上，但第二条原则却随着工会和社会主义政党的成立被长期遗忘。人们完全忘记了这第二条原则，甚至连倍倍尔以及"苏联宪法之父"在内的社会主义者都提倡过保罗（Paulu）在《帖撒罗尼迦后书》中所说的那句老话："不劳动者不得食。"[1]

谁还记得这两大原则最初是一个整体？又有谁知道这两大原则是在何种情况下被提出来的？其实，提出这两大原则的人叫作托马斯·斯宾塞（Thomas Spence），他是一个英国鞋匠的儿子。25 岁时，他在他的家乡纽卡斯尔的哲学协会发表了一次演讲，题目是："于 1775 年 11 月 8 日在纽卡斯尔哲学协会上发表的一次演讲。发表该演讲后，我将有幸被该协会除名。"斯宾塞的演讲引发了激烈的讨论：政府近年来开荒出来的土地将如何处理？法院认为，待开发的土地应该是可以用于私人租赁的，而租金收入应由纽卡斯尔市政府获得。但斯宾塞强烈反对这一点。他认为，我们不应该只考虑这种做法在实践中是否行得通，还应该要从基本权利的角度做一些考虑。如果从基本权利的角度考虑，市政当局就应该自己保留和开发这些土地，不是吗？此外，这个年轻人斯宾塞还向哲学协会学识渊博的与会者们提问：租赁或私下出售公共土地的权利到底是否应该存在？本质上就属于每个人的东西，怎么可以让它成为个别的土地所有者的私有财产呢？毕竟，"在自然状态下，每个民族的土地本质上都属于他们的共同财产，每个人都有平等的所有权，有充分的自由靠土地上的动物、果实和其他产品来维持自己及家人的生计"[2]。

对斯宾塞来说，土地私有制是极其不公正的。"因为，谁拥有剥夺别人生命的权利，谁才拥有剥夺别人生活资料的权利。"[3]对他来说，土地与我们呼吸的空气、太阳的光和热一样是生存的必要条件。而正因如此，他提出了相反的建议：市政当局应保留土地。市政通过土地获得的收益可以用来支付所有的市政支出，可以用来保障基础设施，可以用来为"穷人、失业者等有需要的人提供社会救济，从而保障他们的生存。"[4]人人都有权利生存：任何人都不应该陷入物质上的困境！通过以上这个信条，斯宾塞将 50 年后社会主义的两项要求融合在了一起，这两条要求分别是：按现代企业制度对土地所有权进行管理，以及由市政当局提供普遍的生活保障。

纽卡斯尔哲学协会对斯宾塞的演讲感到十分震惊，并将他逐出了这个协会。他没有其他选择，只能离开这个城市，成了伦敦的一个小书商。而当他听说法国革命者并不承认基本的物质保障是一种人权时，他深感不安与愤怒，从此开始散发小册子，这其中就包括他自己的《人的真正权利》(*The Real Rights of Man*)和《压迫的终结》(*The End of Oppression*)。他还分发了社会革命家托马斯·潘恩(Thomas Paine)的请愿书和小册子。潘恩是一位富有冒险精神的勇士，他曾为北美殖民地脱离英国、争取独立而战，还参加了法国大革命。1797 年，他向法国革命政府递交了一篇题为《土地正义论》(*Argarian Justice*)的文章。潘恩自己也认为他的建议促使斯宾塞掀起了关于土地改革和土地所有权的讨论。潘恩主张建立一个国家基金,"每个年满21岁的人都可以从该基金中获得15英镑的补助。此外,所有50岁以上的人也可以每年从该基金中得到10英镑补助。"[5]拟议的15英镑大致相当于一个农场工人年收入的三分之二,10英镑则略低于一半。作为国家基金的资金来源,潘恩设想对所有土地财产的继承人征收10%的遗产税。这笔钱应该足够国家基金为初入社会的人和已退休的人提供一次基本收入。

与斯宾塞一样,潘恩认为生存是一项基本权利。在激进的土地改革者的推动之下,潘恩主张让国家的每个公民都能从土地产出中分到足够保障生存的收益。但刚刚才对潘恩的思想有了一些新理解的斯宾塞却对此深感失望。只向地主收取百分之十的遗产税?然后就可以保持所有权不变?这不符合斯宾塞对潘恩的期望。而且,斯宾塞认为,这也远远未能保障人类的基本权利,即"拥有赖以生存的物质保障"的权利:"太失望了!看!潘恩先生没有在(土地基本权利)这块永恒的岩石上建造一个永久的正义殿堂,而是可耻地选择了向机会主义妥协,说白了就是为了一群乌合之众。如果按他的想法,我们应该接受这些微不足道的可怜的津贴来代替我们的正当要求,而接受这些津贴是如此可鄙和可耻,每一个有尊严的人都应当对此嗤之以鼻。"[6]

事实上,潘恩只肯定了第二条社会主义原则——生存权,而没有肯定第一条,即在任何情况下,资本都不得统治劳动。与此相反,对斯宾塞来说,这两者在基本权利方面是相互影响的。如果像《圣经·诗篇》115:16所说,地球属于所有人,那么它决不能因为金钱而被私有化,也不能按财富进行分割(这一点与约翰·洛克等自由主义者的想法不同)。斯宾塞构想了一段对话,在这段对话中,一个女人与一个贵族争论什么是儿童的权利。这个女人认为儿童的权利就是:儿童可以用大自然的果实来保障自己的生存。为了落实这一点，她提议成立一个由妇女组成的委员会，公平地分配这些大自然的果实。公共土地被租给出价最高的人，租期为 7 年，出价最高的人可以保留三分之一的收益。另外的三分之二由政府用于建造房屋，维护道路，并将剩余的钱按季度平均分配给"当地所有人，无论其性别、年龄以及婚否，一律平均分配"。[7]

但命运并不眷顾斯宾塞。虽然潘恩的基本收入提案获得了一些知名度，但斯宾塞的提案在很大程度上仍然不为人知。毕竟，斯宾塞的提案如果足够出名，则足以让他受到无数次指控、诉讼以及一年的监禁。1805 年，他起草了自己关于基本权利的宣言，并在该宣言的第三条中保证所有人对地球享有不可剥夺的所有权。[8] 与潘恩不同的是，这位满怀激情为实现大众物质自由而奋斗的斗士斯宾塞，这位女权主义的先驱，于赤贫之中死去，完全被世人遗忘。

作为无条件基本收入之父，斯宾塞所设想的无条件基本收入并非是一种施舍，而是一项受到保障的基本权利。以上这一点很值得强调，因为关于无条件基本收入的故事虽然经常被提起，但也经常被误解。这个故事通常要从一名游历广泛的海员拉斐尔·希斯拉德（Raphael Hythlodeus）开始说起，他的名字的字面意思是"讲谎话的人"。托马斯·莫尔在他的一部半严肃半讽刺的作品——即《乌托邦》——的第一部分写到，这位虚构出来的海员拉斐尔向坎特伯雷大主教建议要保障所有公民稳定的生计。莫尔之所以会有这种"没有人应该挨饿或必须乞讨"的想法是受到了他的朋友，西班牙人文主义者胡安·路易斯·维夫斯（Juan Luis Vives）的启发。1526 年，维夫斯在他的著作《论对穷人的支持》（De subventione pauperum）中建议布鲁日的市政机关官员履行作为一个基督徒的责任，给最贫困的人提供照顾与支持。不是教会及其教团，而是市政府从今以后应该通过保证每个人的最低收入来扶持穷人。作为回报，维夫斯希望每个公民也应尽其所能地工作。但是正因如此，维夫斯并不能算是无条件基本收入的先驱，因为他所提出的关于基本收入的建议恰恰不是无条件的。

不久之后，市政府确实引入了针对穷人的、附带劳动义务的保障性救济金。领先一步的是荷兰。根据查理五世颁布的一项法令，荷兰从 1531 年起在各城市出台了一系列相应的法律。半个世纪后，伊丽莎白时期的英国也制定了济贫法。他们强制穷人劳动，并以实物形式作为报酬。这种形式还谈不上无条件，也谈不上人人都有收入。而英国的济贫院是代表了社会的进步，还是代表了另一种精心策划的剥削，对于这个问题还需要进行更深入的讨论。

只是保护穷人免受饥饿，并不能等同于真正的无条件基本收入。以社会福利形式进行的扶贫如果附带上了工作的义务，那么它就无法像斯宾塞所要求的那样，赋予人们自由生存的基本权利。所以，荷兰及英国的济贫法、济贫院完全不能等同于斯宾塞的无条件基本收入制度。区分二者的关键并不在于基本收入的取得是否附带了条件，也不在于基本收入是否被视为一项基本权利，而在于另一个有争议的问题，即究竟谁应该对穷人负责：教会还是国家？谁又应该来收获强制他们劳动的成果呢？

相比之下，孔多塞侯爵的提议则更合时宜。孔多塞侯爵既是法国贵族，也是一名革命者。他受过高等教育，并且总是能无条件地保持乐观。1794 年，他在其藏身的地窖中描绘出一幅人类不断进步的图景。即使雅各宾派的追随者将他追杀，革命的果实反被革命自身所吞噬，但人类通过理性、科学、技术和社会工程取得的进步无疑是永恒的。他的遗作《人类精神进步史表纲要》（*Esquisse d'un tableau historique des pro- grès de l'esprit humain*）于 1795 年出版，这是一本理性的"圣经"，是一本无条件相信人类进步的自白。书中，孔多塞将两个几乎从未被联想到一起的想法结合了起来：即为所有无法养活自己的公民提供社会保险的想法；和潘恩一样，在所有公民成年时无条件地发放一笔资金来帮助他们自由、独立地进入理想职业生活的想法。打造一个提供独立谋生保障的福利国家——这真是一种全新的、革命性的组合方式。迄今为止，世界上还没有任何一个国家和地方尝试并引入这种方式。

孔多塞与潘恩私交甚笃，因此也非常了解潘恩关于基本收入的想法与建议。而直到 1796 年，即《人类精神进步史表纲要》出版一年之后，潘恩才将他关于基本收入的建议发表出来。虽然孔多塞侯爵建立国家社会保障体系的想法还需要再等七八十年才能被采纳，但他和潘恩关于国家无条件提供生存保障的愿景却在许多方面开花结果。1799 年，即将担任德累斯顿选帝侯骑士学院教授的德国哲学家、经济学家约翰·阿道夫·多里（Johann Adolf Dori）在他的《建立国家经济理性的理论》（*Materialien zur Aufstellung einer vernunftgemäßen Theorie der Staatswirthschaft*）中坚持认为，每个人都有原始的财产权。1805 年，多里在《关于法律和国家经济哲学理论的信》（*Briefe über die philosophische Rechts- und Staatswirthschaftslehre*）中再次提出了这一主张 [9]。

1804 年，一个从未有过任何革命思想的鞋匠在伦敦遇到了斯宾塞，而这次相遇永远地改变了这个鞋匠的生活。这个鞋匠的名字就叫作艾伦·达文波特（Allen Davenport），他在伦敦工作，当时 29 岁。这个伦敦鞋匠后来成立了一个由工匠组成的小型协会，即"斯宾塞博爱主义者"协会，他们希望倡导斯宾塞的思想并使之广为人知。而直到很久以后的 1824 年，达文波特才在《土地平等》（*Agrarian Equality*）一文中阐明了自己的立场。《土地平等》是达文波特写给出版商理查德·卡莱尔（Richard Carlile）的一篇文章。卡莱尔因其激进的民主主义观点，被关押在多尔切斯特的监狱里。在这篇文章中，达文波特非常坚决地捍卫每个人对土地收益的平等权利。此外，他还提出了一个新的观点：在现有社会中，所有国王及其子女，即使是那些不用工作的子女，其实也已经从国家获得了无条件的基本收入，因为他们显然需要这份收入来维持生活。为什么王子和公主就应该得到普通人得不到的待遇呢？难道普通人就不需要基本收入来维持生存吗？

在 19 世纪 20 年代的英国，达文波特和他之前的斯宾塞一样处于孤立无援的绝望境地。但达文波特比较现实，他在《土地平等》一书的结语中表示，将由后人来判断他的思想是否具有价值。1836年，达文波特写了第一本也是唯一一本关于斯宾塞的传记。就像达文波特本人一样，斯宾塞后来也完全被公众所遗忘。同年,《伪实业》(*La fausse industrie*) 在法国出版，其作者就是前文提到过的傅立叶。《伪实业》是傅立叶晚年的两卷著作，而直到死前不久，他才崭露头角。和斯宾塞一样，他也认为：社会文明导致自由狩猎、捕鱼、采集和放牧的基本权利不断受到侵犯。因此，那些被剥夺了这些基本权利的人，其生计必须得到保障："人类所拥有的最基本的权利就是使用自然资源的权利。人类有权享用大自然的馈赠，有权狩猎、采集和放牧。因此，每个人都有权在饥饿时获得生存所需的食物……如果资本主义制度夺走了人类在自然界中获取生存所必需的四大支柱——狩猎、捕鱼、采集和放牧，那么那些剥夺了别人土地资源的阶级就有责任向被剥夺土地资源的阶级提供足够的最低生活保障。"[10]

其实，傅立叶很早就提出了有关实施基本收入的要求。1803 年，这位来自贝桑松的穷困潦倒的推销员在他 31 岁时写了一封信给法国司法部部长，这封信直到 1874 年才被重新发现。在信中，傅立叶将自己与牛顿相提并论，吹嘘自己发现了对社会发展变化进行数学运算的方法，并恳求司法部门和审查人员发发善心，允许他在一系列报纸上发表他关于"宇宙和谐法则"的发现。[11] 傅立叶梦想着一种全新的合作生产模式，这种模式能在最短的时间内使法国的繁荣程度至少翻三番。如果每个人都能追随自己的情欲①，而不是以异化的方式开展工作，那么在正确的工作组织形式下，"下层阶级将成为中层阶级"，不满的工人阶级将成为知足的"小资产阶级"。此外，"当人民享有稳定的收入来源和适当的最低收入时，社会纷争的根源将被消除或至少减少到最低程度。"[12]

傅立叶声称可以用"宇宙和谐法则"来解决所有的社会问题，他还认为第一执政官拿破仑·波拿巴（Napoleon Bonaparte）能够在未来实现全球的和平统一。法国司法部部长如何看待这位空想家，我们已无从得知。这封信被下级没收，最终进入警方档案，而写下这封信的这位无畏的作者则未经司法部门批准在报纸上发表了一系列关于宇宙和谐的文章，并在五年后出版了《关于四种运动和普遍命运的理论》（*Théorie des quatre mouvements*）一书，此书的读者寥寥无几。书中写道，正如天体相互吸引和相互排斥一样，人类也是如此。虽然宇宙在自然界中处于普遍和谐状态，但地球上的压迫与束缚破坏了这种理想的平衡。只要是有统治和奴役的地方，就会有人违反自然的法则；难怪每一种统治都会腐蚀人们的灵魂并导致社会陷入苦难。

当每个人都能充分满足和发挥自己的情欲时，社会才能达到和谐——这就是傅立叶物理心理学的核心思想。他提出了一个理想的社会模式，该模式反对只为富人生产，反对在资产阶级婚姻中压迫妇女。他称这种理想的社会模式为"法伦斯泰尔"（Phalanstère）：这是一种修道院（monastère）和法朗吉（phalange）理念结合而成的社区。作为理想的生活社区，法伦斯泰尔的运转是基于协作制度的。

---

① 情欲是指人在精神方面和物质方面的各种欲望，是人所共有、与生俱来、永恒不变的本性。傅立叶认为：人类皆有情欲，情欲具有引力，可以吸引或驱使人们进行各种社会活动。据此，傅立叶提出了情欲引力理论。——译者注

但傅立叶并不梦想着建立一个人人财富均等的社区。他认为每个人都拥有完全均等的财产是不可行的；拥有私有财产并不是什么问题，重点在于要实行"财富分级"，这才是一种理想的方式，而一贯的平均主义则只是一种"平淡无奇的道德要求"。法伦斯泰尔的核心不在于放弃追求物质财富，而在于团结协作与经济富足。

但如何让所有人都过上富足的生活呢？傅立叶的答案是，让每个人找到适合自己的生产和生活方式。我们必须释放"情欲"的力量，让每个人都从中受益。因此，在法伦斯泰尔中，每个人都可以从事他想做的工作。在 19 世纪初，这的确是一个乌托邦式的大胆要求。工作是为了自我实现，是为了满足自己的情欲，它与性行为并无不同。每个人都有创造和塑造事物的冲动。在法伦斯泰尔可以进行所有形式的生产活动：农业、手工业和工业。就像人类曾经是采集者、放牧者、猎人和渔夫一样，他们现在也可以成为各种形式的农民、手工艺人和工厂工人。人们什么都可以做，而且也没有人会被迫从事某种工作，所以工作并不会让人产生"厌恶"情绪，而只会让人乐此不疲。由于每个人都快乐地按照自己的天性工作着，利用他们的资产，发挥他们的才能，因此生产力就会得到提高。如此一来，人类自主决定工作的天性就和现代工业社会带来的挑战得到了调和。当从前的社会条件和社会秩序发生了改变之后，工业的进步就能使过去的美好恢复如初，世间就不会再有饥饿、痛苦，也不会再有人厌恶工作。

傅立叶希望，人们所从事的不再是劳动，而是工作，甚至是伯格曼所提出的新工作。傅立叶所描述的这个世界，是一个集前瞻性的分析与神秘的幻想于一体的世界。在傅立叶自己的书中，他详细地描绘了这个奇特的世界。如果剔除其中关于宇宙和宗教的谬误，傅立叶可以算得上是西方哲学史上第一位关注到生态问题，并且意识到不应无度开发自然资源的思想家。他预见到，在工业社会中会有越来越多的人渴望自主地工作。而且，与同时代的很多人不同的是，他描述了一种提高未来生产力的方式，通过这种方式能使地球上的数十亿人都过上美好的生活。

傅立叶是否是无条件基本收入的先驱，这一点还无法确定。他没有在任何地方提到定期发放资金的事情。大多数情况下，他都只提到了发放物资。而且他还在 1822 年出版的《论内部农业协作》（*Traité de l'association domestique-agricole*）一书中提出根据阶级来提供基本收入保障。例如，中产阶级所获得的最低收入就比下层阶级要更高。这一点也很让人怀疑他是否算得上是无条件基本收入的先驱。而且，傅立叶是否支持基本收入的无条件性，关于这个问题的答案我们也同样无法确定。诚然，傅立叶强调人们有休闲的自由，但这种自由是相对于从事艰苦和边缘化工作的短工和手工劳动者而言的。在法伦斯泰尔，显然根本就没有闲人。社区给每个人提供了合理的最低收入，而每个人也必须为社区做出贡献。每个人，甚至那些没有土地的人都能获得生活保障，但这显然并不意味着他们不需要做出任何努力来作为回报。

傅立叶的追随者维克多·孔西德朗（Victor Considerant）也持有同样的想法。孔西德朗不知疲倦地继续着傅立叶——这位晚年才为人所知的社会乌托邦主义者——的工作。这位博学的工程师（孔西德朗）推广了以合作、协作或者法伦斯泰尔模式重组经济的想法。如果在这个自由的协作社区中，每个人都可以从事自己喜欢的工作，那人们就不必再迫于外界压力去工作。像傅立叶所设想的，那就只剩下那些源于热爱与情欲的工作。当人们自愿地以协作的形式生活在一起，就不会再有人游手好闲，因而也不会再有人为生计发愁。对孔西德朗而言，基本收入就是协作式工作世界的基石。正如他在 1841 年所写的那样：在这样的世界里，每个人都"可以自己掌控自己生存的条件"[13]。但孔西德朗绝对没有打算在目前这种情况下为穷人，甚至是为法国所有人提供无条件基本收入，因为他觉得，这些人目前可能还无法合理地支配这笔无条件基本收入。孔西德朗认为，首先他们必须建立允许人们自主决定工作的法伦斯泰尔系统。只有在这个保证了工作热情的框架内，为穷人提供最低限度的生活保障才有意义。有了最低生活保障，穷人才能自主决定工作，才能有动力去从事更多样的工作。

傅立叶和孔西德朗所设想的基本收入可能是无条件的，但要想把基本收入变成无条件基本收入，却是有前提条件的。相比之下，比利时律师、商人约瑟夫·沙利耶（Joseph Charlier）的想法没那么教条，而且进一步脱离了傅立叶的影响。1848 年，正赶上西欧各国爆发一系列革命，沙利耶发表了著作《解决社会问题或人道主义宪法》（*Solution du problème social ou constitution humanitaire*）。延续了斯宾塞和傅立叶的想法，他认为每个有生命权的人必定也有权拥有相应份额的土地。因为生命权指的无非就是能够维持生命的权利。因而，在他看来，必须"要解决的问题"就是"如何在不损害合法权利和充分尊重财产权的前提下，将土地转化为集体财产"。[14]

沙利耶提出的解决方案是："不给任何人土地，而是给所有人果实。"[15] 这位来自布鲁塞尔的律师并不是一名共产主义者。相反，他认为自己是一个始终如一的自由主义者。像他之前的西斯蒙第一样，沙利耶解释了生产力增长和需求之间的关系。在沙利耶所生活的年代，社会上四分之三的人都过着衣不蔽体的生活，只有当这部分人口比例下降时，"消费总量"才会增加，国民经济才会繁荣。社会问题和经济问题是息息相关的。沙利耶向当时的资本家提议："……与其拼命在加勒比海地区开发新客户，不如想办法在国内销售产品，因为国内绝大多数人仍然赤脚走路，他们甚至都拿不出一件多余的衬衫。"[16]

用社会市场经济来消除贫困、促进生产以及提高购买力，这就是沙利耶的想法。他希望那些没有受过教育的民众将他们的孩子送到"国立寄宿学校",这样这些人就能够更加专注于工作。他认为,食品应该免于征税。他还认为,所有权是正当的、正确的、可取的,继承权也是如此。沙利耶并不反对个人持有"动产",因为通过动产就能"根据每个人的劳动贡献来满足他们的后天需求"[17]。与此相反,土地和地产则不能落入私人手中,土地所有权也不能随意被扩大化。从本质上讲,土地天然就是属于所有人的。沙利耶的建议是,以社会可接受的方式逐步征用地主的土地,一方面没收他们的部分收益,另一方面随着代际更迭没收他们的部分产权。在大约80年的时间里,也就是沙利耶说的在四代人之后,土地就完全属于国家了,国家就可以把它租出去,从中获利。

这位雄辩的律师竭尽全力想让这些措施得到大地主们的支持。但这一切最终不也对大地主他们自己有益吗?采取沙利耶的措施之后,地主们的继承人就不能再像往常那样懒散堕落,他们就必须努力争取"动产"。而且,确保富人和穷人不会形成鲜明的对比,确保巨大的贫富差距不会导致动乱和内战,这不也是全国上下所有人的利益所在吗?

沙利耶认为,最稳妥的措施是每三个月支付一次"最低保障",这笔钱可以保障每个人拥有足够的生活资金。而且,最低保障的金额也会随着土地逐渐被征用而以同样的速度增加。一旦所有的土地都转为共同财产并通过租赁获利,那么所有人都能过上好日子,从此集中精力做一件事:提高自主权利。毕竟那些不为维持生计,只为获得经济独立、追求地位或追寻自己的兴趣爱好而工作的人,其工作积极性难道不比短工和其他低薪工人高得多吗?谁拥有的财富越多,谁就会越渴望拥有财富,正如沙利耶所言:"人们对于财产的欲望往往是从拥有财产本身中产生的。"[18]

对沙利耶来说,提高生产力和消除贫困如同硬币的正反两面,相互依存。可气的是，他那个时代的资本家并没有意识到这一点。这些资本家对经济运行的经验和认知阻碍了他们对国民经济体系的理性思考。沙利耶认为，教条主义的经济学家们并没有意识到，一个繁荣的社会需要两种经济：一种是国有经济，负责管理和租赁土地，用土地红利满足人民的"绝对或基本需求"；另一种则是以资本主义方式运作的私营经济，负责刺激和满足"相对或后天需求"。通过两者的结合，人类的所有需求都将得到满足，没有人会挨饿，经济将比历史上任何时候都更加繁荣。

尽管尚在革命期间，但沙利耶的著作似乎并未选对发表的时机。随着西欧的小资产阶级起义，逐渐开始出现了一种截然不同的要求，即要求允许工会存在，要求逐步改善工厂工人的劳动条件，并通过普选保障工人的政治参与权。例如，从 1838 年《人民宪章》（People's Charter）中得名的宪章派就为在现有制度内争取合法的工人代表权做出了非常多的努力与斗争。社会民主主义的补偿措施开始取得胜利，而所有希望从根本上改变资本主义劳动世界的想法也随之悄然落幕。"资本不得统治劳动"的想法仍然以这样或那样的形式存在于人们的脑海中，但"不依赖工作获得生存保障"的权利却渐渐被人遗忘。幸运的是，沙利耶在他晚年见证了无条件基本收入的想法是如何被注入了新的活力。由于第二次工业革命的爆发，无条件基本收入被再次提出。这一次，无条件基本收入影响到的不再是土地和地产，而是实实在在地涉及资金的发放。这一次，提出无条件基本收入要求的不再是政治思想领袖，而是一群小说家……

重新定义基本收入：工业进步背景下的社会乌托邦主义

1888 年，美国出版了一本畅销书，名叫《回顾：公元 2000—

1887 年》（*Looking Backward 2000—1887*）[1]。此时，沙利耶 72 岁，距离他去世还有八年。该书是该世纪商业上最成功的书籍之一，它的作者爱德华·贝拉米（Edward Bellamy）是一名默默无闻的记者，时年 38 岁。书中写到，在 2000 年，一场和平改良将几乎所有的私有财产全部转变为了国家财产，社会阶层被废除，长期以来被认为不可避免的社会困境不复存在：从此没有贫穷，没有战争，没有犯罪，没有卖淫，没有腐败，甚至没有税收。随着这些社会问题的消失，从中渔利的人，例如政治家、律师、商人或士兵也一同消失了。这些人在 1887 年的时候仍然是资产阶级社会所需要的。然而，技术的发展带来了巨大的进步。因为自动化生产程度大幅提高，人们只需要在 21 岁到 45 岁参加工作。他们的余生将受到基本收入的保障。没有人需要再去从事艰苦的体力劳动以及单调的脑力劳动。这样，工业的进步就使人类从所有压迫人性以及滋生不良品质的事物中摆脱出来。人们既能得到充分的休息又有足够的自决权，人类社会变成了人间天堂。

在很短的时间内，贝拉米的书在美国销售了 20 多万册。在英国，这本书也同样很受欢迎。所有关于国家经济或基本收入的作品中，没有一本像《回顾》那样受到了如此广泛的关注。要想说服美国人，就得把自己的思想包装成一种具有远见卓识的乌托邦理念，就得表现出对世界的运行方式有清晰的认知，并承诺自己可以准确地预测未来。今天，向人们做出无数美好承诺的硅谷的做法也与贝拉米并无不同。此外，贝拉米还尽可能地避免使用"社会主义"一词，而是巧妙地用"民族主义"来代替它。在美国，民族主义一词不论是在过去还是现在，总是能引起人们的注意。在该书出版的同一年，第一个民族主义俱乐部在波士顿成立。到 1891 年为止，全美已经有

---

① 下文简称《回顾》。——编者注

162 个这样的俱乐部。

贝拉米无意中掀起了一场运动。在美国东海岸的经济蓬勃发展，纽约和芝加哥等城市迅速发展成拥有数百万人口的大都市，建筑热潮和投机交织着前所未有的贫困、苦难以及犯罪之时，民族主义俱乐部的成员却梦想着一个平等的社会，一个所有社会弊病都被消除，每个人都有生活保障的社会。在政治上，该俱乐部的许多成员都加入了人民党（People's Party）这个社会民主化程度相对较高的政党。但到 19 世纪 90 年代末，人民党又再次从政治舞台上消失。贝拉米在政治上活跃的时间也很短暂。1891 年，他创办了杂志《新国家》（*The New Nation*），该杂志没有赢利，而且只存在了三年。最后，他为了改良社会还创作了《平等》（*Equality*）一书，该书是《回顾》的续集，是一本颇具纲领性的著作，贝拉米在书中详细介绍了他的政治和社会观点，但这本书也未能产生更大的影响。直到 36 年后，这部作品才卖完了第一版。1898 年，贝拉米死于肺结核，年仅 48 岁。

英国艺术家、作家威廉·莫里斯（William Morris）选择了与贝拉米相同的道路。他最初是一名自由主义者，后来逐渐开始关注社会主义理念，并积极投身政治斗争。1890 年，他在社会主义报刊《公共福利》（*Commonwealth*）上连载了他的长篇小说《乌有乡消息》（*News from Nowhere*）。该报还刊登了许多其他社会主义者的文章，其中就包括恩格斯、拉法格、萧伯纳、威廉·李卜克内西（Wilhelm Liebknecht）和卡尔·考茨基（Karl Kautsky）。此前，莫里斯也在该报上发表过关于改良社会的看法。1889 年 6 月，莫里斯针对《回顾》写了一篇极具批判性的书评。他不喜欢贝拉米将人类的进步与机器的进步太过紧密地联系在一起："我认为，机器数量的增加永远都只意味着机器数量的增加，别无其他；我认为，理想的未来并不在于把人类的劳动减少到最低限度，而只在于将劳动变得不再艰辛。"[1]

莫里斯小说中的主人公梦见自己醒来以后穿越到了未来，发现未来世界所有的国家权力机关都消失了。商品实现了社会化，所以商品属于全体人民共有，因而每个人都可以获得基本收入。与贝拉米不同的是，莫里斯构想的未来并不需要一个强大的政府，甚至根本就不需要政府。理想的国家是无政府状态的，就像俄国无政府主义者米哈伊尔·巴枯宁（Michail Bakunin）和彼得·阿历克塞维奇·克鲁泡特金（Pjotr Kropotkin）设想的那样。在这里，不需要金钱，不需要婚姻，不需要学校，也不需要法院和监狱。人们之所以能实现这一切，是因为人们选择了远离大城市，选择了与大自然和谐相处。田园风光就是解决问题的答案所在。在这里，工作、艺术、生活和自然密不可分地交织在一起。而在曾经的 21 世纪，这种生态无政府主义仍然只是萦绕在许多社会乌托邦主义者脑海中的一个幻想。

在莫里斯发表《乌有乡消息》一年后，比他小 20 岁的王尔德写下了前文中提到过的《社会主义制度下人的灵魂》一文。王尔德对莫里斯的著作和观点非常了解，并对其给予了高度的评价。[2] 但就机器所具有的解放性的力量而言，他支持贝拉米的观点。如果不是因为机器的发展与进步，那我们就无法拥有越来越多的自由时间，那么我们也就无法真正朝着更美好的世界迈进。只有在高度工业化的社会中，在劳动基本实现了自动化以后，艺术与生活才能得到统一。

奥地利工程师约瑟夫·波普尔（Josef Popper）的想法则与此完全不同。波普尔以林扣斯（Lynceus）——希腊神话中目光锐利的阿尔戈船舵手——为笔名发表了一些关于社会政策的看法。他认为，仅仅依靠技术进步是不可靠的，更重要的是对经济进行根本性的重组。1887 年，他做出的第一次尝试是出版了一本薄薄的书，名为《生存的权利与死亡的义务》（*Das Recht zu leben und die Pflicht zu sterben*）。1899 年，他出版了两卷本的《一个现实主义者的幻想》

（*Phantasien eines Realisten*），这部作品使他声名鹊起。1912 年，在经过认真的编撰与统计计算之后，他出版了一生中非常重要的一部作品：《社会问题的解决方案——普遍生计保障制度》（*Die allgemeine Nährpflicht als Lösung der sozialen Frage*）。在此书中，他还试图证明经济学在理论和实践上毫无价值。[3] 这部八百页的作品既有一定的科学性，但又荒诞离奇，既在分析上独具洞察力，但又结构混乱。通过指出经济学中存在的无数小冲突、小矛盾，自学成才的林扣斯对整个国民经济学提出了彻底的批判，他多次指责国民经济学太过混乱不堪。怀着工程师坚定不移的立场和社会改良家的激进精神，他打算以一种非常简单的"社会问题 + 解决方案"的思维范式来彻底重建国民经济。

然而，林扣斯提出的"社会问题的解决方案"并不像他所声称的那样具有原创性。延续了沙利耶的想法，林扣斯把"必要的经济"（沙利耶的"基本需求"）与"额外的经济"（沙利耶的"相对或后天需求"）区分开来。和半个多世纪前的比利时人一样，林扣斯想把"必要的经济"国有化，只把"额外的经济"留给市场。而相比沙利耶，林扣斯的划分则更为严格，他提出：在开始工作后的 13 年（男性）或 8 年（女性）里，所有青年男女都要在负责保障"必要经济"的"生产队"中提供义务服务。青年人所提供的"必要生活物资"将为所有公民提供终身的、以物资形式发放的"最低生活和生存保障"。因此，没有人会再陷入贫困。食物由公共食堂统一分配，衣服和生活用品也由国家提供，住房则按需分配。除了"生计保障"以外，国家还以津贴的形式提供第二层保障，即"文化"方面的保障。此外，任何人都有权通过"额外经济"满足他们的特定需求。

林扣斯希望，他的想法不久之后就能得以实现。他深恶痛绝的第一次世界大战即将结束，旧的社会秩序也将随之结束。这位空想家满怀希望地在维也纳第 17 区开设了一个"生计保障宣传中心"，但宣传效果依旧有限。这种既能满足基本需求又能创造后天需求的经济模式并没有在他所在的地区，而是到了 20 世纪 70 年代末的中国才得以试行。在第一次世界大战后，新成立的奥地利共和国距离实施无条件基本收入依旧还有很长的一段距离。

同样不足以被称作无条件基本收入的还有未来学家鲁道夫·施泰纳（Rudolf Steiner）所提出的方案。施泰纳比林扣斯更加具有使命感，也更加野心勃勃。他自学成才，并且对自己的"洞察力"很有信心。正如工程师林扣斯想要建立一个新的社会秩序一样，斯泰纳也想要重塑人类的共存模式。1905 年，为倡导"博爱经济"，施泰纳在俄国革命失败之际提出了"主要社会法则"：每个人都应该为他人工作，并将自己的收益与他人共享。这样就可以打破工作和收入之间的固定联系。因为，我的工作主要是为了其他人，那么反过来，我也能从他人的工作中获得大部分的收入。施泰纳的思想与灵感来源于傅立叶的"协作"制度，[4] 但和傅立叶一样，他的方案也算不上是无条件基本收入。

与此同时，英国的一些社会改革家正在追寻一种与林扣斯和斯泰纳所提出的方法截然不同的新路径。这些英国社会改革家不关心人类的天性和适合人类天性的共存模式。他们也不像施泰纳一样，自己搭建出来一个理想的世界。相反，他们以理性的目光，务实地向自己提出了一个经典的问题：为什么国民经济的财富分配如此糟糕？为什么它与贝拉米所设想的理想未来相去甚远？我们明明已经具备了打造理想未来的先决条件，不是吗？两次动荡对经济和社会提出了挑战，并对其进行了彻底的重组：第二次工业革命实现了工厂的电气化，工业大生产开始了。而第一次世界大战也清楚地表明了，像英国这样的国家，如果它能够负担得起将一半人口从商品生产中撤离，并将其投入战争之中，那么它的生产力肯定已经达到非常高的水平。这难道不正好有力地证明了，西欧的经济条件已经不再匮乏，而是变得非常富足？既然如此，那么为民众提供基本的物质保障，从而使自由主义国家所宣称的"人人得享自由"能够真正实现，这难道不是合情合理的吗？

正是本着这种精神，贵格会教徒丹尼斯·米尔纳（Dennis Milner）和他的妻子梅布尔（Mabel）在战争结束前不久提出呼吁，希望为英国民众提供基本的经济支持。他们在其著作《国家津贴计划》（*Scheme for a State Bonus*）和《通过国家津贴提高生产》（*Higher Production by a Bonus on National Output*）中提出了一种无条件的国家津贴。国家津贴每周向全体人民发放，其数额取决于经济产出情况。剑桥大学教授、当时赫赫有名的学者罗素也完全支持米尔纳和梅布尔的观点。因为处在战争时期，所以罗素更多的是思考具体的社会问题，而不是认识论层面的问题。世界正处于动荡之中，而英国政府不是承诺战后的一切都将与战前不同吗？1917年，哲学家罗素在他的《政治理想》（*Political Ideals*）一书中仔细地设想了，这种新秩序应该是什么样子，才能符合社会主义社会的现代化需求。此后不久，他在1918年出版的《自由之路》（*Roads to Freedom*）一书中对此进行了更加具体的阐释。书中，他详细地比较了社会主义和无政府主义，并剖析了它们的优点和缺点。他认为，社会主义的可取之处在于，它可以比资本主义更自由、更客观地评判劳动的价值，而资本主义则是以剥削和利润最大化为导向。在资本主义社会，富有的闲人可以比贫穷的工人得到更多的尊重。但罗素也看到了社会主义的极权主义统治倾向，他对此深恶痛绝。无政府主义吸引他的地方在于自由的理念，它比所有其他社会理论都更加无条件地提倡自由。但是，如果所有的商品都是平均分配的，那么在实践中，无政府主义的平均主义思想同时也会扼杀这份自由。

在此背景下，罗素提出了以下意见：20世纪初，工业的进步和农业工业化使得为每个人提供基本生存保障成为可能。"大不列颠目前的劳动生产率足以为每个家庭每天提供超过 1 英镑的收入，而且这还是在现有生产方式保持不变的情况下，更何况生产方式显然很可能会再取得进步。"[5]因此，"每个人，无论他是否工作……都应确保其可以获得一笔金额虽不大，但足以满足其基本生活所需的收入；而那些愿意从事社会公认的对社会有益的工作的人，则应该获得更高的（远高于他们所生产商品总价值的）收入。"[6]当然，这样就会有一些人根本不愿意去工作，但这又有什么影响呢？商人、学者、艺术家和职业运动员的工作都非常有趣，所以即使人们的口袋里已经有了基本收入，他们也乐意从事这些职业。而有些时候，人们努力变得更加能干、更加优秀，不仅是为了从中收获快乐，同时也是为了获得左邻右舍的认可与称赞。大多数人都需要"自我效能感"，不是吗？[7]如果我们的社会既能提供无条件基本收入，又能从物质和心理层面激励人们去工作，那么在这样的社会系统中，人们就没有必要再去担心职业道德方面的问题。

罗素并不是孤军奋战。和罗素一起参加这场运动的还有乔治·道格拉斯·霍华德·科尔（George Douglas Howard Cole）。科尔是费边社的新任主席，萧伯纳和王尔德都曾是该社成员。和罗素一样，科尔也曾支持实施无条件基本收入（也称作"社会红利"）。科尔认为，无条件基本收入能让每个英国人都从中受益，而且它还可以缓解战后高失业率的问题。科尔的这个想法得到了越来越多的支持，英国工党还在 1920 年和 1922 年的国会上对其进行了探讨，但国会最终还是否决了这个提议。[8]

相较之下，更为成功的是苏格兰工程师克利福德·休·道格拉斯（Clifford Hugh Douglas）少校，他在 1920 年写了一本名为《经济民主》（*Economic Democracy*）的书。和林扣斯一样，道格拉斯坚信，这个世界需要工程师，而不是需要经济学家来理解和解决经济学的问题。道格拉斯是一个阅历丰富的实践者，他还曾经在印度和南美工作过。在他四十岁出头的时候，他觉得是时候向经济学家们阐述一个以前几乎从未被考虑过的问题。这个问题就是：如果将世界上所有商品和货物的生产成本相加，全球的货币总量是不足以覆盖这些成本的。因此，所有工业化社会都存在着系统性的资金短缺。个人、企业和国家不断借贷，负债累累，但购买力不足的问题却从未得到解决。道格拉斯认为，即使是贸易战和军事战争，最终也不过是为了解决负债和偿债的问题。

为了通过社会技术手段来解决系统与制度的缺陷，道格拉斯提出了若干措施。其中最为核心的一个措施就是引入"国家红利"。所谓国家红利是指国家向每个人支付的保障性基本收入。道格拉斯认为，只有这样才能确保购买力逐步跟上技术进步的步伐，才能使经济体系摆脱飙升的债务，从而减少军事战争和贸易战争的风险。为此，各国必须学会更加社会化地管理其货币体系（信贷体系／信用体系）。因此，道格拉斯把他的理论称为"社会信贷"理论；他还用该理论来命名了他在1924年出版的一本书，即《社会信贷》（Social Credit）。

道格拉斯成功了，政治家们纷纷想要了解道格拉斯的理论与观点。他在英国议会发表了自己的意见，而且还得到了挪威国王的接见。另外，他还在澳大利亚和新西兰追随者的支持下得到了更广泛的支持。而加拿大则是受这位社会工程师影响最为深远的国家。全球经济危机对农村地区造成了沉重打击，人们对货币体系（道格拉斯斥其为"犹太货币体系"）深恶痛绝。在这种情况下，社会信贷体系似乎是一个很受欢迎的解决方案，尤其是在教会圈子里被广泛接纳。1935年，加拿大社会信用党成立，并很快进入多个国家的议会。该党一直存续到1993年，但在其存续的这段漫长的时间里，它到底是一个什么样的政党呢？作为与社会脱节的农村人口的喉舌，加拿大社会信用党融合了激进基督教派的理念，也对（犹太）金融资本统治提出根本性的批评，成为一个日益激进的政党。在多种多样的基本收入概念中，迄今为止只有它被贴上了"右翼民粹主义"的标签。自此，对无条件基本收入的需求除了红色以外又有了第二种颜色。而第三种颜色也很快随之而来，即自由主义的蓝色。

工具还是基本权利：自由主义的基本收入

究竟是什么原因促使美国经济学家、诺贝尔奖得主米尔顿·弗里德曼（Milton Friedman）在 1962 年提出为所有美国人提供基本收入保障？作为"芝加哥男孩"（Chicago Boys）——芝加哥经济学派教授——的领军人物，这位 50 岁的经济学家主张市场的绝对自由。他认为失业是自然的、不可避免的。他的主张正好与凯恩斯的国家理论相反，凯恩斯认为国家应该始终以指导性的方式干预经济，而弗里德曼则希望将国家的作用降到最低。弗里德曼认为人类是受物质驱动、永远追求利益的理性主义者。他相信自由市场才能给人类带来最大的福祉。

那么，为什么弗里德曼要在其畅销书《资本主义与自由》（*Capitalism and Freedom*）中提出保障公民的基本收入呢？答案很简单：弗里德曼希望，即使是在绝对自由的经济体系中，穷人也能得到适当的支持与保障。20 世纪 60 年代初，美国的政治局势极为紧张：长达十年的种族纷争、对公平正义的诉求以及民权运动一触即发。而英国则得益于《贝弗里奇报告》（*Beveridge Report*），在战后逐渐转变为福利国家，保障每个人的工作、住房、医疗、教育和合理的生活水平。在德国，社会市场经济也大获成功。然而，弗里德曼却依旧希望美国尽可能地将国家排除在市场之外。但这种激进的自由资本主义真的有前途吗？弗里德曼一直试图将美国自第二次世界大战以来的经济增长归功于市场自由。但他也知道，很大一部分美国公民从市场自由中受益的程度远低于德国人从社会市场经济中获益的程度。事实上，这位绝对市场自由的倡导者更倾向于私人的救济，而非国家的救济。但他又不想完全依赖私人救济。因此，弗里德曼认为，资本主义经济需要一种机制，一种尽可能少受国家干预的机制来替代福利国家制度，从而在制度上防止过度贫困的出现。

在英国自由派政治家朱丽叶·里斯·威廉姆斯（Juliet Rhys-Williams）的一个想法中，弗里德曼找到了他一直在寻找的答案。作为贝弗里奇委员会的成员，威廉姆斯曾倡导实施"负所得税"。所有低于应税收入门槛的纳税人，都不应该交税，而应该获得国家的补助。通过这种方式，就可以用简单的税收立法来代替复杂的社会保障体系，从而实现福利国家原本试图通过社保体系实现的目标。事实上，里斯·威廉姆斯的想法并非其首创。"负所得税"的提出者是法国数学家安东尼·奥古斯丁·库尔诺（Antoine Augustin Cournot）。库尔诺是19世纪上半叶自由竞争的倡导者，也是最早将市场竞争和供求博弈关系数学化的人之一。[1] 库尔诺生前籍籍无名，到了20世纪才连同他的所得税模式一起逐渐变得广为人知。通过威廉姆斯的倡导，这种模式最终被自由主义者接受和采纳。[2] 那么，社会民主主义所倡导的英国福利国家制度难道真的没有可能被自由主义的替代模式所取代吗？

和此前的威廉姆斯一样，弗里德曼提出的倡议也不能算是面向所有人的无条件基本收入，因为人们必须通过报税才有权获得救济。但因为国家并不要求任何东西作为回报，所以这个收入仍然可以算得上是无条件的。弗里德曼这位芝加哥男孩认为，这个倡议从"纯技术的角度而言是一项有意义的举措"。[3] 负收入税不会增加富人的纳税负担，还能明显地减轻"行政负担"。[4] 而且，与之前所有的福利支持和福利计划相比，国家还能节省大量的资金。因此不难得知，为什么有一些人觉得自由主义的基本收入很有吸引力，而另一些人则认为它完全不合理。它之所以有吸引力，是因为：如果针对特定需求来规划社会支出，则会造成巨大的行政负担，而弗里德曼的举措恰恰能将这方面的行政负担降到最低。它之所以不合理，则可能是因为：转移支付的接受者各自有其不同的需求。但弗里德曼却简化了这些需求，只用了一个极为简单的机制来代替这些各不相同的需求。

弗里德曼这样的资本主义社会顶梁柱之所以会提出实施无条件基本收入，其动机与左翼活动家、改良社会的工程师以及社会边缘人群是不同的。1964 年，这位参与过"三重革命"的思想家向美国总统约翰逊递交了一份备忘录：宣布劳动社会将发生彻底的变革。确实，信息化革命难道不正是在迫使美国重塑其社会秩序吗？极富远见的美国经济学家罗伯特·西奥博尔德（Robert Theobald）——双赢、沟通时代、网络化、系统性思维等前瞻性术语的创造者，同时也是"三重革命"特设委员会的成员——甚至梦想着彻底颠覆劳动社会。西奥博尔德的想法比后来的乔布斯或马斯克更富远见卓识，他早在 1966 年就谈道："我的目标是创造一个没有就业的社会——一个人们不再需要工作的世界。而我相信，这样的世界确实是可以实现的。"[5] 两年后，他又补充道："我们国家的优先发展事项完全是混乱的、错误的。我们的社会普遍认可的目标似乎是：技术奇迹、经济效率以及个人在良好的社会背景下的发展——但是，目标的排列必须得按照这个顺序！"[6] 即使在今天，也不能在这个序列中新增任何目标。

西奥博尔德的梦想和目标是如此高远、如此宏伟，难怪约翰逊政府对此保持审慎而低调的态度。[7] 尽管如此，约翰逊政府还是在 1967 年设立了一个委员会来审查最低收入保障制度的可行性。在诺贝尔经济学奖获得主托宾（当时托宾还未获得诺贝尔经济学奖）的积极推动下，委员会成员对基于负所得税的普遍公民津贴这一提议进行了长达两年的讨论，并一致通过了该提议。那到底应该如何实施普遍公民津贴呢？约翰逊的继任者理查德·尼克松（Richard Nixon）不得不将这个问题提上了议程。一方面，尼克松希望利用津贴来维护普通民众的利益，获得他们的支持；另一方面，如果穷人不需要努力工作就可以获得政府的援助，这又与美国保守派历来的政见相悖。两相妥协之下，家庭援助计划（FAP）诞生了。家庭援助计划通过负所得税来提供最低收入保障，旨在取代现有的、极低水平的社会援助。在自由派和保守派媒体的热情支持下，尼克松冒险在 1971 年的国情咨文电视演说中提出了他的方案。他自豪地宣称，自己将是历史上第一位彻底消除贫困的美国总统。

虽然众议院以多数票通过了该计划，但它在参议院却没有被通过。保守派共和党人觉得这个计划似乎太不"美国"了。但该计划被否决的原因不仅仅在于这些保守派共和党人。更重要的原因在于，民主党人也投了反对票。民主党总统候选人乔治·麦戈文（George McGovern）想推翻尼克松的方案。在托宾的支持下，麦戈文提出实施"贫困人口补助"，并且该补助不会将穷人获得补助的条件与他们是否积极寻找工作挂钩。尼克松这一冒险的提议彻底失败了。在 1972 年麦戈文选举失败后，共和党人也不再急于引入公民津贴。即使有一些相关试点项目很有希望取得成功，但也丝毫未能改变现有的局面：这个议题就这样被搁置了。

弗里德曼本人直到去世仍对公民津贴和负所得税坚信不疑。1980 年，他在《自由选择：个人声明》（*Free to Choose: A Personal Statement*）中再次重申了自己的观点 [8]。但问题是，那些社会保障体系远比美国完善的国家，它们可以从弗里德曼的思想中借鉴些什么呢？20 世纪 70 年代初，法国总统顾问莱昂内尔·斯托勒吕

（Lionel Stoléru）和德国经济学家、基民盟政治家沃尔夫拉姆·恩格斯（Wolfram Engels）建议按弗里德曼模式提供最低生存保障。但此时，他们面临着和弗里德曼完全不同的境况：他们必须证明他们的模式比福利国家模式更有效、更公平。[9]但毕竟福利国家模式方方面面都已经日趋成熟，难怪他们所提出的关于最低生存保障的提议反响寥寥。

从自由主义的角度来看，为了强化基本收入理论建设，我们就必须找到一种不仅能减贫，而且还能精简官僚机构的新方法。联邦德国最著名的国际社会学家达伦多夫凭借其极为敏锐的眼光，恰好找到了这个新方法。对达伦多夫而言，将无条件基本收入作为消除贫困的财政手段还远远不够。在20世纪80年代的劳动力市场危机中，他已经在思考一个现如今变得越来越紧迫的问题，即：未来，人们所拥有的就业机会可能会因为自动化的发展而大幅减少。如果继续维持传统劳动就业社会的模式，那些没有工作的人必然会被边缘化。达伦多夫认为："这将造成无法估量的后果。这个社会曾努力为所有人争取公民权，现在却把越来越多的人界定在这些权利之外，将他们边缘化。原本平等的公民社会变成了只属于多数阶层的社会，而无法参与到这个社会中的少数阶层则徒劳地敲打着它的大门。"[10]

面对如此割裂的现象，达伦多夫认为"社会的基本契约"正受到威胁。根据自由主义社会学家的观点，只有当我们不再将公民权利与通过参与就业所获得的权利相混淆时，这种威胁才能被解除。在公民社会中，每个公民的物质生活基础都必须得到保障，而这个保障绝不能取决于他们是否参与劳动力市场。因为，如果想要"明确所有人共同的生存基础，那么就确实有必要将收入与工作脱钩"。而要实现这一点，无论是依靠纯粹的社会救济，还是恢复"不劳动者不得食"的做法，都是远远不够的。这些措施都只不过是创造一个宜居社会的必要条件，除此之外要完成的事情其实还有很多，尤其是在工作（分配）方面。和其他公民权利——例如法律面前人人平等的权利或普遍、平等的选举权利——一样，最低收入保障也是一项不可或缺的公民权利。[11]

将最低收入保障视作一项公民权利——这样的要求与我们熟知的福利国家制度背道而驰。在这样的要求下，保障穷人的生存不再是最重要的任务，因此也不再存在救济与施舍。在这样的要求下，每个人都必须作为一个完整的公民参与社会，无论他们在劳动力市场上的地位如何，每个人都能自由的发展。毕竟，只有当人们即使不参与劳动社会，也不会成为社会耻辱的时候，个人自由才会得到充分的保障。在达伦多夫看来，要想让未来的工作和收入脱钩，我们并不需要采取任何社会技术措施，而只需要从根本上扩大基本权利，让每个人都可以在不附带任何前提条件的情况下平等地参与社会。确保一个人拥有完全公民地位的并不是他的工作，而是他所拥有的生存保障——围绕这一核心思想，现在自由主义者被划分成了两派：一派希望扩大基本权利，包括基本的物质保障；另一派则不承认这一基本权利。

自由主义正在面临挑战。这个挑战不在于如何缓解失业者的困境（在美国，弗里德曼曾希望通过自由主义来缓解失业者的困境；而在德国等国家，这一问题已经通过社会转移支付得到了解决），而在于是否要继续像现在这样把参与劳动社会作为拥有完整公民权利的衡量标准。如果参与劳动社会不再是衡量公民权利的标准，那么国家就不能像现在这样限制受助者的基本权利。达伦多夫认为，劳动社会凌驾于自由生存的基本权利之上，这才导致受助者的基本权利受到了限制。然而，西方工业国家的绝大多数自由主义者都否定了这一基本权利，并坚持每个人都要有"自我责任"——就仿佛每个人都能像豹子自给自足地生活一样。事实上，今天的每一种雇佣关系都被嵌到了一张精细的社交网络上，任何工作的开展都离不开他人。而教育也被视作一种义务，由国家统一组织实施。所以，一个人能否进入劳动力市场取决于许多无法自行决定的因素。当然，每个人都有一定的自我责任，这是事实。然而，可悲地将自我责任的影响扩大化却是一种对社会的误读。

达伦多夫认为，所有自由主义者需要自我叩问的问题并不仅仅在于：你如何看待基本收入（例如，将基本收入视为消除贫困的方式，还是看作精简行政部门的手段）？而且还应该包括：你是否承认基本收入是一项基本权利？正如达伦多夫所说，如果认为基本收入不是一项基本权利，那就意味着公民权利被"缩减"了。市场创造了失业，那它也必须消除失业。如果无法消除失业，国家就必须建立一个像"负收入税"这样的杠杆。但如果实施"负税收"，就又"留了一道能够取消公民所有权利保障的口子。我们甚至可以推论，负收入税制度通过一个侧门，又会将劳动社会制度偷偷运送回社会系统。如此一来，就只有税收体系内的公民才能得到权利的保障。"而与此相反，如果认为基本收入是一项基本权利，那就意味着基本收入首先不是一种工具，而是现代国家基本权利目录的延伸。这就要求我们，"首先必须确定公民权利，然后再确定满足这些权利的方法"。[12]

达伦多夫毫不掩饰地表示，他不接受将无条件基本收入仅仅视为一种工具，而只接受将其视作一项基本权利："必须承认无条件基本收入是公民权利的一个基本组成部分，因为基本收入的意义就在于为所有人确定一个共同的起点，从而保证每个人都不会掉队。"[13]这就是"小"基本收入（通常是"负所得税"模式）与"大"基本收入（无条件基本收入作为一项基本权利）的区别所在。而事实上，这两者对无条件基本收入的要求直到今天仍然是相互矛盾的。任何呼吁无条件基本收入的人都必须确定：自己是真的希望每个人都有获得物质保障的基本权利，而不受劳动市场规则的影响吗？或者自己仅仅是想改革现有的转移支付式福利制度？许多经济领袖，尤其是硅谷的经济领袖更为关注的其实是无条件基本收入中的"小"基本收入。在美国,"小"基本收入提供了一个能从物质层面缓解许多行业失业压力的重要社会机制。但在西欧,情况则截然不同,"小"基本收入算不上是什么开创性的成就。相反,如前所述,无条件基本收入制度需要与发达的福利国家制度展开竞争。

事实上,"小"基本收入和"大"基本收入至今仍像达伦多夫所描述的那样相互对立、不可调和。是赋予所有公民一项基本权利还是通过税收来为他们提供支持和保障,这两者即使在经济上具有相同的效果,但在本质上却是无法等同的。后者仅仅是为自由主义国家提供了一个防止贫困扩大化的保障机制,而前者则将为自由主义国家带来天翻地覆的变化。而达伦多夫也很清楚这一点,毕竟在19世纪80年代,比利时、法国和德国也曾就基本收入问题开展过激烈的讨论,而达伦多夫对此尤为熟悉——在19世纪的土地分配问题和第一次世界大战后西欧国家的社会重塑问题之后,这已经是无条件基本收入问题引发的第三次浪潮了……

自由、可持续性和制度变革:左派人文主义的基本收入制度

"取消失业救济金、法定养老金、社会福利、儿童津贴、对赡养义务承担者的税收减免、助学金、促就业措施、对次级劳动力市场的国家补贴以及对经营困难企业提供的国家援助,转而每月支付给每个公民一笔足以满足个人基本生活需求的资金。无论他是否工作,是贫穷还是富有,是独自生活还是与家人生活,是否已经婚配,也无论他过去是否曾工作过……他都有权获得这笔资金。同时,废除现行劳动力市场上的所有规则,以及有关最低工资和最长工作时间

的所有法律规定。"[1]

无条件基本收入制度是一种超越了传统福利国家模式的制度。它的提出是对 19、20 世纪社会民主成就的根本性打击，是对世界上所有因物质条件而产生的社会问题的最佳解决方案——写就这些精彩话语的是来自比利时鲁汶大学的三位年轻学者：经济学家菲利普·德菲特（Philippe Defeyt）、社会学家保罗·玛丽·布兰格（Paul-Marie Boulanger）以及博士毕业于牛津大学的哲学家兼经济学家菲利普·范·帕里斯。1984 年，他们聚集在一起组建了傅立叶集社，并参与了由博杜安国王基金会所发起的一场比赛。比赛的主题是关于"工作的未来"，在这次比赛中他们共同写就了这些极具生命力的文字。

事实上，傅立叶集社也确实赢得了这场比赛。20 世纪 80 年代初是一个经济很不稳定的时期。当时，自动化浪潮正在席卷西欧，几个工业化国家正经历着自第二次世界大战以来最高的失业率。在英国，以撒切尔夫人为首的保守党在超过 300 多万人失业的情况下仍然赢得了政权；在德国，赫尔穆特·科尔（Helmut Kohls）所在的基民盟也在有 200 万失业者的情况下成功赢得选举。经济学家、哲学家和社会学家都纷纷讨论着达伦多夫所说的"劳动社会的终结"[2]。人们不再将高失业率看作经济或政治事故，而是将其看作"结构性"失业的结果。19 世纪 80 年代，英国和德国长期失业人口的数目一直保持在一个较高的水平。许多老年人或者有健康问题的人都找不到就业岗位，许多妇女和缺乏专业技能的人也同样是如此。虽然，通过灵活就业以及为就业者提供全面的进修培训，失业率已经在逐步降低，但现状依旧是：许多在 19 世纪 70 年代很容易就找到工作的人，现在却无业可就。

鉴于这样的社会背景，乌托邦主义在许多西欧国家蓬勃发展，人们开始理解和接纳无条件基本收入，想用它来替代现有的劳动和绩效社会，并尝试着让人的价值和尊严不再依赖劳动力过剩的就业市场。此时，似乎已经是时候提出：我们不能再用经济实用价值来衡量公民的自我价值感了。早在 1975 年，阿姆斯特丹大学社会医学家简·彼得·柯伊伯（Jan Pieter Kuiper）就已经在朝着这个方向思考了；1977 年，这个想法被荷兰政治激进党（PPR）所采纳。此前不久，在这个基督教左翼政党中还诞生了两位部长。

一年后，畅销书《中间派的抗争：未来社会秩序的模式》（*Røret om oprøret: Mere om midten*）在丹麦出版。该书由社会自由派政治家兼部长尼尔斯·海尔韦·彼得森（Neils Helveg Petersen）、工程师兼物理学教授尼尔斯·迈耶（Niels I. Meyer）以及 20 世纪丹麦著名的哲学家维利·瑟伦森（Villy Sørensen）共同撰写。该书销量超过 10 万册，并被翻译成多种语言。在书中，作者列举了他们所认为的会导致工业国家陷入生存危机的所有矛盾：为什么经济进步总是意味着削减社会福利？为什么全球繁荣发展没有带来世界和平，而是导致军备开支不断增加？西方工业国家利用他们的国际经济政策挑起的冲突越来越大，而他们却愈发冷漠麻木，不负责任。该书作者总结道，一个"人道的、生态的和可持续的社会"最终必须正视其政策举措会带来的后果。

难以置信，该书的作者们在 1978 年就已经提出了这么多超前的想法。书中写道：政治家、物理学家和哲学家呼吁建立规模更小、合作性更强的公司，大量使用太阳能，赋予市政当局更多权力，并建立一个由专家组成的第二议会，从而对政治家进行密切的监督。在工作方面，作者们希望能消除工作、教育和休闲之间鲜明的界限。此外，书中还谈到了无条件基本收入。人们很难想象，这本书远远不止是在文学圈内大受欢迎。虽然书中的这些想法直到今天才真正流行起来，但当时，这些想法也在左翼圈子里引起了热议，甚至还切实地进入了主流社会：施密特、赫伯特·韦纳（Herbert Wehner）、科尔或弗朗茨·约瑟夫·施特劳斯（Franz Josef Strauß）等，都是该书的读者。然而，公众往往在几十年后才能意识到这些想法的重要性和必要性——18 世纪的启蒙运动是如此，今天的启蒙运动亦是如此！

　　虽然"中间派的抗争"并未出现，但关于无条件基本收入的讨论却开始蔓延开来 3。1984 年，基本收入研究团体（Basic Income Research Group）在英国成立。同年，"生态自由主义"的先驱、绿党的托马斯·施密德（Thomas Schmid）——后来阿克塞尔·施普林格出版集团《世界报》项目组的负责人——发表了文集《摆脱虚假工作》（*Befreiung von falscher Arbeit*），德国从此也开始了关于基本收入的讨论。此外，还有三位在德语国家享有盛誉的思想家，即奥地利社会学家乔治·沃布鲁巴（Georg Vobruba）、社会学家迈克尔·奥皮尔卡（Michael Opielka）以及克劳斯·奥菲（Claus Offe）也参与其中，他们对基本收入制度的概念及依据进行了详细地探讨。法国也不例外，在这里也诞生了两场社会运动。一场是经济学家约兰·布列松（Yoland Bresson）创立"生存救济协会"（AIRE）所引发的运动，另一场是社会学家阿兰·迦耶（Alain Caillé）所领导的"社会科学中的反功利主义运动"（MAUSS）。

　　1986 年 9 月，无条件基本收入的第一个跨国联合组织在傅立叶集社的领导下成立。这个跨国联合组织的名字叫作基本收入网络（BIEN），该组织成立于比利时新鲁汶市，它是今天基本收入地球网络 ①（Basic Income Earth Network）的前身。与此同时，西欧左翼最重要的思想家格尔茨也加入了无条件基本收入的支持者行列。几年前，格尔茨还狂热地抨击无条件基本收入。他认为，"无条件基本收入并不是社会团结互惠的结果，而是一种制度性的施舍"。但后来，他

---

① 基本收入地球网络，成立于 1986 年，旨在充当所有对基本收入感兴趣的个人和团队之间的纽带。

逐渐意识到，也许无条件基本收入并不一定会导致"分裂"和"社会的南非化"[4]。1986 年春，他承认"收入权……不应再与工资权相混淆"[5]。而最终，他不再认为只有那些在一生中工作了 20 000 小时的人才可以获得基本收入（他的这一想法是受到了贝拉米的启发）。在他的晚期作品《超越工薪制社会》（*Misères du present, richesse du possible*）中，他还对基本收入的"无条件性"表达了支持[6]。

20 世纪 70 年代末以及 80 年代的这些讨论为无条件基本收入打开了全新的局面。它不再被视为解决贫困和大规模失业的手段，而是代表着有更多人可以参与社会以及参与再分配，因而也代表着社会制度的重大变革。许多无条件基本收入的倡导者梦想在资本主义和社会主义之间建立"第三条道路"。与当时的保守派以及大多数的自由派、社会民主派人士不同的是，基本收入的倡导者们并不认为他们所梦想的"第三条道路"能够在社会市场经济中得以实现。毕竟，屡屡出现的"劳动社会危机"已经充分地说明了，传统方式并不可行。

无条件基本收入能否成功实现社会制度的变革？这次思潮里出现了五个新的观点。

第一是关于可持续性的问题。工业社会为了追求进步和繁荣，到底付出了多少至今未曾估算过的隐性代价呢？从这个角度来看，任何不计代价的就业和经济增长都是不合理的。无条件基本收入似乎是一个合适的方式，可以从人们几乎无限的需求中甄别出什么才是人类真正的需求。在这个基础上，我们就可以重新审视，我们为什么而工作？以及我们到底需要多少货物和商品才能满足真正的生活所需。

第二，工作的概念发生了新的变化。当我们从常规的思维模式中跳脱出来时，可能就会产生以下疑问：我们为什么要工作？一份好的工作能满足我们的哪些需求？而一份差的工作又未能满足我们的哪些需求？为什么大多数情况下，劳动比工作带来的满足感要少得多，但通过劳动拿到的薪资一般却少于通过工作拿到的薪资？社会上的哪些活动是必要的，哪些活动不是必要的？为什么后者的报酬往往比前者更高？未来，那些不受求职者欢迎的工作必定会在薪资待遇方面有所提高，这不就是无条件基本收入所拥有的一个不可估量的优势吗？

第三，无条件基本收入制度意味着每个人可以拥有更多的自由。像达伦多夫这样的自由主义者，范·帕里斯这样的生态自由主义者，以及已故的格尔茨这样非正统的左派都有一个共同的观点：引入无条件基本收入以后，国家就不能再用传统劳动就业社会的条条框框来衡量人们的生活，所以家长式国家带来的压力也会随之烟消云散，人们会变得更加独立，也更加自由。

第四，19世纪80年代以来，无条件基本收入有了许多新的支持者。对他们而言，无条件基本收入代表着资本主义和社会主义之间的第三条道路。无论是资本主义，还是社会主义，其实都把人类置于劳动社会的规范之下——前者是出于对利润的贪婪，而后者则是受到伪人类学的影响。如果我们能把这两种制度从劳动社会的范式中解放出来，那么这两种制度的优点就可以被重新组合，其缺点也可以被消除。在奥皮尔卡看来，无条件基本收入超越了资本主义工业体系，从而使资本主义与"社会主义及共产主义之间的妥协"成为可能[7]。对于范·帕里斯以及其他许多无条件基本收入的拥护者而言，自由主义如果始终能保持初心，而不是朝着确保统治权的方向发展，那么它必然会通往一个理想的社会主义社会。其原因在于，如果每个人都享有不受政治和物质压力自由发展的权利，那么将物欲置于一切之上的压榨机制便会消失，资本主义社会制度也会随之瓦解。个人的财产会变得没那么重要，个人的自我意志也会变得更加强烈。最终的结果将是一个没有压迫的社会主义社会的诞生，它与东方集团不切实际的社会主义制度下诞生的不合理的极权主义社会有天壤之别。

第五，20 世纪 80 年代产生了许多为无条件基本收入融资的新理念。能否像奥皮尔卡和傅立叶集社提议的那样，通过对其他收入征收累进税来实现融资？或者，无条件基本收入的融资应该与个人所得税相分离？还有一些其他的融资方式，也慢慢进入了人们的视野，例如对消费征税，对资源的使用与消耗征税，或者对机器和资金流动征税。

但几年后，第三次浪潮也逐渐褪去。东方集团的国家资本主义的崩溃不仅终结了一个幸存的社会制度，而且几乎所有"左派"的东西也都随之消失了。20 世纪 90 年代初，确实没地方能容下改进、改变、改造甚至废除资本主义的想法了。这种想法甚至几乎都没有人可以理解。为什么要改变一个在世界历史上明明已经成为获胜者的制度？美国哲学家弗朗西斯·福山（Francis Fukuyama）所宣告的"历史的终结"（该宣告后来又被撤回）塑造了 20 世纪 90 年代的时代精神。社会主义思想似乎受到了质疑，西方的资本主义制度似乎是最好的经济与社会形式，它不需要进一步改进，而只是需要变得更有"效率"。正是本着这种精神，欧洲国家元首和政府首脑于 2000 年在里斯本召开的首脑会议上通过了"里斯本战略"。该战略旨在带领欧洲大陆获得更多的活力和竞争力。从里斯本战略开始，一直到德国在社民党领导和绿党参与下通过"2010 议程"以及哈茨法案，还只是欧洲各国在追求"效率"的道路上迈出的一小步而已。

还有谁会关注左派在 20 世纪 80 年代提出了哪些关于全球发展的展望呢？还有谁会关注如何解放人类并创造一个更公正的世界呢？这种低迷的情绪一直持续到 21 世纪。此后，关于无条件基本收入的一些根本性问题才逐渐重新得到关注与讨论，而这一次的讨论不会再次停滞与枯竭。20 世纪 80 年代提出的那些老问题，比如经济增长极限的问题、社会和生态可持续发展的问题，现在已经变得不再小众。它们受到了所有政治派别的关注，再也不会被压制或忽视。毋庸置疑：中间派终于开始抗争了。这一次，他们能做出正确的决定吗？

基本收入已经深入到了主流社会。2004 年，德国的"基本收入网络"成立了，类似的论坛和联盟遍布整个欧洲。企业家维尔纳在电视和公共场合宣传他所推崇的无条件基本收入模式。尤为引人瞩目的是由德国艺术家恩诺·施密特（Enno Schmidt）和瑞士企业家丹尼尔·哈尼（Daniel Häni）在瑞士发起的"基本收入倡议"。他们的目标是在瑞士举行全民公投，将来如果有可能的话也会在德国举行全民公投。2011 年，瑞士第一个关于基本收入的民众倡议因签名人数不够而失败。该倡议希望通过对不可再生能源征收激励税，通过征收土地和水资源使用费，以及通过建筑权转让租金来为无条件基本收入提供资金。2012 年，瑞士再次就基本收入问题发起民众倡议。这次的民众倡议比较成功，而且已经于 2016 年 6 月进行表决。大约47% 有投票权的瑞士人参加了此次投票，其中 23.1% 的人投票支持引入无条件基本收入，76.1% 的人表示反对。

至今，对全欧洲的基本收入反对者而言，这个投票结果仍被视作对他们所持有的反对意见的一种肯定。看吧，只有少数人欢迎这样一个激进的提议。但对于基本收入的支持者而言，这个投票结果却是一个巨大的成功。就连瑞士这样一个制度完善、不存在赤贫、失业率只有 2%~3% 的国家都有接近四分之一的投票者支持无条件基本收入，这难道不是很难得的吗？如果在保加利亚或葡萄牙进行投票，结果又当如何呢？此外，还有一点也值得考虑：现如今，在经历了新冠疫情带来的劳动力市场冲击之后，人们又会在多大程度上对无条件基本收入持开放态度呢？毕竟，德国政府现在迫切希望能够保障每个人的生存。而一个需要 800 多亿欧元来补贴的、现收现付制的养老金体系，到底还算不算得上是现收现付制呢，抑或它其实已经将代际契约和国家养老金杂糅在一起变成了一个奇怪的混合体？

今天的基本收入：实现无条件基本收入的现实要素

如前所述，无条件基本收入虽源远却并不流长。如今，它已经引起了越来越广泛的讨论，但这绝不是巧合。第二个机器时代已经让我们的经济变得更加富足，让自动化程度得到了极大的提升，让人们拥有了更多的休闲时间。所以相比 20 世纪 60 年代或 80 年代，实施无条件基本收入的可能性也得到了进一步的提高。许多西方工业化国家都已经具备了实施无条件基本收入所必需的生产力。那我们为什么还是没有采用基本收入的形式来保障全民富裕呢？这一点我们越来越找不到理由来证明。所以现在，我们需要解释的不再是为什么要在德国实行无条件基本收入，而是为什么明明可以实行，却没有付诸实践。

事实上，如果德国想要实施无条件基本收入的话，还有很长一段路要走。人们仍然满足于基本保障，而不是基本收入。满足于将要实施的所谓的"公民津贴"，虽然它与此前实施的哈茨四救济金并无明显区别。和以前一样，公民津贴仍然和传统劳动就业社会的诸多条件捆绑在一起。如果有人拒绝接受给他们安排的工作，就会被视作无端推诿，他们就会受到制裁。而真正的无条件基本收入其实并不涉及"社会文化层面的最低生存保障"，所以公民津贴和 2019 年的"团结基本收入"一样，也只不过是换上了一个具有欺骗性的标签。2019 年 6 月，当时的市长迈克尔·穆勒（Michael Müller）在柏林推出了一个名为团结基本收入的制度。根据该制度，柏林政府要在一些公共行业内为特定的失业者们创造一系列按行业协议支付工资的就业岗位，这简直就像团结基本收入这个概念一样既荒谬又有误导性。

从积极的方面来看，不断有人反反复复地议论和探讨公民收入以及基本收入之类的概念至少说明了一件事：德国政府官员正在感受风向。虽然目前还没有人有勇气、意志和足够的乐观精神来真正地启航，但他们已经意识到旅程将走向何方。未来的关键性问题不在于是否要在德国以及其他西欧国家推行基本收入，而在于何时，尤其是推行何种基本收入。因为弗里德曼所提出的"小"基本收入制度很难成为现有社会保障制度的有用替代。"小"基本收入制度并不是一项基本权利，因而它甚至都算不上是一项基本收入，而只能算是一种无条件的最低收入。所以，它并没有满足为所有人提供公民津贴的关键标准。无论是对"小"基本收入的接受者还是对出资者而言，它所提供的生存保障仍然与就业存在密切的关联。就这一点而言，它仍然是一个典型的带有传统劳动就业社会印记的概念，而不是一个符合 21 世纪意义社会的概念[1]。

我们要缔结的新的社会契约应该要能保证所有公民的无条件基本收入，从而使每个公民真正变得更加自由。无条件基本收入不应该仅仅只是一种实用的手段，而应该是工业社会所迈入的一个新的、更高阶的发展阶段。这个进阶阶段的任何替代性方案对许多人而言都只是一种退而求其次的选择。如果有人认为莱克维茨在《幻想的终结》（*Ende der Illusionen*）中所描述的情景并不是一种从历史哲学角度发起的诅咒，而只是因为莱克维茨没有考虑到应该如何进行进一步的发展，那么他们肯定会考虑推行无条件基本收入。因为，对无条件基本收入而言，传统劳动就业社会这个框架并不是不可动摇的。社会和社会秩序在历史进程中不断变化，为何偏偏在现在这个时代，就不可能再发生这样的变革呢？

和达伦多夫一样，我认为这场变革最重要的切入点和出发点是在于保障自由和增加自主权。与之相应，无条件基本收入就应该为每个德国公民提供从 19 岁到生命结束的生存保障。因为只有拥有了足够的物质条件，才能自由地安排自己的生活，才能实现真正的自由。这一点而言，自由主义和左翼的想法是相通的。相较传统的劳动就业社会，21 世纪意义社会的自由主义和左派思想极有可能会变得越来越接近。但自由主义提倡尽可能地提高市场和企业的自由度，而左派则强调尽可能地提高工作保障和实现公平分配，这两者之间仍然存在不可调和的矛盾。未来的口号是：我们要将生存保障视作公民的基本权利，从而实现公民的自由。在这一方面，我们应该要多一些国家干预。而在另一方面，也就是家长式的国家公共机构以及劳动力市场中，则应该要少一些国家干预。如果每个人都能得到充分的保障，那么即使劳动力市场和劳动合同变得更加灵活、更加自由，也不会再有劳动者遭受利益上的损失。如此一来，既不会损害企业的自由，又能够满足今后所有人在平衡工作和生活方面的需求，这样一种能将各方利益结合起来的新方式真是令人期待。

然而，这种想法是否现实，是否具有前瞻性，取决于许多条件。首先，必须确定未来无条件基本收入的金额以及这个金额是否确实能改善转移支付接受者、失业者、救济金领取者和退休人员的收入状况。目前在德国，单身人士领取失业救济金的标准是 446 欧元。此外，根据地区不同，还有 390~590 欧元不等的房租补贴，以及约 130 欧元的医疗、护理和养老保险补贴。如果把热水费或搬家费等小额补贴也算在内，那么德国每个领取救济金的单身人士根据其所属地区每月可领取到 950~1200 欧元不等。而那些因身体有残疾而需要无障碍住房的人，还能得到附加住房补贴等一系列额外的福利。如果一个家庭里面有多人领取哈茨四救济金，或者某个哈茨四救济金领取者有孩子，那么就不再是以个人，而是以家庭为单位来进行计算。每个人能从国家那儿获得什么保障以及获得多少保障，也不再取决于公民个人的情况，而是取决于他所在家庭的经济情况。那么问题来了：以家庭为单位真的能保障个人的生计吗？

如今，像 20 世纪 50 年代以前那样靠男人养家糊口的资产阶级小家庭大多都已经不复存在了。但德国《社会法典》（ *Sozialgesetzbuch* ）却仍然以家庭为单位考虑问题，这实在令人惊讶。稍稍留意一下生活就能清楚地知道，21 世纪真实的生活模式已经变成了组建重组家庭、频繁更换伴侣、夫妇分居、合租住房、频繁搬家，等等，而这些生活模式大多都已经和阿登纳时期的家庭概念毫不相关了。

因此，要想通过无条件基本收入来增加每个公民的自由，就必须只能以个人而不能以家庭为单位。而且，基本收入的金额不得低于目前德国哈茨四救济金领取者所能拿到的最高金额。因此，不能像企业家维尔纳近二十年来一直呼吁的那样，仅仅给每个人 1000 欧元作为无条件基本收入，而国家不再提供任何东西，还要取消包括住房补贴在内的所有社会福利[2]。对目前大多数哈茨四救济金领取者而言，这样低的基本收入将意味着他们的整体财务状况还会继续恶化。维尔纳想让每个人过上有尊严的生活。他的这个目标虽然崇高，可惜他的提案却与他的目标相去甚远。因为按照维尔纳的提案，如果某个人在慕尼黑领取了 590 欧元的住房补贴，而且这笔住房补贴以后还要用来支付自己的房租的话，那么他就只剩下 410 欧元了，而这笔钱还要用来支付医疗和护理保险费用！虽然维尔纳是出于人道主义提出了这样一个提案，但这个提案显然是没有经过深思熟虑的。至于施特劳布哈尔所提出的给每个公民发放 750 欧元或 925 欧元的建议，那就更不用说了[3]。

养老金也同样是如此。如果无条件基本收入的发放是从 19 岁开始一直持续到生命结束，那么基本收入就相当于将来的法定养老金。而这个法定养老金的金额就等于我这一生能从国家那儿拿到的无条件基本收入的金额。如果有更高的养老需求，就必须工作，必须购买商业养老保险，或者自己为自己的老年生活做好准备。如果无条件基本收入的金额真的是 1000 欧元及以下的话，这肯定不是一个好消息。2021 年，旧联邦州的法定养老金标准为税前 1539 欧元，新联邦州为税前 1506 欧元 [4]。这相当于德国平均收入的 45%。然而事实上，养老金标准是一个毫无意义的数值。因为，只有那些购买养老保险已经满 45 年的人才能足额地领取到这笔养老金。此外，这 45 年的工作时间还不能有任何中断，工资也不能低于平均水平太多。结果显而易见：德国大多数人都远远没有达到领取全额养老金的标准。最后，值得一提的是，新联邦州的男性平均工作时间为 44.5 年，旧联邦州为 40.6 年。而女性之间的差异则更为显著。在新联邦州，女性平均工作了 41.5 年，而在旧联邦州只有 28 年。难怪东德男性的实际平均养老金为 1300 欧元，西德男性为 1210 欧元，东德女性为 1075 欧元，而西德女性则仅为 730 欧元！[5]

为了解决这个问题，德国的社会民主党人成功地为每个工作满 33 年且支付了养老保险的退休人员争取到了基本养老金。通过极其复杂的审查与计算来决定他们是获得额外补贴还是不得不继续靠五六百欧元的养老金过活。社民党主席萨斯基娅·艾斯肯（Saskia Esken）曾说过一句话："有了基本养老金以后，许多达到退休年龄的人才终于得到了对其一生成就的认可。"[6] 她的这句话听起来很是悲怆，但悲怆中又带着不由自主的讽刺。并不是所有的退休人员，而仅仅只是其中的一部分人才能得到对其一生成就的认可。一个在钢铁厂工作了 32 年的人无权领取基本养老金，而一个在行政部门工作了 34 年的人却有权领取。家长式的国家仔细地审查我的工作年限以及我是否中断过工作，以此来确定我一生的工作是否值得被认可，并据此给我提供退休金保障，而这笔退休金的金额通常还不到 1000 欧元每月。这并不像艾斯肯所说的那样，能够让"所有拿着低收入和低养老金的人"从中受益 [7]。事实上，他们中只有一部分人能够受益于此——而且这个益处其实也并没有达到它本来应该达到的程度。

像德国这样世界上最富有的国家之一，却只给数百万老年人提供不到 1000 欧元每月的养老金，这不是一个运作良好的福利国家该有的表现。相反，拿劳动人民的钱一次又一次地对现有的福利国家制度缝缝补补，这并不能使这个制度变得更完美，而只会让它更加漏洞百出。与此同时，福利国家制度背后的问题仍在急剧增长。如前所述，养老金已经无法再以传统的方式进行融资了。在这种情况下，无条件基本收入承诺了一种全新的模式。根据这种模式，每个德国公民可以领到的基本收入不应该仅仅是 1000 欧元及以下。相反，无条件基本收入的金额必须明显高于基本养老金，并远远高于以前的哈茨四救济金，即应该达到每月 1400 欧元或 1500 欧元。

面对这样一个提议，人们可能不禁会感到疑惑：那这笔资金要从哪儿来呢？当人们提出这样的一个问题，人们其实已经假定了，国家负担不起如此高额的无条件基本收入。但如果我们仔细思考就会惊讶地发现，国家怎么可能会负担不起无条件基本收入呢？德国国家历史上有很多计划，在当时都被其反对者认为是完全无法负担的，但这些计划都已经成功了，不是吗？我们现有的社会保障体系里有许多成就都曾被嘲笑是冒险的、天真的，比如不再使用童工，为所有儿童提供义务教育、法定养老保险和医疗保险、商业养老保险、社会福利、儿童金等。在 19 世纪中期，人们甚至都无法想象这些要求能成为现实，因为这些人道主义的想法总被认为是离经叛道的理想，是在煽动社会动乱，而且关键在于——人们总是认为，国家完全无法负担这样的要求与想法。因此，这些想法在当时肯定也受到了绝大多数经济学家的反对。但现在，这些经济学家却要一次又一次地重蹈覆辙。

如果将来，德国的计算机及机器人使用率越来越高，而这些计算机和机器人并不需要缴纳任何社保，不需要领取养老金，不需要休假津贴或孕产妇补贴，不需要睡觉，而且可以不知疲倦地日夜工作来创造财富，那为什么还不能为无条件基本收入筹措足够的资金，从而抵消社会进步的悖论呢？有争议的问题已经不再是是否应该实施无条件基本收入，而应该是如何为基本收入融资，以及我们可以为基本收入挖掘或开发哪些新的资金来源。这绝对不是一个哲学问题，更不是一个社会理论层面的问题。现在需要的是那些想要实施无条件基本收入的经济学家的专业知识，需要的是精确的数学模型，需要的是计算与权衡——而这一切都是为了给意义社会打下经济基础。

关于基本收入的资金来源，人们提出了许多建议，也想到了许多计算方法，但其中的很多方法与建议都不够清晰明了。最合理且乍看之下最务实的融资方案仍然是对劳动所得进行征税，也就是说基本按照负所得税模式来征收个人所得税。目前，这种融资方式最突出的代表是施特劳布哈尔，他在过去几年多次对这种融资方式进行了详细的计算[8]。如果采用乌尔姆转移边界模型（TGM）[①]之类的计算方法，无条件基本收入就可以通过个人所得税来进行融资。利息、租金收入和股息收入也算在个人所得里面，不再单独计税。施特劳布哈尔的计算结果是，通过这种模式只能提供每月不到 1000 欧元的无条件基本收入。这样一来，救济金领取者就还得面临收入进一步减少的情况。

对于意义社会，这并不是一个令人满意的融资方式。这个融资方式的主要目的是在于减少官僚主义以及彻底精简福利国家，而不在于为意义社会——即不以就业为首要标准来衡量人的价值的社会——提供基本保障。鉴于第二个机器时代发生的结构性剧变，未来可能会有数百万人面临失业，所以通过征收个人所得税来为无条

---

① 乌尔姆转移边界模型（乌尔姆模型）是 1996 年德国乌尔姆大学所提出的一种为基本收入融资的税收模型。——译者注

件基本收入筹措资金的举措似乎就显得相当荒谬了。这种做法无异于试图用浇水壶来扑灭房子的火。如果失业的人越来越多，那么针对劳动所得征收的个人所得税就无法再负担得起福利国家的支出。负所得税从来就不是为应对第二个机器时代的挑战而设想的方案，因此它也解决不了这个时代所面临的问题。

因此，想要适应未来社会就必须脱离传统的思维方式，不再通过（或者至少不主要通过）征收个人所得税来为无条件基本收入提供资金。因为，如果我们继续走这条道路，我们迟早将会陷入和今天的福利国家制度一样的困境。为此，维尔纳提出了几个著名的替代性方案：比如，只对消费而不对收入进行征税；对自然资源，特别是土地资源征税；对二氧化碳排放或对环境污染征税（庇古税）。这些建议各有利弊。事实上，消费税对有钱人来说不构成多少影响，但却会给那些经济并不宽裕的人带来负担。像潘恩提议的那样对土地资源征税，似乎也不再合乎时宜。并不是所有拥有大量土地的人都能支付得起高额的税款，因为并非所有土地都能产生相应的收益。虽然现在已经引入了碳税，但可持续发展革命也急需这笔钱。

因此，比较值得考虑的是征收生产税或机器税。这两个概念从第一次工业革命时代就已经存在了。20 世纪 40 年代十分流行"经济红利"。因此，早在 1942 年，美国科幻作家罗伯特·海因莱茵（Robert A. Heinlein）就已经在他的小说《地平线之外（乌托邦 2300）》[*Beyond this Horizon*（*Utopia 2300*）]中提到了普遍征收生产税或机器税[9]。现在，这种想法不是已经有可能实现了吗？我们为什么只对工作的人征税，而不对工作的机器，如拖拉机、煤炭挖掘机、印刷机以及越来越多的计算机和机器人征税呢？他们不是也创造了巨额的价值和利润吗？难道就不能像海因莱茵所描述的那样，由它们来为我们的退休金和基本收入提供资金支持吗？

在自动化红利的基础上创造社会红利可行吗？事实上，这种征收生产税的模式已经被反复多次讨论，并且已经有大量的研究对其进行了全面的估算。不对劳动者征税，而对所有的生产行为征税。唯有如此，才能判断出企业的经济实力和盈利能力，从而确定其应交的税额。在第二个机器时代，这个想法以及这个模式得到了前所未有的重视。就连比尔·盖茨这样通常不太可能会支持征税的人，也在 2017 年提出了征收机器税的建议[10]。然而，机器税只是生产税的一种最基本的形式，或者说是简化版的净生产税。因为生产不仅会涉及工资支出、企业应缴税款和机器的使用，还会涉及机器、建筑物和设备的折旧、借贷利息、租金以及各种各样的补贴。

这种模式的优势是显而易见的。决定税收的不再是雇员的数量，而是企业的业绩。而且，税基的范围越是广泛，需要征收的个人所得税也就越少。这样一来，社会保障基金就不再仅仅依赖于就业，其收入的来源就变得更加广泛。就算人类在第二个机器时代被计算机和机器人所取代，法定养老金也几乎不会受到影响；这与现行制度相比是一个多么关键的优势啊！但有一点需要注意：这类生产税必须按累进制进行征收。对于那些使用机器进行生产与工作的小型个体经营者或自雇人士，比如医生或小型农场主，可以考虑免除其生产税。只有在营业额达到一定的数值后，才有必要征收此类税款。同理，政府和志愿组织也是如此。事实上，早在 1998 年南蒂罗尔就已经以意大利大区税（IRAP）的形式引入了这种模式，并成功进行了试点[11]。

在德国，这一提议也被提出了很多次，但往往被否决。对征收生产税尤其感到愤慨的是德国工会联合会[12]。他们对德国机器密集型企业的命运尤为担忧。他们认为，与微软这样几乎不依靠任何计算机设备的全球软件巨头相比，这些机器密集型企业岂不是面临巨大的劣势吗？答案是否定的，这些企业所面临的劣势其实并不会像工会联合会所设想的那么明显。既然软件公司的营业额如此之高，那我们也可以对软件公司征收更多的税款，不是吗？问题的关键只在于，生产税如何定义"机器"这个概念。为什么我们只对硬件，而不对生产所需的软件征税呢？此外，为什么我们不将这类税收命名为"技术税"，而选择了"机器税"这么具有误导性的名字呢？

与奥地利工会不同，德国工会之所以这么急于否决这一提议，实际上可能另有其他原因[13]。德国工会声称，征税生产税会"分散我们的注意力，让我们忽略掉那些社会真正在面临的挑战"，例如"增加教育投资、打造人性化的工作环境以及扩大公共决策中的公民参与"。但征收生产税会在多大程度上分散我们的注意力呢？为什么德国工会会认为，像意大利大区税这样的生产税可能会分散掉人们对这一切的注意力呢？事实上，征收生产税和减轻劳动负担并不会对教育投资、打造工作环境或共同决策产生任何负面影响，它们之间甚至根本就没有任何联系！这一切可能就只是一个借口，不是吗？许多工会主义者其实已经对生产税有了完全正确的认知，不是吗？他们已经意识到，通过生产税我们就可以进一步做到"不以就业作为衡量一切的尺度，不以就业当作一切的基础"，不是吗？确实，工会一直努力改善就业环境，想要为劳动者争取更多的空闲时间，但同时他们也担心就业者的空闲时间过多以后，就业可能就会变得更加松散，不再那么依赖社会体制。而像计算机和机器人这样的非人类劳动者则根本就不需要工会……

难怪即使在保守派和自由派经济学家中，征收生产税的建议也不太受欢迎。例如，战略顾问克里斯托夫·卡佩斯（Christoph Kappes）就担心"疗养院也会被征收生产税，他担心医疗保险的费用会变得过高，而这会直接影响到那些需要护理的人以及为他们支付护理费用的人"。因此卡佩斯认为，笼统地对待"自动化红利"也许是"不明智的，也是不符合社会规律的"[14]。但有谁会真的打算对公共机构或医疗服务征收生产税呢？看看南蒂罗尔地区就可以证明：提出这种批评的人，根本就是在与一条并不存在的巨龙搏斗。那我们又该如何看待苏德库姆所提出的反对意见呢？苏德库姆认为，不应该征收任何税费，而应该让公司员工直接从机器人身上获得收益。如前所述，这个想法在德国已经因理查德·弗里曼（Richard Freeman）的推广而广为人知。弗里曼是一位美国经济学家，他在2006 年至 2013 年期间曾是波恩劳动研究所的一名研究员[15]。苏德库姆的这个想法乍听之下确实很吸引人。如果机器人变成了劳动力的一部分，那靠机器人获得收益不是要比靠生产税获得收益直接得多吗？但如果我们仔细思考就会发现，这种提议包含两个重大隐患：首先，公司员工能从机器人身上获得的分红可能非常有限，因此他们也谈不上真正对这些机器人拥有所有权。其次，这个建议使员工的收入与公司的效益直接挂钩。如果公司倒闭了，员工也得承受损失，而且这个损失会远超失业带来的损失。为什么要把劳动者的命运直接绑定在一家公司上，而不用广泛而普遍的技术税来保障他们的未来呢？

与上文提到的提议相比，生产税的症结所在则完全不同。或者，你可以把生产税的症结看作是一个经济学悖论。为了能够向德国所有公民支付无条件基本收入，德国的国民经济就必须蓬勃发展，德国就必须保持很高的生产力水平。德国企业的自动化程度越高，其工资成本就越低，利润就越高。然而，如果向他们征收技术税，就会阻碍他们的自动化进程。因为，如果自动化的成本等同于甚至高于之前相应的人力成本，那企业为何还会选择自动化呢？因此，生产税恰恰有可能会阻碍生产，而我们又必须依靠生产才能获得为所有人提供基本保障所需的资金。

只有当生产税低到不会阻碍自动化时，才能化解这一悖论。但问题是，以国家为单位推行生产税依旧是一件很艰难的事情。与其他国家相比，推行生产税的国家可想而知会面临巨大的竞争劣势。

欧盟各国都面临着与德国类似的问题，因此别无选择，只能将生产税作为一个全欧洲的项目来推行。尽管这条道路会十分艰难，会荆棘丛生，但它还是非常值得向往与期待的。

那生产税有什么好的补充或替代方式吗？或许，不对收入征税，而对支出征税，会更符合时代的发展，也更适合意义社会。因为在意义社会，工作和生活更加分离，不再像以前那样完全交织在一起。然而，现行的增值税并不适合用来代替生产税。众所周知，增值税主要会给那些经济不那么宽裕的人带来负担，他们受到的影响要比富人受到的影响大得多。

对此，金融政治家、瑞士前副总理奥斯华·西格（Oswald Sigg）领导的一个工作组提出了一个更振奋人心的想法[16]。为什么不能尽可能地对每笔货币交易都征税呢？他们考虑的出发点是，这会是一笔巨额的资金。根据西格和他的支持者的计算，瑞士的货币交易量大约是其国内生产总值的300倍。如果对每笔汇款征收0.05%的"小额税"，瑞士就能为每个公民支付2500法郎的基本收入。另外，对于普通公民来说，这种税收几乎不会有太大的影响。在购买面包或取一笔钱时，谁会在乎那0.05%的税款呢？如果你要买一辆30 000法郎的车，也只需要缴纳15法郎的税。由此可以猜测，消费或金融交易也不会因此而受到影响。而金融业的情况则不同，尤其是在高频金融交易中，数十亿的资金在几毫秒内来回流动。在瑞士，大约90%的资金流动都发生在金融业。虽然有一些投机行为可能会因为小额税的征收而停止，但如此高额度和高频率的资金交易依旧能使这笔小额税变成一笔巨额资金。

德国的数据可能与瑞士的不尽相同，但也是极为可观的。2014年，德国联邦财政部委托丹麦咨询公司哥本哈根经济（Copenhagen Economics）计算，征收0.1%的金融交易税以及0.01%的金融衍生品税将为德国财政带来多少收入[17]。首先，这家丹麦咨询公司计算了一下在德国或由德国金融机构交易的所有证券的总规模。计算结果是：在 2014 年，德国的证券交易总额就已经达到了 275 万亿欧元。而且，这个数值现在还在大幅上涨。在 2014 年的时候，征收 0.1% 的金融交易税以及 0.01% 的金融衍生品税就已经能带来约 880 亿欧元的收入，那么到今天这个数额只会更高。

众所周知，联邦财政部委托这家丹麦咨询公司计算金融交易税并不是为了支付无条件基本收入，而只是为了在金融危机后稳定金融市场，并将投机风险降至最低。目前，至少暂时人们还是认为，未来对金融投机的投资回报不应明显高于对实体经济的投资回报——截至目前，情况依旧大体是如此，但房地产行业可能是个例外。其实，以上理念很早就有人表示支持，例如凯恩斯和托宾，他们二人分别在 20 世纪 30 年代和 1972 年就表示要追随这些理念。今天，众多的经济学家，如美国诺贝尔奖得主保罗·克鲁格曼（Paul Krugman）、伯克利大学教授巴里·埃森格林（Barry Eichengreen）或曾在法兰克福大学任教并在全球范围内享有盛誉的国际组织顾问兼经济学家保罗·贝恩德·斯帕恩（Paul Bernd Spahn），也都非常赞同这一理念[18]。尽管仍然有许多经济学家对此持批评态度，但金融交易税的支持者们仍然认为，即使未能达成全球协议，金融交易税依旧是可行的，是成功的[19]。

2011 年，欧盟提出征收金融交易税。然而，正如我们所知，这项提议未能成功实施。2013 年，包括德国在内的 11 个欧盟国家表示支持金融交易税。但事实上，以施泰因布吕克、沃尔夫冈·朔伊布勒（Wolfgang Schäuble）和肖尔茨为首的这些财政部部长表面上对这一政策表示支持，但实际上却在背后对该政策的实施加以阻挠。虽然金融业因此名誉扫地，但其游说集团还是逐渐恢复了在各大报纸杂志，以及在各部委、委员会中的舆论控制权。最近，由于新冠疫情给欧盟国家造成的债务负担，这个关于金融交易税的话题才再次变得热门起来。2026 年，将在全欧洲引入金融交易税——当然，前提条件是所有成员国都表示同意，虽然到目前为止还没出现过这种情况。据推测，财政部前部长、现任总理肖尔茨可能会阻止这一措施的实施。肖尔茨只想对传统的股票交易征收"证券交易税"，而不想对去金融衍生品以及其他金融投机交易征税——但后者其实才是最大的一块蛋糕，也是金融市场不稳定的主要原因。按照肖尔茨的方式，我们根本不能指望可以获得 50 亿欧元及以上的收益 [20]。

与之相比，迈入第二个机器时代所产生的问题则不仅仅是会给整个欧洲经济体带来影响。与第二个机器时代带来的巨大挑战相比，充满投机的金融业到底有多少无节制的欲望以及对征收金融交易税到底有多厌恶，就显得微不足道了。世界各国此时都面临着一个相同的问题：如何阻止中产阶级的阶层跌落？如何防止出现剧烈的社会动荡？鉴于这种威胁的存在，目前看来完全是乌托邦的目标很快就有可能成为现实。推动社会进步的从来都不是各种观点与论据，而是人们激动的情绪以及社会性的灾难。然而，对未来社会的计划必须现在就制定，而不是等到社会已经发生了剧烈冲突，才在不知所措中仓促地做出决定。

目前，德国在养老、医疗、失业、事故和护理保险等国家社会福利方面的支出总额已高达 1.1 万亿欧元 [21]。如果将这笔支出与德国国内生产总值相比较就会发现，德国国内生产总值中约有三分之一的资金流向了社会福利支出。而这笔巨额的社会福利支出中又有三分之一的资金是用于支付法定养老金，而且这种趋势还在急剧上升。

相比之下，如果国家为每个 19 岁以上的公民提供 1500 欧元作为无条件基本收入的话，那么国家还要支付比现在更高的财政支出。因为，国家的社会福利支出虽然高达 1.1 万亿，但其中大部分资金都是由社保购买者自行承担的。在 2019 年，新冠疫情暴发之前，国家为社会福利补贴了 1771 亿。2021 年，新冠疫情缓解后的补贴金额为

2108 亿。因此，以 3500 亿（2019 年）和近 5000 亿欧元（2021 年）的联邦预算来估算，大约有 40% 至 50% 的联邦预算流向了社保系统。

而如果国家提供 1500 欧元作为无条件基本收入，则可以得出如下的计算结果：在大约 8300 万德国公民中，有近 1400 万人未满 18 岁，所以这部分人是领取儿童金而非无条件基本收入，那么就还剩下 6900 万人要领取无条件基本收入，6900 万乘以 1500 欧元等于 1.035 万亿。而法定养老金、失业保险和意外保险相应地就取消了，它们现在是个人事务，而不再是国家的职责。但医疗保险和护理保险还是有必要保留并加以改良，不能让它们被无条件基本收入所取代。按照当前的福利国家模式，国家需要对每个社保案例都进行检查和评估，这会带来巨额的人力和行政成本，而改革之后就能节省下这笔成本。

如果我们将无条件基本收入的融资方式从征收个人所得税转变成征收生产税，并对每笔金融交易征收小额税，那么不论是雇员还是雇主都很可能从中获得巨大的利益。毕竟，对每笔金融交易征收 0.05% 的小额税，就已经足以为瑞士的无条件基本收入提供资金支持。如果德国想要建立一个理想的、类似的模式，我们可以进行如下计算：德国的金融交易额为 275 万亿欧元以上，再加上对日常资金往来征收税款带来的收益。算下来，德国如果征收 0.4% 的小额税就能为整个德国提供无条件基本收入所需的资金。与此同时，还可以大幅降低个人所得税，尤其是低收入群体的个人所得税，最好是能将个人所得税的起征点提高到 20 000 欧元毛收入。这对于目前救济金的领取者以及未来靠无条件基本收入维生的失业者来说，都是一个巨大的好消息。终于，他们又有充足的动力重新去找工作了，因为他们的工资收入不会再抵消掉他们所领取的补贴。这对于领取失业救济金的人来说就意味着：工作又有了回报！而且还有许多其

他人也能从中受益，比如，如果一个护士有三个孩子，那她在没有
无条件基本收入的时候，就必须全职工作才能付得起房租，而有了
基本收入以后，她就只需要从事兼职工作就能得到比以前全职工作
的时候高得多的月收入。而像护理这样艰苦的工作，如果变成兼职
就会变得更有吸引力——这对解决德国护理人员短缺的问题也大有
裨益。

当然，对前文所描述的无条件基本收入也存在许多反对意见，
这些反对意见有的有价值，有的则没有。一般来说，很容易对它们
进行区分和判断。自达文波特和沙利耶时代以来，最糟糕的论点一
直都是出自人类学。与之相较，由左派提出的论点则更加举足轻重。
而最有分量的是经济学方面的反对意见，这方面的意见需要我们进
行详细的讨论和分析。让我们从所有论点中最懒于思考、最未经斟
酌的那个论点开始：人类的惰性。

懒惰的其他人：对无条件基本收入的人类学反对意见

再愚蠢的想法，也需要有人把它解释清楚。无条件基本收入是
否真的意味着在安乐乡里建立一个虚妄的乌托邦[1]？是否真如《法兰
克福汇报》（*Frankfurter Allgemeinen Sonntagszeitung*）的一名记者所怀
疑的那样：引入无条件基本收入以后，将不可避免地出现 16 世纪彼
得·勃鲁盖尔（Pieter Bruegel）在其油画《安乐乡》（*Schlaraffenland*）
中所描绘的场景？这幅油画中的人们，"他们躺在那里，吃饱喝足，他
们在浑浑噩噩中睡去或目光呆滞地盯着一片虚无"。

如果人们不必工作，就会变得颓废且愚蠢。怎么会有人有这样
的想法呢？是他对天主教神学方面的研究让他对人类有如此恶劣的
印象吗？当他从繁重的研究工作中解脱出来，去和家人或朋友一起

连最富有的人都还在继续工作，并渴望增加他们的收入，那么比他们贫穷得多的人难道就不会继续工作吗？

沙利耶也在 19 世纪 30 年代认识到了这一点：人是懒惰还是勤劳，并不取决于人的天性，而是取决于他们做什么工作以及为什么工作。如果能找到一个可以给自己带来满足感的职业，人们就会乐意去工作。而如果只为生存而工作，人们就会深感折磨。假如物质需求能通过基本收入得到保障，那么大部分人的情况都会是前者：一个"基本需求得到保障，不用担心物质生活的人"，从根本上说是"更稳定、更有活力、更勤奋的"[5]。

人的天性到底是懒惰还是勤奋，无条件基本收入的支持者并没有必要对此做出明确的判断。人是环境的产物，每个人的天性和成长经历都有一定的差异。人们能做的只不过是通过一些实证研究来得到一些经验性的调查结果。例如，"基本收入网络"就在其主页上公布了一项调查结果：在回答"如果有基本收入，你是否还会继续工作"这个问题时，有 90% 的人明确表示会继续工作[6]。我自己也曾在无数次讲座中问过听众，如果能拿到无条件基本收入，有没有谁会立即停止工作？结果是，只有在极少数情况下，才有人站出来说自己会停止工作。

为什么会有很多人觉得，别人是懒惰的，而自己却并不懒惰呢？这个问题的答案其实大家都很清楚。半个多世纪以来，有关"我们如何看待自己以及他人"的社会心理学研究表明，人们更倾向于认为自己比别人更有道德、更正直、更有控制力、更善于反思、更真诚[7]。美化自己曾经的所思所想而贬低他人，是一种非常普遍的现象。而这一机制之所以运作良好，是因为"人们认为，其他人的自我认知不如他们自己的自我认知"。[8]这让我们很容易相信，别人比我们自己更懒惰——但这是一种典型的自我欺骗。

因此，无条件基本收入可能会导致懒惰的泛滥，可能会让"罗马帝国晚期的衰败景象"[9]再现之类的说法，其实并没有什么客观依据。目前，还没有任何实证研究结果或社会心理学证据能够切实地证明这些说法。当然，即使社会上已经有了基本收入制度，也还是会有人不想找工作，比如继承巨额财产的富家子女或日常开支极小、只靠社会救济生活的人。每个富足的社会里都会有一些这样的人。我们不能指望未来不再会有这样的人，但我们确实有理由可以相信，如果每个人都能领取到无条件基本收入，且个人所得税的起征点调整为 20 000 欧元的话，那这样的税收制度其实会比之前的失业救济金制度更能激励人们参与就业。而且这样一来，"有业者"和那些有劳动能力但却没有参与就业的"无业者"之间存在的一些社会冲突也能得到缓解。毕竟，后者目前还是依靠前者的经济支持才能维持生活。但如果人们能逐步通过小额税以及（或者）生产税获得无条件基本收入，那么那些无业者就不用再像现在这样，依靠他人的工作来生活了。而那些靠着"社保安全网""吃白食的人"，也就是那些常常被人们刻板地称作"寄生虫"的人，即使他们游手好闲，也不会再大量牺牲他人的利益了。毕竟现在，他们再也无法从国家那里得到任何"有业者"所没得到的东西。

另外，引入基本收入制度还会导致一个直接的结果，那就是：许多报酬低、辛苦且不被社会认可的工作将会在工资待遇方面发生一些变化。如果每月能有 1500 欧元的无条件基本收入，谁还会愿意去扫厕所来挣那一点服务费？谁还会为了那一点微薄的工资去当服务员或洗碗工？谁还会为搬运公司辛辛苦苦运送沉重的家具？谁还会在工资很低的情况下继续送外卖或者送快递？有了无条件基本收入之后，如果这些工作的工资待遇还是保持不变，就不会再有人愿意去从事这些工作了。但这能证明这些人就是懒惰的吗？事实绝非如此！毕竟，哪个自认为有能力的建筑师、高管、政治家、医生或教师会愿意长期从事这种报酬低廉的工作？在大学期间去从事这些工作的话，人们可能并不会觉得浪费了自己的能力，但这不能成为反对上述观点的论据。因为他们知道，自己不会一直做服务员，他们现在做这份工作只不过是为了让自己以后不用再做服务员。毕竟，一直做这样一份工作对他们来说可能就太屈才了。

　　因此，低工资行业相比今天必定会发生一些变化。一方面，他们的工资必须大幅提高；另一方面，工作条件也必须得到改善。而如此一来，无条件基本收入将一举实现工会经过艰苦斗争却至今仍未能实现的目标——仔细想想，这可能也是为什么大多数工会仍然反对无条件基本收入的另一个原因。如果我们从上述不受欢迎的工作中除去那些将来可以被自动化以更高效、更便宜的方式替代的工作，那么肯定还会剩下很多无法被自动化代替的工作。有了无条件基本收入以后，就不会有人因为养老金不够花而不得不去开出租车了。如果他们还是想去开出租车，那是因为他们乐意这样做。而且，医院护士和老年人护工终于也能拿到合理的报酬了。现在，旅游业中约有 60% 的工作被认为报酬过低，而有了无条件基本收入以后，一些服务也会变得更加昂贵，例如理发和餐饮，因为他们现在必须给服务人员支付更高的工资。但那又怎样？有了基本收入，人们口袋里的钱就明显多了起来，也就不会在意这点支出了。而这样一来，也就会有足够的资金流回实体经济循环之中。

　　此外，还有一个方面也会深受影响。以前那些全职从事某些低报酬工作却无法从中得到多少收益的人，现在他们有了无条件基本收入，可能就只想以兼职的形式来做这些工作了。这对许多行业而言，都大有裨益。一位有名的面包师曾在一次特邀嘉宾座谈会中抱怨说，晚上找不到员工烤面包。当他听说我想要推行无条件基本收入之后，他表现出了浓厚的兴趣。尽管几乎没有人愿意把每天晚上烤面包作为全职工作，但如果是作为免税的兼职工作，再加上还有无条件基本收入，情况就完全不同了。因为这样，员工就有足够的时间去做其他事情了。而且，将工资和基本收入组合起来之后，额外的收入就变得非常有吸引力了。根据这位面包师的说法，唯一需要考虑的是，这种兼职工作必须有明确、可靠的合同来加以约束，只有这样，双方才能相互信赖。

无条件基本收入不仅仅是应对许多行业技术工人短缺的一种绝佳手段。此外，它也非常适合用来让绩效社会这个已经受到腐蚀、变得有些讽刺的概念焕发新的生机。仅凭一点，它就应该得到各党派及各选民的重视，至少理论上是如此。那些人们经常提到的"与社会运作系统息息相关的职业"其实才算得上是真正为社会做出了贡献的职业。没有这些职业的存在，我们的社会将无法正常运转。有了无条件基本收入以后，这些职业终于在近代史上首次获得了与他们的贡献相符的酬劳。对社会的贡献终于又有了价值，这对那些已经受到公众认可的"社会杰出贡献者"是如此，对那些贡献未被看到且不被尊重的人亦是如此，是后者托举着前者做出了这些贡献。通常，这些"未被公众看到其贡献"的人甚至都算不上是"辛苦工作的中产阶级"，毕竟在选举中，"辛苦工作的中产阶级"还会有"中产阶级政党"想着要努力拉拢他们，而这些"未被公众看到其贡献"的人，他们以前的收入太低了，所以还算不上所谓的"中产阶级"；换言之，那些在社会福利局担任领导职务的人可以算得上是"辛苦工作的中产阶级"；而那些当着店员和清洁工，靠两份到三份工作养活自己和孩子的人却连"中产阶级"都算不上。

无条件基本收入修复了劳动社会中这一严重的运作缺陷。目前，几乎还没有任何其他措施能够做到这一点。而这恰恰可能是今天许多"社会杰出贡献者"并不欢迎这一举措的原因。毕竟，不是每个人都希望对他们在社会上的贡献进行一番现实的考量。虽然，并不是只有对社会做出了贡献的人才能领取无条件基本收入，但无条件基本收入确实还是会从根本上为这个讲求绩效与贡献的社会带来一些全新的改变。工资和物价的关系会发生转变，许多服务最终也能得到与之相匹配的酬劳。此外，仅仅是在德国，就可以有数百万人免于生存危机。就这一点而言，《时代》（*Time*）杂志的编辑伯恩德·乌尔利希（Bernd Ulrich）将无条件基本收入称为"对抗工作恐惧的社会契约"就非常恰当了[10]。现在，我们已经在很大程度上将教育从先前几十年甚至几个世纪的压力以及恐惧中解放出来，现在轮到消除对工作的恐惧了。如果有谁认为这种跨世纪的飞跃不是一种进步，而应该对其进行抨击，那就需要拿出更有力的反对意见，而不是仅凭着一些站不住脚的想法，凭着一些对人类和工作的偏见，去怀疑人们普遍通过工作来教育自我、实现自我的必要性。而事实上，由工会和各政党组成的左翼阵营确实是尤为热情地提出了大量的反对意见。

要给百万富翁发钱吗：对无条件基本收入的社会学反对意见

基本收入并没有给任何有工作的人带来额外的负担，甚至还减轻了他们的生存负担，同时它还能使低收入者的薪资水平得到提高。尽管如此，工会还是特别喜欢拿出长枪短炮来攻击基本收入这一劳动人民的解放事业，因为他们认为劳动人民能得以解放是一种幻觉。

正如我们所知道的，传统劳动就业社会的一个关键点是"以需求为基础"。谁有需要，谁就会获得更多的补贴。这又有什么不好呢？而无条件基本收入用"为需求提供保障"替代了"以需求为基础"。它不再按照传统劳动就业社会的标准通过复杂的方式来判断，什么地方的什么人在什么条件下有多少需求，或者仅仅是因为懒惰、因为精神和心理问题、因为意外事故等产生了多少需求，而是给每个人发放同样多的资金，这个金额差不多等于以前最需要帮助的人所能领取到的救济金金额。这意味着，没有人会过得比之前更糟糕，相反还会有许多人的生活情况得到改善。居然会有人把这种措施看作是一种倒退，这真是太荒诞了。提出这种批评的人到底是怎么想的呢？

让我们先从一个下意识的反应开始说起：亿万富翁也能拿到基本收入！这太不公平了！这个反应其实和"他人都是懒惰"的想法一样，都是极为主观的。德国大约有 140 个亿万富翁，但他们其实也只能领取到与农民或香肠摊主同等的无条件基本收入。但只要这些亿万富翁的高收入是来源于他们蓬勃发展的企业，那他们每个人要交的生产税其实就会远高于他们每月所拿到的 1500 欧元的基本收入。此外，亿万富翁（包括那些只是继承了亿万资产的人或者那些在金融圈玩着杂耍套路的人）往往不会像普通农民或香肠摊主那样生活，他们的消费往往要大得多，那么每次要交的小额税就会对他们造成更大、更广泛的影响。所以，亿万富翁们并不能通过无条件基本收入来获得比以前更多的可支配资金，甚至情况往往还会恰恰相反。而如此一来，那些极端不公的现象也就不复存在了……

对百万富翁和高收入者来说，情况更是如此。相比低收入者，他们也极有可能要支付更多的小额税。另外，在引入基本收入以后，马上就会有无数的无条件基本收入项目如雨后春笋般涌现出来。这些项目包括翻修学校，在狮子会以及扶轮社的支持下修建动物园，发展援助项目，教会活动，等等。对于许多高收入者，把国家发的基本收入捐给这些项目，便能得到荣誉和更高的自我价值感。虽然这些项目捐赠活动都不是强制性的，也不是所有人都会这样做。但是还是会有很多人乐于和朋友、熟人讨论，他们把自己的无条件基本收入捐到了哪里，用来支持了哪些善举。

"为什么国家要给百万富翁或者是劳动市场上的高收入者发放

无条件基本收入？"[1]这个令人愤愤不平的问题刚被提出来就很快得到了解答：之所以这样做，是因为引入无条件基本收入的目标就是让生计保障成为每个人的基本权利，从而解除生计保障对劳动力市场的依赖。而且，如前文所述，高收入者无论如何也很难从无条件基本收入中获得经济上的好处。虽然，给富人发补贴有害无益的说法只不过是只一捅就破的纸老虎，但许多工会会员、社会民主党人和一些左派人士似乎还是认为，这种说法非常重要，他们不能置之不理。

另一个同样荒谬的论点是劳动经济学家海因茨–约瑟夫·邦特鲁普（Heinz–Josef Bontrup）提出来的："无条件基本收入领取者如果有能力工作却选择不工作，这不仅是在让别人替他们劳动，这同时也是对别人的一种剥削。"[2]邦特鲁普认为，领取无条件基本收入的人就是道德败坏的剥削者——也就是说，如果每个人都领取无条件基本收入，那么他们每个人就都是剥削者，不管他们是否本意如此。邦特鲁普的想法和人类天性论如出一辙，他似乎也认为，有了无条件基本收入以后，社会就会分裂为两个阵营：一部分是那些从不工作的人（剥削者），而另一部分是那些一直在工作的人（被剥削者）。他并没有考虑到，基本收入制度其实可以促进灵活就业、兼职以及其他类似的就业模式。他也没有考虑到，未来会有越来越多高度自动化的机器人来代替人类促进社会的发展与繁荣。可怜的被剥削的机器人啊——至少还有人怜悯他们，真好。

然而，如果社会上关于无条件基本收入的反对意见都只是基于以上这些算不上复杂的论点，那我们可能就把事情看得太过简单了。毕竟，以上这些论点都只不过是固执地想要将意义社会套进19 世纪的思维框架里。相比之下，另外一个截然不同的反对意见则显得更加重要，即无条件基本收入是否破坏了来之不易的"以需求为基础"的福利国家制度，却没有提供一个同等或更好的制度来代替它？也就是说，无条件基本收入的出现只不过是新自由主义发起的一场攻击，是一种类似于特洛伊木马的手段。针对这一点，德国经济研究所（该研究所与社会民主主义关系密切）所长、经济学家马塞尔·弗雷兹策尔（Marcel Fratzscher）写道："对无条件基本收入的呼声日益强烈，这其实是政治政策未能限制社会不平等，未能保证社会凝聚力和社会团结的必然结果。更糟糕的是，这种呼声意味着，人们越来越不相信政策能够有效地限制社会不平等并保证未来社会的凝聚力。"[3]

弗雷兹策尔在这里谴责和惋惜的，无非就是传统劳动就业社会正在向意义社会转型，而这种转型其实早就已经在进行中了。他之所以感到惋惜，是因为他觉得只有通过就业以及以就业为基础的社会保障体系才能保证"凝聚与团结"，才能保证"未来的社会凝聚力"。除此以外的任何替代方案都只会破坏人民内部的团结。借埃里希·昂纳克（Erich Honecker）的话来说，就是：无论是谁都无法阻止传统劳动就业社会的发展。传统劳动就业社会的任何替代性方案从根本上来说都是不堪设想的，它们是有毒的礼物、是骗人的把戏。另外，还有人辩称，无条件基本收入的引入会分散国家对"限制社会不平等"的注意力，这种想法其实也是非常荒谬的；他们所谓的"社会不平等"其实就是在社会民主党政府引进哈茨法之后才急剧增长的。事实上，现在社会不平等的现象越来越多，而弗雷兹策尔却未能拿出一个真实有效的解决方案来改变这些现象。与此相反，现在终于有了无条件基本收入这样一个替代性的方案，它以小额税和生产税作为资金来源，要求全面重组福利国家。而且，它不会损害任何社会底层人民的利益，甚至还能给所有人带来收益。它是我们迈向未来社会的重要一步，我们有什么理由去反对它呢？

说到这里，我们就有必要分析一下那些从左翼和中左翼的角度攻击无条件基本收入的人的心理。总结起来至少有三个方面的因素：

第一，他们担心长达 150 年劳工斗争的成果遭到破坏。这也是可以理解的，我们可以称其为损失厌恶。第二，他们的思维模式较为保守。毕竟几十年来，他们一直都在传统劳动就业社会中为制定和实施职工政策中所遇到的困境而伤脑筋，所以他们无法想象还能有什么替代方案。我们可以称其为路径依赖。第三，他们担心基本收入社会不仅不需要工会，而且也不需要任何劳工斗争和职工代表。社会民主主义和传统左派的社会使命将不复存在。我们可以称其为意义的丧失。

对于丧失厌恶，我们有必要非常认真地对待。许多工会主义者、社会民主党人和左派人士都反对"小"基本收入模式，他们的反对是完全合理的，因为这类模式希望废除以需求为基础的福利国家制度，却仅仅只发放比今天的失业救济金还要低的基本收入。毋庸置疑，这将是一种倒退，而不是一种进步。不惜一切代价地精简福利国家，是不道德的。或许，我们有必要将激进自由主义的"小"基本收入和人文主义的"大"基本收入更仔细地区分开来，从而结束目前这种相互混淆的局面。激进自由主义者所期望的其实并不是真正的无条件基本收入，他们和弗里德曼一样，只不过是想要推广一种（金额极低的）最低生存保障。

如果区分开"大小"基本收入就能让各政党、各派别达成和解并团结起来，那就再好不过了。实际上，只要无条件基本收入不会降低任何人的生活水平，不会让任何人比福利国家时期生活得更差，那它就肯定能够说服每一个工会主义者。这恰恰就是路径依赖能发挥作用的地方。目前，只有极少数工会主义者可以想象，不按传统劳动就业社会的税收传统和习惯来为无条件基本收入筹措资金。所以，总是不断有人提出，如果"无条件基本收入的受众大部分都是那些根本不需要这笔钱的人"，那么给这个"巨大的再分配转盘"筹措资金，就会让那些真正在"收入保障线以下"的劳动者吃亏[4]。

　　而对于其他的改革税收制度的替代性方案，他们又总是觉得不现实或者虚幻。这些人既看不到也不能理解，无条件基本收入会给在那些艰苦且不受欢迎的工作岗位上工作的人带来多么可喜的改变。德国服务行业工会联邦执行委员会经济政策部的工会秘书拉尔夫·克雷默（Ralf Krämer）就是这些人里面一个典型的例子。他认为，对低薪工作工资上涨的预期"忽略了资本主义社会中工资和劳动力市场之间的关系。不同职业的薪资是基于社会生产力水平，通过历史斗争才得以贯彻执行，之后又通过劳资协议才确定下来的。再不然，就是由各自劳动力市场的供求关系所决定的"。[5] 然而，他所说的这段话其实完全不符合逻辑。首先，世界上没有任何地方的工资水平是与其生产力水平严格对应的。其次，在很大一部分不稳定的雇佣关系中，员工的工资并没有通过"劳资协议确定下来"，因为即使有劳资协议也并没有相应的约束力。最后，劳动力市场的供求机制为什么就不会导致未来低收入行业的薪资报酬上涨，这一点也很值得怀疑。

　　当然，还有一些东西是工会理应思考的：进入无条件基本收入社会后，目前的福利国家有哪些东西是可以保留的，哪些是应当废除的？这一点还需要加以详细的审查与修订。是否应该保留法定医疗保险呢？对此有许多赞成的观点。如果保留法定医疗保险的话，应该保持现状，还是应该加以调整呢？另外，我们又应该如何处理法定意外保险呢？这也是一个值得讨论的问题。除此以外，法定失业保险还有存在的必要吗？

　　当然，这里指的并不是我们现有的那种法定失业保险。在德国，我们经过长久的斗争才在2015年引入了最低工资。那还有必要为那些无法领取无条件基本收入的人，即在德国工作但没有公民身份的人继续实行最低工资制度吗？怎么规定才是合理的呢？是否会存在工资倾销的风险呢？答案是：并不会，因为劳动力市场的供需关系会使得倾销工资失去吸引力。那还需要继续建造福利住房吗？答案是：应该建造！那是否需要给没有工作的人免去电视费，并为他们提供社会通行证①、教育优惠和额外费用豁免呢？答案是：不用，哪还有什么必要为他们提供这些呢？那我们还需要工会吗？答案是肯定的，因为我们还需要工会来谈判、配合以及监督这一切。

那么，工会能及时调整方向，适应新时代的变化吗？毕竟，工会自福利国家制度诞生以来就一直在为福利国家制度的建设与扩张而奋斗，而且工会已经习惯于对抗各种阻力来捍卫这些成果。他们真的可以设想一个不同于以前的、更自由的福利国家吗？社会心理学告诉我们，当谈到变化时，人们往往有一种倾向（一种偏见），那就是总是关注负面的东西。对大多数人来说，对损失的恐惧远远会超过对收益的喜悦与想象。但另外，虽然人们在面对变化时总是激烈地表示反对，但他们往往又能很快地适应并接受这些变化。并且，他们一旦适应了这些变化，就完全不会再想回到以前的状态。简而言之，我们夸大了我们的恐惧，低估了我们的适应能力。正是由于这种心理，才总是会有人在每一次的重大政治变革中表示反对。

也正是因为这一点，才会有许多工会主义者和左派人士认为，无条件基本收入从根本上来说只会让事情变得更加糟糕。施罗德政府的经验告诉他们，不要期待渐进式的人道主义的变革。变革只会对企业和公司有利，只会让社会变得越发不平等。因此他们推测，无条件基本收入的引入只是为了安抚那些在第二个机器时代被边缘化、被宣告多余的那些人。此外，他们还认为无条件基本收入会破坏社会团结，因此无条件基本收入才会不断被指责是给人民的鸦片，

---

① 社会通行证是一种针对低收入人群发放的证件。它的目标是通过提供折扣和优惠确保低收入人群能够有机会享受文化、体育和社会活动。——译者注

是给未来那些不再被需要的人的"退役费"。因为，如果政府先给了这些人基本收入，那就不需要再做任何努力来培训他们，让他们融入劳动力市场了。

他们的想法里有没有一部分确实是事实呢？有人担心第二个机器时代的到来会导致社会被分裂成两个阶级：一个是享有特权的"有业者阶级"，另一个是人数众多的、依靠他人供养混沌度日的"无业者阶级"。这种担心完全是合理的。19 世纪的贫民到了 21 世纪可能就会变成被供养的无业者阶级。这种危险确实存在并且已经在前文中仔细描述过了。但唯一令人费解的是：为什么在这种情况下，无条件基本收入会被认为是问题的一部分，而不是解决方案的一部分呢？毕竟，被供养的无业者阶级的出现主要是因为固守现有的社会保障体系，而长此以往极有可能出现的情形就是，社会中一半及以上的人口将继续全职工作，而另一半人将没有他们可以或愿意从事的工作。而与此相反，无条件基本收入打破了这种二元秩序，并通过多种就业形式避免了这种秩序的固化。这也使它恰恰成为对抗扭曲的、封建的传统劳动就业社会的一项有效的补救措施，它避免了工作岗位的固化，也让大量剩余劳动力不至于被迫离开劳动力市场。

这样一来，就只剩下第二个论点了。如果不能再用劳动这条纽带加以维系，社会还能否保持团结互助呢？过去的福利国家是一个讲求绩效的社会。在这个社会里，所有缴纳社保者所得到的回报都是他们自己挣得的，他们彼此扶持、相互帮助。而与此相反，用税收来为基本收入融资的做法在这个社会中就是一种不劳而获的行为，因为绩效在其中不起任何作用。但我们通过对绩效社会的分析就可以得知，这种想法实际上并不成立。尤其是工会和左派，他们就经常指责所谓的绩效社会中出现的不公正现象，比如，高层管理人员的收入要远高于老年人护工。而且，德国的失业者和养老金领取者每月的生活费远远低于 1500 欧元。这样的绩效社会真的会比基本收入社会更加公正吗？这又能反映出什么样的绩效理念呢？如果一个团结互助的社会只能呈现出这样的结果，那它其实在很大程度上根本就并不团结。

事实证明，社会保障与就业挂钩并不是一件好事，今天它甚至会给许多人带来不幸。尽管如此，还是会有一些人反对将社会保障与就业脱钩。他们认为，为什么一辈子努力工作挣钱的人到最后拿到的养老金却和从没工作过的人一样多？他们的这种不满情绪是可以理解的。和所有的社会变革发生时一样，许多人即使物质上并没有受到损害，但还是会在心理上觉得自己是被牺牲者。如果某些人的无条件工作精神（"我愿意一直工作，绝不依靠国家生活"）被无条件基本收入所取代，那确实也不能说这些人丝毫没有受到影响。毕竟，传统劳动社会和绩效社会中代代相传的理念突然就被部分（当然也不是完全）否定了。除了绩效社会的核心假设被颠覆，许多人甚至也无法再像以前一样用金钱来衡量自己的人生成就与价值。难怪有一些一辈子都在工作的人会担心，今后愿意去工作的人会越来越少，尽管这种可能性其实极低。

人们总是抱怨着社会的不公平。但其实根本就不存在什么普遍的、可执行的公平，公平这个概念甚至都没有一个被广泛接受的定义。我们的祖父和曾祖父那一代人在两次荒诞且愚蠢的世界大战中白白送死，这公平吗？他们必须比我们工作得更久更辛苦，这公平吗？无数母亲被战争夺走了她们的孩子，她们在社会上几乎无依无靠，这公平吗？这一切无疑都是不公平的。但谁会就此得出结论说，因为上一代人经受了苦难，所以下一代人就不应该享受更好的生活呢？谁又会得出结论说，既然上一代人在战争中殒命或者工作到半死，那现在这一代人不应该也得经受这些才公平吗？一个现年九十岁的老太太在当年的解放运动中并不能像现在的年轻人一样从中受益，难道她就应该为此而去反对解放运动吗？或者说，我们其实是不是应该为这么多人能过上比以前更好的生活而感到高兴呢？因此，利用自己过去受过的苦来证明后代不应享受无条件基本收入，其实并不是一个好的理由。

所以，对两级社会的恐惧以及对社会团结的担忧，不足以成为反对无条件基本收入的理由。更何况，现在还无法预见，工作的人和不工作的人以后会以什么样的新形式重新团结在一起，相互帮助。然而，在社会的反对意见中，还有最后一点是左派很少提到、但自由派和保守派常常提起的，即无条件基本收入会不会刺激"经济难民"和移民的大幅增长？

这确实是一个非常严重的问题。对于那些因饥荒而逃离非洲欠发达地区的人来说，无条件基本收入和失业救济金之间并没有任何区别，两者似乎都是天堂。然而，问题在于欧洲内部的移民。即使多个欧盟国家都引入了无条件基本收入，保加利亚的基本收入依旧不可能达到与德国相同的水平。那么我们如何应对可能出现的大量移民呢？毕竟，资本朝哪儿流动，人群就会朝哪儿流动。事实上，确实有必要修订相关的欧盟法律，从而给移民设置更高的门槛。同样，如果想要获得德国公民身份，从而领取德国的无条件基本收入，其难度相较现在也必须有所提升。对此，一些理想主义的左派可能又会大为光火。毕竟，必须做出相应改变，无条件基本收入才不会导致移民大规模的涌入。而如果有谁对提高移民门槛的想法不满，大可争取在其他欧盟国家也引入无条件基本收入，这样葡萄牙人和保加利亚人也就能够拥有属于他们的无条件基本收入了。但像"欧洲公民无条件基本收入倡议"所呼吁的那种泛欧洲的无条件基本收入，在几十年内都不会、也不可能实现[6]。欧洲各国的经济实力在过去和现在都有很大的差距，这不是通过无条件基本收入就可以平衡的。给每个人发放 1000 欧元对罗马尼亚来说是一个从天而降的、具有欺骗性的礼物，有马上引起通货膨胀的风险，但这个金额对德国来说却太少了。泛欧洲的无条件基本收入听起来确实很人性化——但如果基本收入这根枝丫承载了过多的理想主义，那这根枝丫就无法生长得很强壮，最后就只能迎来断裂的结局。这样做对基本收入没有任何好处。

谁来付钱：对无条件基本收入的经济学反对意见

现在是时候分析讨论对无条件基本收入的经济学反对意见了。这方面的反对意见主要有三点，它们分别是：国家负担不起基本收入、基本收入可能带来通货膨胀风险以及基本收入会带来物价上涨。

值得注意的是，这些经济学方面的论点主要是来自那些本身就反对无条件基本收入的人。因此，这些人对基本收入的可行性其实并不感兴趣。或者正如经济学家、哲学家比尔格·P. 普里达特（Birger P. Priddat）和菲利普·科夫采（Philip Kovce）所写的那样：很明显，那些认为无条件基本收入"在政治上有可取之处的人通常也认为它在经济上是可行的，而那些在政治上认为它不可取的人通常也认为它在经济上是不现实的"[1]。所以，如果经济上真的不可行的话，那这个话题其实就没有再讨论的必要了。也正因如此，我们必须要严肃对待以下问题，即国家是否真的在经济上负担得起无条件基本收入？

通过征收个人所得税来提供资金的计划既不可行也不合理，这一点已经充分讨论过了。但征收生产税又能有多大的实际可行性？如果不按理想模型来计算的话，小额税实际上究竟又能带来多大的收益？咨询公司哥本哈根经济在 2014 年为德国联邦财政部计算了征收 0.1% 的金融交易税，并对金融衍生品征收 0.01% 的税会带来多少收益，得出的理想收益为 880 亿欧元，这个数值如果换算到今天的话还会高得多。但这家公司当时还预计，最终的收益只能达到 176 亿欧元。因为，许多投机性的交易在有了金融交易税之后就不划算了，或者这些交易会转移到非欧洲国家。虽然小额税的概念包括的内容远不止金融交易税——对每一笔日常货币交易都会征收小额税，而且这些交易不会停止或转移到国外——但从证券交易中获得的税收收入将彻底缩水，这将严重影响总的税收收入。而且，0.4%的小额税肯定会使证券交易所的金融交易总额，尤其是其中的高频交易额大幅下降。因此，事先必须彻底修订金融规则，阻止金融交易被快速转移到新加坡和其他国家，并遏制资本外逃。

这个计划是否可行以及在多大程度上可行，并不取决于现在的形势，而是取决于未来人们想要改变的意愿到底有多强烈。如果过去能在全世界几乎所有地方建立以就业为基础的税收制度，并一步一步对这种税收进行大幅扩张，那为什么今后就不能建立起以金融交易为基础的税收制度呢，更何况今后的非现金支付肯定还会越来越多。要知道，直到18世纪末才第一次有国家开始征收所得税，而且还只是在英国征收。当时的税额小得惊人，而且经济学家们认为这个金额不可避免地还会继续保持这么低的水平。1811年，大名鼎鼎的李嘉图还在《爱丁堡评论》(*Edinburgh Review*)中呼吁，他认为不应增加所得税，以免影响英国的经济效益。今天的所得税已经是当年的30多倍，但生产力和繁荣程度也高出当时30多倍。而即使是在19世纪末的德意志帝国，人们其实都还只用缴纳4%的所得税。同样受到强烈抵制的还有营业税和财产税的引入，1906年的遗产税也同样是如此。

技术和经济的进步使这一切成为可能，也使福利国家制度成为可能。每一项新税收和每一次经济增长，最初都被认为是无法想象的、不公平的、危害经济的，或被认为是异想天开的。到最后，真正妨碍税收的从来不是那些实际存在的困难，而只是因为游说团体所做的游说或者是因为人们缺乏足够的政治意愿。如果未来有许多工业国家在向意义社会转型的过程中都遇到了前文所描述的问题，那么针对资本外逃的法规就完全有可能会出现，虽然这在目前看来还是完全无法想象的。与生产税一样，首先在欧洲范围内达成关于小额税的协议是非常有必要的。这是一个非常艰巨的挑战，我们决不能容许那些被称作"避税天堂"的欧洲国家阻碍这一协议的达成。因此，对于那些正在寻找"真正的目标"的优秀经济学家而言，他们面临一个非常有价值，也非常光荣的任务，即遏制资本外逃。这个任务比帮助资本外逃要光荣得多。最迟在下一次金融市场危机之后，这条道路上应该就没有太多阻碍了。另外，还有一种论点认为，金融投机者总是有足够多的方法来规避小额税。但即便如此，经济学家们还是有必要努力寻找方法来尽可能地提高他们避税的难度。众所周知，警察也不会因为犯罪一直在发生就放弃打击犯罪。

除小额税以外还有另外一个选择，即采用中央银行数字货币（CBDC）来支付无条件基本收入，但这个方案很难进行预测与评估。目前各行各业都在讨论中央银行数字货币，德国银行业协会甚至认为引入中央银行数字货币只是一件早晚的事情。然而，人们对数字货币的期望却大不相同。有些人希望的是：从长远来看，有了中央银行数字货币以后，商业银行就没必要存在了。但商业银行却只想利用它来减轻全球金融交易的风险。原则上，今后每个公民和每个公司都可以直接在德意志联邦银行开立账户，而以后的无条件基本收入也可能通过德意志联邦银行来发放。与金融交易税不同的是，虚拟货币并不是被转化为了真实货币，虚拟货币是被"创造"出来的，但即使是这种虚拟货币的创造也不是凭空产生的，它还是会造成一些其他方面的影响。今后，如果商业银行被驱逐出局，那以前那些给商业银行提供盈利的人就会受益，因为他们就不再需要支付利息了。但人们如何才能拿到这笔从商业银行节省下来的资金呢？现在，德国央行应该自己收取利息来为无条件基本收入融资吗？但这样一来，把钱存在德国央行和存在商业银行相比又能有什么优势呢？

如果没有相应的征税，就不可避免地存在通货膨胀的风险，这是无条件基本收入的第二个经济学方面的反对意见。但其实，货币总量的增加不一定会导致通货膨胀。否则，全世界都将生活在恶性通货膨胀中。只有当货币供应量与价值创造以及生产能力相比呈现出不成比例的增长时，才会出现通货膨胀。现在，全世界的情况也确实是如此，因为现在金融市场上交易的资金总额是实体经济中流通的资金总额的数倍。虽然直到最近，欧元区的通货膨胀率还很低，但却出现了资产通胀，并确实带来了一些切实的后果。哪里有大笔资金投入，哪里的价格就会上涨。这一点，我们只用看看住房市场、艺术品市场或几乎一直在上涨的黄金价格就会明白。相比之下，证券交易市场上的虚拟货币对面包的价格几乎不会产生影响，对汽车或公共交通的价格也同样几乎不会产生影响。但是，如果无条件基本收入从金融市场获得了大量资金，人民的购买力继而大幅提高，然后这笔资金再以消费的形式注入实体经济，会引发什么后果呢？这样一来，商品的价格岂不是不可避免地就会上涨？

确实，要回答这个问题并不容易。从本质上来说，这个问题取决于实体经济有多强。自20世纪70年代以来，在许多西方经济体中存在一个很明显的事实，即生产力和购买力并不相称。在德国，生产力要远远高于购买力。在过去的几十年里，像德国这样强大的经济体主要面临的是通货紧缩的威胁，而非通货膨胀的威胁。换句话说，德国生产的商品数量已经超过了民众的购买力，出现了供大于求的现象。其结果可想而知。一个国家的生产力越高于其国内的购买力，那这个国家就会越依赖出口。另外，国家和个人的负债也可能人为地让这种现象火上浇油，美国就是其中一个非常明显的例子。但是，如果未来因裁员而导致购买力急剧下降，又会发生什么呢？那到时候，我们岂不是无论如何都得用无条件基本收入来提高购买力吗？所以只要你愿意，你甚至可以把基本收入看作是经济因素影响下的必然结果。这里的经济因素指的是，消费者越来越变成产销合一者，或者说变成生产性消费者，他们作为"既生产又消费的顾客"，完成许多以前由商家负责完成的服务。从这一点看来，无条件基本收入就可以算作企业把这些工作外包给顾客之后发给顾客的一次性报酬。

所有这些都表明，在德国引入无条件基本收入可能并不会引发通货膨胀，相反它可能会大大提高德国国内市场的活力。因此，与通货膨胀相比更现实的威胁是物价的上涨。众所周知，这两者是不一样的，否则德国房地产就不可能在通货膨胀率仍然很低的情况下价格飙升了。引入基本收入可能对社会产生的一个非常糟糕的后果就是物价的急剧上涨，例如租金的迅速攀升。而物价一旦上涨，就会抵消掉基本收入带来的经济收益。然而，即使没有无条件基本收入，物价上涨的问题其实也早就已经存在了。目前，几乎所有租户都已经受到资产通胀的严重冲击。普通收入者根本负担不起大城市市中心的居住费用，这种情况在英国、法国和意大利早就已经持续了很长时间了。没有任何警察或护士能够负担得起汉堡、慕尼黑、斯图加特或杜塞尔多夫等城市市中心的租金。而有了无条件基本收入以后，不管是位于城市边缘地区的低收入者住房，还是位于市中心以及郊区别墅区的豪华住宅，其租金都可能还会继续大幅上涨。

显然，无论是国家，还是各州、各市都需要赶紧采取行动。仅仅通过建设福利住房可能并不能解决物价上涨的问题。毕竟，福利住房建设只不过是政客们树敌风险最小的一种方式罢了。但资产通胀引起的物价上涨并不是必然存在的，它可以通过政治措施来加以遏制。将来，肯定会有这样的政治措施出现，而且它的出现肯定不仅仅是因为意义社会需要将现有社会保障制度转变为无条件基本收入制度。

实验中的证据：为什么模拟实验没有多大用处

既然存在这么多的不确定性，那在德国进行大规模的无条件基本收入模型实验不就是一个很好的检验方法吗？毕竟，我们生活在一个充满模拟、实证、试验、实验和模型的时代。通过模拟实验，那些我们还无法确定的问题不就有了答案？通过模拟实验，那些关于人类天性的争论不就能得到解决？我们不就能明确基本收入到底会带来什么样的社会和经济后果吗？通过模拟实验，我们就可以用确凿的事实来取代纯粹的推测，不是吗？

答案是否定的。为了能解释得更清楚，请您试想一下，假设过去的社会创新先要通过模拟实验来进行检验，会发生什么？我们以妇女选举权为例。这项权利从未在德国试行过，但在芬兰和奥地利引入这项权利之后，德国也于1919年引入了这项权利，而且这项权利在芬兰和奥地利其实也没有试行过。那这样做是对的吗？还是说我们其实应该先找个地方，比如在19世纪50年代的雷根斯堡①先试验一下？自1848年以来，巴伐利亚所有25周岁以上的男性公民都有选举权。那为什么不先实验一下妇女有多少政治参与意愿呢？如果在19世纪50年代，雷根斯堡也呼吁妇女去参加选举，会发生什么？在巴伐利亚这样一个对男女角色的认知非常传统的天主教地区，其结果可想而知：男性会选择去参与政治活动，而女性通常则会选择去洗碗以及哄孩子睡觉。很难想象，雷根斯堡的大多数妇女会选择去参与投票，因为这在当时既不成体统，而且她们也不知道该投给谁。

那这样的话，人们会从中得出什么结论呢？他们会认为，妇女根本就不想投票。但是，人们得出的并不是一个永恒的真理，而只是当时的文化环境下一个转瞬即逝的缩影。因为，人们能够测试的其实一

---

① 雷根斯堡是德国巴伐利亚州的一个城市。——译者注

直都只有那些清楚明了的，在实验中不受时间限制影响的实验对象。越是大规模的、永久性的社会变革，就越难以检验。我们可以在一个试点学校试验教改项目，去无法在美国南部各州试行废除奴隶制度。假如，我们在三四个棉花农场进行废除奴隶制度的试验，并雇用工人来代替奴隶进行劳动——那这个试验结果又能证明得了什么呢？它只能证明，佐治亚州的某个特定的农场在某些特定的条件下能不能废除奴隶制度，它在经济上可行还是不可行。但是，我们能够从中得出任何适用于美国南方各州奴隶制经济的结论吗？显然不能。那我们能否得出任何有关奴隶制是否人道的结论呢？显然也绝无可能。

今天的社会相信数字，就像过去的人们相信上帝一样。要想让人们认识到实证检验也有其局限性，这并非易事。无条件基本收入能否在德国取得成功取决于它在梅克伦堡-前波莫瑞州和巴伐利亚州 ① 是否都能取得成功。在这里，我们还必须统一一下关于"成功"的定义及其衡量标准：是通过工作积极性、满意度指数、购买力、养老保障、通货膨胀和物价上涨问题来衡量？还是通过德国基本收入领取者与非领取者的比例来衡量？抑或把衡量标准设置为：能否用各种各样的方法实现基本收入的融资？基本收入对工作世界会造成什么样的影响？那些不受就业者欢迎的工作会发生什么变化？劳动社会能不能产生更高的凝聚力？没有稳定职业的人能否安排好自己的生活？最后一个，也是最关键的一个问题：这场朝着意义社会转型的文化变革是否取得了成功？

总的来说，这套方案都是无法被试验的。或者如沃布鲁巴所说："你可以在引入了不同版本基本收入的测试组之间进行比较，但你无法从测试组中得出适用于整个社会的结论。这种测试是没有意义的。

---

① 梅克伦堡-前波莫瑞州和巴伐利亚州，分别是德国经济最发达和最不发达的两个州。——译者注

如果你想知道基本收入能否改变社会，如何改变社会，你就必须先引入基本收入。"[1]而在模拟实验中，只能考虑到个别因素，而且这些因素还是以一种不切实际的方式被分离出来，然后又在不切实际的条件下被实验检验。之所以说这些实验不切实际，是因为：人们只在有限的时间里参与实验？还是人们的生活会永久地发生改变？在这两种情况下，人们会做出的行为反应是不同的。如果人们只是在有限的时间里参与实验，那么就无法对一些长期目标加以考察，而且受试者也会觉得自己没有必要去适应新的形势变化。因而，受试者就会觉得这个新的研究课题只是一个暂时的模拟与假设：我们就暂时想象一下事情是这个样子的吧。这样的模拟实验其实与现实生活相去甚远。就像在恋爱或减肥综艺里，一直会有镜头跟着，这与在现实生活中寻找伴侣或坚持不懈地减肥完全不是一回事。而如果不是在模拟实验中而是在现实生活中，那人们就必须非常严肃认真地投入他们所做的事情。而且，这两种情况下形成的文化认同也不尽相同。实验情境是属于一种特殊情况：几乎所有人都没有无条件基本收入，而只有自己在实验期间能获得这笔收入。这与长期在基本收入社会生活是完全不同的。

难怪全球众多关于无条件基本收入的实验都只给自己设定了一些很小的目标。而且事实上，大多数这一类实验都只围绕一方面的问题，即我在人类学反对意见一章中详细讨论过的那些问题：无条件基本收入会让人类变得更懒惰还是更勤奋？他们的自决权利和自主能力是会提高还是会下降？他们会变得更加自由吗？还是会在基本收入社会中失去对自我和世界的掌控？正如科夫采曾睿智地指出，这一系列问题本身就已经对我们关于自由的认知提出了挑战。因为在一个"自由民主的国家，基本收入实验实际上无法检验任何其他东西，只能检验自己所在的政治共同体内已经预设好的东西，即公民是否愿意且能够自主决定个人的生活，公民是否愿意且能够就公共事务做出负责任的选择。如果有谁想要对这种由来已久的'自我责任社会'进行检验，那他想检验的其实不是无条件基本收入，而更多的是在怀疑自由民主基本秩序的根基与基础。因为，只有当他质疑自由民主秩序的基础时，他才会觉得有必要用实验来证明其成效。这样的做法就相当于给自由民主制度——这个我们早已身处的社会制度——也设定了一个实验期。其实验结果无非就是，我们并没有对自我负责的自主行为能力"[2]。

总结下来就是：如果有谁认为，有了基本收入以后，公民可能就不会再继续对自我负责，那他其实就是割裂了公民的自主行为能力和自由、自我责任之间的联系，转而把自主行为能力与传统劳动就业社会联系起来，认为如果外部环境不要求人们必须工作，人们就不会想去工作，而不想去工作其实就是一种对自我和社会的不负责任。这种人类观不仅仅充满了宿命论，而且还和启蒙运动以及当代自由主义的人类观存在根本性矛盾。我们真的要在德国以实验的方式来检验这样一个根本性的哲学问题吗？例如，随机在德国选出来120人，给他们支付为期3年、额度为1200欧元每月的无条件基本收入，然后将他们与另外1400名随机选择的没有获得无条件基本收入的人进行比较？[3]其实，这样的项目确实真实存在而且还得到了德国经济研究所（该研究所所长弗雷兹策尔在2017年仍然认为无条件基本收入的引入意味着对社会团结的打击。而此后，他的态度似乎才发生了一些转变）的支持，这个项目的名称就叫"我的基本收入"倡议。这一类实验项目从2019年2月加利福尼亚州斯托克顿经济赋权示范项目（SEED）开始实施以来，就已经流行了起来。该项目随机选出了125名公民，每月给他们500美元的基本收入，为期一年半。这个项目的研究团队来自三所不同的大学，他们希望了解无条件基本收入会在多大程度上影响这些基本收入领取者的财务状况、健康状况以及精神动力情况。截至笔者写作此书之时，该项目还尚未公布其研究结果[4]。

德国经济研究所的社会学家、劳动力市场研究专家尤尔根·舒普（Jürgen Schupp）也希望从德国的这些试验中得出一些意义深远的启示。但这些试验最多又能带来什么样的启示呢？哪个无条件基本收入的反对者会觉得，既然在实验中人们没有大规模地变得懒惰而迟钝，那在现实生活中也不会发生这种情况呢？"我的基本收入"这个项目最大的意义在于，它使无条件基本收入这个话题走进了大众媒体，让更多人了解了这个话题。尤其是给了年轻人机会去深入思考这个话题，去考虑无条件基本收入会在多大程度上、以何种方式改变他们的生活。

看看芬兰的无条件基本收入试验我们就能清楚的知道，这类试验可能会导致多么荒谬、多么混乱的结果。芬兰当时发生了什么事情呢？2015 年，新当选的保守派政府决定进行一项关于无条件基本收入的试验，他们选择了弗里德曼所设想的"小"基本收入作为试验对象。芬兰社会保险机构 Kela 为此制订了一个计划，它选出了 2000名失业者，不再像往常一样给他们发放 696 欧元失业补贴，再外加一些住房补贴，而是用 560 欧元无条件基本收入来代替了原来的失业补贴，并且住房补贴还是照旧。这笔无条件基本收入的发放期限是两年，而这些失业者无须为此承担任何工作或求职义务。而且，如果他们去参加工作，他们所挣的额外收入还是免税的，不存在任何扣减。虽然这些人从国家那里领取到的钱变少了，但他们却受到额外免税收入的吸引，所以没什么异议。但与此同时，芬兰又通过一项新的法律给未参与实验的"普通"失业者施压，这项法律要求他们不得拒绝就业中心安排给他们的工作，否则就会缩减他们原本的失业补贴。该实验从 2017 年 1 月持续到了 2019 年 1 月，按原计划持续了两年，并没有再延长。对此，人们可能会感叹：感谢上帝！幸好没有再延长。这是一个多么奇怪的模拟实验啊！

现在，那些要求在德国引入无条件基本收入的人，其实是希望将基本收入作为所有人的基本权利，而不是作为对失业者的一种激励措施。而且，芬兰这场实验中受试者所获得的基本收入的金额要低于一般失业救济金的金额，因而额外收入的诱惑力也就变得更大。所以，与领取失业救济金的对照组相比，无条件基本收入领取者平均而言更愿意参与就业，也就不足为奇了。但他们的就业动机很可能是源于生活的困顿和金钱的诱惑，所以这个实验结果完全不能证明，人类在没有任何压力和负担的情况下依旧有工作的基本需求。许多受试者表示，他们的身心状况相比以前不得不工作的时候要更好一些，这是一个不错的结果，也是一个意想之中的结果，但这只是该实验想要测试的最后一件事。所以到最后，这个模拟实验几乎未能说明任何问题。无奈之下，芬兰社会保险机构 Kela 只能从这些试验中得出了一个无功无过的结论：今后，将减少失业补贴制度中的官僚主义，并给所有那些努力寻找工作的人提供额外的特殊福利。

在德国，芬兰的这场实验引发了一些非常荒谬的推论。无条件基本收入的支持者们欢呼道：即使拥有了所谓的基本收入，还是会有一些芬兰人愿意去寻找工作，而且也找到了工作。而与此相反，无条件基本收入的反对者则散布传言称，无条件基本收入没有未来：芬兰的实验"被迫中止"，这个实验已经"失败"了——这就是无条件基本收入完全行不通的铁证。实际上，这个试验既不算成功，也不算失败，只能说是一个半生不熟的试验。而且这个实验其实也不是像关闭过热的核反应堆一样被中止了，而仅仅只是因为人们意识到了，即使这个试验继续做下去也不可能会得出任何有意义的成果。

无条件基本收入会带来哪些影响？这个问题太过复杂，无法通过实验来解答。如果工业化国家为了建设意义社会而考虑引入基本收入，那这些国家其实只能从芬兰的这个实验里学习到一些反面案例。而除芬兰以外，世界上的其他地方也没有合适的模板。例如，美国阿拉斯加州、伊朗、中国澳门都为其公民设立了基金，之后蒙古国也同样会如此，但这些基金对基本收入的引入基本上也没有什么参考价值。阿拉斯加的每个公民都可以从"阿拉斯加永久基金"的石油收入中分红，每人每年达 1100 美元，这是一笔可观的额外收入，但它不属于无条件基本收入。同样，伊朗国民每月可以从国家的石油收入中获得约 40 美元，中国澳门居民每年也能拿到 700 至 1200 美元的政府福利。而蒙古国公民据说现在也可以获得铜、金等矿产资源分红，但和美国阿拉斯加州、伊朗、中国澳门的情况一样，这些蒙古国公民也无法以此维生，所以其社会和经济影响依旧有限。

同样，为扶贫而设置的小额无条件收入也并没有什么借鉴意义，这类收入除能作用于减贫以外没有其他任何作用。巴西的全国性项目以及印度、肯尼亚、纳米比亚或乌干达的区域性项目几乎都不能为工业化国家提供任何关于引进无条件基本收入的参考。有的项目可能在肯尼亚实施的时候大幅提升了当地人的生活质量，但如果在德国的雷克林豪森市或凯泽斯劳滕市也引入该项目的话，则不一定能达到相同的效果。未来的意义社会是一个基本收入的社会，而且未来的工作概念和工作需求也会发生改变。要想构想出这样的一个社会，无论是德语国家的模拟试验，还是世界各地各种各样的经验都是没有用的。至于为什么要引进无条件基本收入，本书已经对相关的事实、预测、变革和社会变化进行了详细的分析，而人们所期望的用基本收入实验进行预测的想法，恐怕永远也无法实现。

从乌托邦到现实：基本收入是如何实施的

其实我们只要想想，在现实生活中社会保障制度是如何转型的，就肯定能非常清楚我们今天所处的处境。通过本书我们已经能看到，一场划时代的变革正在发生。在当今时代的大背景下，有一出大戏正在上演：越来越多的资本向高科技公司集中，经济秩序被颠覆。而与此同时，工业化国家的人民也越来越希望能过上自主自决的生活。这出大戏里，不仅仅会有人们在未来失业潮中发出的沉痛的咏叹。在所有这些革命动荡之后，还会有更多的自由、更高质量的生活、更多工作之外的休闲时间，以及更多自我满足和自我实现的机会也出现在舞台上。

要想促成这出大戏，只有人工智能方面的技术设备作为演出道具是不够的，因为这些技术设备如果缺乏社会层面的创新性，则无法用于改造社会。相较于技术，我们更需要的是思想、观点和理念。可惜到目前为止，我们的政治家以及我们大多数的经济学家都只在这出大戏中扮演了配角。第二个机器时代是如此具有颠覆性和创造性，但这些政治家、经济学家却没有把它作为争取选票的话题与筹码，这一点乍看之下确实令人惊讶。毕竟，要想革命我们就必须设想出一个新的世界来代替旧的世界，而且还要让人们心甘情愿地接受这个新世界。这就要求我们从根本上贯彻这个新世界的理念——自联邦德国成立以来，还没有任何一位政治家曾面临过这样的任务。回想一下，当勃兰特提出"敢于尝试更多民主"的主张时，当他争取与东欧集团国家和解时，虽然也引起了很多人的愤慨，遭遇了激烈的抵抗，但这些都只能算是微不足道的小挑战。科尔在他的四个总理任期期间没有花费多少时间来推进欧洲统一。施罗德政府通过哈茨改革重组德国福利国家的议程同样也很简单易行。相比之下，今天的德国政治家们确实面临着一个艰巨的任务，其他高度工业化国家的政治家们也同样如此。难怪，即使有人讨论相关话题，也只是悄悄讨论，而不会把它当成一个日常讨论的话题。毕竟，他们也很无奈，也想要规避风险，这也在情理之中。

我们的政治家仍然喜欢把自己说成是实用主义者或现实主义

者——但这常常是缺乏勇气和思想的代名词。往往是那些捍卫当前现状并认为重大改变不可能发生的人，才会将自己标榜为现实主义者。而那些质疑传统和已知事物的人，都被认作怪人或空想家。但从历史的长远角度来看，往往正是那些未能认清时代发展走向的、所谓的现实主义者，最终变成了怪人，而一些空想家最终则变成了更伟大的现实主义者。如果有人在1850年就能预测到今天德国工人的生活条件，那他不仅会让那些所谓的"现实主义者"感到难以置信，甚至还会让那些最大胆的空想家也相形见绌。

然而，政治家们非常清楚，每一次变革都会在社会上引起巨大的悲观情绪。人们总是认为，大变革会让一切都变得更加糟糕。事实也确实是如此，社会变革中必然会有输家，人们的担忧也是合理的。但就工业社会乃至整个人类的发展而言，很显然，悲观主义者的判断往往只是部分正确的，而乐观主义者通常却能获得整体的胜利。从启蒙运动到今天，西欧人已经取得了空前的进步，即使连最乐观的哲学家也未曾预想到会有这样的进步。而这期间如果没有发生工业革命，那么很多重要的社会成就，例如广泛的受教育权、人民群众生活水平的日益增长，就都无法得以实现。同样，妇女也无法在当今社会中实现角色转变、同性婚姻也不会取得合法地位，诸如此类的例子还有很多。在全球范围内也是如此，尽管社会上仍然存在一些阴暗面，比如不公正的商品分配、对第三世界国家的剥削，但就全球总人口而言，现在已经是有史以来饥饿和战争最少的年代了[1]。其原因并不在于技术进步，而在于紧随技术进步出现的社会的进步。正是通过社会上各种各样的争辩与讨论，才让我们的社会取得了这样的进步。

鉴于以上原因，如果我们想要在工作和生活中实现数字革命，那我们就需要找到一个更具革新性的解决方案。社会如何通过数字革命得到进一步的发展？如何将可持续发展和数字化这两个世纪性的任务紧密联系起来？在经济环境已经完全改变的情况下，我们如何能让越来越多的人有机会过上充实的生活？有许多人都在思考这些问题，却始终无法找到答案，因为他们根本无法想象现在的生活还能有什么替代方案。虽然人们对技术方面的各种可能性总是抱有信心——比如相信空中出租车可以解决交通问题，或者相信载人登月和登上火星可以成为现实，虽然也没什么问题要通过登月和登上火星才能解决——但他们似乎总是不相信，社会政治方面的想法也可能会被实现。尽管历史已经告诉我们，社会在不断地发展变化，但他们依旧还是如此认为。其实，从现实的角度来看，社会停滞不前才真的是一件难以想象的事情。人们竟然幻想第二个机器时代不会给社会带来任何变化，这实在是太荒谬了。尽管如此，德语国家的许多经济学家似乎出奇的平静，他们认为工作、就业和社会结构在未来几十年内仍不会发生太大的变化。乌托邦和幻想并不是他们的专长，他们更乐意把这些话题留给好莱坞抑或是硅谷的科幻创作者。

数字革命和人工智能时代是如此具有划时代的意义，仅通过经济学这一门学科根本无法充分理解和洞悉这场变革的结果，这一点我已经在前文中试述一二。技术的飞跃不仅加速并缩短了经济增长的过程，还向我们提出了一些关于生活质量、自由、道德和政府角色的问题，这些问题无论是从技术还是从经济角度都无法得到全面的回答。此外，还有关于社会动荡的恐惧，这也是一个情理之中的问题。劳动世界的任何一次技术革命都不会悄无声息地发生，它们在刚开始的时候一定会引起激烈的抵抗。卢德主义者，即 19 世纪初持反机械化观点的人，他们和纺织工人起义，特别是 1844 年的西里西亚纺织工人起义一样，都深深地留在了人们的记忆中。如果工业革命的好处只惠及少数人，那社会冲突就不可避免。事实上，生产和通信方面的技术创新并不一定会让工资水平得以提高或者让人民过上更富裕的生活。所以无论是过去还是现在，卢德主义者都不等同于一群狂热的、看不清时代发展走向的落后分子，他们也并不是在对发展与进步提出愚蠢地抗议。相反，他们是在反抗以牺牲广大人民利益为代价来进行新一轮的资本集中，反抗资本集中带来的残酷的社会后果。

即使在 21 世纪，这样的社会动荡也并没有成为过去式。如果工业化国家确实迟早会变成一个由"有特权的有业者阶级"掌握的社会，社会中相当一部分人口被边缘化，并沉浸在越来越精妙的数字娱乐中，那么就有可能会爆发严重的社会危机。这样的社会是不稳定的，也是极其脆弱的，就像许多发展中国家和新兴工业国家一样极易发生激进的政治动荡。这本书已经描绘出了到那时的景象。这是一条错误的道路，如果我们不采取任何措施来改变社会的走向，我们就会走上这条错误的道路。

我们所面临的危险是极其巨大的：右翼民粹主义、对国家的不满、仇恨和蔑视已经明确地向我们发出预警，美国和许多西欧国家都可能会发生经济震荡。华盛顿国会大厦的示威者其实就是当代的卢德主义者。那些被误认为是在争取身份认同的人，其实往往都只是在坚持旧的经济秩序，坚持这种经济秩序下的文化特性，从而避免被进步的风暴所席卷。人们如果无法从新的经济秩序中获利，如果感到被抛弃，那他们很快就会无法理解这个世界，就会建立一种简单粗暴的思维模式来逃避现实，并慌乱地指控一些他们早就认为是幕后操纵者和罪魁祸首的人——他们尤其喜欢指控那些比他们生活得更好的人，比如自诩聪颖的社会精英以及被收买的政客。他们也喜欢指控那些生活得不如他们的人，尤其是那些拥有其他文化意识形态的外来移民。

要想阻止这样的事情发生，就必须进行大刀阔斧的改革。劳动社会已经存续了很长的时间，正如我们所了解到的，我们不能再继续让传统劳动就业社会的社会现实与意义社会向我们提出的要求背道而驰。也正因此，面对这场伟大的变革，我们已经没有更多的时间可以浪费了。当裂缝最终无法再修补时，就为时已晚了。我们必须对这场变革进行广泛且深入的讨论。它绝不能仅仅作为学术精英的研究对象出现，也不应该只在一些聪明的年轻人之间引发热议。它必须深入主流社会，成为政治辩论的一部分。各党派必须准备好回答：自己打算为意义社会引入什么样的基本收入制度。各党派政治家也必须准备好回答：他们将采用哪种与时俱进的现代化理念，来应对技术进步所带来的经济分化问题。

到目前为止，各党派都还只是试探性地用一些新词来代替原有的概念。德国新任联合政府也只是打算给原来的哈茨四救济金贴上"公民津贴"这个标签，而从本质上来看它仍然和以前一样，并不是真正的公民津贴。如果要说此次哈茨方案改革有什么可取之处，那可能就是：通过此次改革统一了社会福利的标准，而这甚至可以算得上迈向基本收入社会的第一步，虽然这一步依旧很过时，而且完全偏离了正确的道路。同样过时且错误的还有对法定养老保险投入的巨额税收补贴，它清楚地向我们表明，我们所熟知的现收现付制度已经不可行了。未来，我们需要寻找代际契约以外的方式来为养老金融资——事实上，我们现在就应该这么做了。社会的发展趋势已经很明显，而我们走向基本收入社会只是在这样的背景下迈出的顺理成章的一步。

我们只需要看一下意大利，就能知道这趟旅程的走向。从 2019 年春季开始，意大利就引入了公民津贴，单身人士可以领到 780 欧元，夫妇可以领到 1280 欧元。只要能证明自己需要这笔钱就可以申请该津贴。但意大利引入该津贴并不是为了适应社会和经济结构的变化，而是和过去一样为了消除贫困和刺激国内经济——即便如此，该津贴的引入也确确实实可以被看作谨慎地迈入基本收入社会的第一步，即将工作与生活分离的第一步。同时，这一步也可以被看作是我们在对抗旧时代集结的舰队中迈出的第一步。每一次的社会革新在推进过程中其实都会遇到来自旧时代的阻力。而这一次，我们所面对的阻力是来自工会、教会以及部分雇主代表。

这类公民津贴所面临的最大的问题仍然是融资问题。如果不开发其他的资金来源，公民津贴就会给雇员带来额外的经济负担，或者像意大利那样给国家带来更多的债务负担。在开发其他资金来源之前先引入公民津贴的做法虽然颠倒了一般的步骤，且具有一定的象征性意义，但并不能保证长久的成功。因此，我们必须努力争取至少在欧洲范围内建立小额税制度。相比欧盟内部的资金流动，我们应该对流向非欧盟国家（如流向英国）的金融交易征收更高的税款。尽管在全欧洲范围内争取征收金融交易税会很困难，但面对劳动就业社会的重大变革，如果我们不引入金融交易税的话，我们又如何能为未来的欧洲社保体系筹措足够的资金呢？同样，用生产税来代替个人所得税也是一个潜在的、可以在全欧洲范围内实施的、非常重要的制度，虽然这个制度迄今为止还没有任何国家实施过。

要想迈进基本收入社会，我们应该怎么做呢？首先，不要像目前大多数经济学家和政治家所做的那样，阻碍人们关于未来基本保障的探讨。提出有益的疑问是一种良好的品质，但鉴于未来的挑战，我们更加需要的其实不仅仅是那些或睿智或平庸的反对意见。如果想要成就某事，就得去寻找自己的目标，而只有那些想阻止某事发生的人，才会想着要寻找做这件事情的理由。因此，现在是时候想想该如何实现这一切了。无条件基本收入早已不再是一个学术问题。两百多年前，它首次被提出。而现在，人们认为它可能是一个关乎21世纪工业化国家社会保障制度命运的问题。基本收入制度诞生于经济匮乏的年代，却在经济富余之时找到了适合自己的位置。如果我们不想因为一些基本矛盾而返贫，就必须比以前更好地分配这些富余的财富。只有深入了这一层，才算真正理解了我们今天所说的无条件基本收入的问题。这个问题的本质就在于，我们能否让每一个人都从这个科技发展日新月异的社会中持续受益。为了让人们过上充实的生活，我们真的已经竭尽所能了吗？要想过上充实的生活，人们还需要哪些精神方面的先决条件？还需要什么样的教育呢？

第五章
意义社会是如何形成的

　　为什么我们的教育体系不再适应意义社会的需求，以及我们应当如何做出改变？

自主学习：21 世纪的教育

2021 年 10 月下旬，天气晴朗，位于柏林弗里德里希大街的 dbb 论坛大厦沐浴在阳光下。阳光很是温暖，大楼里面讨论得也很是火热。在我进行了关于劳动社会转型的演讲之后，我与德国金属加工工会（IG Metall）主席约尔格·霍夫曼（Jörg Hofmann）以及德国金属加工产业雇主协会主席斯蒂芬·沃尔夫（Stefan Wolf）进行了一场专家座谈。当聊到教育方面的话题时，讨论变得尤为热烈。霍夫曼总结道，如果我所说的关于未来工作的一切都属实，如果未来重复性的常规工作真的会渐渐被一些手工业工作、具有高度挑战性的服务业工作、先进的信息技术工作以及一些需要同理心的工作所取代，那么我们的教育体系最紧迫的任务就是，让大中小学生提前为这些职业做好准备。这样做的目标就在于，完美匹配相关行业和职业的需求，从而避免我所说的人才供需不匹配的现象。斯蒂芬·沃尔夫不忘补充说，对职业进修的需求，甚至对转业培训的需求也会达到历史新高。如果未来对手工业工作者和养老护理员的需求不断上涨，那么像保险公司员工、行政人员和银行职员之类未来可能会失业的人就必须接受相关的转业培训，以适应社会和劳动力市场的迫切需求。

他们谈到的这些观点都不无道理。但我认为，无论是霍夫曼的想法，还是沃尔夫的想法，都可能还存在着不足之处。一方面，社会赋予大、中、小学的任务并不是给各行各业输送为其量身打造的劳动力。教育的目标更主要是在于让人们拥有充实的生活，而充实的生活往往也包含劳动与就业。此外，未来的劳动力需求比人们想象的要更难以预测。现在短缺的专业人才不一定在七年后仍然短缺。我曾写过一本书，其内容是关于学校的未来[1]，书中写道：在1984年，也就是我高中毕业的那一年，我就读的索林根高级文理中学来了一群工程师。他们呼吁那些有数学和物理天赋的学生都尽可能地去当工程师或原子物理学家，因为这方面的技术人才严重短缺。五年后，因为工程师供过于求，我们年级报了工程师相关专业的人里面，有一半的人刚硕士毕业就失业了。1997年，德国16%的工程师仍然找不到工作。19世纪80年代受到热捧的电脑工程师也同样经历了类似的波折。当时，也就是在1984年时，我还有一个同学决定成为核物理学家，他的遭遇就更不用说了。1982年11月，德国最后一座核电站开始动工，当时需要大量的专家。而到了1989年，最后的这座核电站就已经开始投入使用了。对经济和劳动力市场进行的预测其实很难为教育政策的制定提供可靠的参考。因此，根据这些预测来设定教育的基本方针、基本准则以及确定学校的课程设置，是一种相当有风险的行为。

至于沃尔夫所提出的"希望数百万人能够参与转业培训"的问题，情况可能也差不多。转业培训一直都是劳动社会一个常用的手段。既然不可能事事都向着自己所希望的方向发展，那人们也就有理由认为："如果你不做这个工作，就得做那个工作。"最重要的是，你要有工作。在过去，转业培训往往是一种可行的方式。但在意义社会中，人们对生活质量的要求，包括对职业生活质量的要求都明显提高了，那情况还会如此吗？而且未来，不只有那些受过良好教育的人会对生活品质提出高要求，还会有许多其他人也同样如此。到那时，情况又当如何呢？

十年或二十年后我们的孩子将会从事什么职业，如今这个问题比人类历史上以往任何时候都更难回答。以上这个著名的论断出自美国教育研究专家凯茜·戴维森（Cathy Davidson）。她在 2011 年预测，我们的孩子中有 65% 的人未来将从事目前尚不存在的工作。戴维森认为，20 世纪六七十年代上学的人根本不可能想象得到，今天会有人做基因工程研究，会成为一名整形外科医生或生殖科医生。他们也不可能想象到会有人从事智能手机设计和手机软件开发，会有人在社交平台上打广告，会有人做网络新闻记者或在互联网上拍卖鞋子。而且她预计，这种趋势还会继续呈爆炸式增长。

如今我们都知道，戴维森所做的这一预测有一些夸大其词，至少她所预测的程度和规模肯定是达不到的。而且，她完全没有考虑到社会的变化。如果想要了解未来的工作，不能只考虑十年或二十年后人们会做什么样的工作，以及为应对这些工作需要具备什么样的能力。我们还必须考虑，这份工作对我们的生活有什么样的意义与价值？我们的一生要花多少时间在工作上，又要花多少时间在休闲娱乐上？如果未来世界变得和现在大不相同，那我们的孩子又将如何适应这样的世界？

教育研究人员和教育政策制定者在为我们的孩子规划其未来时，总是想着紧跟技术进步的步伐与趋势——仿佛这就是未来劳动力市场最大的潜力所在。然而，前文已经详细论述过了，IT 行业虽然正在增长，但其增长程度远不及众多要求同理心的职业。而那些未经斟酌、目光短浅的教育举措却将重心放在了提高所有高级中学学生的 STEM 科目（数学、计算机、自然科学和技术学科）水平上。因为德国未来需要更多的工程师和 IT 专家，所以就让所有高级中学学生都花更多的时间在这些领域——但可惜，这些学生辛辛苦苦却常常徒劳无功。

在现实生活中，我们不难发现以上教育举措存在两个思维误区。首先，即便是没有数学天赋，且没有经过相关强化训练的学生，通常也能在日常生活中掌握一些和 IT 行业相关的游戏和工具，熟练运用其中的很多功能。这并不要求他们对编程有更深入的了解。其次，在数学和计算机方面对所有高级中学学生提出一样的要求，对他们并没有任何好处。一方面会有一些学生对这些学科深感痛苦，但又无法取得进步；另一方面却有一些学生被迫放慢前进的步伐。因此，像数学和计算机这样需要天赋和兴趣的科目，如果想讲授超过基础数学水平的内容，就不应该再按照随机的方式编排班级，而应该将有天赋的人与不太有天赋的人区分开来，并相应地调整教学难度。只有这样，才能使有天赋的人觉得有挑战，使天赋较低的人也能得到促进与提高。如果在学习计算机的过程中追求平均主义，强迫所有学生学习同样的东西，其效果则恰恰相反：有天赋的人不能得到足够的提升，而没有兴趣的人以后会一直对数学和计算机望而却步。

政界、学术界和工商界正在呼吁教育转型，他们要求"为教育做出更多努力"或者"为教育投入更多资金"。但这是一项综合性的任务，它所涉甚广，绝不能只是停留在"让所有学生重视 STEM[①] 科目"这个层面上。而且，也不能只是对全国各中学的数字硬件、软件以及网络进行全面的升级。教育转型或教育革命需要的远远不止这些。我们还需要从根本上思考，在 21 世纪的工业化国家，教育应该意味着什么，以及教育的任务是什么。毕竟，这个任务和我们目前的教育体系所设定的目标之间，可能存在着根本性的差异。

在 19 世纪初的斯坦因–哈登贝格（Stein-Hardenbergschen）改革之后，普鲁士发生了一些新的变化，第一个全国性的小学体系也在此时应运而生。但人们很快发现，普鲁士并不打算像威廉·冯·洪堡（Wilhelm von Humboldt）所梦想的那样，通过学校来对民众展开全面的教育，而只想根据社会需求来教育民众。普鲁士以及其他许多欧洲国家的所有儿童都必须为应对新兴的资产阶级雇佣劳动社会

---

① STEM, 代表科学（Science）, 技术（Technology）, 工程（Engineering）, 数学（Mathmatics）。STEM 项目就是集合以上学科的综合教育。——编者注

做好准备，极小部分儿童还要准备好应对绩效社会所提出的要求。为此，普鲁士建立了国民学校（即现在的初级中学），以培养能够适应各种社会需求的劳动力。社会分工越是明确，工作机会就越多，想要胜任这些工作就必须掌握计算、阅读和书写等技能。与洪堡所希望的不同，国民学校设立的目标是尽可能地满足劳动力市场的需求。在第二次工业革命期间，美国将其公立学校的目标设定为通用汽车公司的装配线培养高水平技工。正是因为美国汽车行业的劳动分工比其他任何行业都要完善，美国汽车行业不仅成了利润最大化的典范，也成了儿童和青少年教育体系的典范。

与此同时，对管理人员、律师、工程师、医生、建筑师、教授等高水平人才的需求也在增长。所以，高级中学的培养模式也发生了一些新的变化。为了鼓励一些家庭条件较好的学生进入这些专业进行学习，高级中学开设了一系列相关学科。其教学目标不再是让学生对知识有一个总体且全面的了解，而是让学生在中学掌握尽可能多的专业知识，以便他们日后能成为数学、物理、化学、气象、生物、历史或教育等方面的专家。但医学、法律或经济学等重要领域的知识在这个阶段大多并不会涉及，其原因目前尚无定论。此外，高级中学还会对学生的在校表现、勤奋程度和责任感水平进行评分，这些分数都是决定他们以后能否顺利找到工作的重要标准。因为未来的公司职员或公务员不仅要有足够的专业知识，而且要能按规矩办事，能适应环境，不能固执任性。

教学楼的设计也完全与上述教学目标一一对应。学校参照军营的模式构建，走廊完全对称，过道也很死板。同一年龄段的所有小孩都被划分到同一个年级，每个人都接受相同的基础教育，之后才开始分流："下士"只能上国民学校（即现在的初级中学）；"士官"只能上中级中学，以后可以坐办公室；而未来的"军官"则可以去高级中学。根据就读学校的类别，同一类学校的所有学生都学习相同的教材。不同类别的学校，如国民学校、中级中学和高级中学对学生成绩提出的要求则各不相同。学生们的成绩是按照统一的分数体系来评定，学生们的日常生活也是按照统一的时间表来安排，就像他们将来的工作生活一样。提高学生成绩的可比性以及比较学生之间的成绩变成了中学的重要目标，班级的平均成绩成了标尺，而学生的学业水平也变得可以测量。个人的学习热情或个人的成绩波动对整体几乎毫无意义，最重要的是结果、分数和平均成绩。至于为什么会有这样的成绩？这样的成绩是如何产生的？这些问题并不重要，因为它们不可测量。

　　我之所以没在上文中加上"曾经"或者"过去"等描述性词汇，是因为这套系统及其架构至今仍在延续。当然，今天的教师会比以前更多地去思考，为什么某个学生取得了什么样的成绩，为什么某个学生没能取得什么样的成绩。现在，他们看待学生的目光不再像以前那么冷冰冰，也会更加关注个人。但 19 世纪的这套体系仍然存在，只是没有了普鲁士时期的纪律要求和体罚，而且新增了一些课程，出现了合作学习和课后补习，并且提倡对学生进行表扬。尽管，人们现在确实很重视学生的创造力和独创性，并且鼓励他们发挥主动性和团结合作精神。但时至今日，如果要评断学生们的成绩，依旧必须考虑学校为他们预先设定的学业目标，而且不能偏离该目标。总而言之：只有在固定的框架内取得的成绩才会被算作是真正的成绩；正如社会学家哈特穆特·罗萨（Hartmut Rosa）所言，目前的学校教育只不过是让学生"准备好应对以后机械重复的办公室生活"，例如，应对以下情境："老板站在办公室门口说：'穆勒女士，请在星期五之前为我整理好关于印度市场的所有资料！'"[2]

　　读完这本书后，我们应该很清楚，未来对这类秘书岗位的需求将大大减少。如果传统劳动就业社会在 21 世纪转变为知识社会、意义社会，那我们的大中小学生们也必须为此做好准备。这种想法对今天的教育家和教育研究者来说并不陌生。事实上，经常有人表达或提到这样的想法。但这又有什么用呢？无论是在日常生活中还是在政治上，有关教育的讨论总是因为一些过时的争论而被划分成不同的阵营，或者被划分为一些老套的论调。从20世纪60年代开始，就有了保守派。虽然保守派的势力越变越弱，但他们却越来越固执地认为，学校就应该是一个讲成绩的地方。他们认为，学校的功能就是在秕糠中找出麦子，让有天赋的人有机会去做那些没天赋的人做不了的事情，例如自由地选择自己的职业。与保守派相对立的是从前所谓的进步派。进步派反对保守派注重成绩的观念，认为这种观念最终只不过是按家庭条件来对学生进行分类与筛选。知识分子的孩子就可以去参加高考并进入大学，而家庭经济条件较差的孩子（除了其中少数极有天赋的孩子）以后依旧无法进入有钱人的阶层。保守派的观点就相当于"精英"和"选拔"教育的概念，而进步派所讲求的则是机会均等。前者对应传统的高级中学概念，认为其他类型的学校只是次要的，而后者则对应综合中学①的概念。前者把学习当作一种竞争，而后者则希望学生能尽可能地"快乐学习"。

在20世纪六七十年代，像这样的交锋和争论确实有其意义。保守派和左派分别支持所谓的"追求成绩的教育"和"追求快乐的教育"。关键问题似乎在于：是选择牺牲公平还是选择牺牲成绩？而且这两种想法对彼此的攻击都很有道理。一方面，精英教育的理念是否仍然符合时代的要求？如果我们抛下那么多人不管，我们真的能承受得住其后果吗？另一方面，如果我们的孩子在快乐教育下长大，他们在全球劳动力市场上会有竞争力吗？北莱茵-威斯特法伦州的综合学校不是已经给了我们一个示例吗？

---

① 综合中学是德国教育改革的产物，它把高级中学、中级中学和初级中学这三类中学综合在一起，兼有各类中学的教育使命。——译者注

像这样的交锋只会发生在阿斯泰利克斯[①]所在的时代。现在在考虑大中小学教育问题的时候一般都不会因为讲竞争还是讲公平的问题而针锋相对。而且，只要我们了解到，曾经被嘲笑为没有竞争力的蒙氏教育现在在硅谷发展得有多迅猛，那么过去这些急需修整的旧世界观就很快会崩溃。21 世纪的挑战与 50 年前截然不同。选择拥护竞争型教育还是选择支持公平型教育，这一类的教育站队行为既不合时宜也没有必要。

现在，真正有区别、有争议的可能是人们对知识以及知识获取方式的看法。早在 1942 年，美国自由派社会学家罗伯特·金·默顿（Robert K. Merton）就将未来的信息技术时代称为"知识共享时代"。所有人获得知识的方式之多之广，将是人类历史上前所未有的。大中小学将不再是唯一可以获取知识的地方。但是，随手可得的知识并不能替代教育。在互联网上查找和阅读信息并不意味人们就不需要对他们所读到的内容进行判断。而且人们不仅需要在内容上，还需要在形式上，比如在信息来源的可信度方面进行判断。今天，我们需要存储在记忆里的琐碎信息越少，我们就越需要发挥我们的聪明才智，去阅读字里行间的信息，去判断说话的语境或者去区分观点与事实。有了互联网这个人人都可以使用的数据库，我们只需要点击一下鼠标就能获取世界上已有的知识。但只有当我们拥有了导向型知识[②]，也就是说只有通过 21 世纪真正的教育，才能让这些知识变得有意义、有特点和有深度。

---

① 阿斯泰利克斯是漫画《阿斯泰利克斯历险记》的主人公，该漫画所述的故事发生在公元前 50 年。——译者注

② 导向性知识是指学生应该掌握的基于事实、原则、概念或方法的基本知识，这些知识提供了一种基本的认知框架，帮助人们理解世界、做出决策并解决问题。它对于培养学生的综合素养和批判思维能力非常重要。——译者注

意义社会是一个知识泛滥的社会，如果我们不想在这样的社会中迷失方向，就绝不能只是拥有职业技能。正如威廉·洪堡在两百多年前所写的那样："每个人都必须要接受一定的全面教育，尤其要接受一定的思想和性格教育。显然，当一个人抛开其特定的职业，也就是说在只考虑其本人的情况下，如果他依旧算一个优秀、体面、相对开明的公民，那么他才能称得上是一个好工匠、好商人、好士兵和好企业家。如果学校能为他提供这方面的教育，那么他以后很容易就能获得其职业所需的特定能力，而且他还能始终自由地转换职业，毕竟转业这种事情在生活中也是经常发生的。"[3]

作为一名普鲁士人，威廉·洪堡能说出这样永不过时的话语，真是太有远见、太令人震惊了。根据威廉·洪堡的说法，要想把一个人培养成一个好的技术工人，就不能只把他当作技术工人来培养。因此，在"所有的职业培训"之前，都应该先进行"人的全面教育"。[4] 在距离意义社会到来还有两个世纪的时候，威廉·洪堡就已经认识到，工作本身并不是目的，所以一直以来新教对工作的认知都是错误的。威廉·洪堡认为，想要工作和必须工作只是人类天性的一个重要组成部分。另外还有一些其他的部分也同等重要，例如社交、休闲和享受。既然如此，人们在生活中会换工作、换职业，这不是很正常吗？毕竟，我们需要兼顾以上所有这些因人类天性而产生的需求，而且这些需求也并非不可兼顾。这就是为什么大中小学在考虑教学内容的时候不应该首先考虑国家的经济需求。毕竟，社会赋予教育的最重要的目标并不只是满足国家的经济需求，而是"让人们有能力在公民社会中参与一般性的公共事务"。[5]

相比威廉·洪堡所在的时代，现在对公民"参与公共事务"提出了更高的要求。过去两百年，工业社会变得越来越复杂，这种复杂性随着意义社会的到来将进一步猛增。现在，人们越来越无法像从前一样明确地规划自己的人生轨迹。所有人的人生道路上都充满了各种可能性，让人漫无头绪。过去，一个人长大以后是成为农民、手工业者还是公务员早在他还在摇篮里的时候就已经被确定好了，而在一个存在多种选择的社会，根本就没有什么东西是确定好的。在第二个机器时代，人们的人生越来越无法像保龄球馆里的保龄球一样，在既定的赛道上目标明确地向前滚动。相反，我们不仅要自己寻找自己的赛道，甚至往往还要自己打造自己的赛道。而且，我们的社会对创新的需求也比历史上任何时候都要高。往往只有那些不仅能运用已知的知识，并且还能进行创新与发明的人，才能取得成功。

如果想在意义社会中铺就自己的道路，就必须要能理解并且能处理一些复杂的任务，而这些任务中最复杂的通常不是工作任务，而是来自生活本身的任务。无论我是想创业还是想建立一个非政府组织，无论我是想休假一段时间摆脱忙碌的生活，还是决定花更多的时间陪伴孩子，或者是想去另一个大陆做半年的社会项目，或者是决定在上班多年以后做一个自由职业者，或者打算抽出更多时间来照顾我年迈的父母，或者打算同时做以上的很多事情，我都必须找到一些灵活且有创造性的解决方案，这样我才能处理好这一切，并在我的日常生活中安排好这一切。最后，我还需要有一些为自己的生活兜底的策略。我必须做出我的祖父母那一辈永远无法做出的决定，毕竟他们在传统的劳动就业社会中并没有其他选择。

过去，人们的人生道路清楚明了。而现在，人们却常常需要在一生中不断调整赛道。过去让人们的生活颠沛流离的，主要是重大的事件，例如战争、经济危机、制度变革、驱逐、逃亡或恶性通货膨胀。而现在，让工业化国家的人们无法安定下来的则更多的是他们自己的个人事务。现在，人们的一生被分成了学习和生活两个阶段。过去那些固定的成长环境和工作环境都已经消失不见了。当我们的人生之路没有了扶手，那我们就必须习惯于独立行走。当外在的坐标系不再指明方向时，教育首先就应该提供导向的作用，它就应该建立起一个内在的坐标系，帮助人们穿过人生中的荆棘与障碍。用社会学家、教育研究者古德伦·昆泽尔（Gudrun Quenzel）和克劳斯·胡尔曼（Klaus Hurrelmann）的话来说就是：我们今天的教育是为了让学生能更好地具备解决问题的能力，这种能力现在已经变得越来越重要了。现如今，教育已经越来越成为人们拥有更多选择与更多发展可能性的前提条件。如果青少年渴望过上自主的生活，却又未能接受相关的教育，那么他们的挫败感就会越来越强烈。[6]

换句话说，教育就是教授活的知识。我们的经验性知识、我们的判断能力以及我们的自主能力，都必须在我们与他人相处的过程中得到实践与检验。这需要创造一种教育氛围，让人们有机会去运用这些能力，并且这种教育氛围还必须能够激励人们的创造力和独创性。好的创意并不会凭空产生，它需要父母、朋友，尤其是学校为其打造一个温室。而且，我们不仅要让人们想出这样一些好的创意，还应该要让它们蓬勃发展，并受到他人认可。因为没有人能准确地知道未来会发生什么，所以在我们的学校里，重要的不再是教会孩子们一些具体的、细节性的知识，重要的也不再是给相同年龄段的孩子讲授完全相同的知识。更重要的是，我们要成功赋予孩子们自主学习的能力。威廉·洪堡的梦想是，让孩子们在学校里学会如何学习。现在，这个梦想比以往任何时候都更具现实意义。相比过去，我们越来越难以判断，我们的孩子到底需要什么才能成功应对未来的生活，才能找到生活的价值和意义。既然如此，那我们就更加有必要帮助他们学会自主学习并设定自己的目标。

保持好奇心：当代教育学的目标

"我梦想未来有一天能创办一所学校，让年轻人能够在趣味中学习；这所学校鼓励他们提出和讨论问题；在那里，他们可以带着问题学习，他们可以不必听那些已经写好的答案；在那里，学习不是为了通过考试，而是为了学到东西。"[1]

还有什么能比以上这个梦想更好地描述一所优质的学校呢？这个梦想的提出者是一名叫作卡尔·波普尔（Karl Popper）的哲学家。他在 1922 年提出了这个梦想，当时他才 20 岁，而这个哲学家一直到晚年都还是常常回想起这个梦想。对于波普尔的这个想法，许多学生、教师、教育政策制定者以及教育研究专家肯定会表示支持。毕竟，许多德国教育体系的批评者所提出的要求也不外乎如此。当然，可能有人会认为我们现有的教育体系就是最好的体系，但即便是这些人也同样会点头表示，这正是我们现有的学校和教育体系所要追求的目标。国家和教育部门不是也多次对学校提出要求，要将学生培养成独立、负责任、有好奇心的人吗？

因此，对于波普尔所提出的这一目标，人们并不存在什么争议。但是，绝大多数德国学校是否能够最大限度地实现这一目标，却依旧是一件有争议的事情。我们目前学校的系统架构中真的有反映出来这些教育目标吗？现在，知识被划分成了不同的学科，每个学科都分别、单独进行讲授。这样的知识当然无法为我们提供指引方向的作用，而且这种举措还人为地限制了我们的好奇心。毕竟，每天学习五六门学科并不能起到增强好奇心的作用。根据分数系统来判定成绩也很难显示出学生是否灵活地掌握了知识。使用指定的、固定的学习材料，学生的自主学习能力并不一定能得到提高。教副科的教师可能在一个班级只教一年，因此也很少能与所有学生建立活跃的关系。而师生关系不活跃，学生的好奇心就无法被激发。给同一年龄段的所有学生设定相同的学习进度并提出相同的要求，这无论是对有天赋的学生还是对不太有天赋的学生，都不公平。诸如此类的例子还有很多。

既要尽可能地确保成绩的可比性，又要培养、促进个人的好奇心，这两个要求之间存在着不可调和的矛盾。即使是最好的学校和最好的教师，一般来说，也无法同时实现这两个目标。真正的教育并不是靠竞争。虽然通过竞争也能实现教育的目标，但人们接受教育终究是为了自己，而不是为了与他人竞争。如果教育并不等于"讲授教学资料"，而是一种对自我的塑造，那么现在这种考试、分数、家庭作业无止无休的模式就不符合威廉·洪堡所提出的"尽可能让所有人都接受教育"的理想。因为在现在的学校里，确定教育步调的并不是个人的好奇心，不是个人的知识进步，也不是个人的受教育水平，而是整体的教学计划与班级目标。

两百多年来，德国的教育体系并没有像威廉·洪堡所希望的那样强调个人的发展，而是更注重对传统劳动就业社会的适应。而且，越来越多的教育研究者将教育主要视为促进国内生产总值增长的一种有用肥料。他们把经济学的概念套用到教育学上。他们讨论着"教育资本"和"人力资本"，他们关注着"教育资源"和"教育市场"。教育被他们当作"决定国民经济长期增长的一个核心因素"。[2] 他们的想法换句话说就是：一个社会的受教育程度越高，其经济生产力就越高。如果说教育很重要，那经济就是重视教育的唯一理由，此外再没有其他理由。

到了 21 世纪初，我们仍然习惯于将经济学术语当作描述个人需求和社会交换关系的唯一语言。很难想象我们的后代在看待这样的事情时会如何连连摇头。人们接受教育主要是为了学会和世界以及和自我相处，如果我们用经济学的概念来描述教育，那我们永远领悟不到这一点。有些人认为，用经济学语言就足以描述教育是什么，以及它应该达到什么目的。但这一类的想法实际上只不过是传统劳动就业社会的遗留，它脱离了意义社会，无法充分适应意义社会的需求。

在传统劳动就业社会向意义社会转型的过程中，"能力"一词扮演了一个有趣的过渡性角色。早在 1974 年，德国教育委员会就引入了这一概念。到了 20 世纪 90 年代，这一概念又再次引发了人们的关注。相比传授学生知识，学校应该将精力更多地集中在培养学生的能力上。而现在，这份能力清单还在不断增加。知识只有在能够转化为身体和精神的行动力时才有用，这种观点非常具有开创性。只是知道如何做某事还不够，还得"有能力"做到某事。但与此同时，能力教学法仍然过于依附于传统劳动就业社会的思维。通过将数百种能力相互分离，教育就像劳动分工一样被切割成无数的小块，这些小块被小心翼翼地分开，然后被单独加以训练。这样的一种模式基本等同于单独训练人体的每块肌肉从而提高整体体能的想法。但是，就像所有的体能训练都需要多块肌肉参与一样，智能训练也同样是如此。自我组织能力和自主学习能力并不能通过累积单个的知识或者训练单个的能力来培养。把各个部分的能力只是简单地叠加起来也并不能帮助我们适应未来的社会。只有当我们独立地将这些能力以个性化的方式融合起来时，符合个人特质的教育模式才会产生，而这种教育模式才能被称为真正的教育；但这种教育模式并不能通过学习者被动地接受融合式能力训练来实现。只有当我们带着极高的个人乐趣和好奇心来学习，才能产生真正的教育；只有当我们在学习时能够将学到的东西和与其他"本学科之外"的东西联系起来，当我们有足够的闲暇来恣意发挥我们或许有些疯狂的想象力时，才会产生真正的教育。能力的融合并不是一项大脑技术，能力的融合是一种融汇与交织！

因此，从"注重传授知识"到"注重能力培养"的转变，到目前为止还难以像人们所期望的那样，为社会提供符合时代发展要求的教育，毕竟社会已经不再按照传统劳动就业社会僵化的模式来运作。要想教育系统适应意义社会的需求，我们需要做的还有很多，首先就是不能让教育流于表面，不能过多地对受教育者进行限制与管束。所有的性格塑造都需要自由和空间，需要有地方可以退缩与逃避，需要直觉和情感，需要走弯路，需要情绪的变化。正是由于人类的这种成长模式，才使人类在生活中的许多领域都优于任何数字技术。而这种模式也确保了，即使在未来几十年后，人类在复杂情况下做出决策的能力仍然会优于人工智能程序。

自我组织能力和自主学习能力是意义社会的关键标准，这一点无须赘述。如果意义社会的到来会让我们更有可能，且更有必要独立地规划自己的人生，那我们就更应该要好好地了解自己，并且学会与自己自处。这一点，无论是在日常生活和工作生活中都同样适用。无论是自由职业还是受雇于人，无论是在办公室还是在家里：主动性、团队精神、问题导向思维和独立思考能力，这些在未来的许多工作中都会不断被用到。人们越是能够融会贯通，就越能创造新知，越能寻找和胜任新的任务。

而那些暂时或长期没有工作，并且在此期间完全靠无条件基本收入生活的人也同样是如此。此时，不正是需要自己给自己动力的时候吗？创造性、好奇心、主动性和集体意识——当没有办公室生活，也没有其他工作等着你的时候，这些不就是不可或缺的能力吗？稳定的自我意识、对自己的目标持有期待，以及对人类持有积极乐观的态度——无论你做什么，这些东西在生活永远都是有用的，不是吗？工作上有用的东西在换工作时也同样会有用。同样，当我们去做那些不以赚钱为目的的事情时，这些东西依旧会有所帮助。

无条件基本收入的引入对年轻人而言是一个不容低估的挑战。如果人们以后不必自己保障自己的生存，那他们就必须做好充分的准备来应对这样的自由。毕竟，要想避免失败的人生，就一定要有很强的好奇之心，就要有一定的积极性与主动性。如果将来至少有一部分的外部压力会消失，那么内在的动力就会起主导作用。内在

动机（出于内在驱动力而做某事）一向被认为是一种优于外在动机
（为了外部奖励而做某事）的驱动力。只有有了内在动机，人们才能
从他们所做的事情中获得持久的幸福感。我们绝不能容许我们的学
校教育破坏孩子们原本普遍具备的、强烈的内在动机。然而，为了
成绩而学习，为了钱而工作之类的外在影响因素，却往往磨灭掉了
我们曾经拥有的内在动机。以幼儿为研究对象的相关实验已经清楚
地说明了这一点。[3]

　　丰富的内心世界是所有内在动机的最佳基础。一般而言，一个
人感兴趣的东西越多，越有事可做，就越有好奇心。因此，内在动
机和教育之间存在着密切的联系——这一点不仅适用于工作中的内
在动机，也适用于生活中的内在动机。尤其是在社会和政治方面，
内在动机的产生也同样与教育密切相关。民主要发挥作用，就需要
有许多公民了解民主过程并参与其中。当宗教不再是维系社会的主
要力量时，教育就变成社会黏合剂的重要组成成分。纵观人类历史，
人们可能并不能断言，有了教育以后，社会相对而言就会变得更加
和平。毕竟，稍稍回顾一下20世纪德国发动的两次大规模战争就可
以清楚地知道，情况确实并非如此。但人们至少可以确定的一个规
律是，在一个复杂的社会中，如果有大量受过教育的人，那么它的
社会凝聚力往往就会更强；有规律就有例外，所以德国的这两次战
争恰恰证明了这一规律的存在。

　　无论如何，意义社会和知识社会都需要人们能很好地从无关信
息中区分出有关信息，从猜测与臆想中找到事实与真相。它需要人
们不迷信自己已有的知识，并且知道正确的并不一定就是有价值的。
平等和公正地沟通，需要良好的训练和一定程度的社会同理心。学
会容忍矛盾而不觉得被冒犯，学会承认错误，应对失败，学会承认
自己缺乏安全感，学会独立承担，学会激励和支持他人，等等，这
些素质在传统的学校课程中并没有得到广泛的训练。在现在的学校

里，一些人希望自己学业优良，而另一些人则只想着"如何才能考试及格"，像这样的教育体制并不是提高动机和训练团队精神的最佳模式。

因此，教育的一个核心组成部分是审慎地对待学生的未来。正如黑格尔所认为的，教育不是一种简单的储备，不是对永恒的真理和智慧进行积累，而是一种鲜活的实践。教育是一种基本装备，它帮助人们应对生活，实现自己设定的目标，而这其中也包括应对失败。想想商界，不就反复提出要允许失败，不要严格惩罚失败吗？然而，在现实中，我们的教育系统只允许在非常有限的范围内出现失败。如果有谁在某个学业阶段两次未能达到班级目标，就不能继续在高级中学或者是中级中学就读。所以，我们的教育系统其实并不允许人们在失败中学习，反复失败就意味着只能被降到次一级的学校或者被淘汰出原来所在的学校体系。

造成这种现状的原因，其实并不难找到。那就是我们对学位、证书和分数的极度重视，这种重视从 19 世纪一直延续至今。但是，如果我们从现在开始真的更加注重创造力，而不再像从前那样依靠学位、证书和分数来判断一个人是否勤奋努力，那么获得学历就不再会是人们接受教育的最高目标。按学历来对个人进行判断是传统劳动就业社会非常重要的一部分，而在 19 世纪中期之前学历其实还并没有那么重要。显然，在不断进步的意义社会中，学历也不会再像现在这样居于极其重要的地位。创造力无法通过一摞厚厚的优异成绩单以及各种学历学位证书来记录。就算是有了这些材料也并不能证明这个人就有创造力。长期以来，学历和证书总是给人一种错觉，觉得它们都具有独占性，觉得它们都是高级知识的代名词。只要能够证明自己所掌握的知识并不是人人都可以获得的，那这种高级性和独占性就有其价值。然而，随着当今时代高等教育的透明化以及全球知识的互联互通，学历和学位证书往往也只能像摆放在现代化酒店里的那些陈旧而古老的家具一样，变成了摆设。

当然，未来依旧可以用大中小学毕业证的形式来证明自己的能力与水平，只是人们不会再把取得学历当作唯一重要的目标。学历的价值主要体现在那些已经获得学历的人身上，因为这些人能从中获得自我价值感。根据过去几十年的经验，公司和组织机构在招聘新人时越来越不看重形式上的学历标准。这一现象的出现不仅仅是因为学历通胀，也是因为这些踌躇满志的学生们过于追求学业，反而导致他们在生活经验方面有所欠缺。公司不再像以前那么看重学历还有一个原因，那就是：学历已经没有以前那么可靠了。经济学家、遗传学家、神经科学家或计算机科学家二十年前所学的知识，在今天看来很多都已经完全过时了。在知识社会，知识的半衰期不断缩短，因此，知识的有效期也在缩短。

现在的毕业生们要准备好，毕业以后还需要继续学习，而且大半辈子的时间可能都要用于学习。也正因如此，学校的任务重心渐渐不再是让儿童和青少年能拿到毕业证，能顺利进入更高的年级，而是让他们为终身学习做好准备。而终身学习最重要的前提条件首先是喜欢学习。只有拥有积极的学习经历时，人们才会愿意在结束学校教育与职业培训后继续怀着求知若渴的心态去参与学习。否则，人们就会缺乏学习的动力，而没有足够的动力就会引发很多严重的问题。毕竟，如果我们仍然像以前一样，一旦从学校毕业以后就逐渐减少学习时间，甚至到最后就完全停止学习，那么我们今后能够从事的工作就会越来越少。意义社会和知识社会对终身学习提出的要求相比传统劳动就业社会还要高得多，因为在传统劳动就业社会中，其实还是有很多人的工作和生活模式是很长时间几乎不会发生任何变化的。

未来，人们的生活离不开自我激励。所以，无论是儿童、青少年，还是成年人都必须学会，如何在没有学校老师时刻提供支持的情况下，激励自己开展自主学习。然而，要做到这一点，就不能让学校抑制其学习的欲望。儿童和成人只有在知道他们为什么学习，以及出于什么目的学习时，学习效果才能达到最佳。为什么要学习呢？可能是因为学习很有趣，因为学习能给人带来满足感，因为学习对个人有益、实用，或者因为学习是一个睿智之举——通常，成人甚至比儿童更需要满足这些条件才能达到最佳学习效果。

提供终身学习的动力与机会并不仅是教育的一个拓展性任务，它还深深影响着社会对教育的理解。以前，人们在机构（中小学、大学、研究院等）中学习。现在，每个人都可以借助计算机和互联网自学。在知识社会中，现有的教育机构已经不足以满足所有的需求。但教育机构并不是我们学习的唯一途径。这一点，我们只需要看看那些蓬勃发展的线上教学平台，就可以清楚地认识到。现在，这些平台给全世界数百万人提供了各种学科的免费课程，尤其是自然科学课程在全世界都非常受欢迎。如果有些东西你在学校一直没学会，或者你想了解得更详细、更深入，你就可以通过这些讲座听听优秀的教育专家和诺贝尔奖获得者是如何解释的，这样你就能真正理解所学的内容。从十年前开始，油管（YouTube）上也出现了很多很受欢迎的课程，这些网络课程的教学质量往往比某些学校的课程质量还要好。[4]

在知识社会，人们拥有丰富的继续教育机会。关键问题是，谁能把握住这些机会。到目前为止，更倾向于接受继续教育的依旧是那些已经拥有较高教育水平的人。因此，"知识获取方式从正式到非正式的转型"反而进一步扩大了"那些长期自主接受继续教育的人和那些只是偶尔自主学习的人之间的差距"。[5]毕竟，终身学习的人越多，那些不愿意终身学习的人就会越发显得格格不入，他们在就业市场上所拥有的机会也就越少。理论上，数字时代丰富的学习机会也为那些教育欠发达地区的儿童提供了新的机会。然而，现实却给我们泼了一盆冷水，社会差距不仅没有缩小，反而在扩大。

意义社会逐渐渗透到每一个行业，劳动者提出的要求也越来越高，因此，社会对教育的要求与期望也不能再原地踏步。仅仅能够做一些按部就班的工作已经不再足够——目前，还只有上层阶级面临这样的情况。而将来，每个人都将如此。这会给学校和社会带来非常艰巨的挑战。所以，现在比以往任何时候都更加不能让任何一个孩子掉队。否则，即使是在基本收入社会，也有可能会出现有特权的有业者阶级和被供养的无业者阶级之间相互割裂的现象。如果我们不采取措施大力干预这一进程，转型中的劳动社会将不可避免地朝着这个方向发展。因此，从传统劳动就业社会转变为意义社会需要一个重大的文化变革，即从他决转变为自决。因为，无论人们对意义社会做何反应，最终决定他们如何适应社会以及如何工作与生活的是他们所经历的文化，是他们的日常实践，而不是人类学对人类天性的判断与认知。

十二条原则：未来的学校

通过教育，我们需要让年轻人学会好好规划生活。如果我们的教育体制做不到这一点，那么意义社会就无法长久地造福于大多数人。20世纪初的教育改革之后，出现了很多很有价值的思想和观念，但它们从未得到全面的实施。因为，在传统劳动就业社会中，像意大利医生、教育家玛利亚·蒙台梭利（Maria Montessori）所提出的让儿童"做自己的主人"之类的想法并不受欢迎。难怪，发展心理学和儿童学习方面有许多优秀的、正确的观念都没有得到广泛推广。相反，20世纪的教育只不过是新增了为数不多的试点学校、蒙氏学校和华德福学校。由于这些学校的数目很少，所以它们只能算作一种针对特定群体的特殊项目，并不能推动教育体系的改革。

如果传统学校体系很难接受这些新的教育理念，并且也不愿意受其影响，那么这些思想能给传统教育体系带来的作用就极其有限。在学校配备计算机室并不能实现个性化学习，开设一门"学会学习"的科目也改变不了学习的方式，即使在课程设计中加入一些项目与任务也并不等于项目式教学；如果评分体系不发生改变的话，那么即使有自我评估表，学生还是不会有内在动力；在课堂上加入少许小组活动并不能使孩子们变得更有团队精神；新增几个体育社团也并不能使学校的学习更加符合"身心教育"的理念，诸如此类的例子还有很多。

事实上，德国绝大多数的学校都需要进行个性化的改造。毕竟，逐步改变 19 世纪的教育系统架构是一个雄心勃勃的目标，这些目标在每所学校都有不同的呈现方式，达成目标的前提条件也各有不同。为此，我在 2013 年制定了改良学校的十项原则。这些原则至今仍然非常重要，甚至可以说比当年更加迫切，更加必要。[1] 我在这里重述一下这些原则，并另外补充两项原则。

自蒙台梭利以来，人们认为不应该想着如何教孩子，而应该帮助他们学会自主学习，这才是明智的。所以，第一条原则就是要培养孩子们的内在动机，不要破坏它。要想好好培养内在动机，就不能像现在某些家长所做的那样，不断地给孩子们提各种各样的建议，而是应该及时放下"伴读者"的身份。孩子们可以感到无聊，但不能让他们被糟糕的课程与教学所折磨，从而感到无聊。支持儿童潜能的开发并不意味着放任他们独自一人面对学习与生活，这对他们来说要求过高了。支持儿童潜能的开发也不意味着密切关注他们的一举一动，对他们生拉硬拽或者进行揠苗助长式的开发。内在动机是一种敏感的植物。如果你不给它浇一点促生长的肥料，它就会死亡。但如果你给它过度施肥，它也很容易会烧苗或者淹死。

第二条原则是让孩子们开展个性化的学习。无论是进步主义教育理念下的个性化学习，还是美国教育企业家萨尔曼·卡恩（Salman Khan）所开发的那款强大的学习软件，它们无非都是用现代化的形式来满足一项古老的需求，即根据年轻人自己的天赋、学习速度和所需所求来进行学习，并且让他们具备自己控制学习速度的能力。[2] 无论是像过去那样在图书馆里翻找，在书海畅游，还是像今天这样在互联网的数字迷宫里探索，最终的本质都是一样的。只是在网上探索没那么有实感，但它会简单快捷很多。如果以这种方式来为自己好奇的问题寻找答案，并在趣味中学习，就会体验到自主的快乐，继而变得更加自信。带着这样的心情学到的东西比在标准化课堂教学中学到的东西更有可能终生不忘。如果能有老师作为教练提供帮助，避免过多的诱惑与干扰，那么对某些学科进行理想的建构性学习就不再存在什么障碍。不同年级的同学之间如果能相互帮助、相互鼓励，也能达到相同的效果。

第三条原则是鼓励学习者不要简单地将"学习资料"或"学习科目"看作是知识世界的全部，从而避免给学习设定一个狭隘的框架。教育专家莱因哈德·卡尔（Reinhard Kahl）认为，"把这些学习资料留给售卖资料的经销商就行了"。我们作为学习者需要的其实并不是这些学习资料，而是需要有对事物感性和理性的理解，以及对世间万物的联系的理解。如果学生能理解自己的学习目标并对它产生兴趣，那么许多知识学起来就会更简单、更能激发兴趣，也更容易记住。通过个人的自主学习所取得的知识又可以作用于集体的学习，继而激发学生们对彼此所学知识的好奇心。因此，对于地理、历史、物理、化学、生物、经济和政治等许多学科而言，最好的学习方式就是项目式学习。而借助项目式学习，人们最终就能够学会自主设计和实施各种项目。

第四条原则是建立人与人之间的联系。学习心理学有很多有力的证据表明，儿童和青少年在一个集体中越是有归属感，就越能快乐、轻松地学习。唯一的问题在于，这个集体是不是真的必须按年级划分。在中小学的前六年可能有必要按这样的类别来进行划分，但这并不适用于整个中小学时期。最迟到七年级，学生们就很快会建立起跨年级的友谊。朋友能保护并帮助我们缓解社交困境，让我们能更好地应对社交方面的挑战。比起拥有相同的年龄，更重要的是拥有相同的兴趣爱好。有了共同的兴趣爱好，学生们就可以一起组建学习小组，而且共同的兴趣爱好还可以促进彼此间的友谊。我们不应沉湎于班集体这样一个过于浪漫的概念——即使确实存在好的班集体，但这些班集体大多更像是一个临时的团体，而不是一个自主选择加入的大家庭。而几乎每个班级都会有一些无法融入的人，都会有一些被忽视的人。如果能早点打破固定的班级结构，那么建立和维持跨班级的友谊就会容易得多。

但是，学生内部会不会因此而出现彼此"割裂"的现象呢？所以，第五条原则就是我们要在我们的学校中建立一种关系和责任文化——这不能仅仅只是讲讲空话，而是必须以一定的组织形式来实践。在传统的学校里，一般会有一个校长，在校长之下可能还有百来名教师。这使得校长和教师之间很难在工作上建立紧密的联系，所以他们往往对彼此了解不深。教师和学生之间的关系也同样是如此。化学老师一年教一个班，下一年又接手另一个班，他几乎没有机会更多地了解他的学生，更不用说对他们产生个人责任感了。因此，有必要将学校划分为一个一个的学院。A组一年级到十年级的所有学生属于一个学院，B组一年级到十年级的学生的学生属于另一个学院，以此类推。每个学院都由一个带头人来负责管理，这种制度就类似于英国的分院制度，许多读过《哈利·波特》（*Harry Potter*）的学生应该很熟悉这种制度。这样一来，校长和学生以及老师之间就有了一个中间联系人，这个人非常了解自己负责的这个学院，也了解这个学院的学生和教师。以前的学校教师是一个整体的概念，每个教师都隐没在这个整体后面。而现在，教师们被分成了多个教师小组，以团队的形式驻扎在每个学院里。学生从一年级到十年级都不会换老师，这样就能师生之间就能建立真正的关系，形成真正的责任感。而且，通过取消评分体系，同年级内的竞争就被各学院间的趣味竞赛所取代。通过开展朗读比赛、心算比赛、戏剧节和体育比赛，学生们的团队精神、团结意识和进取心也能得到增强。

第六条原则是尽可能提高学生的"价值感和认同感"。为了提高学生的认同感，每个学校以及每个学院都有必要设定一些属于自己的符号与标志，从而让自己变成学生心中一个与众不同、无可替代的存在。如果学生们对学校有归属感，甚至以学校为荣，那么他们对学校的老师、同学往往也会有不同的表现。归属感可以通过打造一些仪式来实现，例如学校可以设定一些固定的校园日程或者举办一些隆重的活动。这些孩子在家里越是没有感受到仪式感，比如没有固定的餐食、宗教节日、定期聚会等，就越有必要在学校打造这些仪式。这样的话，学校就可以帮助学生建立秩序感和意义感。这不仅有助于学生之间良好的共处，而且有助于学生们展开充实的生活。

从看似虚无的事物中创造出意义是人类最伟大的能力之一。它可以让人们不必依赖持续的外部刺激就能拥有精彩的生活。组建团队也能创造出这样的价值感，因为在团队中，人们会为彼此感到骄傲，会相互激励和鼓舞。盎格鲁-撒克逊时期的学校很早就知道了这种关于团队协作的奥秘，比如，应该要有入学和毕业仪式、应该要形成各种习俗和传统。可以说，每个学校都需要有点霍格沃茨的元素。最后还有一点也很重要，那就是：我们应该认真考虑是否要让学生们统一穿校服，尽管对此的反对意见大家也都很清楚。其实，穿校服的优点明显是超过缺点的。如果我们把学校看作一个提升学生内在价值感的地方，那我们就需要想想物质方面的外在形式应该在学校扮演什么样的角色。校服不仅能减少可见的、外在的社会差异，而且能让我们（以及我们的家长）从品牌崇拜这种可怕的校园日常中解脱出来。因此，校服可以帮助我们建立一种不以外表为导向的文化认同。

第七条原则是建设有利于学习的学校建筑。大多数传统的学校建筑仍然让人联想起医院、税务局或军营。当人们刚开始建造这些学校时，他们对学习确实几乎一无所知，对儿童心理学也知之甚少。所以相比之下，现代学校的建筑设计则更应该以学习者的需求为导向。既然学校被划分成了不同的学院，那么学校的建筑最好以校园为中心进行分散式的组织架构。这样的建筑格局既可以为学生打造退缩和逃避的空间，也可以让学生有机会相互交流与碰撞。一所现代的学校从外观上看上去不应该只是一个行政管理单位，而应该是知识社会的反映，其建筑关系网最好能适应知识社会的特点与要求。

第八条原则是要为学生筛选合适的教师。教师是一个需要天赋的职业。学生能不能牢记所学的知识在很大程度上取决于教师的教学方式。好的老师都是好的讲述者，他们能够吸引学生，能够激发学生的热情，让学生们都很乐意听他们讲话。每个人在回顾自己的学生时代时都能回想起这样一些老师，但同样也会回想起一些达不到这些标准的老师。那些不具备这种基本能力的人，最好不要选择成为教师。这就是为什么在选拔见习教师的时候有必要对他们进行仔细的考察，比如可以让他们在学生面前进行一堂试讲。这样的试讲不仅对未来的学生有利，而且可以避免一些有志于成为教师的人选择一个并不太适合他们的职业。

这样一来，今天有志成为教师的人里面可能只有一半会继续追求这一职业目标，所以第九条原则就很有必要，即要让有能力但没有参加过师范生实习的人有机会进入学校任教。这些人虽然没有得到官方的教师资格认证，但他们仍然可以成为非常有魅力的教师。这些人可以是作家，教导年轻人如何写诗；可以是马斯克·普朗克研究所退休研究员，给有天赋的学生讲授量子力学；也可以是汽车机械师，和感兴趣的学生一起研究汽车发动机。让他们加入学校教学并无不妥之处。毕竟，这些人在校外积累了丰富的实践经验，他们可以将这些经验运用于教学，而这些实践经验正是全职教师所欠缺的。一旦证明这种方法可行，这些人就可以成为非常受欢迎的补充师资，从而激发学生的学习兴趣与热情。

第十条原则是要应尽可能训练和培养儿童和青少年集中注意力的能力。他们的世界越是被各种声音、各种视频图像以及各种各样让他们分心的东西所冲击，我们就越有必要找到一些方法来保护他们的注意力不受外界侵袭。在人类历史上，儿童和青少年的大脑从未像今天这样被如此多的刺激所冲击。难怪许多儿童会对此感到不知所措，以至于失去了躲避这些刺激的能力。他们无法对外部刺激说"不"，同时也无法长时间专注于一件事情。而他们的家庭在这方面越是做得失败，越是无所作为，就越需要学校教育来帮助他们学会保持沉默与专注。因此，我们有必要从小学开始一直到中学毕业持续地对我们的孩子展开训练，帮助他们集中注意力、安静下来、反思自己的行为，以及更好地了解自己。无论我们把这种训练称作"幸福"训练，称作"生活的艺术""自我反思"还是"哲学"训练，其实都没有太大关系。

第十一条基本原则涉及对学生个人表现进行评价。众所周知，评分制度来自一个心理学和教育学知识相对匮乏的时代，它并不能公正地反映孩子们的个性，所以现在继续使用该制度不过是一个权宜之计。有很多证据表明，我们应该用更现代的评估方法来替代它——不是作为一种补充，而确确实实是接替它。取消评分制度以后，我们要建立起细致的、以儿童个性为依据的评价体系。这种评价体系可以包括各类趣味竞赛，也可以包括成文的认证体系。但学生们拿到多少分数、多少奖章或获得多少荣誉都只对自己个人有意义。这种评价体系不同于现在的评分制度，它并不是为了对外的目的而对学生的表现进行评级。

第十二条原则是尽可能给每个孩子一个公平的机会，无论他们来自什么样的家庭。如果我们认真地对待教育公平的问题，我们就不能只是给出一些信誓旦旦的承诺，我们还应该要付出很多努力，特别是要通过提供一些有针对性的语言课程和心理支持来弥补一些孩子在起跑线上所处的劣势。然而，只有当所有与学业有关的学习都确确实实是在学校进行，而不是在家庭作业或校外辅导中进行，教育公平才有可能实现。事实上，家庭作业和校外辅导已经在无意中影响到了社会的筛选机制，它们阻碍了真正的教育公平。孩子们下午放学以后的时间应该是"自由的"。同样，对于教师也是如此。如果有些学校能够像全球的一些精英学校一样，发展成全方位的教育机构，下午和晚上提供体育、舞蹈和戏剧课程，并且还能提供工作室和节庆活动场所，那就再好不过了。这样一来，学校教育就能回归到它应该到达，但从未到达的地方，即回归到生活中去。

参考文献

引言

1. Der Titel des Buchs war nicht ganz neu, sondern »gecovert«, wie man heute sagt. Eingefallen war er dem Schweizer Verleger, der 1896 das Buch *La Conquête du Pain* des russischen Groß–fürsten und Anarchisten Pjotr Kropotkin als *Der Wohlstand für Alle* herausgab; erst spätere Übersetzungen hießen original–getreu *Die Eroberung des Brotes*.

2. Den Begriff »zweites Maschinenzeitalter« übernehme ich von Erik Brynjolfsson und Andrew McAfee: *The Second Machine Age. Wie die nächste digitale Revolution unser aller Leben verändern wird*, Plassen 2014.

3. Zu den Physiokraten in Frankreich siehe Georg Hambloch: *Die Physiokratische Lehre von Reinertrag und Einheitssteuer* (1876), Classic Reprint, Forgotten Books 2019; Benedikt Elias Güntzberg: *Die Gesellschafts–und Staatslehre der Physiokraten* (1907), Elibron Classics 2002; August Oncken: *Ludwig XVI. und das physiokratische System*, Hansebooks 2019.

4. Wilhelm Röpke: *Jenseits von Angebot und Nachfrage*, Rentsch 1958.

5. Ernst Ulrich von Weizsäcker: *Erdpolitik. Ökologische Realpoli–tik an der Schwelle zum Jahrhundert der Umwelt*, Wissenschaft–liche Buchgesellschaft 1990, 2. Aufl., S. 252.

6. https://www.zeit.de/2021/35/usa–arbeitsmarkt–kuendigung–niedriglohnsektor–corona–hilfen?; https://www.sueddeutsche.de/ wirtschaft/usa–arbeitsmarkt–corona–kuendigungen–1.5439690.

第一章　工作世界的革命

大变革来临，我们将会面临什么

1. https://www.horx.com/48–die–welt–nach–corona/.

2. https://www.deutschland.de/de/topic/leben/welt–nach–corona–zukunftsforscher–ueber–neue–werte–und–zuversicht.

3. Henning Kagermann, Wolf–Dieter Lukas und Wolfgang Wahl–ster: *Industrie 4.0: Mit dem Internet der Dinge auf dem Weg zur 4. industriellen Revolution*; https://www. ingenieur.de/technik/ fachbereiche/produktion/industrie–40–mit–internet–dinge–weg–4– industriellen–revolution/.

拉响警报：经济学家解读未来

1. Carl Benedikt Frey und Michael A. Osborne (2013). Siehe auch: *The Future of Employment: How Susceptible Are Jobs to Computerizatio*n; https://www.oxfordmartin. ox.ac.uk/ downloads/academic/The_Future_of_Employment.pdf. »Meine Recherchen mit Michael Osborne ergaben, dass 47 Prozent der US–amerikanischen und 54 Prozent der europäischen Arbeits–plätze aufgrund von Fortschritten bei der KI automatisiert wer–den könnten.« Carl Benedikt Frey: »In der Technologiefalle«, in: *Süddeutsche Zeitung*, 21. August 2019.

2. https://www.economist.com/finance–and–economics/2016/01/28/ machine–earning.

3. 2017 Economic Report of the President, *The White House*.

4. http://www3.weforum.org/docs/WEF_FOW_Reskilling_ Revolution.pdf.

5. *Will a robot takeover my job?; www.bankofengland.co.uk.*

6. Jeremy Bowles (2014).

7. ING–DiBa–Studie: https://www.ing.de/binaries/content/assets/pdf/ ueber–uns/ presse/publikationen/ing–diba–economic–analysis–die–roboter–kommen.pdf; A.T.– Kearney–Studie: https://silo.tips/ queue/die–at–kearney–szenarien–deutschland–2064–die– welt–unserer–kinder?

8. McKinsey Global Institute (2017).

9. https://www.mckinsey.de/news/presse/mckinsey–global–institutefuture–of–work– after–covid–19#.

10. Vgl. https://www.spiegel.de/wirtschaft/unternehmen/deutschland–bis–zu–zwoelf– millionen–jobs–koennten–bis–2030–durch–automatisierung–entfallen–a–1181271.html.

11. https://en.wikipedia.org/wiki/Daron_Acemoglu.

12. Daron Acemoglu und Pascual Restrepo (2017).

13. Katharina Dengler, Britta Matthes und Gabriele Wydra–Somaggio (2018).

解除警报：经济学家以过去预测未来

1. https://www.iab.de/de/informationsservice/presse/presseinfor mationen/kb1514. aspx.

2. https://www.bundesregierung.de/breg–de/service/bulletin/regie rungserklaerung–

von–bundeskanzlerin–dr–angela–merkel–862358.

3. Vgl. Daniela Rohrbach–Schmidt und Michael Tiemann (2013); Konstantinos Pouliakas (2018); Ljubica Nedelkoska und Glenda Quintini (2018).

4. Vgl. Melanie Arntz, Terry Gregory und Ulrich Zierahn (2016); dies. (2017); dies. (2018); Terry Gregory, Anna Salomons und Ulrich Zierahn (2018); Kurt Vogler–Ludwig u. a. (2016); Marc Ingo Wolter u. a. (2016/2019).

5. https://www.kunststoff–magazin.de/automatisierung/roboter dichte–in–deutschland–auf–rekordhoch.htm.

6. Wassily W. Leontief: »Machines vs. Workers«, in: *The New York Times*, 8. Februar 1983, (Übersetzung R.D.P.); https://www.nytimes.com/1983/02/08/arts/machines–vs–workers. html.

7. Jens Südekum: Roboter auf dem Vormarsch. Künstliche Intelli–genz und Automatisierung machen menschliche Tätigkeit an vie–len Stellen überflüssig. Kann Deutschland den Strukturwandel bewältigen?; https://www.ipg–journal.de.

8. Melanie Arntz, Terry Gregory und Ulrich Zierahn (2018), S. 102.

9. Georg Graetz und Guy Michaels (2018), Zitat: https://www.produktion.de/wirtschaft/warum–roboter–neue–jobs–schaffen–314.html.

10. https://reports.weforum.org/future–of–jobs–2018/.

11. Erik Brynjolfsson und Andrew McAfee (2014), S. 247 ff.

12. Zur Kompensation durch Produktivitätszuwachs siehe Daron Acemoglu (1998); David H. Autor, Frank Levy und Richard J. Murnane (2003); Daron Acemoglu und Pascual Restrepo (2018).

13. So Melanie Arntz, Terry Gregory und Ulrich Zierahn; https://www. wirtschaftsdienst.eu/inhalt/jahr/2020/heft/13/ beitrag/digitalisierung–und–die–zukunft–der–arbeit.html.

14. Claudia Goldin und Lawrence F. Katz (2008).

15. Vgl. Anm. 13.

16. Vgl. Anm. 7.

17. Joseph R. Blasi, Richard B. Freeman und Douglas L. Kruse (2013). Vgl. auch: https://wol.iza.org/articles/who–owns–the–robots–rules–the–world.

18. https://www.sueddeutsche.de/wirtschaft/automatisierung–jobs–roboter–1.4278998.

对实证理性的批判：这场变革是否可被计算

1. Martin Seel: *Theorien*, S. Fischer 2009, S. 63.

2. Erik Brynjolfsson und Andrew McAfee (2014), S. 249.

3. Ebd.

4. »The second economy will certainly be the engine of growth and the provider of prosperity for the rest of this century and beyond, but it may not provide jobs, so there may be prosperity without full access for many.« (Übersetzung R.D.P.). Brian Arthur: The Second Economy, auf: https://www.mckinsey.com/business–functions/strategy–and–corporate–finance/our–insights/the–second–economy.

5. https://www.project–syndicate.org/commentary/ai–automation–labor–productivity–by–daron–acemoglu–and–pascual–restrepo–2019–03/german.

6. Ebd.

7. https://www.ing.de/ueber–uns/presse/carsten–brzeskis–blog/die–roboter–lassen–gruessen/.

8. Ebd.

9. Siehe Anm. 5.

10. https://de.statista.com/statistik/daten/studie/161496/umfrage/ produktivitaetsaenderungen–pro–kopf–in–deutschland/.

11. Vgl. Anm. 5.

12. Robert Solow: A Contribution to the Theory of Economic Growth, in: *The Quarterly Journal of Economics*, Bd. 70, Februar 1956, S. 65–94.

13. Robert Solow: »We'd Better Watch Out«, in: *New York Times Book Review*, 12. Juli 1987.

14. Die Feststellung stammt von Ansgar Gründler (1997). Befeuert wurde die Diskussion auch von Nicholas Carr (2004).

15. Vgl. Robert Gordon (2017).

自然定律和人类世界：补偿还是替代

1. Jean–Baptiste Say (2001), S. 57.

2. Zit. nach Karl Pribram: *Geschichte des ökonomischen Denkens*, Bd. 1, Suhrkamp 1998, S. 290 (Fußnote).

3. https://de.statista.com/themen/1097/autoimport–und–export–in–china/.

4. Claudia Goldin und F. Lawrence Katz (2008).

5. Vgl. David H. Autor und David Dorn (2013).

6. Vgl. Maarten Goos, Alan Manning und Anna Salomons (2009).

四个赢家和一个输家：未来的劳动力市场

1. Matt Ridley: *Die Biologie der Tugend. Warum es sich lohnt, gut zu sein*, Ullstein 1997, S. 149 ff.

2. Vgl. dazu mein Buch *Künstliche Intelligenz und der Sinn des Lebens*, Goldmann 2019.

3. Vgl. »Immer mehr Kümmerer«, in: *Handelsblatt*, 6. November 2018.

4. George Paget Thomson (1955): »*There are plenty of jobs –tending the aged is one – where kindness and patience are worth more than brains. A rich state could well subsidize such work.*« (Übersetzung R.D.P.).

5. https://www.heise.de/news/Zukunft–der–Arbeit–Vieles–deutet–auf–eine–konfliktreiche–Zeit–hin–4923470.html.

6. André Gorz (2009), S. 25 ff.

7. Vgl. Oliver Nachtwey (2016); Andreas Reckwitz (2019).

经济陷入困境：转变思维的必要性

1. Zit. nach James Suzman (2021), S. 359.

2. https://www.prognos.com/de/projekt/arbeitslandschaft–2040.

3. Carl Benedikt Frey: »In der Technologiefalle«, in: Süddeutsche Zeitung, 21. August 2019.

4. Stanisław Lem: *Die Technologiefalle. Essays*, Suhrkamp 2002.

5. Vgl. Anm. 3.

6. Ebd.

第二章　什么是工作

工作：一个矛盾重重的概念

1. https://brockhaus.de/ecs/enzy/article/arbeit.

2. Vgl. Karin Westerwelle: *Baudelaire und Paris. Flüchtige Gegen–wart und Phantasmagorie*, Fink 2020, hier Kap. 5: Der Maler des modernen Lebens und die Ästhetik der Moderne.

3. Vgl. dazu Christoph Menke: *Die Souveränität der Kunst. Ästhe–tische Erfahrung nach Adorno und Derrida*, Suhrkamp 1991.

劳动与工作：劳动社会的诞生

1. Vgl. dazu Christopher Hann, in: Jürgen Kocka und Claus Offe (2000), S. 23 ff.

2. Marshall Sahlin (1974).

3. https://wirtschaftslexikon.gabler.de/definition/arbeit–31465.

4. Vgl. Richard E. Leakey und Roger Lewin (1993).

5. Aristoteles: *Politik*, 1328b.

6. Aristoteles: *Politik*, 1253b.

7. Vgl. dazu Wilfried Nippel (2010).

8. Cicero: *De officiis*, I, 150.

9. Vgl. Matthäus–Evangelium: Mt 20,1 ff.; Mt 9,37; Mt 10,10.

10. Zur Umwertung des Arbeitsbegriffs durch das Christentum siehe vor allem Otto Gerhard Oexle (2000).

11. 2. Thessalonicher 3,10.

12. Regula Benedicti 4,78.

13. Vgl. Otto Gerhard Oexle (2000), S. 72.

14. Zum Verhältnis von Armut und Arbeit im Mittelalter siehe Michel Mollat (1984); Bronisław Geremek (1988), Otto Ger–hard Oexle (2000).

15. Markus 10,25; Lukas 18,25; Matthäus 19,24.

16. John Locke: *Zwei Abhandlungen über die Regierung*, Suhrkamp 1972, § 36, S. 222.

17. Edward Misselden: *The Circle of Commerce* (Neudruck), Da Capo 1969, S. 17.

18. John Locke: *Zwei Abhandlungen über die Regierung*, II . § 45, S. 228.

19. Ebd., § 37, S. 223.

20. Karl Marx: *Grundrisse der Kritik der politischen Ökonomie*, in: Marx–Engels–Werke (MEW), Bd. 42, Dietz 1983, S. 631.

21. John Locke*: Gedanken über die Erziehung*, Meiner 2020; ders.: *Some Thoughts Concerning Education* (1693) und *A Report of the Board of Trade to the Lords Justices, Respecting the Relief and Employment of the Poor. Drawn up in the Year 1697*, in: Jörg Thomas Peters (1997).

用"劳动"替代"人"：经济学中的"工作"概念

1. Bernard Mandeville: *Die Bienenfabel oder Private Laster, öffent–liche Vorteile*, Suhrkamp 1980, S. 319.

2. Ebd., S. 344 f.

3. https://wirtschaftslexikon.gabler.de/definition/arbeit–31465.

4. Max Weber: Die protestantische Ethik und der Geist des Kapita–lismus, in: ders.: *Die Protestantische Ethik I. Eine Aufsatzsamm–lung*, Gütersloher Verlagshaus 1979, S. 59.

5. Vgl. dazu Stephen Jay Gould: *Der Daumen des Panda. Betrach–tungen zur Naturgeschichte*, Birkhäuser 1987, S. 61–71.

6. Anthony Downs: *An Economic Theory of Democracy*, Harper–Collins 1957.

7. Siehe dazu die zahlreichen Untersuchungen von Ernst Fehr: ders. und Urs Fischbacher: The Nature of Human Altruism, in: *Nature*, Bd. 425, 2003, S. 785–791, doi:10.1038/nature02043; ders. und Simon Gächter: Cooperation and Punishment in Public Goods Experiments, in: *The American Economic Review*, Bd. 90, Nr. 4, 2000, S. 980–994, doi:10.1257/aer.90.4.980; dies.: Fairness and Retaliation: The Economics of Reciprocity, in: *The Quarterly Journal of Economic Perspectives*, Bd. 14, Nr. 3, 2000, S. 159–181, doi:10.1257/jep.14.3.159; ders. und Klaus M. Schmidt: *A* Theory of Fairness, Competition, and Coopera–tion, in: *The Quarterly Journal of Economics*, Bd. 114, Nr. 3, 1999, S. 817–868, doi:10.1162/003355399556151, ders. und Herbert Gintis, Samuel Bowles und Robert T. Boyd (Hrsg.): *Moral Sentiments and Material Interests: The Foundations of Cooperation in Economic Life*, MIT Press 2005.

8. Thomas Robert Malthus: *An Essay on the Principle of Popula–tion* (1998), auf Deutsch: *Das Bevölkerungsgesetz*, dtv 1977, S. 157.

9. Siehe dazu Stephen Marglin: Origines et fonctions de la parcelli–sation des tâches: A quoi servent les patrons?, in: André Gorz (Hrsg.): *Critique de la division du travail*, Éditions du Seuil 1973.

10. https://www.waldorf–ideen–pool.de/Schule/faecher/geschichte/ Neueste–Geschichte/nachkriegszeit/kommunismus——kapita lismus/karl–marx–aus–manifest–der–kommunistischen–partei.

11. Vgl. John Stuart Mill: *Principles of Political Economy* (1848), auf Deutsch: *Grundsätze der politischen Oekonomie*, Reisland 1869, I. Teil, Capitel Ⅲ : Von der unproductiven Arbeit, S. 47 ff.

12. http://www.zeno.org/Philosophie/M/Nietzsche,+Friedrich/Die fröhliche+Wissenschaft/Viertes+Buch.+Sanctus+Januarius/329.

13. http://www.zeno.org/Soziologie/M/Weber,+Max/Schriften+ zur+Religionssoziologie/Die+protestantische+Ethik+und+der+ Geist+des+Kapitalismus/II.+Die+Berufsethik+des+asketi schen+ Protestantismus/2.+Askese+und+kapitalistischer+Geist.

14. Ebd.

15. Ebd.

16. Giuseppe Tomasi di Lampedusa: *Der Leopard*, Deutsche Buch–gemeinschaft 1961, S. 203.

工作厌倦和工作认同：社会民主主义中矛盾的工作概念

1. Zum Begriff von Arbeit als »Pathosformel unserer Existenz« siehe Heinz Bude: »Es trifft mehr und andere Leute«. Arbeit als Pathosformel. Ein Gespräch mit dem Soziologen

Heinz Bude über einige Perspektiven der Arbeitsgesellschaft, in: *taz*, 8. Juli 1997.

2. Zit. nach Ernst Schraepler: *August Bebel. Sozialdemokrat im Kaiserreich*, Musterschmidt 1966, S. 73.

3. André Gorz (2009), S. 85.

4. Ebd., S. 89.

5. Ebd., S. 85.

劳动世界的解放：自由主义的劳动概念

1. William Godwin (1793), S. 203 (Übersetzung R.D.P.).

2. Karl Marx: *Die deutsche Ideologie*, in: MEW, Bd. 3, Dietz 1969, S. 67.

3. Ebd., S. 33.

4. Karl Marx: *Das Kapital*, Bd. 1, Kapitel Ⅴ, Der sogenannte Ar–beitsfond, MEW, Bd. 23, S. 637, Anm. 63.

5. Karl Marx: *Ökonomisch–philosophische Manuskripte* (1844), in: Marx–Engels–Gesamtausgabe (MEGA), Bd. 2, S. 369.

6. Karl Marx (2014), S. 51.

7. Ebd., S. 55.

8. Ebd.

9. Ebd.

10. Ebd., S. 56.

11. Ebd.

12. Ebd., S. 62.

13. Ebd., S. 67.

14. Ebd.

15. Ebd., S. 72.

16. Karl Marx: *Das Kapital*, Bd. 3, Kapitel Ⅶ. Die Revenuen und ihre Quellen, in: MEW, Bd. 25, Dietz 1969, S. 827 f.

17. Ebd.

18. Lafargue (2015), S. 42.

19. Wilde (2016), S. 18.

20. Ebd., S. 18.

21. Ebd., S. 9.

22. Ebd., S. 4 f.

23. https://www.nachrichtenspiegel.de/2010/07/04/lob–des–muessiggangs/.

第三章　劳动与当今社会

在场即是一切：如今我们为何而工作

1. John Maynard Keynes: Wirtschaftliche Möglichkeiten für unsere Enkelkinder, in: Philip Kovce und Birger P. Priddat (2019), S. 246–257.

2. Ebd., S. 254.

3. Ebd., S. 256.

4. Zitiert nach: https://www.wilsonquarterly.com/quarterly/ summer–2014–where–have–all–the–jobs–gone/theres–much–learn–from–past–anxiety–over–automation/, (Übersetzung R. D. P.).

5. Herman Kahn mit Anthony J. Wiener: *The Year 2000: A Framework for Speculation on the Next Thirty–Three Years*, Macmillan 1967.

6. Cordula Eubel und Alfons Frese: »IG–Metall–Forderung. ›Was bringt eine 28–Stunden–Woche?‹,« in: *Der Tagesspiegel*, 12. Oktober 2017.

7. Hansjörg Siegenthaler: Arbeitsmarkt zwischen Kontingenz und Kontinuität, in: Jürgen Kocka und Claus Offe (Hrsg.): *Geschichte und Zukunft der Arbeit*, Campus 2000, S. 110–120, hier S. 104.

8. https://de.statista.com/statistik/daten/studie/250066/umfrage/bippro–kopf–in–ausgewaehlten–laendern–weltweit.

9. David Graeber (2019).

10. https://www.sueddeutsche.de/kultur/bullshit–jobs–verschwoerungstheorie–trifft–intellektuellen–populismus–1.4114876–0#seite–2.

11. https://index–gute–arbeit.dgb.de/++co++b8f3f396–0c7f–11eb–91bf–001a4a160127

12. https://www.gallup.com/de/engagement–index–deutschland.aspx.

苦力劳动并非真正的工作：旧有劳动社会崩溃的原因

1. https://wirtschaftslexikon.gabler.de/definition/arbeit–31465.

2. Zit. nach Daniel Akst (2014): »*The economy of abundance can sustain all citizens in comfort and economic security whether or not they engage in what is commonly reckoned as work.*« (Übersetzung R.D.P.).

3. https://wirtschaftslexikon.gabler.de/definition/arbeit–31465.

4. Ebd.

5. https://de.statista.com/statistik/daten/studie/37739/umfrage/ anzahl–sozialversicherungspflichtig–beschaeftigter–nach–bundeslaendern/.

6. https://www.destatis.de/DE/Presse/Pressemitteilungen/2020/10/PD20_416_623.
html.

7. https://de.statista.com/statistik/daten/studie/72785/umfrage/ anzahl–der–zeitarbeitnehmer–im–jahresdurchschnitt–seit–2002/.

8. Vgl. Andreas Reckwitz (2019).

9. André Gorz (2009), S. 34.

10. http://jgsaufgab.de/intranet2/geschichte/geschichte/wr/Weimarer_ Republik_
Projekt/reden/alfred_hugenberg.htm, (Hervorhebung R.D.P.).

11. https://www.spiegel.de/politik/deutschland/armut–und–reichtum–im–klassen–
wahlkampf–a–438f99fa–6604–444f–be14–8084caec9fdb.

12. https://www.diw.de/de/diw_01.c.793891.de/vermoegenskonzen tration_in_
deutschland_hoeher_als_bisher_bekannt.html.

13. Mathias Greffrath: »Die Wiederentdeckung der Arbeit und des öffentlichen
Glücks. Ein Text aus dem Jahre 2068«, in: *Die Zeit*, 25. Juni 1998.

14. Vgl. Andreas Reckwitz (2019).

紧握栏杆：工作对我们来说意味着什么

1. Vgl. Ernst Ulrich von Weizsäcker: Erdpolitik. Ökologische Realpolitik an der
Schwelle zum Jahrhundert der Umwelt, Wissenschaftliche Buchgesellschaft 1990, 2. Aufl.,
S. 252.

2. Olaf Scholz im *Stern*, Nr. 31/2008, 24. Juli 2008, S. 68.

3. Vgl. Heinz Bude, in: *taz*, 8. Juli 1997.

4. Ebd.

5. Ebd.

6. https://iveybusinessjournal.com/publication/in–conversation–rosabeth–moss–
kanter/.

7. Richard Sennett (2005).

8. Zygmunt Bauman (2005).

9. Karl Otto Hondrich: Vom Wert der Arbeit –und der Arbeits–losigkeit, in: *Zeitschrift
für Erziehungswissenschaft*, Heft 4/1998.

10. Lisa Herzog (2019), S. 9.

11. Ebd., S. 10.

拯救或是替代：使工作变得人性化

1. Global Perspective Barometer 2015: Voices of the Leaders of Tomorrow.

2. Kompass neue Arbeitswelt –die große Xing–Arbeitnehmer–studie.

3. Marcus Theurer: »Arbeiten auf Abruf: Großbritanniens moderne Tagelöhner», in: *faz.net,* 7. Mai 2014.

4. Lisa Herzog (2019), S. 14.

5. Ebd., S. 15.

6. Vgl. ebd.

7. Ebd., S. 18.

8. Ebd., S. 22.

9. Ebd., S. 22 f.

10. Ebd., S. 89 f.

11. Ebd., S. 90.

12. Ebd., S. 139.

13. Zit. nach André Gorz (2009), S. 277.

14. Ebd., S. 278 f.

15. Ebd., S. 279.

16. Orio Giarini und Patrick M. Liedtke (1998).

17. Kommission für Zukunftsfragen der Freistaaten Bayern und Sachsen: Erwerbstätigkeit und Arbeitslosigkeit in Deutschland: Entwicklung, Ursachen, Maßnahmen. Teil Ⅲ : Maßnahmen zur Verbesserung der Beschäftigungslage, S. 148 f., einsehbar im Internet Archive.

18. Ebd., S. 166.

19. Ebd., S. 163.

20. Ulrich Beck (2007), S. 7.

21. Jeremy Rifkin (1997).

22. https://de.statista.com/statistik/daten/studie/2190/umfrage/ anzahl–der–erwerbstaetigen–im–produzierenden–gewerbe/.

23. Jeremy Rifkin (2014).

24. Frithjof Bergmann (2020).

25. Ebd., S. 11.

26. Ebd.

做正确的事：意义社会

1. Alain Touraine (1969); Daniel Bell (1973).

2. Hannah Arendt (1981), S. 11 f.

3. Herbert Marcuse (1967).

4. Ivan Illich: Schattenarbeit oder vernakuläre Tätigkeiten. Zur Ko–lonisierung des informellen Sektors, in: Freimut Duve (Hrsg.): *Technologie und Politik*, 15/1980, S. 48–63.

5. Armin Nassehi: »Und was machen wir dann den ganzen Tag?«, in *Frankfurter Allgemeine Zeitung*, 30. Juni 2018.

6. David Riesman (1966).

7. Zit. nach Daniel Akst (2014): *»Leisure, thought by many to be the epitome of paradise, may well become the most perplexing problem of the future.«* (Übersetzung R.D.P.).

8. https://www.bertelsmann–stiftung.de/fileadmin/files/BSt/ Publikationen/ GrauePublikationen/BST_Delphi_Studie_2016. pdf, S. 19.

9. https://giuseppecapograssi.files.wordpress.com/2013/08/minima_ moral.pdf.

10. Ebd.

11. https://minimalen.net/17–statistiken–wie–viele–dinge–wir–besitzen/.

12. Zit. nach: https://blog.freiheitstattvollbeschaeftigung. de/2021/02/01/arbeitslosigkeit–ist–kein–zeichen–von–armut–sondern–ein–ausdruck–der–produktivitaet–und–des–vermoegens–unseres–landes/.

后工业社会的生存保障：现收现付制度的终结

1. Wilfrid Schreiber (1955).

2. Ebd., S. 32.

3. Ebd., S. 37.

4. Ebd.

5. Ebd., S. 14 und S. 29.

6. https://www.destatis.de.

7. Dies ist zumindest die Interpretation des Verschwindens der Wikinger–Kolonien auf Grönland, in: Jared Diamond: *Kollaps. Warum Gesellschaften überleben oder untergehen*, S. Fischer 2011, 5. Aufl.

8. https://www.bmwi.de/Redaktion/DE/Publikationen/Ministerium/ Veroeffentlichung–Wissenschaftlicher–Beirat/wissenschaftlicher–beirat–vorschlaege–reform–der–gesetzlichen–rentenversicherung. pdf.

9. https://www.sueddeutsche.de/wirtschaft/institut–der–deutschen–wirtschaft–studie–prognostiziert–rente–mit–73–1.3009646.

10. Vgl. Anm. 8.

11. Ebd.

12. Ebd.

13. https://www.oecd–ilibrary.org/social–issues–migration–health/ renten–auf–einen–blick–2017_pension_glance–2017–de.

14. Harald Welzer: *Nachruf auf mich selbst. Die Kultur des Auf–hörens*, S. Fischer 2021.

第四章　无条件基本收入

天堂里的饥饿：进步的悖论

1. Wassily W. Leontief: The Distribution of Work and Income, in: *Scientific American*, Bd. 247, Nr. 3, 1982, S. 192.

2. Jakob Lorber: *Das große Evangelium Johannes*, Lorber Verlag 1983, Bd. 5, Kapitel 108, Abs 1.

3. https://www.bundestag.de/parlament/aufgaben/rechtsgrundlagen/ grundgesetz/ gg_01–245122.

4. Erich Fromm: Psychologische Aspekte zur Frage eines garantier–ten Einkommens für alle, in: Philip Kovce und Birger P. Priddat (2019), S. 273–283, hier S. 275.

5. Hermann Binkert: Ergebnisse einer zweiten repräsentativen Um–frage: Das Bedingungslose Grundeinkommen ist eine Idee, die Informierte überzeugt, auf: scholar.google.de.

6. Vgl. Andreas Reckwitz (2019).

7. Philippe Van Parijs: Warum Surfer durchgefüttert werden sollten, in: Philip Kovce und Birger P. Priddat (2019), S. 356–372.

没有土地的人：基本收入的起源

1. »Die Arbeit ist in der UdSSR Pflicht und Ehrensache jedes arbeitsfähigen Staatsbürgers nach dem Grundsatz: ›Wer nicht arbeitet, soll auch nicht essen.‹« Art. 12 der Verfassung der UdSSR vom 5. Dezember 1936.

2. Thomas Spence (1904), S. 23.

3. Ebd., S. 24.

4. Ebd., S. 28.

5. Thomas Paine: Agrarische Gerechtigkeit, in: Philip Kovce und Birger P. Priddat (2019), S. 78–98, hier S. 85.

6. Thomas Spence: Die Rechte der Kinder, in: Philip Kovce und Birger P. Priddat (2019), S. 99 f.

7. Ebd., S. 107.

8. Thomas Spence: A Receipt to Make a Millenium or Happy World: Being Extracts from the Constitution of Spensonia (1805), siehe: marxists.org.

9. Vgl. Axel Rüdiger: Die Utopie des unbedingten Grundeinkom–mens als Gebot der praktischen Vernunft. Die philosophische Be–gründung des kommunistischen Radikalismus bei Johann Adolf Dori um 1800, in: Alexander Amberger und Thomas Möbius (Hrsg.): *Auf Utopias Spuren. Utopie und Utopieforschung*, Fest–schrift für Richard Saage zum 75. Geburtstag, Springer VS 2016, S. 145–160.

10. Charles Fourier: (grundeinkommen.de) 1836, S. 490 ff.

11. Charles Fourier: Brief an den Justizminister, in: Philip Kovce und Birger P. Priddat (2019), S. 112–124.

12. Ebd., S. 117, (Hervorhebung R.D.P.).

13. Victor Considerant (1906), S. 96.

14. Joseph Charlier: Lösung des Sozialproblems oder Humanitäre Verfassung, auf Naturrecht gegründet und mit einer Präambel versehen, in: Philip Kovce und Birger P. Priddat (2019), S. 133–156, hier S. 134.

15. Ebd., S. 136.

16. Ebd., S. 142.

17. Ebd., S. 147.

18. Ebd., S. 144.

重新定义基本收入：工业进步背景下的社会乌托邦主义

1. William Morris: *Bellamy's Looking Backward*. The William Morris Internet Archive Works (1889): »*I believe that this will always be so, and the multiplication of machinery will just multiply machinery; I believe that the ideal of the future does not point to the lessening of men's energy by the reduction of labour to a minimum, but rather the reduction of pain in labour to a minimum, so small that it will cease to be pain.*« (Über–setzung R.D.P.).

2. Vgl. Peter Faulkner: William Morris and Oscar Wilde, auf: https:// morrissociety. org/wp–content/uploads/SU02.14.4.Faulkner.pdf.

3. Josef Popper–Lynkeus (1912).

4. Vgl. dazu Rudolf Steiners Vortrag: Die Geschichte der sozialen Bewegung (30. Juli 1919), in: *Neugestaltung des sozialen Orga–nismus*, Verlag der Rudolf–Steiner–Nachlassverwaltung 1963.

5. Bertrand Russell: Wege zur Freiheit. Sozialismus, Anarchismus und Syndikalismus, in: Philip Kovce und Birger P. Priddat (2019), S. 231–245, hier S. 233.

6. Ebd., S. 245.

7. Ebd., S. 240.

8. Vgl. dazu Walter van Trier: *Everyone a King. An Investigation into the Meaning* *and Significance of the Debate on Basic Income with Special Reference to Time Episodes from the British Inter–War Experience*, Katholische Universität Leiden 1995.

工具还是基本权利：自由主义的基本收入

1. Augustin Cournot: *Recherches sur les principes mathématiques de la théorie des richesses* (1838), auf Deutsch: *Untersuchungen über die mathematischen Grundlagen der Theorie des Reich–tums*, Gustav Fischer 1924.

2. Zeitgleich vertreten wurde es 1944 auch von dem Marktsozialis–ten Abba Lerner.

3. Milton Friedman: Kapitalismus und Freiheit, in: Philip Kovce und Birger P. Priddat (2019), S. 266–272, hier S. 267.

4. Ebd., S. 268.

5. »*My goal is to create a situation of full unemployment –a world in which people do not have to hold a job. And I believe that this kind of world can actually be achieved.*« Robert Theobald (1966), S. 19; »The priorities of this county are completely out of whack. *The generally accepted goals of our society appear to be technological wizardry, economic efficiency and the developed individual in the good society –but in that order.*« Robert Theobald (1968), S. 1.

6. Vgl. Brian Steensland (2008).

7. Milton Friedman und Rose Friedman (1980).

8. Wolfram Engels, Joachim Mitschke und Bernd Starkloff: *Staats–bürgersteuer. Vorschlag zur Reform der direkten Steuern und persönlichen Subventionen durch ein integriertes Personalsteuer–und Subventionssystem*, Karl–Bräuer–Institut des Bundes der Steuerzahler e. V., Bd. 26, 1974; Lionel Stoléru: *Vaincre la pauvreté dans les pays riches*, Flammarion 1974.

9. Ralf Dahrendorf: Ein garantiertes Mindesteinkommen als konstitutionelles Anrecht, in: Philip Kovce und Birger P. Priddat (2019), S. 331–337, hier S. 333.

10. Ebd., S. 334, (kursiv R.D.P.).

11. Ebd., S. 335.

12. Ebd., S. 336.

13. Kollektiv Charles Fourier: Das allgemeine Grundeinkommen, in: Philip Kovce und Birger P. Priddat (2019), S. 322–330, hier S. 322.

自由、可持续性和制度变革：左派人文主义的基本收入制度

1. Ralf Dahrendorf: Wenn der Arbeitsgesellschaft die Arbeit aus–geht, in: Deutsche Gesellschaft für Soziologie und Joachim Matthes (Hrsg.): *Krise der Arbeitsgesellschaft?*

Verhandlungen des 21. Deutschen Soziologentages in Bamberg 1982, Campus 1983, S. 25–37.

2. Vgl. dazu: Georg Vobruba (2019); Yannick Vanderborght und Philippe Van Parijs (2005).

3. Ein BGE wurde in Deutschland zuvor allerdings schon von Erich Fromm und auch von Joseph Beuys vorgeschlagen.

4. André Gorz (2009).

5. André Gorz: Wer nicht arbeitet, soll trotzdem essen, in: Claus Leggewie und Wolfgang Stenke (2017), S. 106.

6. André Gorz (2009), S. 313.

7. Michael Opielka: Das garantierte Einkommen –ein sozialstaat–liches Paradoxon?, in: Philip Kovce und Birger P. Priddat (2019), S. 300–321, hier S. 318.

今天的基本收入：实现无条件基本收入的现实要素

1. Vgl. etwa das »Solidarische Bürgergeld«, das der ehemalige Ministerpräsident von Thüringen, Dieter Althaus, ins Ge–spräch brachte.

2. http://www.faz.net/aktuell/wirtschaft/arbeitsmarkt–und–hartz–iv/ dm–gruender–goetz–werner–1000–euro–fuer–jeden–machen–die–menschen–frei–1623224–p2.html.

3. Einen garantierten Mindestbetrag von 9000 Euro im Jahr (das entspricht 750 Euro im Monat) beziehungsweise 7428 Euro für Kinder schlägt Thomas Straubhaar vor: Was ist ein Grund–einkommen und wie funktioniert es?, in: Christoph Butterwegge und Kuno Rinke: *Grundeinkommen kontrovers* (2018). Ausnah–men sieht er bei »Härtefällen« mit hohen Gesundheitskosten. Ungelöst sei dabei die Frage, wer die Kranken–und Unfallversi–cherung übernimmt und ob der Betrag entsprechend erhöht werden müsse. Die 925 Euro stammen aus Thomas Straubhaar (2017), S. 143.

4. https://de.statista.com/statistik/daten/studie/574084/umfrage/ standardrente–der–gesetzlichen–rentenversicherung–in–deutschland/.

5. *Rentenversicherung in Zahlen 2021. Durchschnittlicher Renten–zahlbetrag für »Renten wegen Alters«, zu finden auf den Seiten 34 bis 36:* https://www.deutsche–rentenversicherung.de/ SharedDocs/Downloads/DE/Statistiken–und–Berichte/statistik publikationen/rv_in_zahlen_2021.html.

6. https://www.spd.de/aktuelles/grundrente/.

7. Ebd.

8. Vgl. Thomas Straubhaar (2017); Thomas Straubhaar (2021).

9. Robert A. Heinlein: *Beyond This Horizon*, Boston Book Com–pany 1942; auf Deutsch: *Utopia 2300*, Heyne 1971.

10. https://www.sueddeutsche.de/wirtschaft/digitalisierung–bill–gates–fordert–robotersteuer–1.3386861; https://www.faz.net/aktuell/ wirtschaft/netzwirtschaft/automatisierung–bill–gates–fordert–roboter–steuer–14885514.html.

11. https://www.provinz.bz.it/verwaltung/finanzen/irap.asp.

12. Vgl. Reiner Hoffmann, Deutscher Gewerkschaftsbund (DGB), in: *Welt am Sonntag*: http://www.welt.de/wirtschaft/ article157097841/Auch–eine–Steuer–wird–Roboter–nicht–aufhalten.htm. Siehe auch: https://www.dgb.de/themen/++co++ad83a9c2–4f21–11e6–9dee–525400e5a74a.

13. Georg Ortner: Wertschöpfungsabgabe: Eine Alternative zur Finanzierung der sozialen Sicherungssysteme, Arbeiterkammer–Blog Österreich, 6. Februar 2015. Vgl. Alois Guger, Käthe Knittler, Marterbauer, Margit Schratzenstaller und Ewald Walterskirchen: *Alternative Finanzierungsformen der sozialen Sicherheit*, Österreichisches Institut für Wirtschaftsforschung 2008.

14. https://www.zeit.de/digital/internet/2012–06/roboter–pauschale–arbeit/.

15. Joseph R. Blasi, Richard B. Freeman und Douglas L. Kruse: *The Citizen's Share: Reducing Inequality in the 21st Century*, Yale University Press 2014.

16. https://mikrosteuer.ch.

17. https://www.sueddeutsche.de/wirtschaft/finanztransaktionssteuer–steuer–soll–milliarden–bringen.

18. Paul Krugman: »Taxing the Speculators«, in: *The New York Times*, 26. November 2009: Barry Eichengreen: *Financial Crises and What to Do About Them*, Oxford University Press 2002; Paul Bernd Spahn: The Tobin Tax an Exchange Rate Stability, in: *Finance and Development*, Juni 1996; ders.: Zur Durchführ–barkeit einer Devisentransaktionssteuer. Gutachten im Auftrag des Bundesministeriums für Wirtschaftliche Zusammenarbeit und Entwicklung, Bonn 2002.

19. Barry Eichengreen, James Tobin und Charles Wyplosz: Two Cases for Sand in the Wheels of International Finance, in: *The Economic Journal*, Nr. 105 (1997).

20. Björn Finke: »Scholz' Börsensteuer brächte nur fünf Milliarden Euro ein«, in: *Süddeutsche Zeitung*, 16. Dezember 2020; https://www.sueddeutsche.de/wirtschaft/boersensteuer–deutschland–hoehe–1.5149876.

21. https://www.bmas.de/DE/Service/Presse/Meldungen/2021/bundes kabinett–verabschiedet–sozialbericht–2021.html.

懒惰的其他人：对无条件基本收入的人类学反对意见

1. Rainer Hank: Pro & Contra Grundeinkommen, auf: https:// www.philomag.de/artikel/grundeinkommen–einfuehren.

2. https://www.vorwaerts.de/artikel/bedingungslose–grundeinkom–men–zerstoert–wohlfahrtsstaat.

3. Allen Davenport: Agrarische Gleichheit, in: Philip Kovce und Birger P. Priddat (2019), S. 131.

4. Ebd., S. 132.

5. Joseph Charlier: Lösung des Sozialproblems oder Humanitäre Verfassung, auf Naturrecht gegründet und mit einer Präambel versehen, in: Philip Kovce und Birger P. Priddat (2019), S. 133–156, hier S. 144.

6. https://www.grundeinkommen.de/.

7. Vgl. Katherine E. Hansen und Emily Pronin: Illusions of Self–Knowledge, in: Simine Vazire und Timothy D. Wilson (Hrsg.): *Handbook of Self–Knowledge*, Guilford Press 2012, S. 345–362.

8. Ebd., S. 354, (Übersetzung R.D.P.).

9. So Denis Scheck in seiner Rezension meines Buchs *Jäger, Hirten, Kritiker. Eine Utopie für die digitale Gesellschaft*, Goldmann 2018, in der Sendung *Druckfrisch*.

10. http://www.zeit.de/2016/24/bedingungsloses–grundeinkommen–schweiz–abstimmung–pro–contra.

要给百万富翁发钱吗：对无条件基本收入的社会学反对意见

1. Vgl. stellvertretend Heinz J. Bontrup: Das bedingungslose Grundeinkommen – eine ökonomisch skurrile Forderung, in: Christoph Butterwegge und Kuno Rinke: *Grundeinkommen kontrovers* (2018), S. 114–130, hier S. 114.

2. Ebd., S. 117.

3. Marcel Fratzscher: Irrweg des bedingungslosen Grundeinkom–mens, in: *Wirtschaftsdienst* 7/2017, S. 521–523, hier S. 521.

4. Ralf Krämer: Eine illusionäre Forderung und keine soziale Alter–native. Gewerkschaftliche Argumente gegen das Grundeinkom–men, in: Christoph Butterwegge und Kuno Rinke: *Grundein–kommen kontrovers* (2018), S. 131–149, hier S. 135 und S. 141.

5. Ebd., S. 141.

6. https://eci.ec.europa.eu/014/public/#/screen/home.

谁来付钱：对无条件基本收入的经济学反对意见

1. Philip Kovce und Birger P. Priddat (2019), S. 18.

实验中的证据：为什么模拟实验没有多大用处

1. Georg Vobruba: Wege aus der Utopiefalle des Grundeinkom–mens, in: Christoph Butterwegge und Kuno Rinke: *Grundein–kommen kontrovers* (2018), S. 224–236, hier S. 231.

2. Philip Kovce und Birger P. Priddat (2019), S. 22 f.

3. So die Idee von Michael Bohmeyer, der das Geld über Crowd–funding zusammenträgt und seit 2021 verlost; https://www.stern. de/wirtschaft/news/berliner–verlost–grundeinkommen–was–wuerden–sie–mit–12–000–euro–anstellen—3954054.html.

4. https://static1.squarespace.com/static/6039d612b17d055cac140 70f/t/605029f652a6 b53e3dd39044/1615866358804/SEED+Pre–analysis+Plan.pdf.

从乌托邦到现实：基本收入是如何实施的

1. Vgl. dazu Steven Pinker: *Aufklärung jetzt. Für Vernunft, Wissen–schaft, Humanismus und Fortschritt. Eine Verteidigung*, S. Fischer 2018.

第五章　意义社会是如何形成的

自主学习：21 世纪的教育

1. Richard David Precht: *Anna, die Schule und der liebe Gott. Der Verrat des Bildungssystems an unseren Kindern*, Goldmann 2013.

2. Siehe dazu https://de.khanacademy.org/.

3. Wilhelm von Humboldt: *Denkschrift über die äußere und innere Organisation der höheren wissenschaftlichen Anstalten in Berlin. Rechenschaftsbericht an den König* 1808–1809, in: ders: Werke, Bd. 4, Wissenschaftliche Buchgesellschaft/Cotta 1860, S. 218.

4. Ebd.

5. Dietrich Benner: *Wilhelm von Humboldts Bildungstheorie. Eine problemgeschichtliche Studie zum Begründungszusammenhang neuzeitlicher Bildungsreform*, Belz Juventa 2003, S. 177.

6. Gudrun Quenzel und Klaus Hurrelmann (Hrsg.): *Bildungsver–lierer. Neue Ungleichheiten*, VS Verlag 2011, S. 17.

保持好奇心：当代教育学的目标

1. Karl Popper: *Ausgangspunkte. Meine intellektuelle Entwicklung*, Mohr Siebeck

2012, S. 51.

2. Gudrun Quenzel und Klaus Hurrelmann (2011), S. 22.

3. Vgl. dazu die Experimente von Felix Warneken und Michael Tomasello: Altruistic Helping in Human Infants and Young Chimpanzees, in: *Science* 311 (3), 2006, S. 1301–1303; Felix Warneken, Frances Chen und Michael Tomasello: Cooperative Activities in Young Children and Chimpanzees, in: *Child Development* 77 (3) 2006, S. 640–663.

4. Vgl. dazu: Manfred Dworschak: »Der virtuelle Hörsaal«, in: *Der Spiegel*, 3/2013.

5. Gudrun Quenzel und Klaus Hurrelmann (2011), S. 18.

十二条原则：未来的学校

1. Die hier aufgelisteten zehn Punkte sind eine leicht über–arbeitete Version der zehn Aspekte in: Richard David Precht: *Anna, die Schule und der liebe Gott,* Goldmann 2013.

2. Ausgewählte Literatur, siehe Seite 521.